法藏知津

九 編

杜潔祥 主編

第 39 冊

《四分律刪繁補闕行事鈔》集釋
（第五冊）

王 建 光 著

花木蘭文化事業有限公司

國家圖書館出版品預行編目資料

《四分律刪繁補闕行事鈔》集釋（第五冊）／王建光 著 -- 初
版 -- 新北市：花木蘭文化事業有限公司，2023〔民112〕
目 4+262 面；19×26 公分
（法藏知津九編 第39冊）
ISBN 978-626-344-510-9（精裝）
1.CST：四分律 2.CST：律宗 3.CST：注釋
011.08   112010540

ISBN-978-626-344-510-9

法藏知津九編
第三九冊   ISBN：978-626-344-510-9

《四分律刪繁補闕行事鈔》集釋（第五冊）

編　　者　王建光
主　　編　杜潔祥
副總編輯　楊嘉樂
編輯主任　許郁翎
編　　輯　張雅淋、潘玟靜　美術編輯　陳逸婷
出　　版　花木蘭文化事業有限公司
發 行 人　高小娟
聯絡地址　235 新北市中和區中安街七二號十三樓
　　　　　電話：02-2923-1455／傳真：02-2923-1452
網　　址　http://www.huamulan.tw 信箱 service@huamulans.com
印　　刷　普羅文化出版廣告事業
初　　版　2023 年 9 月
定　　價　九編 52 冊（精裝）新台幣 120,000 元　　版權所有・請勿翻印

《四分律刪繁補闕行事鈔》集釋
（第五冊）

王建光　著

目次

安居策修〔一〕篇第十一受日法〔二〕附

夫靜處思微，道之正軌〔三〕，理須假日追功〔四〕，策進心行〔五〕。隨緣託處〔六〕，志唯尚益〔七〕，不許馳散〔八〕，亂道妨業。

故律通制三時，意存據道〔九〕；文偏約夏月，情在三過〔一〇〕：一、無事遊行，妨修出業〔一一〕；二、損傷物命，違慈實深〔一二〕；三、所為既非，故招世謗〔一三〕。以斯之過，教興在茲。

然諸義不無，指歸護命，故夏中方尺之地，悉並有蟲〔一四〕。即正法念經云：夏中除大小便，餘則加趺而坐〔一五〕。故知護命為重，佛深制之〔一六〕。必反聖言，罪在不請〔一七〕。結業自纏，永流苦海〔一八〕。極誡如此，依文敬之〔一九〕。

【篇旨】

簡正卷八：「玄云：上既宣傳戒本，識犯從持，理宜托處精修，策進三業。偏制憂者，息世譏嫉，前所未論故。」（四九〇頁上）鈔批卷一〇：「上篇眾既聞戒，曉了持犯，略識名模。至論離過，皆由撿攝。況復時臨夏限，是須勇勵專精，勤修道業。良以出道要務，馳散難成，八聖圓因，撿思易就。對時立教，托處裁規，限契九旬，修行三學，故此文來也。又云：前篇識相護持，通途警動，然後時臨夏分，聖有成規，出俗務道，馳散非業。今乃法隨邑野，追逐情塵，顛仆巨壑，無思返迹。是以大聖，以法遮防，不許遊涉，常居靜慮，託處以安，方能趣道。故次之後，有此篇來。」（五一三頁上）

【校釋】

〔一〕安居策修　鈔批卷一〇：「栖心靜慮曰安，要期托處曰居。又云：身心寧靜曰安，托處不移曰居。羯磨疏云：形心攝靜曰安，要期在住曰居。首疏云：約法明者，離危苦之道曰安，心（原注：』心『下疑脫『住』字。）於法曰居。蒼頡篇云：安者，靜也。爾雅云：安，由止也，亦云定也。策修者，立云：策勵三業，進修定慧，故曰也。勝云：既處在夏，勵策三業，進修心行，故曰也。又言策修者，修四正勵也，未生之善令生，已生之善令增長，未生之惡令不起，已起之惡令滅除，故曰也。」（五一三頁上）簡正卷八：「上通人處，下局行業，就此一門，總有四別。初，約法有四：對首、心念、妄成、及界。又，及界中，園、界兩所，足有雙隻，則為七矣。時有三種：前、中、後也。處通兩界，自然作法，人該五眾，並通一制。問：『安居別法，那為眾行？』答：

『有三意：一、受說安恣，次第相由故；二、夏安居竟，其必自恣，以後攝故；三、本篇雖是別法，分房、受日，皆眾法故。」（二三八頁下）【案】「安居」篇，文分為三：初，正篇；次，受日法附；三、料簡雜相。參見後文「料簡雜相」下注。正篇又分二：初，「夫靜」下；次，「初中」下。

〔二〕**受日法** 鈔批卷一〇：「然恐一夏時長，脫有生善滅惡緣，宜往救拔，（五一三頁上）義不停留。既制有法而住，還須有法行，制則防其過，開則通其益。開制為緣，故有受日法附也。」（五一三頁下）

〔三〕**靜處思微，道之正軌** 資持卷上四：「『處』字上呼，訓止、訓息。攝慮專注為靜處也，觀緣勝法為思微也。『微』之一字，兼含事理。事則憶本所受，即戒學也。理則達妄冥真，即定、慧也。即沙彌篇性空、相空；唯識三觀性相二空，即空為理；唯識一觀，即識是理。此三種行，名為聖道，非靜不思，非思不證。（二三八頁下）三乘雖異，入道皆同，故云正軌。」（二三九頁上）鈔批卷一〇：「思，由惟也。微者，妙也。無漏真慧，非凡所見曰微。靜謂寂也。寂於身心，思微妙真理，是出道要儀，故曰道之正軌也。」（五一三頁下）簡正卷八：「靜者，寂靜也。處者，『充呂』反，謂息諸緣名者，為靜處。思謂惟，微謂微妙。外緣既靜，即內心思惟、微妙真理故也。道之正軌者：軌，則也。寂靜思惟，是修道之正則。」（四九〇頁上）扶桑記：「發真鈔云：靜處以初心修定，處必安靜；所以如來偏讚靜處。」（一二八頁上）

〔四〕**理須假日追功** 鈔批卷一〇：「功，由果也。假九十日中，懃修戒定，日有增益，證增上果，縱未得果，終是果處之因，必獲道益故也。」（五一三頁下）簡正卷八：「道理非一朝一夕之功，故要假藉積日，追遂功夫也。」（四九〇頁上）資持卷上四：「剋期夏限，不捨寸陰，故云假日追功。」（二三九頁上）

〔五〕**策進心行** 簡正卷八：「勤勤不墮名曰策，修定習慧謂之進心，戒學逾堅自為策行。」（四九〇頁下）資持卷上四：「勉慎懈怠，無遺正念，故云策進心行。」（二三九頁上）

〔六〕**隨緣託處** 資持卷上四：「次釋居義。初句，明所須。即下了論『處無五過』。」（二三九頁上）鈔批卷一〇：「或依藍聚落、蘭若等，或依巖穴等處，但隨當時之緣不定也。」（五一三頁下）簡正卷八：「隨緣即假資養之緣，扛（【案】『扛』疑『託』。）處即夜閑靜之處。」（四九〇頁下）

〔七〕**志唯尚益** 資持卷上四：「次句，明標志。即下起三種安居心。」（二三九頁

上）鈔批卷一〇：「志是意也。意在利益，希出離之道也。」（五一三頁下）簡正卷八：「志者，意也。准（【案】『准』疑『唯』。）者，專也。尚益即增上聖果。是利益更無過者，名為上益。」（四九〇頁下）

〔八〕不許馳散　資持卷上四：「『不許』下，明守制。即下三過，對之可見。」（二三九頁上）簡正卷八：「隨順而逝，謂之身馳。外事于情，全心散亂，即不能修道，妨於上業也。」（四九〇頁下）

〔九〕故律通制三時，意存據道　鈔科卷上四：「『故』下，明偏制。」（三五頁中）資持卷上四：「次科。初敘通意。律因諸比丘一切時遊行，躡生草木，斷眾生命，世人譏訶：『蟲鳥猶有巢窟。』佛因制曰：『不應一切時遊行。』」（二三九頁上）鈔批卷一〇：「謂春、冬、夏，俱不許無事遊行，廢修業。雖三時通制，夏月過多，故偏禁約。」（五一三頁下）簡正卷八：「安居犍度文中，制春、夏、冬三時無事，不許遊行，犯吉。意存據道者，意令行人據於道業故。外難曰：『律既三時總令安居，何故文中但云夏安居，不見說春、冬耶？』可引鈔答云：『夫偏約夏月，情在三過也。』」（四九〇頁下）

〔一〇〕文偏約夏月，情在三過　資持卷上四：「『文』下，明偏意。三過中：初是自損，二即損他，三損自、他。」（二三九頁上）鈔批卷一〇：「下文即出其過相也。翻此過，成三益也。」（五一三頁下）【案】此句意為，雖然律制有三時安居，但因為夏有三過，如夏中損傷物命，故僅言夏月，不說春冬。

〔一一〕無事遊行，妨修出業　鈔批卷一〇：「立謂：出家僧尼，是三界遺客，擬取涅槃。今若不修出家之業，但事遊行，故曰妨修出業也。」（五一三頁下）

〔一二〕損傷物命，違慈實深　鈔批卷一〇：「立明：初受戒時，於一切眾生上，立誓要期，離殺害想。今若損傷，違本慈心也。」（五一三頁下）

〔一三〕所為既非，故招世謗　資持卷上四：「問：『三時情過多少，在文可明。制有重輕，如何以辨？』答：『春冬有緣則聽，夏月有無俱制。又，夏有結法，春冬則無。又，春冬不結，但犯一吉，夏中不結，至後安居，日日吉羅。又，夏時不坐，則失一歲。又，夏中制依第五律師，春冬依餘四位，苦（【案】『苦』疑『若』。）論違制，三時並吉。約上諸緣，緩急可見。』」（二三九頁上）鈔批卷一〇：「立明：外道呵言，禽獸尚有巢窟，沙門釋子，常自遊行，損踏生命，心無慈愍，口自稱言『我知正法』。如今觀之，（五一三頁下）有何正法？又涓（原注：『涓』疑『請』。）俗人外道，計草木有命，見比丘踏傷，謂言殺生，故呵也。」（五一四頁上）簡正卷八：「准律緣中，六群夏月遊行，踏煞生命，

請居士等。咸六譏：『何沙門釋子？不知慚愧，踏生草木，斷他命根！諸外道法，尚乃三月安居，至於虫鳥，皆有巢窟。』以吒白佛，佛制安居。（四九〇頁下）又夏，外道、俗人，謂草木有命根，見比丘踐傷，皆云與煞生不別等。」（四九一頁上）【案】四分卷三七，八三〇頁中。

〔一四〕然諸義不無，指歸護命，故夏中方尺之地，悉並有蟲　鈔批卷一〇：「然制安居，雖緣上來諸義妨道招譏，非無此義，然通三時並有。若論損命，局夏偏多，故今坐夏，意存護命耳。」（五一四頁上）簡正卷八：「然，是也。是春冬安居，不無直制與罪□。指歸損命者，今於三時中偏制夏者，謂約亦夏中所歸損命也。故夏中方尺地者，正明夏內多虫，制令偏護。」（四九一頁上）

〔一五〕夏中除大小便，餘則加趺而坐　簡正卷八：「玄云：准西域高人坐夏之法，食唯一乞，坐則方周，故知唯除大小便也。」（四九一頁上）【案】正法念經中無後半句，僅言「更不餘行，乃至一步，畏殺虫故。」此為道宣以義加之。正法念經卷四六，大正藏第一七冊，二七六頁上。

〔一六〕故知護命為重，佛深制之　資持卷上四：「『故』下，結勸。上二句指過勸。」（二三九頁上）

〔一七〕必反聖言，罪在不請　資持卷上四：「『必』下，約犯勸。『必反』等者，違制重也。」（二三九頁上）簡正卷八：「必反聖言者，不順律文結夏，是反聖言也。罪在不請者，違制之罪，可依篇懺之，煞害性罪，不可懺除，故云罪在不請。故經云：唯有宿殃不請耳。」（四九一頁上）鈔批卷一〇：「立明：既違教結罪，非求請得脫也。如經云：唯除宿殃不請耳。此解疎。自意：既違教結罪，自招其過，非請得此罪也。亦如『自貽伊責』義也。」（五一四頁上）

〔一八〕結業自纏，永流苦海　資持卷上四：「結業纏者，違理深也。流苦海者，受報長也。俗刑有上請名例律，謂條其所犯，別請減罪也。十惡不用此律，即是不請，言其已定也。今此公然違教，情過已彰，合入犯科，故不待請。」（二三九頁上）鈔批卷一〇：「永，訓長也。踐傷物命，制教得提。復有業道，夏不安居，違教犯吉，生報泥梨，何時得出？故曰也。」（五一四頁上）簡正卷八：「結業自纏者，結煞害之業，以自業纏。永流苦海者：永，長也。踐傷物命，制與提罪，復有業道，夏不安居。又，他吉罪，生泥梨，何時見出？故云永海（【案】『海』疑『流』。）苦海。」（四九一頁上）

〔一九〕極誠如此，依文敬之　資持卷上四：「『極』下，正勸。『極誠如此』，即上律制也。」（二三九頁上）

初中分五〔一〕

一、安居緣；二、分房法；三、作法不同；四、夏內遇緣成不；五、迦提五利，解界是非。

【校釋】

〔一〕分五　資持卷上四：「就此五門，初及三、四，正明本法。第二、第五，以類相從。但分房在前，迦提夏竟。」（二三九頁上）簡正卷八：「外難曰：『前後諸篇開章，皆云就中，何故此篇，獨言初中分五？』法寶云：『良有深旨，謂諸篇中，但有一大段。縱有法附者，亦二大段。今此篇有三大段：一、安居，二、受日，三、雜料簡。所以剩有料簡門者，謂安居通自然作法，受日即不定。若僧法受日，即唯局作法。若對首受日，通於二界。是以更立第三門，（四九一頁上）簡上二門安居、受日通局之意。今於此科之中，下二未至，且向安居正篇之中，故曰初中。自有五段之文，故云分五也。如文具列。又，須和諸篇中，有法附處，皆於篇題下分出。此篇先明總意了，將受日法附於篇內科之。故知。列諸記中，並未委此意。搜玄、淮南兼錯，科第三大段，勒為子科。如下對文自破也。』」（四九一頁下）

初中

分三：一、處有是非，二、結時不同，三、夏閏延促。

初中

四分：不得在樹上〔一〕。若樹下，起不礙頭〔二〕，枝葉足蔭一坐〔三〕。如是乃至小屋、山窟中〔四〕，坐趣容膝，足障水雨〔五〕。若依牧牛人、壓油人、船上人、斫材人，依聚落等，並成〔六〕。若依牧牛人已下五處者，若安居中移徙，隨所去處應去〔七〕。文中不了〔八〕。五分云：諸依如上人者，先謂作住意，得依安居〔九〕；中間忽去，隨信樂、衣食豐足處去〔一○〕。不言失夏〔一一〕。若在無護處〔一二〕，劫賊、塚間〔一三〕、鬼神處、毒蟲窟、露地；若有命梵二難，並不成安居。

明了論，五種成安〔一四〕：一、處所有覆〔一五〕。二、夏初十六日〔一六〕，謂為成前後安居日故。三、若東方已赤〔一七〕，謂十五日夜分盡，則東方赤者，是十六日限。為破十誦疏家要令十五日及界宿〔一八〕故。四、若在別住起安居心。疏云：別住是布薩界〔一九〕。安居心三種〔二○〕：一為自行；二為利他；三為料理三寶，修治房舍。一腳躡界，起安居心，即成。五、在處無五過〔二一〕：一太遠聚落〔二二〕，求須難得。二太近城

市〔二三〕，妨修道業。三多蚊蟻難〔二四〕，或嚙齧人，踐傷彼命〔二五〕。四無可依人〔二六〕，其人具五德，謂：未聞令聞，已聞令清淨〔二七〕，能為決疑〔二八〕，能令通達〔二九〕，除邪見得正見〔三〇〕。五無施主施飲食湯藥〔三一〕。無此五過，乃可安居。四分、摩得伽中，大同此論。

十誦云：無人深山，可畏處，不應住〔三二〕。五分云〔三三〕：若在無救處，必知無妨害，亦開。欲安居時，先思量有難無難，無難應住。

毘尼母第六卷中，大明安居方便法用〔三四〕，文廣不錄。乃至〔三五〕「安居上座於一切僧集時、食時、粥時、漿時，應白言：『爾許時已過〔三六〕，餘有爾許時在。』」若行此等行法者，是名僧父母，亦名僧師〔三七〕。云云。

二、結時前後〔三八〕

由夏中壞行義多，招譏復重〔三九〕。故文云：自今已去，聽三月夏安居〔四〇〕。春冬過少，必無事不依，同結吉羅〔四一〕。

問：「何為但結三月者〔四二〕？」「一、生死待形〔四三〕，必假資養，故結前三月，開後一月〔四四〕，為成供身衣服故。二、若四月盡結，則四月十六日得成〔四五〕。若有差脫，便不得結〔四六〕。教法太急〔四七〕，用難常準〔四八〕。故如來順物，始從十六日至後十六日，開其一月，續結令成。」

上總三時分別，今但就夏，亦有三時〔四九〕。

初，四月十六日，是前安居〔五〇〕；十七日已去，至五月十五日，名中安居〔五一〕；五月十六日，名後安居。故律中有三種安居，謂前、中、後〔五二〕也。前安居者，住前三月；後安居者，住後三月〔五三〕。雖不云中三月，然文中具明前後日數，中間不辨，於理自明〔五四〕。結文各別，如後法中〔五五〕。

因泛明前後〔五六〕：一賞罰前後〔五七〕。四月十六日是前；十七日已去結者，並不得五利〔五八〕，故名「罰」也。二得罪前後。五月十五日已前名前〔五九〕，已有緣如法，不結無犯〔六〇〕；無緣，吉羅〔六一〕。十六日者，緣與無緣，皆結一罪〔六二〕，唯除難事〔六三〕。尼同僧犯，唯有墮別〔六四〕。三難事先後。五百問云：從夏初日，有難事不得結〔六五〕，而不出本界〔六六〕，至後夏來，並名前坐〔六七〕，是名「三十日安居」，同至七月十五日受歲〔六八〕。若五月十六日安居，唯得一日結〔六九〕。後七月半

已，有難者〔七○〕，可隨無難日自恣〔七一〕，是名「一日安居，三十日受歲〔七二〕」。

三、夏閏延促〔七三〕者

依閏安居，無有正文〔七四〕。比於薩婆多〔七五〕云：夏中有閏，受雨衣得百二十日。彼衣開法，尚依夏閏而受〔七六〕。夏是制教，理宜通護〔七七〕。又，本結安居，要心三月不出〔七八〕，今夏未滿，閏中出界〔七九〕，即非相續而滿〔八○〕，是以破也。若不依閏者，數滿九十日便自恣〔八一〕。摩得伽云〔八二〕：安居已，王作閏月，數安居日滿，自恣已，受迦絺那衣〔八三〕。即此衣成受、不成受〔八四〕，謂依閏、不依閏〔八五〕。

既二文兼具〔八六〕，至時隨緣〔八七〕。夏初要心取閏，不得依伽論〔八八〕。若反前者，通二論兩文〔八九〕。

問：「受一月日，得攝閏六十日不〔九○〕？」答〔九一〕：「不得。以安居策修，靜住有益。受日出界，亂業曲開，非是正修。限依一月，不得過法〔九二〕。」問：「五事賞勞，得攝五月、一月、含閏二、六不〔九三〕？」答：「十誦不開。由是開奢法〔九四〕故。」

今約閏月結之，「進」「不」三例〔九五〕。

若閏五月、六月，定百二十日住〔九六〕。若閏四月者，從四月十六日至閏月一日結者，並四月住〔九七〕。若閏月二日已後結者，漸漸轉少〔九九〕。以越閏月過〔一○○〕，取五月一日實夏〔一○一〕，成正結故。若五月一日後結者，皆三月住，以數滿九十日故〔一○二〕。三、若閏七月〔一○三〕者，從四月十六日後，五月一日結者，盡三月住，由未至閏故〔一○四〕；五月二日已後結者，皆四月住，由九十日未滿，入閏月，不成數故〔一○五〕。餘如疏、鈔〔一○六〕。

【校釋】

〔一〕不得在樹上　鈔科卷上四：「初，別示所依。」（三六頁中）鈔批卷一○：「以佛制不得上樹、過人頭故也。」（五一四頁上）簡正卷八：「准律緣中，比丘樹上安居，以大小便澆漬樹神，欲斷命。白佛。佛言：『不得樹上安居』，乃至『不得遶樹左右大小便』。若乾枯樹，聽在上，無罪。』時諸比丘欲樹下安居。白佛，佛聽『起不礙頭』。枝葉足蔭一坐，即得。乃至欲向小屋、小窟中安居，皆聽，但不得頭（【案】『頭』前疑脫『礙』字。），頭勝等即得也。」（四九一頁下）【案】四分卷二一，七一三頁上。

〔二〕**若樹下，起不礙頭** 資持卷上四：「『若樹』下，示可依處。樹是頭陀，屋通喧靜，並舉極小。自外準知，上約僧居。」（二三九頁上）【案】四分卷三七，八三二頁下。

〔三〕**枝葉足蔭一坐** 四分卷三七：「佛言：自今已去，聽在樹下安居。若樹高過人頭者，枝葉足覆蔭一坐。」（八三二頁下）

〔四〕**山窟中** 四分卷三七：「佛言：自今已去，聽在山窟中安居。起不礙頭、坐趣容膝，亦足障水雨。」（八三二頁下）

〔五〕**足障水雨** 鈔批卷一○：「礪解云：非手足之足也。此是足得免其水雨義也。」（五一四頁上）簡正卷八：「玄云：此謂足得免其水兩處，非謂手足之定也。」（四九一頁下）

〔六〕**若依牧牛人、壓油人、船上人、斫材人，依聚落等，並成** 資持卷上四：「『若依』下，五種並據俗舍。上四暫居處，下一久住處，（二三九頁上）並因緣起，佛皆許之。初，明可依；後，明移徙。牧，養也。聚落名通大小，乃至一家男女所居，皆是聚落。」（二三九頁中）鈔批卷一○：「立明：其人要常在蘭若牧牛，或一年、二三年者，方可依之。若暫時非久永者，不得依之。其人若移，比丘須得逐去，押油、斫材、船上人並然。礪云：依船上者，要是住船，又非暫時。（五一四頁上）量計一夏住者，得也。」（五一四頁下）簡正卷八：「四分安居，諸比丘依牧（原注：『牧』一作『放』。）牛人、斫材人、押油人，船上安居，佛皆許之。中間移徙，隨處去應處。又，諸比丘，依聚落安居。若聚落分作二分，隨處供給所須具足處住安居。」（四九一頁下）【案】「材」，底本為「村」，據大正藏本、敦煌本改。四分卷三七，八三三頁上。

〔七〕**隨所去處應去** 資持卷上四：「隨上五種人所移處也。或可彼人移去，資具有闕，隨比丘意，別往皆得。」（二三九頁中）

〔八〕**文中不了** 資持卷上四：「文中不約住意以斷得失，即是不了故。」（二三九頁中）鈔批卷一○：「撿四分文，安居中云，諸比丘欲依放牛人、斫材人、船上人安居，佛皆聽之。中間移徙，隨其去應去。又，諸比丘依聚落安居。若聚落分為二分，隨所供給所須具足處住。安居中移徙，隨所去處應去也。律文如此。立明：文中不了者，謂四分不明如上人此作久住意、不久住意，但言得依安居。又不云得夏、不得夏，但云隨去耳。」（五一四頁下）簡正卷八：「謂望五分有二義，故不了。（四九一頁下）一者，四分但云得依放牛人等安居，且不說先任意；二者，於移徙中，但云隨處去處（【案】『處』疑『應』。）去，

不說得夏、不隨得夏，及信樂豐足等。」（四九二頁上）

〔九〕**諸依如上人者，先謂作住意，得依安居**　鈔批卷一〇：「四分此要先有住意，方得依之安居。」（五一四頁下）資持卷上四：「引五分決之，文分為二。初，明開去。言住意者，謂審彼五家在此，竟夏方可依之。必無久意，不可依住，移應失夏。」（二三九頁中）【案】五分引文分二：初，「五分」下；次，「若在無」下。五分卷一九，一三〇頁上。

〔一〇〕**隨信樂，衣食豐足處去**　鈔批卷一〇：「依撿五分云：時有比丘，依估客安居，忽然後去。比丘不知云何，白佛。佛言：『聽隨去。』諸估客分作二部，比丘不知，以是白佛。佛言：『若一部信樂，所足豐樂，隨去。』乃至若依放牛羊人、作押杺人、船行人等，亦如上釋。立云：信樂者，謂其人既四散，則隨敬信、尊重比丘者去也。又，隨好衣食豐足者去，不破夏也。二夏，初十六日前、五月十六日成後，此略舉一夏初十六日也。故知前後兩个十六，俱得安居。故了論疏云：前後各及十六日也。」（五一四頁下）

〔一一〕**不言失夏**　簡正卷八：「彼亦是安居法文。時有估客營住，諸比丘欲依安居。白佛。佛言：『聽依估客安居。』居內忽有緣，須玄（【案】『玄』疑『去』。）。諸比丘不知云何，白佛。佛言：『聽隨去。』又，諸估客分作二部，比丘不知云何。佛言：『一部信樂，所須豐足，隨去。』若依放牛人、作竹桿筏人等，亦如是。鈔既注云不言失夏，理亦應得也。」（四九二頁上）

〔一二〕**若在無護處**　資持卷上四：「『若在』下，次，明非處。上別列命難，下總收二難。」（二三九頁中）【案】五分卷一九，一二九頁上。

〔一三〕**間**　【案】底本為「門」，據大正藏本、敦煌本改。

〔一四〕**五種成安**　鈔科卷上四：「『明』下，總明五法。」（三六頁下）資持卷上四：「一、擇處，二、定位，三、剋時，四、要心，五、假緣。」（二三九頁中）

〔一五〕**有覆**　簡正卷八：「謂有屋宇。若無含（【案】『含』疑『舍』。）宇，即不可住。」（四九二頁上）

〔一六〕**夏初十六日**　簡正卷八：「謂前夏初，是四月十六，後夏初，是五月十六日也。」（四九二頁上）資持卷上四：「彼論亦同此律，但有前後兩位，十七日去，俱是後攝。」（二三九頁中）

〔一七〕**若東方已赤**　鈔批卷一〇：「此明十五夜分盡，明相出竟，方是夏分。」（五一四頁下）簡正卷八：「『若東方』等者，彼律文即不如此。促（【案】『促』疑『但』。）是古人製疏，有茲異說，要須令十五日夜在安居處宿，明日加法結

之得成。若夜不及界，至十六日明相已後，方始來者，結不成也。今師云：十五日，由是春分，未屬夏分。春夏各別，何須預來？全成妄述。（四九二頁上）今鈔云東方赤者，牒起了論也。謂十五日夜分盡，即（原注：『即』鈔作『則』。）東方赤者，是十六日限，引了疏自釋也。謂真諦造疏，解於了論。疏去（【案】『去』疑『云』。）『東方赤』，明知是十六日，得成安居也，即破十誦疏家義故。諸記中，並未委此意。搜玄、淮南，兼錯科第三大段，勒為子科，如下對文自破也。」（四九二頁下）【案】了論，六六九頁下。

〔一八〕**為破十誦疏家要令十五日及界宿** 資持卷上四：「此明了疏特立日限之意。以十五日猶屬春分，非夏限故。今時僧舍，多有此過，相與循訛，率田（【案】『田』疑『由』。）暗教。況乃但營齋供，各競豐華，至於結法，曾不遵用。隨情罔聖，重事輕法，良可悲夫！」（二三九頁中）鈔批卷一〇：「立明：彼十誦文，不作此說。但後人作疏，作此行事耳。云要令十五日及界，分房舍了，十六日安居則成。至十六日方來者，則不成安故。四分羯磨疏破云：若十五日結者，則是春末日，不名結夏。今鈔引了論疏及四分，破十誦師執也。但是十六日夜分未盡之前入界，乃至一腳及界等，皆成安居也。」（五一五頁上）

〔一九〕**別住是布薩界** 鈔批卷一〇：「立謂：今結攝僧大界，皆名別住。此界非彼界，故稱別住。以在此界內，起心安居也。」（五一五頁上）

〔二〇〕**安居心三種** 資持卷上四：「疏列三種：初是修智，三即營福，第二兩兼。」（二三九頁中）

〔二一〕**在處無五過** 資持卷上四：「復五。據處是通，約相則別。」（二三九頁中）簡正卷八：「玄云：羯磨中，具釋此五，文勢相似，不能具錄。」（四九二頁下）

〔二二〕**太遠聚落** 鈔批卷一〇：「疏云：得待形須濟，為藉資緣，遠覓妨業，故不許也。」（五一五頁上）

〔二三〕**太近城市** 鈔批卷一〇：「城市猥雜，出道清修，往往相違返也。此上二處，雖不中安居，是處先有伽藍，豈不成安居也？」（五一五頁上）

〔二四〕**多蚊蟻難** 鈔批卷一〇：「蚊、蝱物命輕，害者多，或唼形骸，無心思擇。濟云：如并州石壁寺，極多蚑蚤，有老師常作絹械，夜入中臥。不者，絕不得睡也。小師相調云：『汝不從石壁寺作夏來？夜中狗蚤，擎汝離床幾地。』」（五一五頁上）

〔二五〕**嚌齧人，踐傷彼命** 資持卷上四：「嚌齧是妨己，踐傷即害物。嚌，『子合』反。齧，『五結』反。」（二三九頁中）

〔二六〕無可依人　鈔批卷一〇：「羯磨疏云：人須良友，全梵行基。雖並號善，未必相副，故須簡練。又須具有五德，問無滯一也，故云未聞令聞。此明能依之人，心中有疑，（五一五頁上）欲求聞解者，其所依人即能教示，令聞者也。」（五一五頁下）資持卷上四：「即第五律師。」（二三九頁中）

〔二七〕已聞令清淨　鈔批卷一〇：「立謂：能依之人聞已，所依之人令其能依之人清淨。疏云『隨說生信』。」（五一五頁下）資持卷上四：「『謂』下五句，即列五德。初約授法，二即捨行。」（二三九頁中）

〔二八〕能為決疑　鈔批卷一〇：「立謂：能依之人，疑輕、疑重，疑有、疑無。所依之人並能為決。疏云『隨疑決之』。」（五一五頁下）

〔二九〕能令通達　鈔批卷一〇：「疏云『問答無礙』。」（五一五頁下）

〔三〇〕除邪見得正見　鈔批卷一〇：「疏云『辨周見正，離諸邪執』。」（五一五頁下）

〔三一〕無施主施飲食湯藥　資持卷上四：「無施主，謂闕資緣，即第五過。」（二三九頁中）

〔三二〕無人深山可畏處，不應住　鈔科卷上四：「『十』下，明難處。」（三六頁中）資持卷上四：「初引十誦，一往簡非。」（二三九頁中）鈔批卷一〇：「依撿十誦云：憍薩羅國有一比丘，深山林中獨住。時有非人女來，語比丘言：『共我作婬欲來。』比丘言：『我是斷欲人。』女言：『汝若不作，我當破汝利，與汝衰惱。』比丘言：『隨汝所作，我終不共汝作婬。』其女中夜比丘臥時，便合納衣，持比丘著王宮內，夫人邊臥。王見已，問言：『汝是何人？』答言：『我是沙門釋子。』具以事答。王即放之。諸比丘聞，白佛。佛言：『從今日，如是無人深山中可畏處，不應住。』又有一比丘，因緣如上。其鬼女持比丘著酒舍酒甕中。（五一五頁下）乃至佛言：『比丘深山林中，空處、可畏無人處，不應住也。』」（五一六頁上）【案】「應」，底本為「須」，據敦煌本、十誦律改。據十誦卷五七，四二五頁下。

〔三三〕五分云　資持卷上四：「引五分，決通可否。」（二三九頁中）【案】五分卷一九，一二九頁中。

〔三四〕毘尼母第六卷中，大明安居方便法用　鈔科卷上四：「『毗』下，示白法。」（三六頁下）鈔批卷一〇：「依撿彼論云：比丘夏安居處，若僧伽藍、若樹下等，應先往看：有敷具不？其處無音聲惱亂不？無師子、虎、狼、蚊、虫、賊難等不？此中可得安隱安居至竟不？此處飲食如意不？有病，醫藥可得不？復共住者可信不？如有所須，可隨得如意不？得安隱行道不？若共行、住、坐、臥

不？為我作留難不？若病時，不棄捨我去不？如是籌量眾事合和已，然後安居。復觀大眾中：無有犍鬥爭者不？不生我惡心不？眾中有解知毗尼者不？是名安居法乃至安居上座等不？彼母論云：安居眾中上座，應當問大界標相處所；又問攝衣、攝食處所，又問布薩處所、說戒法，差說法人呪願，差營事人，差僧淨人；諸比丘出界外，七日十五日、一月日，白二羯磨處所。又，應巡房看敷具，誰如法受用，誰不如法？如法者，應示教利喜，讚其所行；不如法者，應諫令憶念，語言：長老應如法受用僧物也。」（五一六頁上）【案】母論卷六，八三三頁下。

〔三五〕乃至　資持卷上四：「『乃至』下，示法。今準義加。於小食上，維那打槌告云：『白大眾：安居已，過一日，餘有八十九日在。當勤精進、謹慎莫放逸。』（餘日，準此加減。）」（二三九頁下）簡正卷八：「上座應安慰云：『大眾：覺察無常，日月遄邁，無常潛至，可勤修道，生死可畏，無宜放逸。』如此上座，號僧父母，亦號僧師等。」（四九三頁上）

〔三六〕爾許時已過　鈔批卷一〇：「立云：上座安慰大眾，既覺察無常，日月遄邁，時變歲移，無常潛至，（五一六頁上）可勤修道，生死可畏，無宜放逸。如是上座，真僧父母，亦名僧師，是名上座法。」（五一六頁下）

〔三七〕若行此等行法者，是名僧父母，亦名僧師　資持卷上四：「『若』下，勸依。僧父母者，道因彼生故。言僧師者，行從彼範故。彼文猶廣，故注云云。彼續云：安居比丘自恣時得作一事，謂說見聞疑罪；後作四事：一、解界。二、還結大界。有二因緣須解界：一、為水漂相壞，不知處所；二、為賊難，僧皆捨去，故須解結。（無緣不須，下斥古計。夏中解界破夏，亦恐古執此文。）三、受迦絺那衣，（亦隨有無。）四、受敷具。」（二三九頁下）

〔三八〕結時前後　簡正卷八：「問：『安居修道，何時不須，何故父（【案】『父』疑『文』。）中偏約於夏？』可引鈔答，云『由夏中』已下是也。」（四九三頁上）【案】「結時」文分為二：初，「由夏中」下；次、「上總三」下。

〔三九〕由夏中壞行義多，招譏復重　鈔科卷上四：「初，引文顯制。」（三六頁中～下）資持卷上四：「初文顯制，即本緣起。初二句敘過，即上三義故。」（二三九頁下）【案】「由夏」下分二：初，「由夏」下；次，「問何」下。

〔四〇〕自今已去，聽三月夏安居　資持卷上四：「問：『安居是制而云聽者？』答：『制聽相對，聽即是開，開聽相望，聽通開制。如聽造房、畜長，聽結界，聽略說戒等，此聽即開。如云聽問十三難，聽依止師，聽白說戒，聽行舍羅，聽安居

竟自恣，此聽即制。今云聽三月者，頗同此意。借義以訓，聽，猶令也。謂使令作之不可違故。若作此解，餘文無復壅矣。』問：『中一時四月，約過是同，而不盡制，故須問釋，以彰教旨？』答：『有二意。初，約開後答，唯被前安居人，身為苦器，飢渴寒熱，（二三九頁下）隨時所須，故號待形。準通五利，且舉外資，是正開意，故但云衣服也。』」（二四〇頁上）【案】五分卷三七，八三〇頁下。

〔四一〕**春冬過少，必無事不依，同結吉羅**　資持卷上四：「夏是別制，春、冬即通制。若據二時，妨道雖同，無多傷害，招譏亦輕，故云過少。」（二三九頁上）簡正卷八：「春冬過少者，壞行招譏之過稍劣。無事不依同結告者，若三時無事遊行，大僧通得吉，尼不後安居得提。」（四九三頁上）

〔四二〕**何為但結三月者**　鈔科卷上四：「問結三所以。」（三六頁下）簡正卷八：「為者，故也。意云：夏有四月，何故律文聽三月安居耶？」（四九三頁上）

〔四三〕**生死待形**　簡正卷八：「形是身形。待者，業之形也。」（四九三頁上）資持卷上四：「約開。前答則攝中、後二位教。」（二四〇頁上）

〔四四〕**開後一月**　鈔批卷一〇：「此謂迦提月是也。」（五一六頁下）

〔四五〕**則四月十六日得成**　簡正卷八：「若四月總結為夏者，唯局四月十六日，即成安居。」（四九三頁上）

〔四六〕**若有差脫，便不得結**　簡正卷八：「或有緣差忽不（【案】『不』疑『至』。），遂加法結，即明日已去，並不成故。」（四九三頁上）

〔四七〕**教法太急**　資持卷上四：「太急者，攝機不盡也。」（二四〇頁上）簡正卷八：「寶云：若四月總結者，安居、自恣，俱楷定故。今於四月中，但結三月，留後一月不結，忽於前三月內，（四九三頁上）不及前安居。即有中、後，可望相續結成，故云曲順物情，乃至續結今成等。」（四九三頁下）

〔四八〕**用難常準**　資持卷上四：「用難常者，機緩不及也。異緣或阻，不可期故。」（二四〇頁上）

〔四九〕**上總三時分別，今但就夏，亦有三時**　資持卷上四：「次，別明三時。標中，結前生後。前明一年三時緩急，後明一夏三時前後。」（二四〇頁上）簡正卷八：「結前文也。上文約一季有春、夏、冬三時，皆制安居，無緣遊行，並得吉也。就中，多過偏制夏中，適來已說，今故結前。今但就夏亦有三時者，標今異昔也。今師只於夏安居內，自分前中、後三種差別，即生下之意也。」（四九三頁下）【案】「別明」評論發為二：初，「初四」下；次，「因泛」下。

〔五〇〕**初四月十六日，是前安居**　鈔科卷上四：「初，結之分齊。」（三六頁下）簡正
卷八：「唯局一日，十七已去。至五月十五，中間二十九日，名中安居。五月
十六口（【案】『口』疑『日』。），亦局此一日，名後安居。此是今師立三也。」
（四九三頁下）【案】本節分二，初，「初四」下；次，「前安」下。

〔五一〕**十七日已去至五月十五日，名中安居**　簡正卷八：「即違他律文也。今難云：
『若爾，何故增三文中，有前、中、後三種耶？若言但有二者，莫違他增三文
不？』（四九三頁下）『古師通云彼是三種調心之法，謂佛令比丘於安居中，觀
歌如哭，觀儛如狂，歡戲笑如小兒，非謂是三種安居法也。』今又難云：『但
二者，增二文中何不列出？彼卻難云若立三有，何故捷（【案】『捷』疑『律』。）
中十七日，佛令作後安居？又但云前安居住前三月，後安居住後三月，並不見
說中安居住中三月耶？』可引鈔答。」（四九四頁上）

〔五二〕**故律中有三種安居，謂前、中、後**　簡正卷八：「『故律云』等，增三文也。證
上三種不謬。」（四九三頁下）鈔批卷一〇：「立云：古來諸師，有不立中安居
者，然安居揵度中，唯明前後安居，不明中安安（原注：『安』字疑剩。）居
法。下增三文中，有三時安居，謂前、中、後也。故羯磨疏云：增三具明前、
中、後也。據時定分，初後一日，中間二十九日。就揵度中，但明前後各住三
月，則無中也。故此揵度下文云：舍利弗、目連欲於佛所安居十五日，從所住
處往，十七日方至。不知云何？佛言：『聽後安居。』據相而言，前但一日，
餘三十日為後安居，莫不望初但名後？故則缺中也。有云：四分第五十八卷增
三文，有三種安居：前、中、後也。於聖法律中，歌戲猶如哭，（五一六頁下）
舞如狂者，戲笑似小兒。有人將此三種安居別是安心之法，非是安居，唯在前
後兩日。竇許三時安居也，云『小見封（【案】『封』疑『對』。）文，大智隨
義』。古人云：我觀此律結安居法，唯有前後兩日成安居。『若爾，何故增三文
云有三種安居：前安居、中安居、後安居？』答云：『彼續次文云：於聖法律
中，歌戲猶如哭，儛如狂者，戲笑似小兒。觀此文勢，靜緣正念，名曰安居。
初心觀歌，中儛後笑，故云三安居，非謂九旬安居法也。今亦有人扶此曲見。
今詳。此乃迂會明文，妄通己見也。以觀歌等，無有前後安居之相，但是別節
之文也，不須配屬三安居之上。母論第五直言比丘法，自不得儛，亦不得教人
儛。佛所不聽。六群比丘自歌儛作伎，佛即聞之，制一切比丘不得歌儛作伎
也。有六群比丘，如拘槃走法，佛不聽也。儛法是童蒙小兒所作，歌者似哭
音，露齒笑有狂人相貌，此皆比丘不應作。（述曰：）彼無三安，不相配屬，

故知增日盡五月十五日，日日可結，明知夏中有三安居。然尋四分律本無，興于闐、龜茲國中。卑摩羅叉是龜茲人，依新律本，故作此說。若言他部，並無中安之文。（五一七頁上）若將此律會通他部者，何成諸部？各有自宗也。高云：然三時安居，古來共諍，至余決然。以義求，唯二時也。當部揵度，無三時文。（此一證也。）外部諸律，並唯前後二時。（二證也。）唯五百問許有三時，未足堪依。增三文中，本非夏安之法，別是調心有三時之別，故曰有三種安居。增三中，辨三安居，即是夏中三者。何以增二文中不說有二種安居，謂前、後也？（三證也。）又，云（原注：『云』疑『文』。）中，舍利弗、目連十七日至，佛令後安。明知既不及前，佛令待後至五月十六日。（四證也。）又，忘成及界，皆是開文，以不暇加法，開有忘成。若得續結，名中安者，何須開忘成及界，只開中安，豈不為要？（五證也。）又，此揵度下文，受他請安居。背請中，諸句數皆言十五日界內界外布薩，十六日往安居處等。既言對布薩時，明知唯是四月半、五月半也。若開中安，則無布薩可對也。（六證也。）』」（五一七頁下）

〔五三〕前安居者，住前三月；後安居者，住後三月　鈔科卷上四：「『前』下，住之不同。」（三六頁下）資持卷上四：「引文示，即安居揵度。彼云：佛言有二種安居，有前安居，有後安居。住前三月，四月十六坐也；住後三月、五月十六結也。」（二四〇頁上）簡正卷八：「此是安居揵度文也。據此文中，但有二種故。古師或立二，或立三者，據增三文也。又者，古師云：決定有二，不許有三。所以爾者，古人引揵度文云：時舍利弗、目連欲共世尊安居，四月十五日，從所住處往，十七日至彼，不知云何。佛言：『聽結後安居。』」（四九三頁下）

〔五四〕雖不云中三月，然文中具明前後日數，中間不辨，於理自明　簡正卷八：「是今師答通成立三種道理也。意云：雖律中不言中三月，既來前後，自攝中間也。」（四九四頁上）資持卷上四：「『雖』下，義決。初句，點文缺；『然』下，顯義具。文指二日為前後，則義必含中，故云於理自明也。疏云：揵度中，但明前後各住三月，則無中也。故舍利弗欲於佛所安居，十七日至，制後安居。據相以言，但前一日為前安居，餘三十日為後安居。莫不望初，俱名後故，則缺中也。」（二四〇頁上）鈔批卷一〇：「立云：如鉢量上下三，斗斗半間，中不辨，義可知也。」（五一七頁下）簡正卷八：「於理自明者，於中安之道理，即自分明。縱（【案】『縱』疑『從』。）十七日到一住處，佛言令作

後也。」（四九四頁上）

〔五五〕結文各別，如後法中　資持卷上四：「下指結文，三法別故。」（二四〇頁上）
鈔批卷一〇：「如後正加法門，各稱前、中、後三月等也。」（五一七頁下）簡
正卷八：「結文各別者，結三種安居，文各差別。如後法中者，下文舉缽，量
制上下定中間，不顯而知而知（【案】次『而知』疑剩。）。已上並依法寶消
文。」（四九四頁上）

〔五六〕因泛明前後　資持卷上四：「此中正明安居前後。而下三門，名同事別，以類
相從，故云泛也。」（二四〇頁上）鈔批卷一〇：「上明結時前後義竟。從此已
下，有三義，正論前後：（五一七頁下）一、明賞罰前後，二、得罪前後，三、
難事前後。」（五一八頁上）簡正卷八：「汎者，廣也。不取別解，謂因辨三種
安居，即廣辨三種。前後文勢，相從不明，可不述也。」

〔五七〕賞罰前後　簡正卷八：「四月十六日是前者，得五利名賞也。十七日已去，即
十八九等是後，並不得利，故名罰也。」（四九四頁上）資持卷上四：「『是前』
下，合云『得受五利，名賞』。」（二四〇頁上）【案】資持義為：完整的句子
應當是「四月十六日是前，得受五利，名賞。」

〔五八〕結者，並不得五利　資持卷上四：「『結者』下，合云『是後』。上下相映，在
文省約。」（二四〇頁上）【案】資持義為：完整的句子應當是「十七日已去結
者是後，並不得五利，故名罰也。」

〔五九〕五月十五日已前名前　簡正卷八：「謂四月十六日直至五月十五日，一月日總
名前也。」（四九四頁下）資持卷上四：「以前三十日為前，後安一日為後。」
（二四〇頁中）

〔六〇〕已有緣如法，不結無犯　資持卷上四：「初，明前不結，有犯不犯。」（二四〇
頁上）鈔批卷一〇：「既有機緣，開不結無罪。若准祇律，要令隨住處即結。
後若有破者，隨破更復結之。日破日日結，不結隨日得罪。故祇文云：若在道
行，至安居日，即於路側。若依車道，應受安居。然後往趣所住之處，應更安
居。中道不道（原注：『道』疑『受』。）安居，一越；至住處不後安居，二越。」
（五一八頁上）簡正卷八：「有難因緣，非謂怠隨，名如法也。未得加法，結
成未犯罪。若無緣，文中結吉。十六日者，即五月十六，局此一日名後也。」
（四九四頁上）

〔六一〕無緣，吉羅　鈔批卷一〇：「謂無難緣不結，得吉也。此上約五月十五日已前
入也。」（五一八頁上）

〔六二〕**十六日者，緣與無緣，皆結一罪**　資持卷上四：「『十六日』下，明後不結，皆犯。」（二四〇頁上）簡正卷八：「有緣無緣，並結吉罪。謂只有此一日急故。」（四九四頁上）

〔六三〕**唯除難事**　資持卷上四：「示開緣也。」（二四〇頁上）鈔批卷一〇：「謂卻牒上五月十六日之前也。時若無難，不結得（【案】『得』後疑脫『惡』字。）；除有難事，則無罪也。」（五一八頁上）簡正卷八：「開無犯。」（四九四頁下）

〔六四〕**尼同僧犯，唯有墮別**　資持卷上四：「簡通濫也。『同』謂同前，『別』即別後。以尼外化義少，不許遊涉，故重於僧。」（二四〇頁上）鈔批卷一〇：「礪云：尼不前安居犯吉。有以可結，故輕。不後安居，提。更無結日，故重也。今此鈔文正明不後安居人也。」（五一八頁上）簡正卷八：「古德解云：尼不前安居，犯吉，有後可望故；不後安居，犯墮，無後可望也。（玄同此解。）今難云：僧不後安居，亦無後可望，何故但犯！今恐是根報強弱，故罪有重輕耳。」（四九四頁下）

〔六五〕**從夏初日，有難事不得結**　資持卷上四：「初明前者。乃至後夏不結者，雖未暇加法，而身已在界，故並成前坐。」（二四〇頁上）簡正卷八：「四月十六是夏初日。從此日，中間累累有難事，不得對人加法也。」（四九四頁下）

〔六六〕**不出本界**　簡正卷八：「雖有難，未遂加法，而且不曾出外宿等。」（四九四頁下）

〔六七〕**至後夏來，並名前坐**　簡正卷八：「五月十六日是後夏。至此日難靜，擬對人加法。雖是五月十六日，但作前安居說偈，故云並名前坐。」（四九四頁下）

〔六八〕**同至七月十五日受歲**　資持卷上四：「『是名』下，謂結夏日異，受歲日同。前一月中，隨日可結，故云三十日安居也。問：『難事不息，都不結者，為得夏否？』答：『疏云：或五日、三日，乃至一月，雖不結之，（二四〇頁上）不失前坐。以難不結，非是故心。』」（二四〇頁中）鈔批卷一〇：「立明：此有難人，從四月十六日至五月十六日，中間日日欲安居，有難不得結，仍不出界宿。至後夏來，開成前安居也。至七月半，同僧受歲，此人於一月中，竟不加法，是名安居。教一月自恣日時去也。」（五一八頁上）簡正卷八：「從四月十六日至，豈非三十日耶？同至七月十五受歲者，隨眾七月十五日得夏，十六日更出界無過。已上既是難事，開成前也。」（四九四頁下）

〔六九〕**若五月十六日安居，唯得一日結**　簡正卷八：「釋上五月十六日，豈非一日？十七已去，不成夏也。」（四九四頁下）資持卷上四：「『若』下，明後。以後

安居人本是八月十五日夏滿，聽隨前安居人探前自恣，令由難阻，隨息開作，故通一月。此即結夏日，同受歲日異。問：『前中二種，有難開否？』答：『準理應通。』『若爾，律中有難開增自恣者？』答：『彼是外界鬥諍，此即王、賊等阻障，俱號難緣，名同事別。上三前後，初賞罰以前安一日為前，後三十日為後。』」（二四〇頁中）

〔七〇〕**後七月半，已有難者** 簡正卷八：「謂此日受欲自恣，忽有難緣不得也。」（四九五頁上）資持卷上四：「即約安恣，互明前後。疏有六種：三種同前，第四位約前後。初後兩夏，各十六日，中間二十九日。五、明行住，（『住』謂舊住，『行』即外客。）對念二法，『行』『住』通用；忘成及界，以是行人，先有要故。（又云：必舊有要，例亦開之。）六、據法不同，對念作法，以容預故；忘成及界，恐乖前後，直爾便得。（準疏，後亦加法。）」（二四〇頁中）

〔七一〕**可隨無難日自恣** 簡正卷八：「從七月半後，十六、七、八、九，乃至八月十五日已來，隨其中間難靜日間，即自恣也。」（四九五頁上）

〔七二〕**一日安居，三十日受歲** 鈔批卷一〇：「立云：此五月十六日安居，（五一八頁上）唯局此一日結。至七月十六日已去，至八月十五日來，中間日日有難，日日欲自恣，緣難不作。畢至八月十五日夏盡，不得自恣，是名三十日受歲。故云安居隔一日，自恣教一月也。」（五一八頁下）簡正卷八：「謂五月十六日，為一日也。三十日受歲者，從七月半至八月半，三十日也。八月十六日，入冬分不成故。就中，此段文難見其意，欲知文旨，前段即約初結夏時逢難，後段即據自恣時逢難。若安居中逢難，待難靜加法，得至五月十六。若自恣時過（【案】『過』疑『遇』。）難，待難靜自恣，得至八月十五。」（四九五頁上）

〔七三〕**夏閏延促** 資持卷上四：「依閏為『延』，不依名『促』。又，閏中三例，住日多少，延促可尋。」（二四〇頁中）簡正卷八：「有閏依之，一百二十日名『延』，不依，促。數九十日滿名『於』（【案】『於』疑『促』。）也。」（四九五頁上）【案】「夏閏延促」文分為二：初，「依閏」下，二、「今約閏」下。初又分二，初，「依閏」下，正明；二、問答。正明分二：初引多論和伽論；二、「既二」下。

〔七四〕**依閏安居，無有正文** 簡正卷八：「三藏教中，並無說處。法寶云：不准（【案】『准』疑『唯』。）無文，兼無其義，即文義俱闕也。」（四九五頁下）

〔七五〕**比於薩婆多** 資持卷上四：「『比』下，二、取例。『比』即是例。前引論文，彼云：若閏四月者，則取前四月受『雨衣』，滿百二十日。故知含閏在其間

矣。」（二四〇頁中）鈔批卷一〇：「立明：依閏安居，諸律無正文，今引此論。夏月『雨衣』，得百二十日，明攝取閏，以『雨衣』要是夏中閏用，餘時不許用。既言百二十日用『雨衣』，明知即是攝閏安居也。又復衣是開教，尚令攝閏，安居是制，何得越閏？」（五一八頁下）簡正卷八：「謂多論受『雨衣』含閏而受。故彼文云：若有閏者，從四月十六日受至七月十五，於其中間一百二十日當畜。（已上論文。）」（四九五頁上）

〔七六〕**彼衣開法，尚依夏閏而受**　資持卷上四：「『彼』下，以開況制。開緩尚依，制急宜準。」（二四〇頁中）簡正卷八：「今師反顯釋成也。意云：彼多論『雨衣』是開聽之敬（【案】『敬』疑『教』。），尚一百二十日受畜。」（四九五頁上）

〔七七〕**夏是制教，理宜通護**　簡正卷八：「謂夏法是佛親制之教，道理宜應通而防難。（四九五頁上）若有閏，須依也。此則舉一例諸。故舉彼『雨衣』，開教是緩，尚依閏受畜；例今夏法是制教急，故可不依而護持。」（四九五頁下）

〔七八〕**本結安居，要心三月不出**　資持卷上四：「『又』下，三、釋疑。疑云：閏是虛坐，既非正月，閏中出界，應不破夏，何須坐閏？故比通之。今明：依閏雖經四月，閏不在數，但恐間絕三月實夏，故依之耳。」（二四〇頁中）

〔七九〕**今夏未滿，閏中出界**　簡正卷八：「明古師所立也。古人云：如閏五月者，若前五日是本分之月，便須護之。若後五日是閏，非開正數，促（【案】『促』疑『但』。）出界宿，不在防護。若閏六月，亦爾。故云閏非（【案】『非』疑『剩』。）中出界也。」（四九五頁下）

〔八〇〕**即非相續而滿**　鈔批卷一〇：「羯磨疏云：有人不依閏者，正月便安，閏月不安。對此人故，故有此語來也。」（五一八頁下）簡正卷八：「今師斥古之非也。謂於閏月中出界，閏是夏故。設過閏已，夏護無益，即非相續而滿，是以破夏。」（四九五頁下）

〔八一〕**若不依閏者，數滿九十日便自恣**　鈔科卷上四：「『若』下，據伽論不依。」（三六頁下）鈔批卷一〇：「立明：此伽論意也。謂結安之時，未知有閏，故不依也。彼伽論云：安居已，王作閏月，本知有故，則須依閏，不令受衣。不知有者，數滿九十日成夏也。」（五一八頁下）簡正卷八：「此文兩解。初，依諸家云：謂雖知有閏，比丘要心不取促，數九十日滿，即得出界。或諸結時，雖未知有閏，預生要期：『恐後有閏，我亦不依。』此解不成也。必明白心中，預知有者，即洹（【案】『洹』疑『須』。）准多論『兩衣之例』，依閏安居。不可

以自要心，妄數日滿出界。此則定破夏也。又云：諸雖不知預前生心，云『我不依』，亦無此理，不以預要而成結夏也。次，依法寶正解云：謂初結夏時，並不知今夏有閏月，故要期九十日。已定至安居了，方知有閏，即依文中促，九十日滿，便自恣出界。必若預知，須依多論，不在此例也。（四九五頁下）外難曰：『夫有夏閏，春初即知，何得前言：初安居時，未知結夏了，方知委有閏耶？』可引鈔答云『摩得伽云，安居已依閏月等。（云云。）』蜀云：西土制曆日，與此不同。此方遂季，出曆正月，便知有閏、無閏等。西土三時，遂季制曆，故致差殊。如從十二月十六至四月十五日，由是春分，處攝一番，曆術已盡。至四月十六日，是夏初一日，新曆未出。比丘結夏，此以有閏不知，故數九十日異，便得自恣。已上依文正解竟。若依雪川著座主云：此據深山處所，初不知有閏，後方委之，已要期九十日定，故數日滿不依閏也。此釋與鈔相違。」（四九六頁上）

〔八二〕**摩得伽云** 資持卷上四：「『摩』下，引據。安居已作閏者，顯是初結，未知有閏。故通數滿下，明受衣。」（二四〇頁中）鈔批卷一〇：「撿伽云，問：『頗有比丘，一衣受作迦絺那衣，即此不成受耶？』答：『有謂，依閏彼安居，依閏自恣，九十日得衣，即受作迦絺那衣。不依閏，成迦絺那衣，依閏者不成受。（五一八頁下）王作閏月，數安居日滿，自恣已，受迦絺那衣，成受也。』」（五一九頁上）扶桑記：「卷三、卷九，均是取要。」（一二九頁）【案】摩得伽論卷三，五八一頁上～中。

〔八三〕**受迦絺那衣** 簡正卷八：「夏竟受也。」（四九六頁上）

〔八四〕**此衣成受、不成受** 簡正卷八：「此文多釋。今依淮南。准彼解，方為雅當。彼論之中，因辨比丘受衣戒不，故有此段。今鈔云『即此衣成受、不成受』，是論中徵詞也。意云：九十日滿，比丘受衣，為成受、為不成受？」（四九六頁上）資持卷上四：「言成受者，以不依閏數日滿故。言不成者，或有依閏，日未滿故。」（二四〇頁中）

〔八五〕**依閏、不依閏** 簡正卷八：「此是論中釋也。謂若夏初，並不知有閏，已要期九十日定。縱後出曆，方知有閏，促數九十日竟，自恣已受衣，即此衣成受。若夏初必知有閏，便合從急含閏安居百二十日住。（四九六頁上）今便數九十日定，自恣已受衣，即此衣不成受也。欲知受衣成與不成，促（【案】『促』疑『但』。）據依閏、不依閏以釋。若諸記中所解，並未窮論旨。思之。或有約一界，有一半人，依閏即不成受衣。更一半人，不依閏即成受。此解亦不正。

知之。外難云：『前文既言依閏安居，無有正文，今伽論所說，豈非正文？』大德云：『伽論正明功德衣成受不成受，據依閏不依閏以解。若夏內有閏月安居，為不要依。此既不說，亦是無文。今人多迷此意也。』」（四九六頁下）

〔八六〕既二文兼具　鈔科卷上四：「『既』下，約緣兩判。」（三六頁中）資持卷上四：「兩判中。初句指前文。多論唯明依閏，伽論文通兩位，故云兼具。」（二四〇頁中）鈔批卷一〇：「立明：多、伽二論，各有依閏、不依閏之文，故曰兼具。今良恐不爾。所以知者，下文云：若取閏者，不得依伽論。明知多論唯浴衣一向取閏。又，羯磨疏云：若據多論，似攝閏取，以雨衣四月，比決如文。若言多論，有依閏、不依閏之文。鈔所不直引來，而但引浴衣之文例決也。故知多論無不依閏之文，無妨有義耳。立又一解。二文兼具者，總約伽論中有依閏、不依閏之文，故言二文。今若要心取閏，則百二十日住。若不要心取閏，則數滿九十日自恣。私云：二文兼具者，多、伽二論，故有曰『二文』。多論雨衣，既百二十日，明知依閏。伽論復云：王作閏月，有依不依。今會二論之文，詮義如足，故曰兼具也。」（五一九頁上）

〔八七〕至時隨緣　資持卷上四：「次句，明雙用。」（二四〇頁中）鈔批卷一〇：「謂隨夏前要期，取閏、不取閏之緣。若取閏依多論，不取閏依伽論，名為隨緣也。」（五一九頁上）簡正卷八：「至有閏安居時，一切隨於前緣也。」（四九六頁下）

〔八八〕夏初要心取閏，不得依伽論　鈔批卷一〇：「謂不得數滿九十日，須依多論百二十日也。」（五一九頁上）資持卷上四：「『夏』下正判。初明須依，（二四〇頁中）謂先知有閏，宜從多論，不得不依故。不取伽論。」（二四〇頁下）簡正卷八：「『夏初』已下，辨隨緣之義理。若夏初知有閏月，決定須含閏，即准多論兩（原注：『兩』疑『雨』。）衣之例，不得依伽論文。」（四九六頁下）

〔八九〕若反前者，通二論兩文　資持卷上四：「『若』下，次明通依不依。言反前者，謂夏初不知有閏，結已方立。或依不依，隨人取捨，故云通二論也。西土作閏不定，此方不爾，預出年曆，並是先知，皆須依閏。（舊謂『先知有閏，要依不依，隨人所欲』者，非。）疏云：即彼伽論前安居已，王作閏月，本知有故，則依閏，不合受衣。本不知有，數日成夏。」（二四〇頁下）鈔批卷一〇：「自意云：謂反卻要心，即是不要心取閏，故言『反前』，以不要心取閏故。（五一九頁上）今依伽論，不依閏文亦得。若依多論，取閏文亦得，故言通二論兩文。故知若要心取閏，必須百二十日，即是依多論，故曰不得依伽論；若不要

心取閏者，依伽論九十日亦好。故言通二論兩文。作消文無妨，以雙會兩邊，名通二論。論各有據，名為二文。故曰也。」（五一九頁下）簡正卷八：「若反前者，謂夏初未知要心，九十日結夏，即准伽論，是反前也。此促反於知及不知，非謂反他要心不要心也。通二論兩文者，通『多論依閏文』及『伽論不依閏』兩種論文也。已上依實解也。玄云：伽論之中，有二種論量。若安居已，上（【案】『上』疑『王』。）作閏，即數九十日滿，是一種論量。若夏初知有閏，必須百二十日住，是二種論量也。解恐非，取（【案】『取』前疑脫『不』字。）也。」（四九六頁下）

〔九〇〕**受一月日，得攝閏六十日不**　鈔科卷上四：「初，問受日。」（三六頁下）簡正卷八：「外難曰：『此是安居文，何故預明受日？』答：『受日因安居。安居既許含閏，我今受一月之法，亦准安居得含閏不？此蓋因便相從，致生此問也。』消文。鈔云：受一月日者，如閏五月，前五月一日請法攝，得後五月，共成六十日不？」（四九七頁上）資持卷上四：「此兩重問，並謂以開難制。兩答不同，在文可見。」（二四〇頁下）

〔九一〕**答**　簡正卷八：「謂安居是制教，在於界內，策進修行，寂靜止住，利益不少。答令攝閏受日是開教。又出界外，身馳心散，以亂道業。今計受日，由是曲開，不可更含後閏，促限一月，不得過也。」（四九七頁上）

〔九二〕**限依一月，不得過法**　鈔批卷一〇：「以其受日是開，今不可更閏月。以開不重開故也。」（五一九頁下）

〔九三〕**五事賞勞，得攝五月、一月，含閏二、六不**　鈔科卷上四：「問迦提。」（三六頁下）資持卷上四：「一月、五月，中間兼閏，則二月、六月也。一月中局閏七月，五月中通含七、八、九、十、十一，五箇月也。」（二四〇頁下）簡正卷八：「亦先辨大意，然後消文。外難去：『五利賞勞，是下文事，何得然此預明？』答：『賞勞因安居有功，故開五月、一月等。』『汝安既含閏，我今賞勞月中有閏，亦合攝不？』『蓋是相從，因便辨也。』次消文。云含閏二六者，法寶云：如無功德衣，本分迦提，一月利今有閏，莫得二月不？如有功德衣，本是五月利，今既有閏，莫得六月不？故云『二六』也。搜玄：取無衣兩月，成六十日為『一六』，有衣六月為『二六』。此釋似周遮，今促（【案】『促』疑『但』。）取前解。約二月、六月，為『二六』妙也。」（四九七頁上）

〔九四〕**由是開奢法**　鈔批卷一〇：「奢，由侈也。六明五利之法，其開文上行之人不受，次下之輩依行。今明五月之利，已是開奢，何得更攝閏月？故十誦云：問

受功德衣已，官作閏月者，隨安居日數取滿，則不得攝閏也。古來諸師，皆不許攝閏，唯願律師解，許五事賞勞得含閏月。」（五一九頁下）簡正卷八：「謂五月之利，以是開奢，何得更開攝於閏月？（四九七頁上）故十誦云：受功德衣已，官作閏月，隨安居竟日數滿，即不得攝閏，故不閏也。」（四九七頁下）資持卷上四：「開犯獲利，故云奢法。問：『雨衣亦開，何攝閏者？』答：『熱時須用，有益無損，故不同也。』」（二四〇頁下）

〔九五〕**今約閏月結之，「進」「不」三例**　簡正卷八：「四月住名『進』，三月住名『不』。『三例』即三位也。約其夏閏，延促有於三位。鈔文縱（【案】『縱』疑『從』。）『若閏五月』乃至『並四月住』，是一例也。從『若閏月二日』已後，乃至『成正結故』，是二例也。從『若五月一日』已下末文，是三例也。初例定四月，二例多少不定，三例定三月住。已上且撿點三位之例竟。」（四九七頁下）資持卷上四：「標云進否，謂日多少也。初位五、六二月，由在中間，不涉結解，故定一位。」（二四〇頁下）

〔九六〕**若閏五月、六月，定百二十日住**　鈔科卷上四：「初，閏五月、六月為一位。」（三六頁中）簡正卷八：「以依三例消文，其第一例。如文易知。莫非並是一百二十日住故。」（四九七頁上）

〔九七〕**若閏四月者，從四月十六日至閏月一日結者，並四月住**　鈔科卷上四：「『若』下，閏四月分三位。」（三六頁中）資持卷上四：「次閏四月。初句通標。『從』下，別釋三位。〔目（【案】『目』疑『自』。）下，並約結去，以分同異，庶令易解。〕初，四月住中：四月十六結者，七月十六去；乃至三十日結，七月盡日去；閏月一日結，八月一日去。（結、去，各十六日。）」（二四〇頁下）

〔九八〕**若閏月二日已後結者**　簡正卷八：「第二例中。若閏月二日已後者，謂閏四月，二日也。已後即三日、四日並是也。」（四九七頁下）資持卷上四：「『若閏』下，明第二位。住日多少，皆不定故。閏月二日結者，百十九日住；乃至閏月三十日結，則九十一日住。故云『轉少』也。（前通二十九日結，同至八月一日去。）」（二四〇頁下）扶桑記：「謂自閏月一日至五月一日，此三十一日內結者，俱皆至八月一日去。於中閏月一日結者，百二十日住。二日已去結者，漸漸少；謂二日結者，百十九日住，乃至五月一日結者，九十日住也。」（一二九頁上）

〔九九〕**漸漸轉少**　簡正卷八：「謂閏月二日，由得一百十九日住。三日結者，一百十八日住。如是日數漸文（【案】『文』疑『少』。）也。」（四九七頁下）

〔一〇〇〕**以越閏月過** 簡正卷八：「謂越閏四月過。」（四九七頁下）

〔一〇一〕**取五月一日實夏** 簡正卷八：「既過閏月，即成實夏，成正結也。」（四九七頁下）

〔一〇二〕**若五月一日後結者，皆三月住，以數滿九十日故** 資持卷上四：「『若五』下，即第三位。既不涉前閏，故唯三月。五月一日結，八月一日去；乃至十六結，八月十六去。（結、去各十六日。）準疏，此有三句：或有安居隔一月，（四月三十日與五月二日結者，並隔閏月。）自恣降一日，（四月三十結，七月盡日去；五月一日結，八月一日去，即降一日。）或有安居隔一月，（閏月一日與五月一日結者，亦名隔一月。）自恣同日去。（並八月一日去。）如是漸減。（應云：安居隔二十九日等。）乃至安居隔一日，（閏月三十日與五月一日結，即隔一日。）自恣同日去。（亦同八月旦去。）」（二四〇頁下）簡正卷八：「並是三月住，鈔文約數取日足故。」（四九七頁下）

〔一〇三〕**閏七月** 鈔科卷上四：「閏七月，分二位。」（三六頁中）簡正卷八：「有二意：一、定三月住；二、五月二日下，定四月住。五月二日結入，由欠一日未滿，便入閏七月躡靈（【案】『靈』疑『虛』。），不成實數。至八月二日，方得滿也。」（四九七頁下）

〔一〇四〕**從四月十六日後，五月一日結者，盡三月住，由未至閏故** 資持卷上四：「『從』下列釋。初，三月住：四月十六結，七月十六去；五月一日結，前七月盡日，滿閏月一日去。故云未至閏也。（結、去，各十六日。）」（二四一頁上）

〔一〇五〕**五月二日已後結者，皆四月住** 鈔批卷一〇：「五月二日以後結者，由欠一日，至八月一日方得滿也。」（五一九頁下）資持卷上四：「五月二日結至前七月盡日，始得八十九日，故須跨過虛月取八月旦。一日足滿，明旦出界（即初二去）。乃至五月十六結去，可知。（結，通十月五日；去，有十五日。）疏立二句：或有安居隔一日，（五月一日與二日結，是隔一日。）自恣隔一月，（五月一日結，七月盡滿，閏月旦去；二日結者，八月旦，滿二日方去。即隔一月）。乃至安居隔十四日，（五月二日乃至十六日結者。）自恣隔一月。（五月二日結，八月二日去。三日已後結者，前退後增。乃至十六結，八月十六去，並隔一月。）」（二四一頁上）

〔一〇六〕**餘如疏、鈔** 資持卷上四：「『餘』下，指廣。今見業疏，如上略引。義鈔文逸。」（二四一頁上）簡正卷八：「疏即首疏，鈔即義鈔。今准羯磨疏，有三句。前二句約閏四月，後一句約閏七月。疏云：或有安居隔一月，自恣降一

日，謂前四月三十日結安居人，與五月一日結安居人，中間隔閏四月一个月，故云安居隔一月也。其四月三十日結夏人，至七月三十日出界，云五月一日結夏人，至八月一日去，故云降一日也。第二句云：或有安居，安居隔一月，自恣同時去，即前人是閏四月一日結，後人是五月一日結，故名隔一月。此二人至八月一日，一時出界，謂前人至八月一日，百二十日滿，後人九十日滿，故云同時去也。第三句：或有安居隔一日，自恣隔一月，謂前人是五月一日結，後人是五月二日結，故云隔一日。前人至閏七月一日得出界，後人至八月二日，方得出界，故云隔一月。所以爾者，以入閏月，躡虛不成，數五月二日結。至前七月三十日，始得八十九日，由欠一日，便須含靈（原注：『靈』一作『虛』。）。閏一月竟，八月方去也。」（四九八頁上）

二、明分房舍臥具法〔一〕

四分：因客僧受房，得不好者，嫌責〔二〕，佛令客僧欲安居者，自往看房舍、臥具已，然後分之〔三〕。

白二〔四〕。差一人具「不愛」等五法〔五〕，「知可分不可分〔六〕」五德已。羯磨言：「大德僧聽：若僧時到，僧忍聽。僧差比丘某甲分房舍、臥具。白如是。大德僧聽：僧差比丘某甲分房舍、臥具。誰諸長老忍『僧差比丘某甲分房舍、臥具』者默然。誰不忍者說。僧已忍『差比丘某甲分房舍、臥具』竟。僧忍默然故，是事如是持。」

彼比丘得法已，起禮僧足〔七〕，白云：「一切僧各將衣物集堂，不得使住處有餘物〔八〕。」眾僧一時房內各將道具赴集訖〔九〕。

彼知事人依律數房舍、臥具〔一〇〕：何者好惡？何者經營房主〔一一〕？先問經營者欲住何處房已〔一二〕，後便數知僧數〔一三〕，至上座前白言：「大德上座：有如是房舍、臥具，隨意所樂便取。」先與第一上座房，次與第二、第三，乃至下座。若有餘者〔一四〕，從上座更分；復有餘者，更如上分。故多者，開客比丘住處〔一五〕。若惡比丘來〔一六〕，不應與。時有得缺壞房不受〔一七〕，佛言：隨力修治之〔一八〕。

問：「僧食上下平等，房舍不爾，隨上座選者〔一九〕？」答：「食可平融一味，義通十方〔二〇〕。房舍、臥具，事有好惡〔二一〕，兼復美好不同〔二二〕，限日非促〔二三〕，故任上座而選。」問：「若爾，利養等物，何制相參不見者擲籌〔二四〕？」答：「此現前等分，通有一分〔二五〕，故制參亂投策而取〔二六〕。」

僧祇：不得與沙彌房〔二七〕。若師言「但與，我自為料理」者，得。若房多者，一人與兩口已，不得不受〔二八〕。語云：「不為受用故與，為治事故與。」若春冬付房，具通二與〔二九〕。若上座來，隨次第住。若安居付房已，上座來，不應與住。當令餘處住。

四分：安居竟，客來不應移〔三〇〕。若分房舍，不得分眾集處〔三一〕。若有別房好窟〔三二〕，當於夏前，書知名字，坐夏訖，便滅名而去〔三三〕。

【校釋】

〔一〕分房舍臥具法　資持卷上四：「三時分易，西土常儀。將恐保著生常，不思厭世，薄情遣滯，莫先此法。東華不爾，故所絕聞。或共止一堂，頗符水乳，或別房各住，而不異俗流。且君子安遷，小人懷土，況出世高逸，反更守株，致使聖訓，空存行儀，永墜嗚呼！」（二四一頁上）簡正卷八：「凡欲安居，具三義故，於中修治房舍，當其一數。若一世不修，即三世不續。既開修治，先須分故。（云云。）（四九八頁上）云四月持有，准律日（【案】『日』疑『曰』。），時有比丘，於住處不看房舍臥具，便得不好房，嗔舊住人心不平等，憙者與好，不憙與惡。以此白佛，佛言：自今後，自住看房，然後差人分之。羯磨文如鈔。」（四九八頁下）【案】四分卷三三，五八七頁下；四分卷三七，八三〇頁下～八三一頁上。「分房法」文分為三：初，「四分」下；二、「問僧」下；三、「僧祇」下。

〔二〕因客僧受房，得不好者，嫌責　資持卷上四：「初，明主心局狹。簡於客舊，故致嫌責，以為由始。『佛』下，明制舊住自知，但令客看，目見好惡，則息諍情。」（二四一頁上）【案】四分卷三七，八三一頁上。初又分二：初「四分」下，次「白二」下。

〔三〕佛令客僧欲安居者，自往看房舍臥具已，然後分之　資持卷上四：「初，明主心局狹。簡於客舊，故致嫌責，以為由始。『佛』下，明制舊住自知，但令客看，目見好惡，則息諍情。」（二四一頁上）

〔四〕白二　鈔科卷上四：「『白』下，行法。」（三六頁中）

〔五〕五法　鈔科卷上四：「初，作法差人。」（三六頁下）資持卷上四：「五法者，名為五德。上四約『心』，名為通德，通一切故。第五約『事』，名為別德，隨事各局故。順己無黨故不愛，違心無憎故不恚，達教無疑故不怖，知機適變故不癡。」（二四一頁上）

〔六〕知可分不可分　資持卷上四：「或約人論，大僧為可，惡比丘及沙彌為不可；

或約處者，房舍為可，眾處不可。更總為言，必須通解，分法始終，方堪差舉。」（二四一頁上）

〔七〕**彼比丘得法已，起禮僧足**　鈔科卷上四：「『彼』下，白僧集物。」（三六頁下）

〔八〕**不得使住處有餘物**　簡正卷八：「此約私屬身之物，不得有餘。若本來隨房物，即不得移改。」（四九八頁下）

〔九〕**眾僧一時房內各將道具赴集訖**　資持卷上四：「唱告下，明眾僧集物。隨己所有，並持入眾，唯除床榻、臥具等。」（二四一頁上）

〔一〇〕**彼知事人依律數房舍、臥具**　鈔科卷上四：「『彼』下，次第分法。」（三六頁下）資持卷上四：「初，數知房舍。」（二四一頁上）【案】本自然段分四，如下資持釋文所示。

〔一一〕**經營房主**　資持卷上四：「經營主者，或彼刱造，或復修治，（二四一頁上）任意選取，以賞勞績。鉢器篇云：營事比丘房成，與房住，九十日一移等。」（二四一頁中）鈔批卷一〇：「住自選擇也。若新作房，開十二年住。若料理故房，六年與住。若權時修理，開一時住。（一時者，四月日也。）若有餘，徒上座，更有人來，名初一遍分，為受用故與，亦為治事故與。後更分者等（原注：『等』字疑剩。），專為料理故與。」（五一九頁下）僧祇卷一一：「若房多者，應一人與二房。與二房時，若不肯取者，應語言：此為治事故與，不為受用故與。」（三二二頁下）【案】五分卷二五，一六九頁上。

〔一二〕**先問經營者欲住何處房已**　簡正卷八：「祇律云：自己衣鉢、錢造得房，得十二季住，以營房有功，故先付之。若斷（【案】『斷』疑『料』。）理故，房聽六季住。若暫修治，開四月住。」（四九八頁下）

〔一三〕**後便數知僧數**　資持卷上四：「『後』下，二、依次分與。」（二四一頁中）

〔一四〕**若有餘者**　資持卷上四：「『若有』下，明人少房多，再三分之。」（二四一頁中）

〔一五〕**故多者開客比丘住處**　鈔批卷一〇：「恐後更有人來，名為客故，留待客也。現集者，不名客也。」（五二〇頁上）資持卷上四：「『故』下，明更分無用，故令留置。問：『既隨所樂，可取先所住處否？』答：『必取先住，還因分得，理應無過。然本教意，恐著住處，苟能遷徙，節己稱法，在人為之。』」（二四一頁中）簡正卷八：「恐是分房了來，不合得房。今既剩為，何妨與住？若正分房時，何簡主客？一例而分也。」（四九八頁下）

〔一六〕**若惡比丘來**　資持卷上四：「『若惡』下，三、明簡人。」（二四一頁中）

〔一七〕**時有得缺壞房不受**　資持卷上四：「『時』下，四、示嚴制。」（二四一頁中）

〔一八〕**隨力修治之**　鈔批卷一〇：「以其破壞，補令好也。」（五二〇頁上）

〔一九〕**僧食上下平等，房舍不爾，隨上座選者**　鈔科卷上四：「初，約行食立難。」（三六頁下）資持卷上四：「初難者，律制行食，不得偏饒上座。不同分房，故用相並。」（二四一頁中）鈔批卷一〇：「此問意：食則平等行之，不論上下，今房舍何故許上座選耶？問意如此。」（五二〇頁上）

〔二〇〕**食可平融一味，義通十方**　資持卷上四：「『答』中。上二句，明食味均通。」（二四一頁中）鈔批卷一〇：「下答意云：食可均融使平，房則不爾。既有好惡，不可改轉使均，故先饒上座也。又有師答云：食則體現交盡，不問老少，事須均傳。房則不爾，體非可壞，老人令得於好者，少年不死，還作老人後得好者，少年不死，還作老人後得好者（原注：『少』等十二字，疑衍文。），故亦成均也。」（五二〇頁上）

〔二一〕**房舍、臥具，事有好惡**　資持卷上四：「下明房舍局定，二義反之。初明好惡已定，反上平融也。」（二四一頁中）

〔二二〕**兼復美好不同**　資持卷上四：「好中復簡，謂好相多別也。」（二四一頁中）鈔批卷一〇：「或上座欲得近食處，近佛堂處，則不計房之好惡，任上座意。意所好者，任情給與。」（五二〇頁上）簡正卷八：「玄云，謂逐人意樂各別：或有上座，有事樂靜，欲須邊小等房；或有上座，欲近食堂、佛殿處等，不許房之好惡；或有樂修福者，欲住惡房，方便修補；或恐廢業，不能修補，促（【案】『促』疑『但』。）惡好房，不論遠近。故云美好不同也。」（四九八頁下）

〔二三〕**限日非促**　資持卷上四：「『限』下，二明時長，反上短促也。」（二四一頁中）鈔批卷一〇：「濟云：一夏九旬，時既是長，故曰非促，故隨取便任上座意也。」（五二〇頁上）簡正卷八：「夏一時長，故限日非促，所以住（【案】『住』疑『任』。）選也。」（四九八頁下）

〔二四〕**利養等物，何制相參不見者擲籌**　鈔科卷上四：「約分物重徵。」（三六頁下）資持卷上四：「以現前僧物，好惡亦（【案】『亦』疑『易』。）定。復是別屬，理應任選，而制參取，故躓為難。舊云：先以施物好惡相雜，然後書現前人名於籌上，使不見物者，投之於上也。」（二四一頁中）

〔二五〕**此現前等分，通有一分**　資持卷上四：「現前者，須通二種。如盜戒中，『等分』謂平等而分，此句反房不等也。通有一分者，以望未分，未成別屬。此句

即反房，非通有也。」（二四一頁中）鈔批卷一○：「此明現前隨人數，平等分之也。」（五二○頁上）簡正卷八：「此物隨於人數，平等分也。具二義故：一、永屬也，二、資道親緣故，不類房舍也。」（四九八頁下）【案】前「分」，平呼。後「分」，去呼。

〔二六〕制參亂投策而取　鈔批卷一○：「言投策者，籌也。濟云：只是擲籌探鉤而取也。」（五二○頁上）資持卷上四：「『投策』即『擲籌』言之變耳。」（二四一頁中）

〔二七〕不得與沙彌房　鈔科卷上四：「『僧』下，辨餘相（二）。」（三七頁中）資持卷上四：「僧祇三節，初，明小眾可否。」（二四一頁中）【案】僧祇卷三四，五○三頁上。

〔二八〕若房多者，一人與兩口已，不得不受　資持卷上四：「『若房』下，明重分。」（二四一頁中）

〔二九〕若春冬付房，具通二與　資持卷上四：「『若春』下，明三時緩急。夏房專為治事故與，春冬更兼受用而與，故云具通二與。」（二四一頁中）簡正卷八：「一、受用故與，二、持事故與。不同古記云一大僧、二沙彌也。」（四九九頁上）鈔批卷一○：「為治事與，為受用與，故云二與。」（五二○頁上）

〔三○〕安居竟，客來不應移　資持卷上四：「四分亦三。初，明客來不移。」（二四一頁中）

〔三一〕若分房舍，不得分眾集處　資持卷上四：「『若分』下，簡非處。」（二四一頁中）鈔批卷一○：「謂眾僧常集其處，平章眾務，如講堂等是也。」（五二○頁上）簡正卷八：「即食堂、茶堂等類。」（四九九頁上）

〔三二〕若有別房好窟　資持卷上四：「『若有』下，明預定。律因諸比丘見阿練若好窟，念言『當於此安居』，後餘比丘見已，亦如是作念。至十六日共至，住處迮狹，佛聽先作相者住。即書云『某甲欲於此安居』。詳此，似非分房，應是山間邑窟、庵舍。孤立之處可自標定，必是僧坊自行分法，理無預占。」（二四一頁中）鈔批卷一○：「謂有施主，於僧地上，（五二○頁上）或蘭若處，作別房，供養眾僧。非是僧家常住之房，以僧處房，三時須分，可得題名字耶？」（五二○頁下）

〔三三〕坐夏訖，便滅名而去　鈔批卷一○：「恐多人來，故須題名，令其見者斷望。今夏既了，若不滅名者，恐明年有餘人欲來，謂言此房已有云（原注：『云』疑『主』。）護，猶不敢用，故制夏訖滅名而去也。然西國多於其巖門上作手

－953－

印，或指印，以將半塗墨印之。」（五二〇頁下）資持卷上四：「滅名去者，恐
妨後人故。『滅』即除也。」（二四一頁中）【案】四分卷三七，八三一頁中。

三、明作法不同〔一〕

分二：一設教對緣〔二〕，二用法分齊〔三〕。

初中，律列四種〔四〕

初對首〔五〕者。

此通諸界〔六〕。今且就伽藍加法。當對一比丘，具儀云：「大德一心
念〔七〕：我比丘某甲〔八〕，依某僧伽藍〔九〕，前三月，夏安居〔一〇〕，房舍
破，修治故〔一一〕。」三說。五分，彼人〔一二〕告云：「知，莫放逸！」答
言：「受持！」。義加：「依誰持律者〔一三〕？」答云：「依某律師。」告
云：「有疑，當往問〔一四〕。」若依聚落林野等〔一五〕，改前「伽藍」住處，
隨名牒入；「料理修治〔一六〕」，隨事有無。不同昔愚「皇帝聚落」〔一七〕
也。

問：「依寺所以料理資具者？」答：「修治僧房，用通三世。前人料
理，得今受用，今復修理，以補將來。若闕不修，三世不續〔一八〕。」問：
「持律五種，定須何者〔一九〕？」答：「四分云，春冬制依四種：一、謂
誦戒至三十；二、至九十；三、誦比丘戒本；四、二部戒本。夏中多緣
〔二〇〕，故須善通塞也。制依第五，謂廣誦二部律〔二一〕。」

所以須者。五分云：有比丘自不知律，又不依持律安居，夏中生疑，
又無問處〔二二〕。乃至佛言〔二三〕：「往持律處安居〔二四〕。若房舍迮者，聽
近持律師七日得往反處，於中安居〔二五〕。」心念遙依，有疑往問。若已
結前夏，遇緣破者，隨日結成〔二六〕。四分云〔二七〕：比丘夏中不依第五
律師，得波逸提；春冬不依，突吉羅。

中安居法，律有名無法〔二八〕，世中通用後安居法〔二九〕。然律列三時
分明，三名顯別〔三〇〕。準義三法不無〔三一〕。既明前後，中間例準〔三二〕。
如鉢量制，上下定，中間不顯而知〔三三〕。應云〔三四〕：「我某甲比丘，依某巖
〔三五〕，中三月夏安居。」三說。必用舊法，理亦應成〔三六〕。

後安居者，於五月十六日。同前所對之法〔三七〕，唯改「前」置「後」
之一字。

二明心念者，律中：無「所依人」可白，「佛令心念〔三八〕。」

當具儀，至靈廟前，發願「乞安隱修道」等，心念口言：「我某甲依

某僧坊，前三月夏安居，房舍破，修治故。」三說。住處多種〔三九〕，準前對首〔四〇〕。若中若後，亦隨二改。

三明忘成〔四一〕。

謂先要期此界〔四二〕，今從外來，與本心境相應〔四三〕，雖忘，開成〔四四〕。律云：忘不心念者，若為安居故來，便成安居〔四五〕。故知住人不入開例〔四六〕，由本無心。必若有要，理在通限〔四七〕。外來為事，不為修安〔四八〕，雖忘不開，以非為安故來也。

四明及界與園〔四九〕

一腳入內，明相即出〔五〇〕，佛開為安來者成。餘廣如疏〔五一〕。

二、明用法分齊〔五二〕。

上四安居法，約時通三位〔五三〕，約處通二界〔五四〕，約人通五眾〔五五〕。十誦：佛制五眾安居，乃至沙彌尼等〔五六〕。四分亦爾。

約法〔五七〕者，對首、心念，始終三十一日結〔五八〕；有閏，六十一日〔五九〕。忘成、及界〔六〇〕，人云：「唯得前後二日，中間二十九日不得用〔六一〕。以初二法，容預而作〔六二〕，故月一日結之〔六三〕；後二曲開，畏失前後〔六四〕，故局一日；中間之日，已不及前，何畏失後〔六五〕，故不開也。」又云：「唯在後夏一日〔六六〕。以佛開成有益，若不結者，一夏便失〔六七〕。餘隨憶作法，以時容預〔六八〕。」並非聖言，以意用也〔六九〕。

【校釋】

〔一〕作法不同　資持卷上四：「設教中，標云四種，對首本制，常途所行。餘三緣，開心念，開無人忘成，開非心及界，開奔赴。」（二四一頁下）

〔二〕設教對緣　簡正卷八：「有人對首緣，無人心念緣，乃至忩一切開一足忘成等緣。」（四九九頁上）

〔三〕用法分齊　簡正卷八：「約時，約人，約處，以辨各有分齊也。」（四九九頁上）

〔四〕律列四種　簡正卷八：「於設教對緣中有四，即對首等。」（四九九頁上）

〔五〕對首　簡正卷八：「羯磨疏云：初對首中，自所依人，是前對證也。羯磨疏云：佛亦安居，而不對人。以得一切智，四無畏故，不從他妄說成也。此准多論文也。（已上疏文）。鏡水大德云：今多有人云『大乘安居通釋迦一化境，便不護夏』者，此是愚教妄說也。今准大乘圓覺了義經兩卷成文，第二卷末廣明大乘安居，有於三等：一、八十日，二、九十日，三、百日。結道場修行，除大小

便之外，不許暫往外行，更急於小乘呪、菩薩持息世譏憶與性重不別。何文開許夏內遊行等。若復無有他事因緣，即建道場，當立期限。若立長期，百二十日，中期百日，下期八十日，安置淨居。」（九二一頁上）【案】大乘圓覺了義經一卷，唐佛陀多羅譯。「對首」下，明前、中、後三安居。前安居文分為二：初，「此通」下；二、問答。

〔六〕**此通諸界**　鈔批卷一〇：「謂作法自然。自然有六，作法有三，如前說也。」（五二〇頁下）簡正卷八：「謂自然作法，作法各有眾多不同，故云諸也。」（四九九頁上）資持卷上四：「謂作法自然，或聚落蘭若，或僧坊俗舍，並通安居故。」（二四一頁下）【案】「此通」下分三：初，「此通」下，標示；二、「當對」下，出法；三、「若依」下，明改轉。

〔七〕**大德一心念**　鈔批卷一〇：「就對首正加法中文分段故。羯磨疏云：初，『大德一心念』者，告所依人，證無餘想也。」（五二〇頁下）

〔八〕**我比丘某甲**　鈔批卷一〇：「簡非他也。」（五二〇頁下）

〔九〕**依某僧伽藍**　鈔批卷一〇：「定所標處，隨現言之，不得雙述也。」（五二〇頁下）

〔一〇〕**前三月，夏安居**　鈔批卷一〇：「言『前』者，簡異中、後居也。世云：若五月十五日，月正圓滿時，西國始結夏坐。漢地安居已滿一月，至八月十五日。西國自恣時，漢時已受迦絺那衣一月也。善見論中亦以六月十六日為後安居。准此時節，中、邊寒暑早晚，故有前卻，不同此方。神州曆有三代，漢初猶以十月為歲暮也。余參傳譯，（五二〇頁下）親問來人，鐵門關外覩貨羅國，用十二月十六日為坐初也。准此，經中乃坐春初。隨時沿革，豈越規猷？修道為先，餘避譏耳。五、明『三月』者，通餘一月，為開制也。六、言『夏』者，為除春、冬，則四月十六日屬春，八月十六日分屬冬也。七、『安居』者，簡遊行故。」（五二一頁上）

〔一一〕**房舍破，修治故**　鈔批卷一〇：「料理資緣也。」（五二一頁上）

〔一二〕**彼人**　資持卷上四：「『彼人』即所對者。」（二四一頁下）

〔一三〕**依誰持律者**　簡正卷八：「以夏必須有所依處故。下文制依第五律師也。」（四九九頁下）資持卷上四：「下引本宗、五分，並制依人。準牒詞中，意令專奉。今多但誦三說，不道餘詞，準理應成，依文為善。」（二四一頁中）

〔一四〕**有疑，當往問**　簡正卷八：「善通塞也。」（四九九頁下）

〔一五〕**若依聚落林野等**　資持卷上四：「改轉中。前文且約一相以明。」（二四一頁

下）簡正卷八：「必在林野、聚落、俗家，即無修治之語也。」（四九九頁下）

〔一六〕**料理修治**　鈔批卷一〇：「立謂：依巖依聚等，則無料理等事。」（五二一頁上）資持卷上四：「處既多別，故須隨改。料理之語，唯局僧坊，不通餘處。」（二四一頁下）

〔一七〕**不同昔愚「皇帝聚落」**　資持卷上四：「『不』下，斥非。彼謂：通依一國一城，則處寬易護。然束約攝修，唯狹彌善。如上引律，起不礙頭，坐趣容膝，安有畏失而通一國乎！恐無知傚習，故須指破。」（二四一頁下）鈔批卷一〇：「昔人云：依南閻浮提，大唐國，某州、某縣、鄉里、聚落等。今不同之。」（五二一頁上）

〔一八〕**若闕不修，三世不續**　資持卷上四：「『若』下，反彰違失。若據安居，攝靜修道，反令營事全乖教本。後賢有智，宜求斯旨。」（二四一頁下）簡正卷八：「過、未、現在不相續故，此約一期三世也。」（五〇〇頁上）

〔一九〕**持律五種，定須何者**　鈔科卷上四：「問所依之人。」（三七頁下）資持卷上四：「五種持律，且約誦文多少次第。然前四種，通須解義，曉達持犯，方可依之。」（二四一頁中）鈔批卷一〇：「此文列五種律師，是從微至著也。劣者稱第一，優者在後明也。春冬依前。四種律師，應是新受具人依此律師。濟云：時人相調弄『汝是好人、第一律師』，慎勿歡喜也。」（五二一頁上）【案】「問持」下分二：初問答；二、「所以」下，推究所由。

〔二〇〕**夏中多緣**　鈔批卷一〇：「立明：夏中多人共住，疑事亦多，疑重疑輕。又，急有生善、滅惡等緣，受日出界，事須諮問。」（五二一頁上）

〔二一〕**制依第五，謂廣誦二部律**　鈔批卷一〇：「二部者，應是僧、尼律也。問：『夏中不依持律人，提；春冬不依，但吉。等是不依，何以罪有輕重？』答：『夏中事多，不依過亦多，故制提罪。春冬過少，但得吉罪。』」（五二一頁上）羯磨疏問云：『文制依持律者，方隅持少，自身他依，復須依不？』有人言不須也。今解須依，如五分法身成，方離依止之類。今雖無人，而有誠教，細尋取悟，如律五答。五答者，即五種律師也。」（五二一頁下）簡正卷八：「玄云：律增五文，夏中不依第五律師得提，春冬過少得吉。」（五〇〇頁上）扶桑記：「問：無第五律師時，可依誰耶？答：資行有二義：一云可依餘律師，如今記；二云可依律藏，四分律鈔義也。」（一三〇頁下）

〔二二〕**有比丘自不知律，又不依持律安居，夏中生疑，又無問處**　資持卷上四：「引五分制法。有比丘者，即緣起也。」（二四一頁下）【案】五分引文至「有疑往

問」處。五分卷一九，一二九頁下。

〔二三〕乃至佛言　資持卷上四：「『乃』下，立制。」（二四一頁下）【案】此處完整文
　　　句應當是：「不知律比丘至佛處問佛，佛言……」。

〔二四〕往持律處安居　資持卷上四：「往彼處者，明親附也。」（二四一頁下）

〔二五〕若房舍迮者，聽近持律師七日得往反處，於中安居　資持卷上四：「『若房』
　　　下，明遙依也。」（二四一頁下）

〔二六〕若已結前夏，遇緣破者，隨日結成　資持卷上四：「『若已』下，明往返。遇緣
　　　隨結成者，請法因緣，非心慢故，準下還成前安。」（二四一頁下）簡正卷八：
　　　「隨日結成者，結成中、後也。」（五〇〇頁上）

〔二七〕四分云　資持卷上四：「引四分制犯。罪相階降，在文可知。」（二四一頁下）

〔二八〕律有名無法　鈔批卷一〇：「謂增三文中雖明三種安居，仍無『中安居』之法，
　　　故曰有名無法。」（五二一頁下）資持卷上四：「『律』下，釋有五節。初句指
　　　律。有名者，即增三云『前、中、後』也。無法，即犍度中但出前、後二位也。」
　　　（二四二頁上）簡正卷八：「謂增三文中有三種安居之名，而不出『中安居』
　　　之法。」（五〇〇頁上）

〔二九〕世中通用後安居法　資持卷上四：「『世』下，示古。」（二四一頁下）鈔批卷
　　　一〇：「但改『後』為『中』也。」（五二一頁下）簡正卷八：「謂今時世中，
　　　從四月十七日已去，五月十六已來，事用此一月為後安居法也。」（五〇〇
　　　頁上）

〔三〇〕然律列三時分明，三名顯別　簡正卷八：「今師云是增三文中，有三時分明。
　　　今今（原注：『今』字疑剩。）顯別也。」（五〇〇頁上）資持卷上四：「『然』
　　　下，義立。初二句，準增三之名，謂由有三時，故列三名。以名顯時，故云分
　　　明。」（二四二頁上）

〔三一〕準義三法不無　簡正卷八：「准此三義，其中安居之法不無。」（五〇〇頁上）
　　　資持卷上四：「次三句，決犍度義具，故可例立。」（二四一頁上）

〔三二〕既明前後，中間例準　簡正卷八：「意云：律文既有『前』『後』之欠（【案】
　　　『欠』疑『文』。），中間易知，是故不出。」（五〇〇頁下）

〔三三〕如鉢量制上下定，中間不顯而知　資持卷上四：「律文但出上、下二品，與今
　　　頗同。」（二四二頁上）

〔三四〕應云　資持卷上四：「『應』下，出法。既約山邑，故除修治。」（二四二頁
　　　上）

〔三五〕**某嚴** 簡正卷八：「出法且約嚴穴也，即無修治之語。『林野』准之。」（五〇〇頁上）

〔三六〕**必用舊法，理亦應成** 簡正卷八：「古人不立『中安』，即從四月十七日已去，總是『後安』，應無妨。」（五〇〇頁上）資持卷上四：「『必』下，縱古。注羯磨依律，但出『前』、『後』二法。疏中所謂莫不望前，並名後故。」（二四二頁上）

〔三七〕**同前所對之法** 資持卷上四：「初，標於下釋。初句定日。『同』下，指法同異。」（二四二頁上）簡正卷八：「同前所對之法，謂對首詞句，與上不殊，但改『後』之一字。若在寺宇，即有修治之詞。必林、窟、山嚴，亦無此語。」（五〇〇頁上）

〔三八〕**佛令心念** 資持卷上四：「注示開緣。」（二四一頁上）簡正卷八：「有呼對首比丘為所依人，今無此人，故開心念。」（五〇〇頁下）

〔三九〕**住處多種** 資持卷上四：「『住』下，令改轉。」（二四二頁上）簡正卷八：「謂止住之處，或聚落、小（【案】『小』疑『山』。）野不定，故云多種。」（五〇〇頁下）

〔四〇〕**準前對首** 簡正卷八：「可准對首中，臨時加改修治之詞也。」（五〇〇頁下）

〔四一〕**忘成** 鈔批卷一〇：「立云：且如直歲綱維比丘，四月十六日，或從州縣及向莊，撿挍者還寺欲安居。至寺疲極，即臥忘結者，開忘成，以為安居故來也。」（五二一頁下）扶桑記引濟緣：「忘成者，夏初在界，忘不加法，後意方加，許成前坐。」（一三〇頁下）

〔四二〕**謂先要期此界** 簡正卷八：「如夏前，要心尅期，來此界安居內心定。」（五〇〇頁下）

〔四三〕**心境相應** 簡正卷八：「『心』謂能要期心。『境』謂處所，是所要之境也。」（五〇〇頁下）

〔四四〕**雖忘，開成** 簡正卷八：「約彼到後，心中迷忘，總不加法。至四月十七已去，方憶未曾結夏，故開。便成前安居也。」（五〇〇頁下）資持卷上四：「身已在界，不憶加結。佛開成夏，故云忘成。」（二四二頁上）

〔四五〕**忘不心念者，若為安居故來，便成安居** 資持卷上四：「『律』下，引示。律中四法，次第相由，故指心念為忘。必忘對首，例亦同開。」（二四二頁上）【案】四分卷三七，八三〇頁下。

〔四六〕**故知住人不入開例** 資持卷上四：「『故知』下，準決。初，示文局，以律本緣

開外來故。」（二四二頁上）簡正卷八：「約不預要心說，即不開。」（五〇〇頁下）

〔四七〕**必若有要，理在通限**　資持卷上四：「『必』下，顯義通。但約要心，不局內外。初明舊住，有要亦通。下明外客，無要反塞。」（二四二頁上）簡正卷八：「卻料簡先有要期心許。」（五〇〇頁下）

〔四八〕**外來為事，不為修安**　資持卷上四：「言為事者，別有所務，明非要故。」（二四二頁上）簡正卷八：「『外來』已下，雖是客比丘，元意不要期，此界別為事故。佛（【案】『佛』疑『故』。）爾：四月十六到來，既忘加法，十七日已去，憶者不開，成前夏也。」（五〇〇頁下）

〔四九〕**及界與園**　扶桑記引濟緣：「及界者，十六後夜，自外奔至，纔及明現。後方加結，亦成前夏。……藍，此翻為園。因給孤獨買園，祇陀施樹，不忘其始，經律中皆以園林召之，即僧坊之通號。」（一三〇頁下）鈔批卷一〇：「立明：『界』謂攝僧大界，是伽藍。給孤獨園是其證也。又，菴婆女捨園為寺，即維摩經菴羅樹園也。明有人為安居故來，纔入一腳，明相即出，不知成不？佛言：『為安居故來，開成。』又，有人兩足入界，未得加法，明相即出，不知成不？前人既一足入園，人明相即出，以忿（【案】扶桑記：濟緣作恩遽解。『忿』本作『恩』，多遽恩恩也。一三〇頁下）切故，不得加法，故開成安。我既兩足入界，容預得結，未結明出，應非前夏。佛言：『為安居故來，開成前安。』園既如此，對界亦然。礪云：先是兩腳入，次是一腳，以轉成忿切，故開。礪問：『雙腳入界成安居，（五二一頁下）雙腳俱出是破。此義可爾。既一腳出界，是破以不？』解言：『為利益故，一又開成，一出非破。』『若爾，如入淨地，亦應一出免宿、一入是觸不？』答：『觸唯雙入方犯，出但一出免宿。亦為益故，成易破難。又如，受捨亦蓋行者，受難捨易，謂受戒法，生善事大，制緣則多，捨戒背善，故開隨人一說也受（原注：『受』字疑衍。）。』」（五二二頁上）【案】四分卷三七，八三〇頁下。

〔五〇〕**一腳入內，明相即出**　簡正卷八：「一腳入內，顯有雙足入園及界有四種也。」（五〇〇頁下）資持卷上四：「疏云：界者，入攝僧界。園者，僧伽藍園。（『藍』是梵語，『園』即華言，即院相也。）此須料簡。若藍狹界寬，及藍界俱等，並約界論；或藍寬界狹，或復無界，則約園說。律據僧坊，準通俗舍，此收四種。疏云：園界兩所，足有雙隻。（謂『園』與『界』，各有雙隻二種，故為四也。）問：『隻足尚成，何須雙足？』答：『律因緣起，隨機緩急，先雙後隻，

次第開之。既約隻成，雙則無用，所以文中但言一腳耳。』」（二四二頁上）

〔五一〕**餘廣如疏**　資持卷上四：「疏云：所以一腳入界，明相出成者，以匆切不暇，開不結成。又問：『雙足入出，成敗相對。（敗即破夏。）未知一足入出，得例前不？』答：『要須兩足出界辨破，以利勝故。若一出破，一入不成，皆損行人，不名開制。大有理也。』」（二四二頁上）簡正卷八：「今准羯磨疏云：所言界者，攝僧界也。園者，僧伽藍園也，即給孤獨園，（五〇〇頁下）今由取彼號也。疏又問云：『前來一都入界明相出，以忩速故，無暇加法，開不結成前安居。我今雙是入界，雙單在園，入界已久，容預得結，未過明相，應非前夏？』『佛判十六日夜分未盡入界。雖不說偈，亦成前也。』問：『一足入界，及□故開得成，或一足出界，未審破夏不？』答：『必須雙足，方為破夏也。一足未破，利益比丘也。』已上並依疏文出之。」（五〇一頁上）

〔五二〕**用法分齊**　簡正卷八：「四法各各不同，名為分齊也。」（五〇一頁上）鈔批卷一一：「於第三作法不同門中，分二：一者設教對緣，二者用法分齊。兩段不同。其第一設教對緣門義，已如上釋竟。自此已下，第二明用法分齊。」（五二二頁上）資持卷上四：「即前四法，約時、處、人、法，四位總收，使無通濫故也。」（二四二頁上）

〔五三〕**約時通三位**　資持卷上四：「謂上四法，通前、中、後，一時有四，成十二也。」（二四二頁上）鈔批卷一一：「礪云：約時有三節，即前、中、後也。約法有四，開制不同，故有此四：謂對首、心念是制，忘成、及界是開。（五二二頁上）時，便隔礙橫局，（謂三時各不相通；）法者，豎通二三，謂對首等四法，通於前後二時，或亦通於中安，即是三時，故曰二、三也。」（五二二頁下）簡正卷八：「前安居及中、後也。」（五〇一頁下）

〔五四〕**約處通二界**　資持卷上四：「自然、作法，並通安居，各有十二，成二十四。」（二四二頁上）鈔批卷一一：「即作法、自然也。今約此時、處、人、法，分別多種安居也。初，有二種安居，即前、後也。或為三種安居，即前、中、後也。或為四種安居，謂前、後各有對首、心念也。或為七種，即對首、心念、忘成、及界，與園各有一足、雙足，合前成七也。或為十四種，即前安居具有上之七法，後安居亦具上七法，成十四。或為十六者，即前、後二時，各有七法，唯中安居，但開對首、心念二法，合成十六。或為二十一者，即上七法通三時，成二十一。或為四十二者，一時中具七種，三時成二十一，更通作法、自然二界，為四十二也。或為六十者，對首、心念二法，通三時為六也，更通

二界為十二也，更通五眾成六十也。或為一百者，忘成及界與園有五法，除對首、心念二法，將此五法，通前、後二時為十，通二界為二十，通五眾為一百法也。或為一百二十者，對首、心念、忘成及界為四，通二界為八法，更通三時為二十四，通五眾則二五一十，成一百；復五人四，（五二二頁下）四五二十，應是一百二十。或為一百六十者，前安有七法，謂對首、心念、忘成、及界、與園、一足、二足等七也；後安亦七，二七成十四；中安唯開對首、心念也；三時成十六法，通二界為三十二，通五眾成一百六十。或為二百一十者，謂三時各有七法，成二十一；通二界為四十二；通五眾為二百一十也。立謂：雖有多種不同，今取十六種安居，將為分明可用也。」（五二三頁上）

〔五五〕**約人通五眾**　資持卷上四：「五眾各有二十四，則成一百二十種安居。（疏中又分及界為四，成七種法。用歷三位，成二百一十種。倣上作之。）」（二四二頁中）簡正卷八：「比丘乃至沙彌尼也。准鈔所立，今師有一百二十種安居，如何配屬？謂前安居有四：對首、心念、忘成及界。前、中、後各四，即三四成十二。將此十二配二界：自然十二，作法十二，成二十四。將引（【案】『引』疑『此』。）又配五眾，一眾二十，五眾一百，更有四五二十，豈非一百二十？（此據鈔文。）更通羯磨疏，今師有二百一十種安居，如何配屬？謂：一、是對首，二、是心念，三、忘成，四、一腳及界，五、雙腳及界，六、一腳入園，七、雙腳入園時。（五〇一頁上）此七配『三時』前、中故，各三七成二十一。將此又配界，自然二十一，作法二十一，成四十二。將此又配五眾，一眾四十二，五眾豈非二百一十？」（五〇一頁下）

〔五六〕**佛制五眾安居，乃至沙彌尼等**　鈔批卷一一：「礦同（【案】『同』疑『問』。）：『佛既制五眾安居，具戒有數歲，下三眾不數歲者何？』答：『以大戒有師徒位別，依止分齊，教誡尼等。下三眾無此，故不數歲。故房舍揵度中下三眾等，以生年為次節也。』」（五二三頁上）簡正卷八：「相疏問云：『五中二眾，有戒沙彌，任許安居。無戒之徒，合安居否？』答：『出家位同，機不別故。律制三時，不許遊行，皆事五眾也。』外難曰：『適來約五眾分別，皆□四法，只如尼眾有伴，促（【案】『促』疑『但』。次同。）令對首，何用心念耶？』天台所稟云：『此約容（【案】『容』疑『客』。）。有說未必尼中總開心念。若有伴，促令對首。或為緣難伴死等，開無犯獨。既無所對，何妨心念？若不慮之備，機不足也。思之。』外人更難：『今師鈔內，有一足及園、一足及界，疏有雙足及園及界，於作法、自然二處，俱過有之。且如自然界上，雙單及

園，即不在疑。如何得有双單及界？既云及界是攝僧，豈非作法所收？又，作法界中，有双單及界，即不未（原注：『未』字疑剩。）在疑，如何得有双單及園？園是僧伽藍，豈非自然所攝？二彼交互，混亂何多，有此疑情，如何通妨？』今云：『此據藍界等說，謂客從外來，未委自然、作法二種界之分齊：一、足纏及門藍，二、相既等不分。雖強弱，又是及園，兼是及界。若不互說，（五〇一頁下）教相不周。章記謀人，少見敘述。除此釋外，別未有理。』」（五〇二頁上）

〔五七〕約法　資持卷上四：「上文四法，既通三時，不勞此位。然對異說，通局不同，故須重簡。」（二四二頁中）搜玄：「始從四月十六日，終至五月十六日，有閏易知。此二法，今古皆同。」（三七六頁上）簡正卷八：「謂約四種安居之法也。」（五〇二頁上）

〔五八〕對首、心念，始終三十一日結　簡正卷八：「從四月十六日至五月十六，是三十一日也。六十一日者，約閏四月說，古今並同也。」（五〇二頁上）

〔五九〕有閏，六十一日　簡正卷八：「從四月十六日至五月十六，是三十一日也。六十一日者，約閏四月說，古今並同也。」（五〇二頁上）

〔六〇〕忘成及界　簡正卷八：「謂相疏已前人也。古人所解，與今不同，故先舉也。唯得前後二日者，前是前安居，後是後安居。此前、後二日，即開忘成及界也。」（五〇二頁上）搜玄：「羯磨疏云：有人言，前之二法，既有聖教，可通三時，忘成及界。此之五法，開成本無三說，故中安居所不開也。恐不及前，故損五利；（三七六頁上）恐不及後，一夏虛坐。有斯兩意，開於二日，中間不開，如此約教一百六十種。以前二法，歷三時兩處及以五眾，則六十種。以五法依前後二時、兩處五眾，則一百也。諸記相承，對此唯作一百安居。對首、心念，三時乘之。輔篇云：對首、心念，可通三時成六；忘成及界，通前後二時即四。并六成十，二界乘之，即有二十。五眾乘之，即一百也。」（三七六頁下）

〔六一〕中間二十九日不得用　簡正卷八：「即四月十七已後至五月十五日，不得用此忘成及界也。」（五〇二頁上）

〔六二〕以初二法，容預而作　鈔批卷一一：「謂對首、心念二法也。」（五二三頁上）

〔六三〕故月一日結之　鈔批卷一一：「深云：此對首、心念二法，從四月十六至五月十六日，中間有三十一日。用此二法，故言月一日結也。」（五二三頁上）

〔六四〕後二曲開，畏失前後　簡正卷八：「後二，即忘成及界是也。曲開者，是佛望

外更開，以憐愍利益比丘故。畏失前後者，古云：前安居若不開他忘成等，便不獲五利。後安居不開，便失於一夏。損處不輕，是故開也。」（五〇二頁上）

鈔批卷一一：「後二，謂忘成及界，此二法是曲開，但前、後二時開用。謂四月十六、五月十六開用忘成及界，中間二十九日不開忘成等。此古師義也。故疏云：有人不許中安居有忘成及界也。前之二法，既聖教可通三時，（五二三頁上）忘成及界。此之五法，作法開成，本無三說，故中安居所以不開也。恐不及前，故損五利；恐不及後，一夏虛坐。有斯兩意，開於二（【案】『二』後疑脫『日』字。），中間不開。如此約數，則一百六十種。以前二法，歷三時兩處，及以五眾，則六十。復以五法，依前後二時，則一百也。又，有人言：忘成及界等五法，但開後者，則唯一百一十法。又，若三時並不開忘成五者，則六十法耳，如前已明也。言一百一十法者，謂前、中二時，各有對首、心念二法，成四法也。通二界成八，通五眾成四十。後安有七法，通二界為十四，通五眾為七十，配前四十，為一百一十法也。」（五二三頁下）

〔六五〕**中間之日，已不及前，何畏失後** 簡正卷八：「謂中安居二十九日，望前不及，則已失五利，何畏失後？則夏歲由成，進退商量，故不開也。（上且錯鈔。）」（五〇二頁上）

〔六六〕**唯在後夏一日** 資持卷上四：「『又』下，次解。局開後夏。」（二四二頁上）

鈔批卷一一：「第二古師云：忘成及界，唯在後夏一日，以佛開成有益，不結一夏便失也。謂對首、心念二法，通三時成六，忘成及界等五，局後夏成五，并六成十一。二界乘之，即二十二。五眾乘之，即一百一十種也。諸記相承，有八十種。二法通三時，成六。忘成及界，局後，成二。并六成八。二界乘之，成十六。五眾即八十也。」（五二三頁下）簡正卷八：「次明分齊，此古人有一百種安居，前安有四，後安有四，中安但二，成十也。約處者，自然十，作法十，成二十也。將此配人，一眾二十，五眾一百等。（云云。）『又云』者，敘第二古師解也。唯在後夏一日者，（五〇二頁上）『前安』及『中』不開，唯『後安』開忘成及界也。」（五〇二頁下）

〔六七〕**若不結者，一夏便失** 簡正卷八：「以急故，恐失一夏，此以誦開。」（五〇二頁下）

〔六八〕**餘隨憶作，以時容預** 簡正卷八：「餘者，外也，除□（原注：□疑『後』。）安外，即『前』『中』也。隨憶作者，隨彼比丘記憶之時，便須覓人，作法、對首結成，不得開忘也。以時容預，即日數長遠冤（原注：『冤』疑『寬』。）

奢（【案】『奢』疑『窄』。），任運記憶，隨得時，即對首。無人即心念。（上清鈔文。）次辨分齊。此古師有八十種：前安居二，中安亦（原注：『亦』下疑脫『二』字。），後安有四，成八。約處通二界，自然八，作法八，成十六。將此配人，一眾十六，五眾八十也。」（五〇二頁下）

〔六九〕**並非聖言，以意用也**　資持卷上四：「『並』下，結斷。今準祖意，並通三時，隨日結成，隨滿受歲，義無抑塞。乍觀兩解，從急似善。然律本中，但明四法，不簡『初』『後』，故云『並非』等也。問：『忘及二法，為加法否？』答：『準疏，亦須陳詞，但夏成在前，加法在後，不以加法，為結之始。』疏云：『忘等直得後用，加法何為？』答：『制開義立，何得不有！（直得是開，加法依制。）』」（二四二頁中）鈔批卷一一：「謂上二師所計無據也。和上云：鄧州有昭律師，作一百餘紙文書，癈中安居法也。」（五二三頁下）簡正卷八：「今師通許古義也。上來二種，古人為並所立之理，不開典據，非聖言也。皆是師心臆見而用，故云以意用也。今依鏡水大德，先破第一師者。若言中間二十九，不開他忘成，如四月十七到，便忘成加法，乃至五月十六已來，若憶得即喚人對首，或無人則心念可爾。設若五月十七已去，方憶得者，對首、心念，云何得成？既是心迷，不可不開成夏，故知無理。又，古師中，安居不同及界者，大德云：如閏七月者，五月一日明相前及界，若此日不開，便廢一月日住，豈不損減？何不開耶！次破第二師者。（五〇二頁下）若前安居，不開此二，失五利故，惱處非輕。若中安居不開，即同適來所破也。若依諸記，破古義未盡。」（五〇三頁上）鈔批卷一〇：「鈔斥二家，故云並非聖言，以意用也。」（三七六頁下）

四、夏中遇緣失不〔一〕**者**

初明有難移夏，後受日逢難。

初中〔二〕

四分云：「二難〔三〕：梵行〔四〕者，本時婦〔五〕、大童女、淫女、黃門，伏藏〔六〕，皆因人來欲誘調比丘〔七〕，恐為淨行留難；二者，鬼神、惡賊、毒蟲、惡獸、不得如意飲食、醫藥〔八〕，及隨意使人。我若住此，必為我命作留難。佛言：「聽去。」

準此結成〔九〕者。從初去日，即須勤覓安身處〔一〇〕。若未得已來，雖經宿不破夏，以非輕心故〔一一〕。反前不覓，即破安居。若得住處，夏法隨身〔一二〕。亦不得無緣出界〔一三〕，便破夏也。結成後去，本界無難，

亦不得反來〔一四〕，由已結夏成故，須有緣及法〔一五〕也。

五分：食不足，父母親戚苦樂等〔一六〕；若住，恐失道意，聽破安居。十誦、善見：若安居中，有緣移去，無罪。不言得夏。四分亦爾〔一七〕。明了論：夏中有八難，棄去，無犯〔一八〕。疏云〔一九〕：人難者，親情及知識等誘引罷道，或作惡也。梵行者，乃至住處多有博易往還〔二〇〕，恐犯重罪。不云得夏，並云「得去」。摩夷云：移夏不破安居〔二一〕。四分衣法中：二處安居，二處隨半受衣〔二二〕。十誦、僧祇：命、梵二難，移夏二處安居，乃至自恣處取衣。破安居人，不得衣分〔二三〕。準此，無夏不成受衣，有受，理應得夏〔二四〕。

問：「遇緣出界，忘不受日，經宿，破夏不〔二五〕？」答：「諸部無文。五百問云〔二六〕：夏中忘，不受七日，出界行，憶即悔者，得。一坐中，不得過三悔，過三悔，不成歲〔二七〕。」「悔」謂若憶悔本忘心，即應反界〔二八〕。

問：「因事出界，水陸道斷等難，不得反界，失歲不〔二九〕？」答：「律部無文。昔高齊十統諸律師共評，並云得夏〔三〇〕。」

問：「界外宿，明相欲出，得會夏不〔三一〕？」答：「準僧祇衣界，準得〔三二〕。必須入頭、手、足〔三三〕等於界內；若外立，不得。」

若依大界安居，戒場及餘小界等，入中，明相出，破夏〔三四〕。若依大界外伽藍者，通往彼此二界，不失〔三五〕。謂結夏在前，結界在後者〔三六〕。若依大界內伽藍〔三七〕者，出門破夏，小界亦爾〔三八〕。若根本通依大界，不知二界相別者〔三九〕，隨本行處，不失。皆謂與本心相違故〔四〇〕，義張兩失〔四一〕；並緩依法界，急隨房處〔四二〕，而不得越界分齊。

四分云〔四三〕：若前後安居，見有二難，當白檀越，求移去〔四四〕；若聽、不聽，俱應自去。破僧、和僧，律開去也〔四五〕；事希，故不出〔四六〕。

二、明得法有緣不來〔四七〕

四分：受七日出界，為父母、兄弟、姊妹、本二、私通等，至意留之〔四八〕，過日不來，得歲；若鬼神等，水陸道斷、盜賊、虎狼諸難，同前得成〔四九〕。

準此，難靜即還反界，因即停止，破夏〔五〇〕。僧祇：夏中受日和僧，道行不得迂迴，直道而去。至彼，中前和了，中後即還。若停住者，準即破夏〔五一〕。

【校釋】

〔一〕**夏中遇緣失不**　資持卷上四:「據論,受日合在法附。但出界逢難,失不義同,故此明耳。」(二四二頁中)【案】「失不」,即「失」與「不失」。

〔二〕**初中**　簡正卷八:「外難曰:『夏法為隨處,為隨人?』(此範棗發問也。)淮南答:『亦不依處,亦不依人。只似今日安居,是法俱得。緣是散心中法故,無法前得。若安居了,或有難起已前之日,是法後得。若現在反已後日,被非得來替處故。』大德不許此釋。恐違鈔文。如有難緣,佛聽移去,勤覓安身處。至彼處後,起安居心,此夏法隨起。若言被非得來替者,即全無法,如何續起?莫須對首、加法,不必更作法,不名移夏。又,下文云:『若得住處,夏法隨身』,何得安致此解?兼前所問,俱不應理也。大德又云:今別申問答,以除疑妨,應作此問:『其安居夏法,為與人相應,為與處相應?』答:『設爾何失?』難曰:『二俱有過。若與處相應,即一向不得。離此處,何得受日出界,并移往別界等?理合破夏已。若與人相應,有緣但去,不要請日,亦合成夏。』答:『若無緣法即依處,所以無事,不許出界宿,出即破夏也。若有請召,緣及(五〇三頁上)與命梵難,法便隨人處,以有緣即受日,有難即移夏,故不破也。下文云『夏法隨身』等。(此問此答,妙盡其原也。)』」(五〇三頁下)【案】初,「有難移夏」分二:初,「四分云」下正明;二、「問」下雜辨。初又分二:一、「四分云」下;二、「準此結」下。

〔三〕**二難**　資持卷上四:「引律開。即開二難。」(二四二頁中)簡正卷八:「命為一,梵為二也。」(五〇三頁下)【案】簡言之,「命難」即影響僧人生活與生命之事,「梵難」即影響佛教發展、如法修行之事。「命難」和「梵難」統稱為「二難」。

〔四〕**梵行**　資持卷上四:「略舉婬、盜,餘事準知。地有伏藏,容生盜取。」(二四二頁中)搜玄:「清淨是梵行。今恐壞梵行,名梵行難。」(三七七頁上)簡正卷八:「法寶云:西土之中,若外道修行節操,乃呼為『梵志』。梵,由淨也。佛法中,比丘修行精真守素,亦呼為『梵行』,即淨行也。因於染愛,或致犯重,不成道果,障處不輕,說之為難。此是因中障果也。」(五〇三頁下)

〔五〕**本時婦**　鈔批卷一一:「疏云:斯梵難也。凡心染愛,無始纏懷,今暫割削,遇緣還起。故有境來,知非是淨,或因斯緣,容有犯重。說為難者,此是因中彰果也。若已犯者,不名為難。」(五二三頁下)扶桑記:「依律不必本時婦,今約通云耳。」(一三一頁上)

〔六〕**伏藏** 搜玄：「長人貪心恐盜取，即壞梵行。即<u>五分</u>二十三云，有一比丘安居，見其伏藏作念：此藏足我一生用也。佛言：恐為梵行作留難，聽去。」（三七七頁上）<u>鈔批</u>卷一一：「<u>立</u>明：伏藏何故？說為命梵二難者。由此伏藏，若有主屬主，（五二三頁下）無主屬王。比丘此住，見之生貪，致犯大盜，斯曰梵難。復為官所投，容喪五陰，斯名命難。問：『無主之藏屬王，須達何為輒取？既是聖人，經生歷死，得五不作戒，豈容行盜？』答：『地上屬王，地中無屬。<u>給孤獨</u>取者，謂是地中之藏耳。今文中所言者，應是有主之地，地中伏藏也。』有云：此伏藏者，正有非人守護，非人能誘調比丘，令其作惡。故今文云：皆因人來誘調等也。律中，時有比丘在一住處安居，時有鬼神語比丘言：『此中有伏藏。』比丘自念：『在此安居，必為梵行，作留難。』白佛，佛言：『應去。』<u>礪</u>云：婬女、伏藏等命梵二難，何故聽移夏直去。不許受日者，以命梵二難，無定期限，故聽移夏。如下文為和僧故，亦是無有期限，佛聽直去。」（五二四頁上）【案】<u>四分</u>卷三七，八三四頁上。

〔七〕**皆因人來欲誘調比丘** 搜玄：「誘，引調啳也。律云：爾時，大臣眾健能鬪，捨家為道時。<u>優闍王</u>言：汝何不休道，當與汝婦田宅資生等。次有童女婬女來云：汝休道，我當為汝婦。黃門數來，喚行不淨。」（三七七頁上）

〔八〕**鬼神、惡賊、毒蟲、惡獸、不得如意飲食、醫藥** 搜玄：「五蘊假者，命根連持，鬼等惡獸能斷，名命難也。有鬼神、惡賊、毒虫、惡獸等，皆嗔欲伺斷比丘命。白佛。佛言：『應去。』不得如意飲食者，有待之命，依飲食存。（三七七頁上）既不如意，命將不久，故為難也。」（三七七頁下）<u>鈔批</u>卷一一：「斯是命難也。律中但云即應以此事去，不言不得歲也。有師解云：既開無罪，用夏何為？如<u>明了論</u>中：有難隨意，但不得歲也。若依律中，二處安居，二處受衣，准知無夏不得受衣，得受明知有夏。又，<u>五分</u>云：食虀不足，父母、親戚、苦樂等緣，我若住者，恐失道意及梵命和僧，聽破安居，無有罪也。（五二四頁上）<u>十誦</u>：命、梵者，無罪，不言得夏。<u>僧祇</u>：有二難者，接界通收，此應得夏，直去不得，以無界攝也。<u>毗尼母</u>中，如文所開，大如<u>四分</u>，前解所也。<u>明了論</u>中，安居有難者，住處多有博易往還，見此生貪，致犯大重，即此為難。但破安居，亦不失夏。夏計行功，不虧法故，安居在處，出故名破。」（五二四頁下）【案】<u>四分</u>卷三七，八三四頁中。

〔九〕**準此結成** <u>鈔批</u>卷一一：「<u>立</u>云：有難移夏，至彼不更加法。但須勤覓處所，得即依住，名為結成也。」（五二四頁下）搜玄：「三意：初，明未得住處成不

之相;二、『若得』下,明得住處出界應不;三、『結成』下,釋本界無難得返。以不准此結成者,羯磨疏云:二難移夏,既是制限,從初去日,外覓安穩,未得已還。雖經宿者,不名懈怠,不破安居,及前成破。若得住處,夏法隨身,不須加法,即前成後不得輒出也。准此二難緣移夏,依本結成。」(三七七頁下)簡正卷八:「准此二難移夏,依本結成也。有人妄釋云:移夏更須加法,以文中云准此結成等命難。云:『既云加法,呼為何等安居?若作前安,前已結成了,何勞重加;若云中安,即不名移夏。無理甚也!』」(五○三頁下)

【案】「準此」之「此」,即指「二難」。「準此」下,文分為二:初,「準此」下;次,「五分」下。初又分三。

〔一○〕從初去日,即須勤覓安身處 資持卷上四:「『從』下,正斷為二:初,明求處。約心以明成破。」(二四二頁中)

〔一一〕若未得已來,雖經宿不破夏,以非輕心故 資持卷上四:「『若得』下,二、明得處,約緣以辨通塞。」(二四二頁中)

〔一二〕若得住處,夏法隨身 鈔批卷一一:「立謂:既言移夏,即是移法,故曰法隨身也。」(五二四頁下)簡正卷八:「但起安居心,即夏法續起,並不見說更加法也。」(五○三頁下)資持卷上四:「處有前後,法仍相續故。」(二四二頁中)

〔一三〕亦不得無緣出界 資持卷上四:「亦據越宿。」(二四二頁中)

〔一四〕結成後去,本界無難,亦不得反來 簡正卷八:「比為此界有難,移往彼界,今此難靜,不可更迴,已在彼依本結成也。」(五○三頁下)鈔批卷一一:「謂至彼住處,自有法起,名為結成。從此已後,故言後去。若聞本處難靜,亦不得返來。」(五二四頁下)資持卷上四:「法既隨身,不必作法。但望所至之處,立心止住,名為結耳。」(二四二頁中)

〔一五〕由已結夏成故,須有緣及法 資持卷上四:「『緣』即難事,『法』謂受日。反無緣法,破夏何疑?」(二四二頁中)鈔批卷一一:「既不得返來,今若有生善滅惡之緣,即作受日之法,故曰及法也。」(五二四頁下)搜玄:「華嚴云:既不得返來,今若有生善滅惡之緣,即作受日法,故曰及法也。」(三七七頁下)簡正卷八:「須有生善滅惡、請喚之緣,即作受日之法,方得再來此也。」(五○四頁上)

〔一六〕食不足,父母親戚苦樂等 資持卷上四:「引文有五。五分,食不足者,道緣闕故。親戚苦樂者,苦生憂惱,樂恐染著,皆妨道故。」(二四二頁中)搜玄:

「五分云：比丘麤食不足，作念言：『我此中安居，麤食不足。』白佛。佛言：『聽此緣破無罪。』次後數行來，有文言：『若見國王尊貴，乃至父母親戚苦樂等，恐失道意，亦如是也。』聽破安居，即是移夏。（三七七頁下）苦樂者，立云：謂眷屬聚會、追送、吉慶、受官等，名親戚樂；若忽然被賊難、言訴，是親戚苦。聞聽破安居，無罪。」（三七八頁上）鈔批卷一一：「撿五分云：有一比丘安居鬼伏藏，作是念：『此藏足我一生用，若久住此，或能失意，而世尊不聽破安居，我當云何？』以此白佛。佛言：『聽以此因緣破安居，無罪。若見國王尊貴，乃至父母、親戚苦樂等，恐失道意，皆亦如是。』（文直作此說。）（五二四頁下）立云：父母有官王、賊難，被人言訴，是名苦也。非比丘力能如何。若住為比丘難，故須去也。樂者，謂親眷聚會、追送、還往飲酒等事，婚姻吉慶、受獲官職等，能誘比丘破戒還俗，故須去也。」（五二五頁上）【案】五分卷一九，一三○頁上～中。

〔一七〕**四分亦爾** 資持卷上四：「即如上引牧牛人等，（二四二頁中）五處隨去也。」（二四二頁下）鈔批卷一一：「立謂：四分同上。十誦、見論：移夏，但言無罪，不言得歲。下文將受賞勞衣，例知准應得夏。」（五二五頁上）

〔一八〕**夏中有八難，棄去，無犯** 資持卷上四：「初，通舉八難，同說戒中。」（二四二頁下）簡正卷八：「八難者，若王奪住處，差出家人名難，『賊』謂失衣鉢等。」（五○四頁上）搜玄：「若王奪住處，或言駈役出家人，名王難。賊者，失奪衣鉢。人者，親戚及知識相誘引令罷道，或相誘引令作惡，名人難。鬼神及天魔、鬼、龍眾等，悉能為鄣礙，名非人難。地中有伏藏，知有此物，必起貪心，若取成重罪；或邊側住處多有博易，往還或見此生貪，致犯大罪；名梵行難。」（三七八頁上）

〔一九〕**疏云** 資持卷上四：「『疏』下，別釋二難。」（二四二頁下）【案】疏文至「恐犯重罪」。

〔二○〕**住處多有博易往還** 鈔批卷一一：「古人言利動君子。今處多博易，焉不動心！」（五二五頁上）

〔二一〕**移夏不破安居** 資持卷上四：「引文決。摩夷即母論，正言『摩怛理迦』，此云『本母』。故注羯磨云，毘尼母云『移夏不破安居』，諸部無文開是也。」（二四二頁下）鈔批卷一一：「立云：此名『本母』，一切諸論，能生法相，論是義本，故曰也。」（五二五頁上）搜玄：「應師云：『摩怛理迦』、『摩夷』等，此云『母』，以能生智也。立云：本母理為教本，謂一切諸論，能生法相，論是

義本，故曰也。」（三七八頁上）【案】毘尼母卷五，八三〇頁中。

〔二二〕二處安居，二處隨半受衣　資持卷上四：「『四分』下，準義決，三律移夏。既得受衣，成夏明矣。」（二四二頁下）搜玄：「四分文云：有一外道弟子，於佛法中出家。諸外道親族言：『云何捨阿羅漢道，於沙門釋子中出家？當還取之。』復作是言：『彼若聞者，或能逃避。沙門釋子，不破安居，至夏時往取，必得無疑。』彼聞不知云何，白佛。佛聽破安居。彼比丘使（【案】『使』疑剩。）便從一住處，至一住處，不知應何處受安居施分。白佛。佛言：『若住日多處，應於彼受分也。忽若二處住日等者，各取半衣分也。』」（三七八頁下）【案】四分卷四一，八六四頁中。

〔二三〕破安居人，不得衣分　簡正卷八：「今師立理，證上移夏，聽二處受衣，乃至自恣處取衣。以十律中，破夏人不得衣分。今既聽取分，故知成夏。」（五〇四頁上）搜玄：「『破安居人』下，鈔主立理，證上移夏聽二處受衣，乃至自恣處取衣。（三七八頁上）以十律中破安居人不得衣分。今既聽取分明，明知成夏也。」（三七八頁下）【案】十誦卷二七，一九九頁上；卷五五，四〇七頁上。僧祇卷二八，四五三頁～四五四頁。

〔二四〕無夏不成受衣，有受，理應得夏　鈔批卷一一：「立明：證上移夏，聽二處受衣，乃至自恣處取衣，明知成夏。以十誦律中，破安居人，不得衣分，今聽取。分明知夏非破也。」（五二五頁上）

〔二五〕遇緣出界，忘不受日，經宿，破夏不　鈔科卷上四：「『問』下，雜辨諸緣。」（三七頁中～下）資持卷上四：「忘不受日者，以五百問中有此開文故，問以別之。」（二四二頁下）【案】「問」下分五，如鈔所示。

〔二六〕五百問云　資持卷上四：「初明開者，此實迷心，故開憶悔，必有濫託，則非教意。」（二四二頁下）【案】五百問，九七五頁中。

〔二七〕一坐中，不得過三悔，過三悔，不成歲　資持卷上四：「『一坐』下，示制。以教太緩，故須限約。必過三悔，縱實亦破。」（二四二頁下）鈔批卷一一：「立有二解：初，言諸安居為坐夏也。謂一夏中，不得過三度，忘不受日出界，即破夏也。若齊三未破。又解：忘不受日出界，至彼坐時，不得過三度，憶不還也。後解不然。『若言坐憶開三，忽若行憶，復是開不，有何義意？』坐開行閉，故知不爾。故今正解，乃是彼文諸安居為坐也。乃是一夏之中，聽齊三忘也。撿彼論云，問：『夏中忘不受七日法，一宿出行得坐不？』『齊憶即悔得。一坐中，不得過三悔，過三悔不得歲。』」（五二五頁上）搜玄：「三悔者，豈

云：謂一夏之中，不得過三，故云三悔。故彼論問：『夏中忘不受七日法，一宿出行得坐不？』『齊憶即悔得。一坐中，不得過三悔，不得歲也。案此文詺一夏安居，為一坐也。』」（三七八頁下）

〔二八〕應反界　資持卷上四：「疾還本處，受日往也。」（二四二頁下）

〔二九〕因事出界，水陸道斷等難，不得反界，失歲不　鈔科卷上四：「『問』下，出界遇難。」（三七頁下）鈔批卷一一：「羯磨疏有此問。意云：若不受日，擬夜當來，當日出界，逢難經宿者，律中辨失，並約經宿，必有斯緣，無文開得。」（五二五頁下）搜玄：「此問不同上緣。上緣本擬受日遂忘不受，今此因事出界，本擬即日還，值□□（原注：□□疑『水陸』。）道斷經宿，得夏不耶？」（三七八頁下）簡正卷八：「此問與前不同也。前即本擬受日，遂迷忘故不受。引（【案】『引』疑『此』。）約因事出界，比擬即日迴，乃值水陸道斷，因而經宿，不知破夏不破耶？」（五〇四頁下）

〔三〇〕高齊十統諸律師共評，並云得夏　搜玄：「靈山云：准受日逢難，過限既得。此理應開，非情過也。」（三七八頁下）資持卷上四：「由文義俱無，故取人語。高齊即北齊高洋，簡南齊蕭氏。爾時，大興佛教，置昭玄司。立律德十人，以統天下僧尼，號昭玄十統。問：『既無正量，何得從人？』答：『諸師所評，準前移夏，及受日遇難，不來不失等文，必專守護，而非心過，情是可愍，故準開之。』疏云：高齊十統並懷慈濟，通僥倖故。悠悠慢犯，失夏何疑？」（二四二頁下）鈔批卷一一：「昔高齊十統盛集明德，共評斯理，並懷慈濟，通僥倖故。立云：高齊者，即北齊也。齊是國號，帝姓高也。崇敬三寶，別立十德，號為僧統。刊定佛法，曾評此事，判不失夏。既無佛教，終成人語，未可即依，必如其所言，亦須據勤隨。若勤覓方便，不得還者，依汝判得。若汎爾有難，因即不還，終歸破夏。」（五二五頁下）

〔三一〕界外宿明相欲出，得會夏不　鈔科卷上四：「『問』下，明相會夏。」（三七頁下）資持卷上四：「恐謂安居必身在界，不開明會，故須問決。」（二四二頁下）鈔批卷一一：「此問意：暫爾出界，迴來至門邊，明相已出，成夏不？」（五二五頁下）

〔三二〕準僧祇衣界，準得　資持卷上四：「答引會衣，例同會夏。彼律衣界不立勢分，故須身分入內方成。」（二四二頁下）搜玄：「答意，准祇護衣，謂將衣類夏故也。以隔於牆故，須入頭手等，於界內方得也。」（三七八頁下）

〔三三〕入頭、手、足　簡正卷八：「然隔大牆，理須入顯（原注：『顯』疑『頭』。）、

手、足方得，以表有身分故。」（五〇四頁下）

〔三四〕**若依大界安居，戒場及餘小界等，入中，明相出，破夏**　鈔科卷上四：「『若』下，藍界寬狹。」（三七頁下）資持卷上四：「初，明依界，有二：初至『明出破夏』，明別依成失；二、跨取後文。」（二四二頁下）鈔批卷一一：「立明：小界謂在大界之中，有別小攝僧之界，如『圍輪別住』之例。」（五二五頁下）簡正卷八：「此文總有四意。初云，若依大界安居，乃至入中間相破夏者，此謂要心依大界安居也。入戒場者，為隔自然故，及餘小界等。玄云：由是攝僧大界，以在圍輪大界之由（【案】『由』疑『中』。），望圍輪故名小。此即從外向內失，亦為中隔自然故。」（五〇四頁下）搜玄：「發正云：謂□要心依大界安居。若入戒場者，為中隔。自然及餘小界者，慈云：猶是攝僧之大界，以在圍輪大界之內，望圍輪故，名小耳，此即從外向內失也。」（三七九頁上）【案】資持釋文中，「跨取後文」意為其依界之第二項不是緊隨其後之兩個「若依大界」之句，而是跳到「若根本通依大界，不知二界相別者，隨本行處，不失」之句。鈔批釋文中「圍輪別住」為了論十七種別住之一。了論：「別住有十七種：一、長圓別住；二、四角別住；三、水波別住；四、山別住；五、巖別住；六、半月別住；七、自性別住；八、圍輪別住；九、一門別住；十、方土別住；十一、四廂別住；十二、二繩別住；十三、比丘尼別住；十四、優婆塞別住；十五、籬牆別住；十六、滿圓別住；十七、癲狂別住。」（六六九頁下）

〔三五〕**若依大界外伽藍者，通往彼此二界，不失**　簡正卷八：「此約藍大界小處，依外藍安居，總是要心處故。」（五〇四頁下）資持卷上四：「『若依』下，二、明依藍。亦二。初，明藍寬界狹，或藍界齊等明不失。以有界處，本須依界，今乃依藍，故須注顯。（舊云順古者，非。與下文多違故。）」（二四二頁下）鈔批卷一一：「立明：此是界狹藍闊，本依藍安，後乃結界，小於藍也。雖入中，不破夏，由本依藍故。」（五二五頁下）搜玄：「此謂藍寬界狹，元本依藍安居竟。後時乃結法界，小於伽藍，猶稱本要地，所以通往此藍彼界，不破夏也。」（三七九頁上）

〔三六〕**結夏在前，結界在後者**　簡正卷八：「和會下文之意也。故下料簡門（【案】見下文「三、料簡雜相」。）中云：『若本結大界小於伽藍，便依伽藍坐者，（五〇四頁下）以佛制依界故。有者不成，受日不得，止得縮取於界相。』（是鈔本文。）准此，藍中有界，不許依藍，只合依界。今此文何故通往彼此二界不失，卻許依藍？莫與下文相違不？是以注曰謂『結夏在前，結界在後』也。意

道：若先有界，只得依界，不許依藍。今既夏初未有界，但有伽藍，是以許依
藍護夏也。法寶云：此亦且依古談。若據今師，不局於界，但一切臨時簡寬處
即依也。故羯磨疏中許隨藍界，但據要心，故無確執。」（五〇五頁上）搜玄：
「琳云：鈔主意，若有藍界，要須依界，依藍不成。故下文云：以佛制依界故。
若羯磨疏中，許隨取藍界，但隨要心也。」（三七九頁上）

〔三七〕**若依大界內伽藍**　資持卷上四：「『若依界內』下，二、明藍狹界寬，或依別院
別房之類。」（二四二頁下）鈔批卷一一：「立明：藍狹而界闊也，本依藍安，
出門破夏。」（五二五頁下）搜玄：「折中云：謂法界大、伽藍小，若本依藍安
居者，出藍門即破夏也。」（三七九頁上）

〔三八〕**小界亦爾**　資持卷上四：「如別結一房，依房安居，（二四二頁下）出門即破。」
（二四三頁上）鈔批卷一一：「有人云：小界還是戒場也。立謂：是圍輪之界，
本依此小界而安。後出小界之門，雖在大界內，亦破夏也。又解云：此句是反
上句也。謂上既界大藍小，依藍結夏，出藍即破，今是界小藍大，依界結夏，
出界即破，故云小界亦爾。應言：界小亦爾。」（五二六頁上）簡正卷八：「引
有兩釋。若依玄云，是反上句也。謂上界大藍小，依藍安居，出藍門即破夏，
今約界小藍大，依界結，出界處，便破夏也。即迴文取義，應云：界小亦爾也。
或依法寶，謂於大界中，有小攝僧界，依此小界安居，出小界即破夏，故云亦
爾。（此解勝也。）」（五〇五頁上）搜玄：「華嚴云：此句是反上句也，謂上既
界大藍小，依藍結夏，出藍則破，今是界小藍大，依界結夏，出界即破，故云
小藍亦爾也。」（三七九頁上）

〔三九〕**若根本通依大界，不知二界相別者**　資持卷上四：「『若根本』下，明通依不
失。由本結時，不知別界，故通彼此。」（二四二頁下）簡正卷八：「謂初結時，
不知此大界內有戒場、小界等別，但隨本要期處皆不失。『若爾，何故前云入
場等破夏耶？』鈔答云：『皆謂與本心相違等是也。』謂本心依大界，今入戒
場及餘小界，即與本初心之心相違。」（五〇五頁上）鈔批卷一一：「立謂：此
明不論大界及戒場，但要心依如藍。大界內而坐，不知戒場及中間小界處所分
齊故通。往彼此，不破夏，並所要之地故。勝云：不知二界相別者，謂大界安
居，不知界內有戒場，通依界結。戒場及界，來往行處不失。立又一解：此句
正是料簡前藍大界小、界大藍小之文，謂本依大界與藍，不知藍與界分齊，後
往彼此，但使不出本所要之處，皆不破夏。言隨本行處不失者，立明：若本依
小藍，今則出藍，雖在界內，是一失。若本心依界不依藍，今出界，雖在藍內，

又是一失。上是藍小界大,下是界小藍大。此言但是結前文意也。又解云:若本依界安居,出界則失。若本依房,出房又是一失。將此一解稍好。」(五二六頁上)搜玄:「嶞云:謂依大界安居,不知內有諸界,但隨本要期所行之處,皆不失。此據迷心故,(三七九頁上)開不失也。靈山云:『若爾,何故上言依大界安居,戒場小界入中破夏耶?』答:『上據本知非本要,所以是破也。』」(三七九頁下)

〔四〇〕**皆謂與本心相違故** 資持卷上四:「『皆謂』下,總結。」(二四三頁上)搜玄:「有二意:初,結上二失;二、『並緩』下,別等緩急分齊。皆謂與本心相違者,本心依大界,今入戒場及諸小界,即與本心相違也。初依大界內藍,今出與本心違也。」(三七九頁下)

〔四一〕**義張兩失** 簡正卷八:「於上四句之中,第一句入戒場等為『一失』,第三句依大界內藍,今出門破夏,是『兩失』。」(五〇五頁下)搜玄:「前四句中,第一句入戒場等,『一失』;第二句,依大界內藍,今出門破夏,即『二失』也。」(三七九頁下)資持卷上四:「依界依藍,各有『一失』、『一不失』。即約本心有違、不違,而非明文,故云義張也。法界多寬故緩,房處從狹故急。必有行人,棲止大界,自意依房,捨緩從急,彌符教旨。」(二四三頁上)

〔四二〕**並緩依法界,急隨房處** 鈔批卷一一:「立明:如祇,為難結三由旬。(五二六頁上)若依此界則緩,若依房則急,以房狹小故。護夏是難曰急。『界』謂作法之界,廣狹由僧,護夏不難曰緩。」(五二六頁下)簡正卷八:「結前四句中,初大界,二藍內大界,三藍外大界,四根本通依大界,皆是從緩而斷也。急隨房處者,如三間房,初要心我依中間,後出兩邊,便成破夏。以從急故,對緩立名也。」(五〇五頁下)搜玄:「結前四句:初依大界,二藍內大界,三藍外大界,四根本通依大界。並從緩論,依前四種大界。『若爾,第三句中依大界外藍,何曾依界?』答:『鈔意,若藍界俱有制,依界也。故注云:結夏在前,意在此也。明先無界也。發正破云:藍外大界,緩義許成,藍內大界,即是急義。如何稱緩?此破不然。今緩急者,不從藍得:急約於房,緩從於界。房界相望,得緩急名,非謂約藍約界,而稱緩急也。」(三七九頁下)

〔四三〕**四分云** 鈔科卷上四:「『四』下,遇緣自去。」(三七頁下)簡正卷八:「以律緣中,有壇(【案】『壇』疑『檀』。)越請與安居,後見有難,欲(原注:『欲』下疑脫『移去』二字。)者,須自檀越求移。若聽者,善;若不聽者,應自者

（原注：『者』疑『看』。）等。」（五〇五頁下）四分卷三七，八三五頁下。

〔四四〕若前後安居，見有二難，當白檀越，求移去　資持卷上四：「遇緣去中。二難，即命、梵為己緣，破和即為他緣。律中，本處因我住故破，他界因我往故和。為害事重，故並開之。」（二四三頁上）鈔批卷一一：「謂檀越四事供給，於身有益，在恩既重，故去時須白。」（五二六頁下）搜玄：「以律緣中，有檀越請前安居、後安居，見有難欲去，須白檀越求移。若去（【案】『去』疑『云』。），聽去，善；若不聽，應自去也。」（三七九頁下）

〔四五〕破僧和僧，律開去也　鈔批卷一一：「明此界眾僧，因我故破，或彼界僧諍，須我往滅。隨有此緣，俱聽直去。到下文更明。」（五二六頁下）搜玄：「准律中，眾僧因我故鬥，令僧破者，聽去外界。（三七九頁下）僧因我能呵，得和（【案】『和』疑『我』。）滅者，皆聽直去也。」（三八〇頁上）

〔四六〕事希，故不出　資持卷上四：「諍見僧壞，西土多然，此方罕有，故云希也。」（二四三頁上）搜玄：「今少見行，故云事希不出也。」（三八〇頁上）

〔四七〕明得法有緣不來　鈔科卷上四：「受日逢難。」（三七頁上）

〔四八〕受七日出界，為父母、兄弟、姊妹本二私通等，至意留之　鈔批卷一一：「立明：當時或緣父母等病患，生善滅惡等，受日而來，限滿欲還，至意留住，不為餘事。但信樂比丘，留之供養，滅惡生善，云：『師若去者，我當即死，或能邪見，退失道心』。若此相邀，聖開且住，不名破夏。若汎然留住，住則破夏。」（五二六頁下）搜玄：「立云：或父母病患，生善滅惡等緣。若此相邀，聖開且住，不名破夏。若汎爾留住，住則破安；入（【案】『入』疑『八』。）難不還過限，亦同留耳。」（三八〇頁上）簡正卷八：「或父母病患，生善滅惡等緣。若苦邀留，聖開且住，不名破夏。若汎爾人情相留，即不可。」（五〇四頁下）

〔四九〕若鬼神等，水陸道斷、盜賊、虎狼諸難，同前得成　資持卷上四：「『若』下，即命難。律文，佛判並言得歲。同上親留，故云同前。」（二四三頁上）鈔批卷一一：「同上父母至意留之得成夏也。今雖有難，要勤覓還計，如不得還，非情過故。由本有法故，得夏也。汎然聞難，雖復道斷，猶有餘道，得去不去，破夏。須知。」（五二六頁下）簡正卷八：「八難，過限不還，亦同於此。」（五〇四頁下）

〔五〇〕難靜即還反界，因即停止，破夏　鈔科卷上四：「『準』下，約義決。」（三七頁中）資持卷上四：「在文尤緩，恐致妄行，故須準急。」（二四三頁上）搜玄：

「因迂迴違時亦破夏；迂迴不違時，雖不破夏，亦結不應罪也。」（三八〇頁上）簡正卷八：「祇云：若受日，依斷靜事人，晨起受，哺時者，哺時受，晨時者，不得迍迴，應從真（【案】『真』疑『直』。）道。若道有難，無罪。至彼斷處，繼（【案】『繼』疑『經』。）時斷了，欲還經時。准此，違時即破夏也。因迴迍違時，亦破夏；迍迴不違時，吉。」（五〇五頁下）

〔五一〕準即破夏　鈔批卷一一：「佛遣和了，當日即歸。停住輕慢佛教，故得破夏之罪。」（五二六頁下）

五、明迦提利法〔一〕

因明解結界法〔二〕。

初中

若四月十六日結者，至七月十五日夜分盡訖，名「夏竟」。至明相出，十六日後，至八月十五日已來，名「迦提月」。明了論云：本言「迦絺那」，為存略故，但云「迦提」，此翻為「功德」。以坐夏有功，五利賞德也。廣如自恣後法〔三〕。

次明夏中解界法〔四〕

人解有言：「破夏者，以佛令夏竟解、結〔五〕也。」此妄引聖言〔六〕。律云安居竟，應解界、結界者，為諸界同受功德衣〔七〕也。各捨通結、同受，共解、別結〔八〕。廣文如十誦〔九〕。又，疏中亦明：本非為夏進不〔一〇〕。古人云：「安居不竟，解界破夏者，亦可安居不竟，自恣破夏〔一一〕。」文兼二會，須兩相通〔一二〕。

若夏內解界，今言「無妨」〔一三〕。但結夏情限不同，故須分別〔一四〕。若本依大界安居，後解更結大者〔一五〕：無難，依本處；有難，準僧祇開之〔一六〕。若本依自然，後結作法〔一七〕：若狹，還依本〔一八〕；若寬，同前二緣〔一九〕。

【校釋】

〔一〕迦提利法　資持卷上四：「迦提分三：初，明時限，比（【案】『比』疑『此』。）謂無衣常開一月；二、釋名義，引論翻名，注文釋義；三、指廣。問：『下篇既廣，此何重示？』答：『若論受利，雖自恣後，然所獲利，全由夏功。又，彰夏時四月，制開分齊。又，此論無衣，後約有衣。』『若爾，有衣受法，此何不明？』答：『行事次第，合在自恣後故。』」（二四三頁上）

〔二〕因明解結界法　資持卷上四：「此章來意，為破古執，以息後疑，非關夏限，

故曰因明。以迦絺犍度中云，安居竟，有四事：應作自恣、應解界、應結界、應受功德衣。前引母論亦然。古師據比（【案】『比』疑『此』。），故有妄釋。引古中。初出彼計。疏云：有人言，本依界故成安居，若解本界，便失夏也。以失所依，即日雖結，亦不成就。故文云：安居竟，應解界；未竟而解，故知非也。」（二四三頁上）

〔三〕**廣如自恣後法** 鈔批卷一一：「立謂，到下『迦絺那衣法』中廣解。」（五二七頁上）簡正卷八：「指『功德法附』處廣述。或有云『衣一月號曰迦提，有衣五月號迦絺那』者，謬之甚也。」（五〇五頁下）

〔四〕**夏中解界法** 搜玄：「此律『迦絺那衣法』云：安居竟，解界、結界、自恣、受功德衣。古人云：既言竟，未竟而解，故破也。羯磨疏云，有人言：本依界故，成安；□若解本界，便失夏也。以失所依，即日雖結，□成就故。又云：安居竟，應解界，今未竟而解，故知非也。」（三八〇頁下）

〔五〕**破夏者，以佛令夏竟解、結** 鈔科卷上四：「初，引古難破。」（三七頁下）資持卷上四：「初，出彼計。疏云：有人言，本依界故，成安居。若解本界，便失夏也。以失所依，即日雖結，亦不成就。故文云：安居竟，應解界。未竟而解，故知非也。」（二四三頁上）鈔批卷一一：「此謂古師執意云：界本是所依，人為能依，所依之界既失，能依之人夏亦破也。」（五二七頁上）簡正卷八：「有言，破夏者，敘古師釋也。以佛令夏竟結解者，古云：以律中安居竟，四事應作：一、自恣，二、解界，三、結界，四、受功德衣。今夏未滿故，又本依界安居，若解本界，失所依故，便失夏也。」（五〇六頁上）【案】「有人」下分二：初，「有人」下；二、「若夏」下。「人解有言」底本作「有人解言」，據大正藏本、鈔科、鈔批和簡正釋文改。

〔六〕**此妄引聖言** 資持卷上四：「『此』下，難破，有四：初，斥妄。」（二四三頁上）搜玄：「羯磨疏云：文列應解。須知本緣，此原不為安居。但欲同法合界，故須云解。今言破者，是妄引也。」（三八〇頁下）鈔批卷一一：「此言斥古師也。南山師意云：汝道佛令安居竟解界者，非謂夏竟要制解界，本為異界同受功德衣，故令夏竟。解結共受，非本為夏進否？汝判夏未竟解，夏亦隨破者，是妄引聖文耳。古師引律文云：安居竟，應作四事，謂：解界、結界、自恣、受功德衣。既令夏竟而作，今夏未竟而作，故知破夏也。鈔主難意：將自恣來例。律自恣文中云：後安居人，夏雖未竟，可從前安居人自恣，住待日足，律令夏竟，方作四事。後安未滿，即非夏竟，如何自恣？不判破夏。自恣

既非破夏，解界亦不合破夏也。」（五二七頁上）簡正卷八：「律文令夏竟解結界者，謂諸界同受功德衣，令解結界，非開破各捨，謂各自解本界也。」（五〇六頁上）

〔七〕**安居竟，應解界結界者，為諸界同受功德衣**　資持卷上四：「『律』下，二、顯正。初牒律文。『為』下，示意。但文非明顯，致令錯會，故準十誦德衣（【案】『德』前疑脫『功』字。）之文，方決疑壅。」（二四三頁上）搜玄：「『律云』下，證成妄引。」（三八〇頁下）【案】四分卷四三，八七七頁下～八七八頁上。

〔八〕**各捨通結、同受，共解、別結**　簡正卷八：「通結，為都結為一大界也。同受，為俱受五利。共解，謂受已共解也。別結，謂仍高（【案】『高』疑『是』。）各自結取大界也。」（五〇六頁上）

〔九〕**廣文如十誦**　鈔批卷一一：「彼律第五十三云，問曰：『諸比丘安居竟，眾多僧坊共結一界，受迦絺那衣，受已捨是大界。是諸比丘皆名受迦絺那衣不？』答：『一切比丘皆得受之。』」（五二七頁上）【案】見十誦卷五四，四〇一頁中。參見十誦卷三九，二八四頁下等處。

〔一〇〕**疏中亦明，本非為夏進不**　資持卷上四：「『又』下，三、引證。舊記云指首師律疏，本非為夏，乃顯別有所為，文雖不示，義應同上。」（二四三頁中）簡正卷八：「首疏也。彼亦云：夏中解界，不破夏也。新章亦同南山。彼破古人云：若言依界安居，夏中解界，失所依者，如依藍安居，或藍塔崩倒，應破夏不？」（五〇六頁上）

〔一一〕**安居不竟，解界破夏者，亦可安居不竟，自恣破夏**　簡正卷八：「『古人』等者，將自恣來難解思也。」（五〇六頁上）資持卷上四：「『古』下，四、引難。古人云者，已為前代古德難破，今引用之，疏中標云『有人言』是也。前引律云：安居竟，應解界，應自恣。二文不異故，引相並然。律通三日，自恣十四、十五，未竟皆成。及中、後人，隨前自恣，住待日滿，用此相並明，知解、結非破夏矣。」（二四三頁中）

〔一二〕**文兼二會，須兩相通**　資持卷上四：「『文兼』等者，不竟解結。若云破不竟，自恣亦應破，自恣既不破，解結云何破？上句示文同，下句明義合。破則齊破，成則俱成，不可偏故。疏又難云：如在攝衣界中，護衣緣故須解，亦應失本所依。即日明離，然未經宿，不說離衣。夏亦同此，何得即破？（前云解界，即日破夏，不待經宿，故有此難。）」（二四三頁中）搜玄：「文兼二會者，解

界、自恣，律中二文兼明。文云：安居竟，應解界，應自恣。今須二會其文：夏未竟，自恣□□破安居，夏未竟，解界應破夏；夏未竟，自恣□不破安居，夏未竟，解界那得破夏？須得自恣解界，兩文相通也。」（三八〇頁下）鈔批卷一一：「立云：取自恣、解界二文，相會以通疑執也。（五二七頁上）此明安居未竟，自恣既不破夏，安居未竟，解界亦不破夏。須將自恣不破夏之文，以會通解界不破夏之文也。故知自恣與解界，二文俱非破夏，故曰二會也。有人云：文兼二會者，謂夏未竟，自恣有破有不破，解界亦有破不破。自恣竟，即出界是破；若住，待日足，即不破。解界亦爾：謂夏未竟，解界，若出本所依處則破；若不出所依處則不破。既俱有破、不破，故曰二會。此解弱。礪羯磨疏云：自然界中，安居中結作法，即破安居。又云：『若爾，先在自然界攝衣，忽結衣界，亦應失衣？』答：『不類。以本受衣，不假自然衣界，故今雖結，不失受法。謂其安居，無成局界。以雙隻入界，亦成安居。（云云。）』無作法中，安居亦爾。復有古師云：本依界，故成安居。若解本界，便失夏也。以失所依，即日雖結，亦不成就。故文云：安居竟，應解；未竟而解，故非也。又問云：『在處成安居，出經宿破，何以解界，即日便破？』答：『出界外者，所依界在，要經宿破。今解本界，失本所依，是以不待宿也。』復有人云：『夏中雖解，但不出界，不破安也。將攝衣界，以破前師之執。』破云：『如在攝衣界中，護衣緣故須解，亦應失本所依。（五二七頁下）即日明離，然未經宿，不說離衣。夏亦同爾，何得即破？」（五二八頁上）

〔一三〕若夏內解界，今言「無妨」　鈔科卷上四：「『若』下，伸今正解。」（三七頁下）搜玄：「羯磨疏云：然安居不專作法，界中隨處並得作。不離本要之處，解界、結界，並無妨也。」（三八一頁上）鈔批卷一一：「疏云：本依自然，結夏尚成，由人結作法，牢強於中，何得云破？以不離界故。然立心行者，行護從急。若後結遠於自然，但依自然分齊。既無難緣，不可從開。若結狹本，有說依新意，以依處安居，隨本自然為定，由本作法，意在羯磨。安居隨處，不要加結。有人言：隨後作法，是聖教本。如依自然護衣，後結作法，既失前界，亦隨廣護也。」（五二八頁上）簡正卷八：「今言『無妨』者，羯磨疏云：然安居之法，不局法界，隨處並得，不離本要之處。解界、結界，何得有妨？情限不同，故分別者。若情限在於法界，夏中解結，大小不同，故分別也。若情限在於自然，夏中或結作法，或寬狹，於情限之處，故須分別。」（五〇六頁下）

〔一四〕**但結夏情限不同，故須分別**　資持卷上四：「『但』下，明前後寬狹。初，生起。」（二四三頁中）鈔批卷一一：「立明：此猶料簡。上文謂安居不必盡依大界，或藍或房，或山巖石窟，隨處而坐，豈唯獨依作法界耶？故知今解法界，定非破夏。」（五二八頁上）搜玄：「為情限在於法界，夏中解結，大小不同，故須分別。或情限在於自然夏中，或結作法，或寬狹於情限之處，故須分別料簡。」（三八一頁上）

〔一五〕**若本依大界安居，後解更結大者**　資持卷上四：「『若』下，示相，為二。初，明依界，前狹後寬。僧祇：避難界，縱廣三由旬。問：『先廣後狹，為依何處？』答：『準下自然，亦應依本，從狹彌勝。』」（二四三頁中）搜玄：「初，情限所依，大界則小。後解更結大者，故須分別。」（三八一頁上）【案】本句為依界，下句為依藍。

〔一六〕**無難，依本處；有難，準僧祇開之**　鈔批卷一一：「結寬本為避難，有難可得從寬。今若無難，不得出本分齊。言『有難準僧祇等』者，彼文云：夏中前結安居已，忽有難起，王賊破戒，虫小灑不得，欲至餘處。三由旬內，若彼坊寺有比丘者，若呼來出界已，白二羯磨結之。復欲就餘處者，當捨已更結。如是捨後結前，隨適意處。若卒難至，即聽直去。明知有難，得三由旬開之。」（五二八頁上）簡正卷八「無難依本處者，依本情限之處。有難准僧祇開者，祇律第八云：前安居已，忽有難生，欲至餘處。三由旬內，若彼坊寺有比丘者呼來，若出界者已，自（【案】『自』疑『白』。）二結之。後欲就餘處者，當捨已更結。如是捨後結前等適意處，故有難得三由旬也。」（五〇六頁下）

〔一七〕**若本依自然，後結作法**　資持卷上四：「『若』下，二、明依藍。疏中，又有師云：自然中，安居已，結界受日，失本自然，亦破夏也。難云：『本依自然，結夏尚成。今結作法，牢強於本，何得云破？以不離界故。此不標古，直伸今意，初明後狹。」（二四三頁中）

〔一八〕**若狹，還依本**　鈔批卷一一：「立謂：狹稱可伽藍而結也。若本於自然，藍中結夏，後若結作法。稱藍而結者，唯得依本而坐。」（五二八頁下）簡正卷八：「即但依本自然，寬狹後結。」（五〇六頁下）

〔一九〕**若寬，同前二緣**　鈔批卷一一：「立明：同上祇中『有難』『無難』兩緣也。若有難，得越，本分齊，至三由旬。若無難，唯得依本處也。」（五二八頁下）資持卷上四：「『若』下，明後寬。二緣即『有難』『無難』也。（昔云『前注文順古』者，準此知非。）」（二四三頁中）搜玄：「若後作法，狹於本自然者，

即令依本自然寬狹後結。若寬本自然者，無難依本，是一緣；有難開近新處，是二緣也。羯磨疏云：自然狹作法，還依自然本，（三八一頁上）作法狹自然，還依自然本，謂是本要心處也。此不約有難說也。」（三八一頁下）

二、明受日法〔一〕

夏中有緣，故聽受日。必準聖言，依法加受。妄自誑心，受而破夏〔二〕，虛損信施〔三〕。可悲之甚，故委示焉。

就中分三：一、心念，二、對首，三、眾法。總分三別〔四〕：一、通料簡，二、緣是非，三、依位解。

【校釋】

〔一〕明受日法　簡正卷八：「然三日靜處，九夏時長，或有生生（原注：『生』字疑剩。）善滅惡之緣，理須極救。佛既聽許，合附此明。……牒彼請意，誂告僧別，納法在己，稱之為『受』。對首眾法，許往有期，約明相分，稱之為『日』。各軌範，名之為『法』也。外難云：『未審四月十六日纔結夏了，有請喚緣，便受日出云（原注：『云』疑『去』。），得不？』（五〇六頁下）有人云不得，必須經宿，方得受日。法寶云得，律文，夏中聽受。今既十六日結，豈非是夏？不在懷疑也。」（五〇七頁上）鈔批卷一一：「上既安居，是制住法。今此受日，是開去法。對『住』有『去』，對『制』有『開』，故次明也。礪云：然受日法，若作法時限，諸部差別，七日一法，應通諸部。羯磨受法，五分一同此律，十、祇二律，羯磨少別：祇有事說，十律有三十九夜，無半月法也。」（五二八頁下）

〔二〕妄自誑心，受而破夏　資持卷上四：「『妄』下，顯過。西土施物，多依夏數，北地亦然，故多此過。」（二四三頁上）鈔批卷一一：「立明：非緣稱緣，此是誑心，對他而受，亦誑前境。」（五二八頁下）簡正卷八：「以非為是，名自誑也。」（五〇七頁上）搜玄：「立云：非緣稱是，即自心也。」（三八一頁下）

〔三〕虛損信施　鈔批卷一一：「立明：如有施主，施安居人，或施十夏衣物藥食。今比丘受日不成，在夏已破，不名安居，妄受他施。或數為歲，云我十夏，妄得利養，名虛損也。如下善見論云『自長己夏，受施犯重』，即是其義。今受日不成，妄計為受利是也。」（五二八頁下）

〔四〕總分三別　資持卷上四：「初列三法，下分三科，通論上三，故云總分也。」（二四三頁中）

初中

三種受日，有四不同〔一〕：

一對人不同〔二〕

七日非僧，別人邊成；半月、一月，非別人法，唯僧得成。若互，不得。十誦〔三〕，問：「何處受七日？」佛言：「界內；」「從誰受？」「從五眾受。」

二對界者

七日通二界，羯磨局作法。可知。

三先後者

若用羯磨受後，更受七日得成，隨緣長短。不同古法，唯前七日，後方羯磨〔四〕。

問：「先得羯磨，後隨緣七日者，何故羯磨云『受過七日』〔五〕？」答：「此言『過』者，道羯磨是過七日家法〔六〕，非謂言『已用七日竟』言『過』也。」

四明相攝〔七〕

若受七日用竟，羯磨受者隨得〔八〕。若七日未用，或用未盡〔九〕。更有異緣〔一〇〕，或是七日過緣〔一一〕，更受半月者，前法即謝〔一二〕。由羯磨法強攝故〔一三〕，不得一身二法相續用〔一四〕也。律云：不及七日，還聽受十五日〔一五〕。今七日法在己，必有餘緣，故知前法壞也〔一六〕。

若前羯磨受日，要須用盡，方得受七日〔一七〕。比多有之，謂受一月不足〔一八〕，更請七日，相貼滿三十七日用之，良不可〔一九〕也。

【校釋】

〔一〕三種受日，有四不同　資持卷上四：「即上三法，開別合眾，或是七日、半月、一月。『三位』則合別離眾也。」（二四三頁中）搜玄：「三種者，心念、對首、眾法。此三之中，有四不同也。釋文四：一、對人，二、對界，三、先後，四、相攝。」（三八二頁上）【案】「受日法」即是當比丘于安居時，有其他重要事緣而須外出，所必須遵守的請假之法。行事鈔言受日（請假）有三種時間限度：七日、半月、一月。與此相應，「受日法」即有：七日法、半月法、一月日法。

〔二〕對人不同　搜玄：「立云：佛制五眾安居，各自相對受日，非謂比丘對下四眾□。羯磨疏云：互不相足數，何得從受？此立法通□，如五眾安居，例此各從

所位也。」（三八二頁上）【案】「對人」即是比丘請假時對誰稟白，是唯對比丘，還是對任何一眾均可。

〔三〕十誦　資持卷上四：「引十誦二問，明『所依處』及『所對人』。制行受日，不離當界，須從五眾，各局為言。（二四三頁中）比丘通僧別，餘眾唯局別，不行月法故。」（二四三頁下）簡正卷八：「佛制五眾安居，各自相對受日，非謂比丘對下曰（【案】『曰』疑『四』。）眾。既互不相足，何得從受？今鈔文且約一期出法也。」（五〇七頁上）鈔批卷一一：「從五眾受者，立謂：佛制五眾安居，各自相對受日，（五二八頁下）非謂比丘對下四眾也。羯磨疏云：計互作，非所足，何得從受？此立法通文。如五眾安居，例此各從所位也。又云：十誦今從四眾，豈是正教？文非可用。有人云：『但告四眾，知我行往，何如不告，故猶勝也。』今解不然。立法須定，安有比丘對尼為證？義即敗也。若欲通消，但得心念，必欲令和，口告處所，終不以此為受日法。礪云：下三眾雖制安居，若有緣出界，無受日法，以不數歲故。不論受日法，去亦須白。」（五二九頁上）

〔四〕不同古法，唯前七日，後方羯磨　資持卷上四：「古執三種，次受不得前後。今此反之。須知。古師執法，故不許差。今師義緣（【案】『緣』疑剩。）隨緣即得，故不同也。」（二四三頁下）搜玄：「昔人云：先受七日，後便十五日，後一月。如此次第。若已受十五日，不得更受七日，以長攝短。如功德衣，五月即攝迦提，又月望衣開收十日等。今解不爾。如功德衣，就時定故，又俱五利。一月衣者，取為限准，俱開一長，更無緣故。是以此二即為定開，以長收短。今此受日，約緣事別，緣既長短、先後不定，寧得定令先短後長？故今正解。受日三品，逐緣長短。若有長緣，先羯磨受日，或先短緣，先受七日。三品緣事，各先各後也。」（三八二頁上）鈔批卷一一：「立謂：昔人云：前受七日用竟，以受十五日，後受一月。一夏之中，不得過此三法。今不同之。礪云：昔人言，要先七日，次十五日，後一月日，如此次第。若已受十五日，不得更受七日，以長攝短故。如功德衣，五月即攝迦提。又月望衣開收十日等。今解不爾。如功德衣，就時定故，又俱五利。一月衣者，取衣為准，俱開一長，更無緣故。是以此二即為定開，以長收短。今此受日，約緣事別，緣既長短、先後不定，寧得定令先短後長？故今正解。受日三品，逐緣長短，前後所須。若有長緣，先羯磨受，或先短緣，（五二九頁上）先受七日。三品緣事，各先各後。『若爾，何故文言受過七日法？』答：『此謂前事不及七日還者，事

過故。又復，羯磨法過故，過非謂已受七日竟，名過七日也。』更問：『何以
不言過十五日者？』答：『此半月、一月二法，對七日，並具二過故。（事過、
法過。）若十五日、一月日相望，但有事過，無有法過，故不言過十五日也。』
『宣一同受一月法時，何不言過半月者？』答：『七日別人，餘皆眾法。但云
過七日，明知餘二俱白二也。同是眾法，故不說分也。』又問：『今受半月、
一月法者，若值小月，如何數之？』答：『依律文也。半月加法，依十五日，
則不問大小，數日還返。如十誦中三十九夜也。若受一月，則依大小，不可數
日。如律云住三月等，小攝在其內也。』」（五二九頁下）簡正卷八：「古云：
凡受日法，先受七日，次半月，後一月。如此次第，順於律文。若已受半月在
前，不得更至七日，以長收短。秉七日法，亦不起也。餘例由如功德衣，五月
攝得迦提月等。（上敘古也。）今師云不爾。功德衣就時揩定，又俱五利，是
故以長收短。今此受日，約緣事別，緣有短長、前後不定，□得定他。先短後
長，不可例也。今云受日三品，遂緣長短。若長緣先來，先羯磨受戒；短緣先
來，先對首受。（五〇七頁上）縱律文排次第者，蓋是云法，何得固執律文！」
（五〇七頁下）【案】本處討論的問題是受日之後再續假的時間問題。如果已
經受日半月了，那麼能否再續假七日？諸家對此說法各異。另，七日受日，用
對首法；十五日長者受日，用羯磨法。

〔五〕**何故羯磨云『受過七日』**　資持卷上四：「即古所計。疏云：昔人云：先受七
日，後便十五，以文云受過七日法故。」（二四三頁下）簡正卷八：「問意者，
適來既云隨緣長短，先後請日，何得羯磨詞中云『受過七日』法？若先曾受七
日法用了，後半月即可言過；若長緣先來，便先請半月等。既從前未曾請七
日，即不合云過。引（【案】『引』疑『此』。）是今師自為除疑，故生茲問。」
（五〇七頁下）搜玄：「羯磨疏云：文列『過七日』者，立法限約。此羯磨法
是過七日緣耳，非謂受□□用竟，名過七日。忽若不受七日，即受□□都□受
七日。」（三八二頁上）

〔六〕**道羯磨是過七日家法**　資持卷上四：「答中道，謂口言方俗之語，使人易解。
三法半倍：半月倍七日，一月倍半月，故知文牒倍過之過。」（二四三頁下）
搜玄：「文言『過』者，可是用竟，必不然也。羯磨疏問云：『今受一月日，何
不言過十五，但言過七日耶？』解云：『七日別人，餘皆眾法，但云過七日，
明知。餘二俱白二也。同是眾故，不說分也。』疏又問云：『今受半月、一月
法者，若值小月，如何數之？』『依律文也。半月加法，依十五日，則不問大

小，但數日滿，還返如十誦三十九夜也。若受一月，依大小月，不可數日，如律云住三月等，小月攝在其內也。」（三八二頁下）簡正卷八：「答文意者，道羯磨是僧處秉勝故，七日是對首，別人之法劣故。不如此據勝劣之邊者，過非約己，用七日了云過也。思之。羯磨疏又問云：『如受一月法詞中，何不言受過十五日、一月出界？』答：『半月、一月，雖長短不同，莫非總是僧法，白二更無勝劣，不可言過。不同七日法劣也。』疏又問云：『今受半月、一月法者，若值小月，如何數之？』『依律文也。半月如法，依十五日，即不問大小，但數取日足還，及如十誦中三十九夜等。若受一月，依大小不得數日，如律云住三月等，小月攝在內也。』（上且依疏。）法寶又釋云：如小月十五請日接着，後月即數取三十日令足，此約受日時月大小也。」（五〇七頁下）

〔七〕**明相攝** 資持卷上四：「以眾法是強，別法為弱，強必攝弱，法容隱顯，故有此門。」（二四三頁下）鈔批卷一一：「看羯磨疏，此一門義，並述古師之非。云有相攝，謂若受七日用竟，方聽羯磨受日。若受七日，用未盡，或未用。若更羯磨受日，前七日法則謝。若前羯磨受日用未盡，後不得受七日，以羯磨法強在故，七日法不起也。且述彼師立義如此，今次消文。」（五二九頁下）簡正卷八：「此門全是首疏古義，稍難領解。今一往依古義消文了，然後略指出今師與古少別耳。」（五〇七頁下）搜玄：「此一門義，并是古師所執。羯磨疏中，半許半破也。羯磨疏云：四相攝者，謂先受七日，更受一月，攝而通用，名相攝也。有人言：前受七日，用竟不論。若受未用，或用未盡，更羯磨受日，前七日法則謝，以法強故。若前羯磨受日用盡，方得更受七日法也。以一身中，無二法現故。文云：不及即日還，受七日也；又，不及七日還，聽受十五日，去今七日未盡，何得已羯磨受？明知相攝前七日法壞也。此古人義。南山解云：不無此理也。（三八二頁下）但本是一緣，不得有長短二法，可如前判半許也。今前後別緣，各依受日，前法被事，事未是息，何得失法？如為患事，須服蘇油，兩緣未差，口法隨在。律列受法，三品不同，並約眾緣，可不隨受？故不及即日，例用七收。明知以法收緣，依緣法則隨有也，故半破也。華嚴云，若准羯磨疏意，若是同緣，不得一時□二法異緣即得也。無問長短，前法不壞。」（三八三頁上）【案】「不及即日還，受七日」句，見四分卷三七，八三三頁上。

〔八〕**若受七日用竟，羯磨受者隨得** 資持卷上四：「先敘用竟，顯非所論。」（二四三頁下）簡正卷八：「寶云：欲明相攝，先明不相攝也。」（五〇八頁上）

〔九〕**若七日未用，或用未盡**　資持卷上四：「『若七日』下，正示相攝。」（二四三
頁下）簡正卷八：「謂有施並請七日禮念，今對首請七日法了，未曾往彼檀越
舍，故云未用也。或用未盡者，約請日往到其家，已得四日，由有三日在，故
云未盡也。」（五〇八頁上）

〔一〇〕**更有異緣**　簡正卷八：「別為三寶緣，或可請說法、受歸戒緣等。」（五〇八
頁上）扶桑記：「此相攝一科二段，從古立異緣相攝義。依下記業疏正義一緣，
如今相攝；若異緣，則二法各立。」（一三三頁上）

〔一一〕**七日過緣**　簡正卷八：「今迴文應云：或是過七日緣，即半月、一月法是。今
文中，且舉半月日法是羯磨受也。」（五〇八頁上）

〔一二〕**前法即謝**　簡正卷八：「謂指前來七日法，或全未用，或可用未盡者，也已落
謝也。」（五〇八頁上）

〔一三〕**由羯磨法強攝故**　簡正卷八：「釋相攝義也。羯磨能攝七日，列人之劣法故。」
（五〇八頁上）扶桑記：「濟緣云：別法是弱，眾法為強。先別後眾，則攝弱
歸強；前眾後別，則強能禁弱。」（一三三頁上）

〔一四〕**不得一身二法相續用**　簡正卷八：「一身之中，不可七日與半月二緣相續起
耶。」（五〇八頁上）

〔一五〕**不及七日，還聽受十五日**　鈔批卷一一：「是古師執律文也。（五二九頁下）謂
若前羯磨受日用盡，方得受七日法也。以一身中無二法現，故云不及即日還，
聽受七日也。又，不及七日，還用羯磨法。然今七日未盡，何得已羯磨受？明
知相攝。鈔主解言：不無此理也。但本是一緣，不得有長短二法，可如前判。
今前後別緣，各依受日，前法被事，事未是息，何得失法？如為患事，須服蘇
油，兩緣未差，口法隨在。律列受法，三品不同，並約眾緣，不可隨受，故不
及即日，例用七日收。明知以法收緣，依緣法則隨有也。此上是羯磨疏破如此
也。」（五三〇頁上）

〔一六〕**必有餘緣，故知前法壞也**　簡正卷八：「即定七日之法，必定壞也。」（五〇八
頁上）

〔一七〕**若前羯磨受日，要須用盡，方得受七日**　搜玄：「羯磨受日，要須用盡，方得
受七日者。此猶是上古師義也。受一月不足，更請七日。」（三八三頁上）鈔
批卷一一：「亦是上古師一家意也。鈔主恐濫一緣二法同用，故下云：三十七
日不許通用。疏中明法不失，約日滿要至界宿也。」（五三〇頁上）簡正卷八：
「謂先受半月，或一月法在身，為三寶等事。今或檀越，請七日禮念，要須待

前半月緣竟，方可許受七日。若半月法在己，即對首請七日，自然不成也。」
（五〇八頁上）扶桑記：「資行：科文科此文為攝後，意云要用盡方可得受七
日法，見而不用盡，受七日法即法謝。可被相攝得意故，為顯此義，如是科之
歟！」（一三三頁上）

〔一八〕比多有之，謂受一月不足　資持卷上四：「『比』下，斥非。上且從古，不顯今
意。疏中，標有人言，後正解。云今解『不無此理』，本是一緣，不得有長短
二法，可如前判。（前約異緣，故今不取。）今前後別緣，各依受日。前法被
事，事未是息，何得失法？如為患事，須服酥油，兩緣未差，口法隨在等。
（舊記云：此科全出古義。今謂不然，安有製撰全出他義？但由撰鈔時，猶同
彼見，後疏方廢。餘同此意。）」（二四三頁下）簡正卷八：「比受有言，乃至
『良不可』者，首疏自破古也。如有事緣，一月不足，便羯磨受一月法。又對
受七日相汆（原注：『汆』疑『參』。），（五〇八頁上）成三十七日。」（五〇
八頁下）

〔一九〕良不可　搜玄：「鈔主通古師義也。謂於一緣上不得二法相帖，三十七日用，
必是異緣，何為不得也。今鈔文依前古師所立，恐教成太急，接機不周，故於
羯磨疏中，立於異緣，不問二三，重重受得，即機教兩濟也。」（三八三頁上）
簡正卷八：「良者，實也。實不可故。以月法在身，不可更請七日，自是非法
也。（已上一向作古師義。消文了。）若據今師，一半許，他古人一半，即不
許。只似前來七日法未用，或用未盡，更有列（原注：『列』疑『別』。）緣，
半月法等。若是同緣，即成相攝。同是施主禮念，或可同三寶等緣，不許一身
二法相續，理實不可，此即『半許』也。若是異緣，兩不相攝，前是施主請召，
後是三寶等緣。古人若不許□則無理也。此則半破今師。羯磨疏中舉例，如患
須服蘇油，兩緣未差口法，隨在事列。受日三品不同，並約眾緣，不可隨受
等。（云云。）准此，今師但同緣不許，異緣開許；古人不論同異，並皆不許。
律云：不及即日還，若作，今師引證，但證同緣不得，乃至三十七日相帖。今
師亦約異緣相帖，無爽如句。『三寶請一月，為施主請七日，何得不成？』『若
是同緣，良不可也。必依古釋，全闕逗拭（原注：『拭』字未詳。）。但為未達
律文，致斯濫述。」（五〇八頁下）

二、對緣進不〔一〕

就中分八：

初定緣是非〔二〕者

凡受日緣務，要是三寶、請喚、生善滅惡者，聽往〔三〕。若請喚為利，三寶非法，破戒有難，雖受不成。妄數為夏，計為年德，冒受利養，隨有結罪〔四〕。善見云：自長己夏，受施犯重〔五〕。

若為私己衣缽、藥艸，如法悉成〔六〕。若為治生覓利，販賣生口、牛畜等物，縱為三寶，並破夏得罪〔七〕。五百問云：「治生破戒，得財造佛，得福不？」答：「尚不免地獄，何況得福！」薩婆多云：治生造佛，不應禮拜等。廣如後文〔八〕。

就緣分五：一、三寶境界緣〔九〕。僧祇中為塔事，四分中佛、法、僧事〔一〇〕，五分亦爾〔一一〕。準此，若為大寺諸處緣者，開之〔一二〕。若自受他雇〔一三〕，畫、造像、寫經，及自經營佛像，或為俗人，縱為僧家佛事，非法乞求，並是邪命破戒，不成，得罪。二、道俗病患。生善、滅惡，為益彼而無為利〔一四〕。四分中：受戒、懺悔、布施等，聽去〔一五〕。十誦，問：「為誰受七夜〔一六〕？」佛言：「為七眾興福、設供、懺悔、受戒〔一七〕、問疑、請法、有病、遭難。但使前見，便生善滅惡，應去；若遣使、不遣使，俱得受之〔一八〕。若中路聞死、返戒、八難起，不應去〔一九〕。三、父母、大臣。信樂、不信樂，俱聽〔二〇〕。律文如此。餘汎俗人，生福信樂，聽去，無信，不聽。必有力生信〔二一〕，義應開往。四、為求衣缽乃至藥草。若自病重，不堪受日，聽直去，不須受之〔二二〕。如上安居「命難」中說〔二三〕。今時有人為衣藥等，多妄請日〔二四〕。準「過知足戒」，失三受三，尚結捨墮〔二五〕。今則長財豐足，而缺三衣，此乃捨制取聽，未隨佛化〔二六〕。必長財資具俱乏〔二七〕，準「乞衣戒」〔二八〕，直爾外乞。藥草等物〔二九〕，亦謂自貧，住處及即日往反處無者，聽。若反上得辦，非緣不成。五、為和僧、護法〔三〇〕。四分中：有同界安居，因我故鬥〔三一〕，外界僧尼鬥諍，須我和滅，聽直去〔三二〕。然和滅之相難知〔三三〕，約緣而受，不傷大理〔三四〕，律無正斷〔三五〕故。上五緣中，律云：不應專為飲食〔三六〕故。除餘因緣，衣缽、藥艸等〔三七〕是也。今有夏中多為乞麥〔三八〕，妄言為衣缽，縱為而乞，律結正罪〔三九〕。或曲命別情，令他請召〔四〇〕，皆不成也。律中，諸請一一遣信別請〔四一〕。若父母、餘人，同十誦中〔四二〕，並不為己利故也。

二對事離合〔四三〕

但使前是應法之緣，隨為多少〔四四〕，得合受日〔四五〕。如懺僧殘，多

罪同法〔四六〕。則文中具銜〔四七〕。應云〔四八〕：今請七日法，出界外，為檀越請，并佛事、僧事等。還此安居也。

三懸受〔四九〕者

若所為緣現，牒事為受〔五〇〕。必無實事，虛構成緣〔五一〕；或倚傍昔言，彷像未實〔五二〕，輒便乞法。不成，得罪。由事虛限濫，日數妄置，法不相授〔五三〕故。

四互用

謂為佛受七日，已用三日，更有法事，便通餘用〔五四〕，故不得也。必有本緣，何爽通用〔五五〕？十誦中「白餘殘夜用」〔五六〕，謂同是一事未了，殘夜白用，非謂異事〔五七〕。若本並因三寶事受〔五八〕，隨所互用並得，以俱有法故。若三寶事後生〔五九〕，不是前緣三寶，及他雜緣〔六〇〕，並不開之。由本無心為受故。乃至為張家施物受日〔六一〕，後受施訖，留受戒者，亦不應住，以無法故。若一家通緣，準心應得〔六二〕。

問：「此界內僧，為別處三寶、病人受日，得不〔六三〕？」答：「彌是生善〔六四〕，故得。」

問：「僧次請者，得受日不〔六五〕？」答：「律制二請〔六六〕，亦得通受。」

問：「得受他捨請受日不〔六七〕？」答：「僧次應得，別請不合〔六八〕，以非施主元心〔六九〕故。」

五重受者

昔解：一夏之中，開於三法，差此不成〔七〇〕。

今云得重。廣有徵難，如疏述也〔七一〕。但事緣如法，無問多少，一切通開。必是犯戒緣者，一受不合。故律列二十餘緣〔七二〕，但云「佛未聽我如是事去」〔七三〕，不言「不得重去」。且約為事信樂父母，則有四重〔七四〕。況餘雜請〔七五〕，頓便限局。

五分：若有請、無請，須出界外，一切聽受七日〔七六〕。十誦中，列多七夜緣已〔七七〕，文云：若自為身，若為他身，若不遣使，若遣使，應去。聽一七夜，不聽二七夜。謂一時雙牒二七日，前後重用〔七八〕。若準「和僧」，似一事上不許重受〔七九〕。然彼有不請之文，寬於四分〔八〇〕。重受不開，文非明了，理須通明〔八一〕。五百問云〔八二〕：受七日行，不滿七日還本界，後更行，不須更受；滿七日已，乃復重受。明了論中，

得受〔八三〕。疏解云：前請七日，事了，還至界內，第八日更請七日出界宿〔八四〕。此論真諦三藏翻，中國親承此事〔八五〕。寧得自執一隅小見，通壅三千佛化〔八六〕乎？

余親聞見〔八七〕，中國翻經三藏及中國來者云：「佛滅度來，無有立一夏三度受日法。隨事如法並開。」餘廣如疏鈔〔八八〕。

六約事長短〔八九〕

縱令前事唯止一日、二日，皆須七日法〔九〇〕。律云：不及即日還，聽受七日去〔九一〕。夏末一日在，亦作七日法〔九二〕。立法楷定，作法應爾〔九三〕。若路近得還，由緣經宿〔九四〕，亦須受日。

七僧尼不同

四分，尼律中開受七日，不云多〔九五〕。僧祇：尼無羯磨受日法。若塔事、僧事遊行者，受七日去。

比有濫同僧法〔九六〕者，但令緣至，三法受日〔九七〕。四分無文。僧祇明斷，足是指歸，不勞別解〔九八〕。

所以不同者？尼是女弱，不假多遊，入俗外化，生善義少。但開七日，亦濟別緣〔九九〕。

八事訖不來成不〔一〇〇〕者

由所牒緣謝，法亦無施〔一〇一〕，便失法也。即須反界，不反破夏。明了論云：請七日出界訖，事竟不還，破安居，得小罪。十誦明文不許往〔一〇二〕。僧祇意亦同之〔一〇三〕。

【校釋】

〔一〕對緣進不　簡正卷八：「玄云：依緣受得名『進』。若非緣，受日不成，為『不』也。」（五〇八頁下）搜玄：「靈山云：謂緣如受法得成，名之為『進』。若緣非受法不成，為『不』也。釋文八：一、定緣是非，二、對事離合，三、懸受，四、樂用，（三八三頁上）五、重受，六、長短，七、僧尼不同，八、事訖還。」（三八三頁下）

〔二〕定緣是非　資持卷上四：「他緣分二：初，明如法，『若』下出非法。」（二四三頁下）簡正卷八：「三寶病患，生善滅惡名『是』，破戒求利等緣為『非』。」（五〇八頁下）【案】「定緣是非」文分為二，初，「凡受」下；次，「就緣」下。資持分二：初，「凡受」下；次，「若請喚」下。搜玄分三，如上所示。

〔三〕凡受日緣務，要是三寶、請喚、生善滅惡者，聽往　鈔科卷上四：「初，通明

是非（二）。初為他緣。」（三八頁中～下）【案】本節明「他緣」，分「如法」和「非法」兩種。本句明「如法」。「若請喚」下明非法，分三：初，「若請」下明非法請喚不成；二、「妄數」下，弁破夏得罪；三、「善見」下，證前妄數為歲。

〔四〕**妄數為夏，計為年德，冒受利養，隨有結罪** 資持卷上四：「言妄數者，非緣受日，法乖夏破，不成歲故，引證可解。然但失利，若上、中、下座，則不可亂。內法傳云：凡破夏人，但不獲利。豈有昔時受敬，今翻禮卑？習以成俗，本無憑據。（傳文。）雖非明文，於理為允。」【案】義淨南海寄歸內法傳卷一，大正藏第五〇冊，二〇六頁下。

〔五〕**自長己夏，受施犯重** 鈔批卷一一：「立謂：有人將物施僧，問覓十夏人。此比丘實有九夏，而言十夏，得物犯重。」（五三〇頁上）

〔六〕**若為私己，衣缽藥艸，如法悉成** 鈔科卷上四：「『若』下，私己緣。」（三八頁下）資持卷上四：「私緣亦二：初，明是；『若為』下，出非。」（二四三頁下）【案】本句及下明「私緣」，分「是」、「非」兩種。初明「是」。

〔七〕**若為治生覓利，販賣生口、牛畜等物，縱為三寶，並破夏得罪** 資持卷上四：「初，明多種惡求。『縱』下，明經營善事。雖為三寶而覓利，販賣亦成非法。」（二四三頁下）扶桑記：「經營活業，名為治生。……通釋云：為利養牛馬等，令蓄滋，云生口耳。」（一三三頁下）【案】本句及下，明「非」。

〔八〕**廣如後文** 鈔批卷一一：「立：如隨相中『盜戒』明。（五三〇頁上）立解錯也。自疑是『販賣戒』中明也。」（五三〇頁下）搜玄：「『販賣戒』云：此販賣物作塔像，不得向禮，乃至作臥具，隨轉轉墮等。」（三八三頁下）

〔九〕**三寶境界緣** 資持卷上四：「或是中卷『販賣戒』。」（二四三頁下）

〔一〇〕**四分中，佛、法、僧事** 鈔批卷一一：「立明：上所列佛法等緣，皆是為己身耳。今準為寺、僧家、佛法等緣，受日日出界外，理得無疑。問：『今時為寺家，向列縣言訴，得受日往不？』答：『案四分中，波斯匿王邊國人民反叛，王自領軍往征討。王先所有供養佛及僧，衣、被、飲食，所須之物。有不信樂大臣，便奪不與。諸比丘欲往白王，自念路遠不及，即日還。佛言：『有如是事，聽受日去。』又，波斯匿王往征，有不信樂大臣嫉妬惡心，欲鑿祇洹通渠。比丘欲往白王，念路遠不及即日還，佛聽受七日去。今準此文，故知為僧事相訴，得受日也。」（五三〇頁下）【案】四分卷三七，八三三頁中。

〔一一〕**五分亦爾** 簡正卷八：「彼律所解大同。但云俗人擬通水，不言不信樂大臣也。」（五〇九頁上）

〔一二〕**準此，若為大寺諸處緣者，開之** 資持卷上四：「『準此』下，以義決。初，明如法故開。大寺者，簡非自己。諸處者，通目三寶。」（二四三頁下）

〔一三〕**若自受他雇** 資持卷上四：「『若自』下，列示非法，則有四別。初，受雇。『及』下，為己。『或』下為俗。『縱』下為僧。『並』下，通結四種。」（二四三頁下）鈔批卷一一：「及自經營佛像等者，非謂僧家造像，亦非為俗人造，但為自身求福故造。若非法，亦不得受日，由為利故。」（五三〇頁下）

〔一四〕**生善、滅惡，為益彼而無為利** 資持卷上四：「定是非。總下多相，不出此三。病中兼收遭難。受戒、布施、興福、設供、問疑、請法，並是生善。懺悔即滅惡。」（二四四頁上）簡正卷八：「破戒求利等緣為非。」（五〇八頁下）

〔一五〕**受戒、懺悔、布施等，聽去** 資持卷上四：「『四分』下，引緣相。四分且出三種，如後具引。」（二四四頁上）鈔批卷一一：「立謂：俗人欲作，僧得施。不閑方法，請比丘指示。亦云欲施比丘物，受日來取也。」（五三〇頁下）【案】四分卷三七，八三三頁上。

〔一六〕**為誰受七夜** 鈔批卷一一：「彼律中優波離問也。」（五三〇頁下）【案】十誦卷二四，一七四頁上。

〔一七〕**為七眾興福、設供、懺悔、受戒** 鈔批卷一一：「謂七眾為請主也。下文列二百四十二緣，並是此緣，皆七日緣也。」（五三〇頁下）資持卷上四：「十誦八種。興福者，造井、橋梁、博施、濟眾之類。」（二四四頁上）

〔一八〕**若遣使不遣使，俱得受之** 資持卷上四：「『若遣』下，即能請有別。四分遣信聽往，下云十誦寬於四分，即此文也。」（二四四頁上）鈔批卷一一：「謂前人遣使不遣使，（五三〇頁下）俱得去也。此是十誦文。四分則不爾，要遣使喚，方得受日故也。」（五三一頁上）搜玄：「謂前人遣使不遣使來，俱得去。十律如此。（三八四頁上）四分要遣使也。」（三八四頁下）簡正卷八：「前人來請，名遣使得往。縱前不來請，名不遣使。既是生善等緣，自往亦許，此是他宗如是居（【案】『居』字疑剩。）。四分：不遣使，不得去。」（五〇九頁下）【案】十誦卷二四，一七四頁上。

〔一九〕**若中路聞死、返戒、八難起，不應去** 資持卷上四：「『若中』下，明所請量時。」（二四四頁上）搜玄：「十律五十三云：比丘尼請比丘來，與憶念不癡毗尼。佛言應去。若是比丘，中道聞是比丘尼命終，若反戒，入外道，八難中，一一難起，應去；不答，不應去，去得吉也。反戒者，捨戒罷道也。」（三八四頁下）鈔批卷一一：「若中路聞死者，立謂：受日，本為往彼看病，既聞彼

死，緣謝卻還。曰反戒者，謂前人反戒，邪見生故，不須往。又解：由聞彼死卻還，曰反界也。難起者，謂路逢八難，須退還也。」（五三一頁上）【案】「返」，底本為「反」，弘一改為「返」。十誦卷五四，三九九頁下。

〔二〇〕**信樂、不信樂，俱聽**　資持卷上四：「父母恩重，大臣勢力，故雖不信，亦聽受往。餘人反比（【案】『比』疑『此』。），故簡有信。生福是事。信樂即心。」（二四四頁上）簡正卷八：「父母養育恩重，大臣有力損益，雖無信樂須往。若先信樂，故宜去也。餘俗人信樂，往；不信不許。」（五〇九頁下）【案】四分卷三七，八三三頁上。

〔二一〕**必有力生信**　簡正卷八：「進退解也。謂約比丘有道力，能化導他。今雖不信，到彼後，誘重令信。若如此，亦得往也。」（五〇九頁下）資持卷上四：「謂已有道行，力能迴邪，前雖無信，義當拯救，故開往也。（舊解彼人有力者，非。）。」（二四四頁上）

〔二二〕**為求衣鉢乃至藥草，若自病重，不堪受日，聽直去，不須受之**　資持卷上四：「初，如法。又二，謂『受法』及『直去』也。」（二四四頁上）搜玄：「當陽云：謂上移居中，必為我命作留難。佛言聽去。羯磨疏云：若自病重，不堪受日，即是命難，直去亦得。」（三八四頁下）

〔二三〕**如上安居「命難」中說**　鈔批卷一一：「勝云：但此衣鉢、藥艸，是命難。准梵行難亦開。亦可指前二者。鬼、神、惡獸等，及不得隨意飲食等，必為我命作留難，佛言聽去文也。」（五三一頁上）

〔二四〕**今時有人為衣藥等，多妄請日**　資持卷上四：「『今』下，二、斥妄行。初，出非。雖為衣藥而吝己外求，故云妾（【案】『妾』疑『妄』。）也。」（二四四頁上）

〔二五〕**準「過知足戒」，失三受三，尚結捨墮**　搜玄：「謂『三十』中失三衣戒。南山解云：失三受二未過，若受三即犯。」（三八四頁下）資持卷上四：「『準』下，例斷。初，斷乞衣過。『知足戒』，三十中第七戒。實因奪失，現闕三衣，不許全受，故舉為況。」（二四四頁上）鈔批卷一一：「立謂：如『三十』中，失三衣戒。失三唯得受兩，失兩得受二（原注：『二』疑『一』。）。若過取，名不知足。言知足者，礪解有二：一在家人知足，二出家人知足。言在家知足者，謂白衣為失故施，失三與三，隨他白衣元施之心，即此知足慎（【案】『慎』疑『謂』。）在家人，故曰在家人知足。言出家人知足者，失三受二，失二受一是也。今引此文，明失三衣尚得受兩，何況長衣豐厚？」（五三一頁上）

〔二六〕**今則長財豐足，而缺三衣，此乃捨制取聽，未隨佛化**　資持卷上四：「『今則』下，顯過。『捨制』謂闕法服，『取聽』謂積長財。」（二四四頁上）鈔批卷一一：「畜長是『聽』，三衣是『制』。今闕三衣，而多畜長者是也。」（五三一頁下）簡正卷八：「『制』是三衣，『聽』是長物。今三衣卻闕，是捨制。長衣絕多，是取聽。不依聖教之文，故云未隨佛化。」（五〇九頁下）搜玄：「謂畜長是『聽』，三衣是『制』。今闕三衣而多畜長者，是未隨佛化也。准奪衣戒者，彎云，即第七『失奪三衣戒』，謂隨闕隨乞，不得膳（『以證』反）也。住處及即日往反處，無者，聽去；即日往反處，（三八四頁下）求不可得故，聽請日往也。」（三八五頁上）

〔二七〕**必長財資具俱乏**　資持卷上四：「『必』下，明通許。」（二四四頁上）

〔二八〕**乞衣戒**　簡正卷八：「謂隨相『失奪三衣戒』。（五〇九頁下）謂隨闕隨無，不膳（『以證』反）也。」（五一〇頁上）

〔二九〕**藥草等物**　資持卷上四：「次，斷求藥。自乏處遠，須此兩緣，方入開例。」（二四四頁上）

〔三〇〕**為和僧、護法**　簡正卷八：「謂和僧即是護法。若不護法，內成破壞，外生不善，損滅佛法也。」（五一〇頁上）

〔三一〕**有同界安居，因我故鬥**　資持卷上四：「因我鬥者，能生諍也。」（二四四頁上）簡正卷八：「同界安居，律有四句：一云見比丘方便，求欲破僧；二、聞比丘方便，求欲破僧。尼亦為二句，同上。並因我在此，若去，彼即和合。」（五一〇頁上）鈔批卷一一：「立明：此界之僧，因我在此故鬥；又或彼界之僧有鬥，須我和滅。佛聽直去，不須受日。由前僧諍，不可計量威（【案】『威』疑『滅』。）之時限。今則義約而受，不失道理。故下文云『約緣而受，不傷大理』是也。此下，破僧和僧，律中有八句，分為二段。律文具列二段，前一段有四句，明此界僧由我故破，為和故去。此移夏至彼，不須卻來。言四句者：一、見破，二、聞破。以見、聞位別，各有僧尼，故合成四。後一段中，異界僧破，亦有四句：一、欲破，二者已破，各對僧尼，合成四句。謂前二句，聞異界僧尼欲破，後二句聞已破，須我和滅。此則亦聽直去。至彼，中前和了，可中後即還；若暮訖，旦還。若停不還，經宿破夏。以其本處，元非有難，為是不同前段，移夏彼故成故。祇律：若二難并，前段和僧，從初去日，即須勤覓安身處。勤勤覓處未得，隨所逗宿處，不破夏，以非心慢故，反此破夏。若得住處，夏法彼成，不得輒反及出界，有緣須得受日，如鈔。（云

云。）此上礪釋也。」（五三一頁下）

〔三二〕**聽直去**　資持卷上四：「須我和者，能滅諍也。」（二四四頁上）簡正卷八：「若准東塔疏，斷此四句，但移夏緣。今依受日緣，若依移夏之意，後得處處（【案】次『處』疑剩。），僧作安居止。縱此難靜，亦不得更反，即屬前文意。若作暫去心，後隨至處，不起安居心也。專待難靜卻反，即是此文之意（云云）。外界，律有四句：一、聞彼有比丘，方便欲破僧；二、聞彼已破僧。尼亦有二句，同上。佛並聽者。彼界有此，須我和之並許。東塔云：此四句但待難靜，便須返界，不及破夏也。」（五一〇頁上）搜玄：「靈山云：古德皆云和僧大事，律聽直去，文不言受日去。良以和滅，分齊難知，知依何法受日，故聽直去。然和僧之相，雖則難知分齊，且約和僧之緣，道路遠、爭事大，必然可依僧祇事訖受去。律文既令直去，今依僧祇，事訖作法而往。准其律藏未分，通得行用，今雖分竟，事不可知。用此事訖之文，大家道理未為傷也。故羯磨疏云：必有和限，依受日聽去；事無限，可准僧祇事訖文也。」（三八五頁上）

〔三三〕**然和滅之相難知**　資持卷上四：「『然』下，義評。別顯往和，令依受日。初句是縱。」（二四四頁上）簡正卷八：「若據古師，皆云和僧大事，律聽直去，不言受日，良由和滅，分齊難知：知用何法，受日者得？今師云『然和滅之相難知』，『然』字縱奪意也。縱之即直云，奪之須受日，故云然也。」（五一〇頁上）

〔三四〕**約緣而受，不傷大理**　資持卷上四：「『約』下，即奪。謂前緣無準可依，直去事必有期，何妨受往。」（二四四頁上）鈔批卷一一：「立謂：觀前諍人是何等人。若是我門徒子弟，則受我和滅，不假多日。僧觀前緣而受者，不傷損大家道理也。」（五三二頁上）簡正卷八：「謂約和僧之緣，道遠爭事大，可依僧祇事說受者，譬如律藏未分之前，通而行用。（五一〇頁上）今雖分了，約此用之，亦未違大途道理。故羯磨疏云：必有和限。依受聽者，事無限有，可准僧祇事訖文也。（上是疏文。）」（五一〇頁下）

〔三五〕**律無正斷**　資持卷上四：「律雖令去，不云受日不得，故云無正斷也。」（二四四頁上）搜玄：「律中數段破僧之文，皆言『即應以此事去』，而不言『不須受日』，故云律無明斷。故羯磨疏云：律中顯緣，未明受日也。」（三八五頁上）

〔三六〕**不應專為飲食**　資持卷上四：「結斥中。初引別文，通證如法。律文初向（【案】『向』疑『句』。）明制。」（二四四頁上）搜玄：「此二文中，各有二意。初，

緣衣藥為是；二、『今有』下，乞麥即非。第二，曲命別情，請召為失。」（三八五頁下）【案】本句及下，鈔科作「就緣分五」下的結句。

〔三七〕除餘因緣，衣鉢、藥艸等　資持卷上四：「『除』下，示開。『衣鉢』等者，釋上餘因緣也。」（二四四頁上）鈔批卷一一：「立明：其人不得倚傍上五緣以為飲食。若專為飲食，以倚傍上五緣者，不成受日。若別有因緣，重病須藥等，即得受也。」（五三二頁上）

〔三八〕今有夏中多為乞麥　資持卷上四：「『今』下，遮妄。初，斥求乞。上明事虛違法。」（二四四頁上）搜玄：「靈山云：此尼律中，制六群尼（三八五頁上）乞生穀、麻、米、豆、麥，為世譏故制，尼提僧吉，是結正罪也。」（三八五頁下）

〔三九〕縱為而乞，律結正罪　資持卷上四：「『縱』下，示事實亦非。『乞衣戒』中，若遭奪失，直令乞衣。若乞五穀，皆結吉羅，故云『律結正』也。如釋相所明。」（二四四頁上）鈔批卷一一：「謂乞麥，得吉羅故。律中，比丘乞生種子，吉羅。」（五三二頁上）

〔四〇〕或曲命別情，令他請召　資持卷上四：「『或』下，次，斥邀請。如今吊喪、賀吉、問疾、詢安、書疏往來，意令召命之類是也。」（二四四頁上）簡正卷八：「謂囑俗人，令蠶熟時，作疏來請貧道，要乞綿絹等。此則非法也。綿本分犯墮，囑請理必不成。自詿淨心，徒消施物也。」（五一〇頁下）

〔四一〕律中，諸請一一遣信別請　資持卷上四：「『律』下，證非。」（二四四頁上）簡正卷八：「或比丘沙門（原注：『門』字疑剩。）、彌檀越等，一一遣信別請云：大德來為我受戒、懺罪、布施等。要遣使來，反顯囑求請命，成非法也。」（五一〇頁下）搜玄：「『律中』已下，顯得。立云：謂不得倚傍。上五緣專為飲食，不成受日。若別有病，重乞藥草，得也。」（三八五頁上）

〔四二〕若父母、餘人，同十誦中　搜玄：「律云：若父母信樂、不信樂，聽往。餘人者，前第三中，『餘汎俗人，生福信樂』，聽去，不信，不聽。四分如此。今鈔意：若父母及餘人，即同十誦中，為七眾興福、問疑、請法，乃至遣使、不遣使等，但不為利己，俱得去也。即顯曲命別情，為利不得。」（三八五頁下）鈔批卷一一：「此謂依十誦，不問父母信樂、不信樂，使、不遣使，但是力能反彼令信，及生善者，皆得去也。餘人者，立云：是大臣及師僧等也。」（五三二頁上）資持卷上四：「同十誦者，如上八緣。上來五緣，總括律文，諸緣皆足，但前後不次，今為隨次引之：一者，律因波斯匿王邊國反叛，王領軍往

討，王所供養佛僧衣、被、飲食，所須之物，不信樂大臣便奪。諸比丘欲往白王，路遠，佛開受日。（佛僧事也。）一、（【案】『一』疑『二』。）、有比丘誦六十種經，為求同誦人故，開受。（法事。）三、匿王往討邊國，不信大臣欲鑿祇桓通渠，比丘欲往白王，亦聽。（僧事。已上初科，三寶緣。）四、有檀越請比丘欲布施，比丘自念：『彼處遠，不得即日還，佛未聽有如是因緣得去。』諸比丘白佛。佛言：『聽受七日去。（下諸緣並同，此不更煩引。）不應專為飲食，除餘因緣。』（如上釋。）五、他處比乖（【案】『乖』疑『丘』。）請懺殘。六、比丘尼請懺殘。七、式叉請懺悔，更受戒，（重受六法，）若受大戒。八、沙彌請受戒，沙彌尼請欲受六法。（六法，尼中受，應是請僧指教耳。已上即第二緣。）九、不信樂大臣欲相見，若有益、無益，聽去。（二重。）十、有信樂大臣欲相見，若病，若憂惱事，若為利益。（三重。）十一、不信樂父母欲相見，若不信，令信；若惡戒，令持戒；若慳，教令施；若無智，教令智。（四重。）十二、信樂父母請欲相見，若病，若憂惱事，若有利益。（上是父母共請，下是各請。）十三、有母請相見。十四、父請相見，兄弟（共請、各請有二。）、姊妹（共請、各請亦三。）及諸親里、知識亦如是。（已上即第三緣，通前共二十一種，半月、一月並同。）又云：若為衣缽、坐具、針、筒，乃至藥草，至七日應還。（此即前檀越請緣。今約不請自求，為第四耳。）時有比丘在住處，見有比丘欲破僧，念言：『莫為我故破僧耶？』白佛，聽去。二、見尼亦爾。（尼來僧中助破。）三、聞比丘，四、聞尼，亦爾。五、有比丘於住處安居，聞彼比丘欲破僧，自念：『我若往呵諫，必用我言，止不破僧。』又念：『若自往，或不用我語，我有親厚，（二四四頁中）能止彼諍事，我當語彼，令止破僧事。』佛聽以此事去。六、聞尼亦爾。（已上共六緣，律令直去。鈔約可期，令受自故，列為第五。）又，上五中，第四為自，二、三為他，初、後通自他。」（二四四頁下）

〔四三〕**對事離合** 資持卷上四：「一日已去，是七日緣；八日已上，即半月緣；十六日去，即一月緣。七日合者，疏云：若俱三日，或復三減，可同七日，彼此兼用。如一是八日，一是二三日，可合受半月。疏云：或張、王各是七日，不可合用羯磨半月。以事是別人所行，止得前後受七日。一是十六日，一是二五乃至十日，得合受一月。」（二四四頁下）搜玄：「隨緣別受為『離』。或有多緣，一時牒入而受為『合』。羯磨疏云：或張、王兩緣，各是七日，不可合為半月受也。以兩今七日緣事，各是別人所行，止得前後受七日也。如是例之。若俱

三日，或是互減，不同七日，彼此兼用。眾法離合，可以例之。或張是別緣，王是眾法。隨依受之，得合用也，（三八五頁下）如懺殘。若犯十罪，同時行覆等六夜多罪同法，名為合也。」（三八六頁上）鈔批卷一一：「立謂：有多緣事，各各受日，名為『離』；眾緣合受，一時牒緣入法，名為『合』也。」（五三二頁上）簡正卷八：「『事』謂所對之事也。（五一〇頁下）約緣別受為離，多緣一時牒入名『合』。今文中，但明合受也。」（五一一頁上）

〔四四〕**應法之緣，隨為多少** 簡正卷八：「應法緣者，簡非法也。隨為多少者，隨所為緣，或多或少，三家、兩家之類也。」（五一一頁上）

〔四五〕**得合受日** 鈔批卷一一：「羯磨疏云：或張王兩緣，各是七日，不可合用，作羯羯（【案】『羯』疑『磨』。）半月受也。以事是別人所行，止得前後受七日也。如是例諸。若俱三日減（原注：『滅』疑『減』。），或復互，可同七日，彼此兼用。（五三二頁上）或張是別緣，王是眾緣，法隨依受，亦不得合用。」（五三二頁下）簡正卷八：「若一是三日緣，一是四日緣已上，兩緣都用七日，即合受之。」（五一一頁上）

〔四六〕**如懺僧殘，多罪同法** 鈔批卷一一：「立明：懺殘法中，若犯十罪，同時行覆等六夜者，名之為『合』也。今明受日亦爾。一時牒多緣共受，往彼而用，亦得也。」（五三二頁下）簡正卷八：「舉例釋也。謂懺罪亦為離合，約同篇罪說，但懺一罪曰離；或三罪五罪，一時行覆，六夜出罪等合也。」（五一一頁上）

〔四七〕**文中具銜** 簡正卷八：「具銜者，例（原注：『例』一作『列』。）也。律文中具足而列出。應云：已出法，示合請之規摸也。如文。已上且約鈔文，據七日別法，說離合意竟，其僧法離合列知，然鈔雖不明，今亦略述。只如檀越請半月禮念，或為三寶境界，須受半月不可，兩遍秉法。今既同是羯磨，但都請一月之法，牒兩緣人，文中即得，此是合意也。若論一月法者，大德約日夜兩般，分之為三寶句。刃（原注：『刃』疑『又』。）三十日是日中，為施主禮，合一月是夜內，都受一月法，被得兩緣。大德云：羯磨疏中有此義也。（准此，約緣有二，不妨為合，意約法元來是一，謂都用一月日故。）」（五一一頁上）【案】簡正釋文中「鈔雖不明」之「明」，意即陳述、表達，不是明白、清晰。

〔四八〕**應云** 資持卷上四：「『應』下，三、出詞句，通僧別二法用之。」（二四四頁下）

〔四九〕懸受　鈔批卷一一：「立謂：緣現故，得懸受也。」（五三二頁下）資持卷上四：
「謂前事如法期限已定，但時未至，預先得受，過日方用。」（二四五頁上）
搜玄：「文二：初，緣現聽受；二、『必無』下，弁未現不聽。」（三八六頁上）
【案】「懸受」即請假未完，因諸緣而須提前預作受日法（續假）。

〔五〇〕若所為緣現，牒事為受　資持卷上四：「初，示如法。所為緣現，顯非濫託。」
（二四四頁下）簡正卷八：「或檀越請召，或三寶等緣，是所為也。現者，約
緣顯現，且如檀越請召，今已送疏因等是也。牒事為受者，牒前處為事，與七
（原注：『七』上一有『受』字。）日半月。大德云：有兩種懸受，且舉半月
僧法釋者：如施主取，今月二十日起首轉念，此比丘於十五日布薩時，因僧
集，次便受半月法也。雖未往赴，然所為緣已現，預受法在也，至時方名懸受
也。又釋，或今日受法了，便欲往赴，但為檀越家別有事緣，未遂禮念等，卻
來由延，更過旬日等。比丘既受法在身已，後者時不須更受，其一月及七日法
准說也。」（五一一頁下）

〔五一〕必無實事，虛構成緣　資持卷上四：「『必』下，遮濫。初，敘非。」（二四四
頁下）鈔批卷一一：「立謂：事既未實，懸構為緣，或云十日、或十五日、一
月等也。構者，架也。」（五三二頁下）簡正卷八：「謂其事未實，懸虛構置。
或言七日、半月、一月等。」（五一一頁下）

〔五二〕倚傍昔言，彷像未實　鈔批卷一一：「立云：如有俗人來言，應請比丘，行道
禮懺，亦未剋時。後持比丘，忽自受日去，名未實也。」（五三二頁下）搜玄：
「如有檀越，春時汎言：『我村中有王家，每至夏中，常施僧物。闍梨至夏能
來不？』今夏倚傍春時之言，倚傍昔言，未知今年為施不施。仿像其事，未得
的實，輒受日去也。前事既虛，今復隱約，作限取法，更成濫也。」（三八六
頁上）

〔五三〕由事虛限濫，日數妄置，法不相授　資持卷上四：「『由』下，出意。事非的實，
聖教之所不被，故云不相授也。疏列四過：一、不可倚傍；二、本無實緣；三、
不知期限，（對此限濫；）四、妄受僥倖，（對輒乞法。）」（二四四頁下）鈔批
卷一一：「立云：見十誦受戒，老師行事如此。若安居竟，便受七日置中，擬
後有緣當用也。今不同此，由未有事，名事虛。未委事之長短，輒受七日者，
是限濫也。以預前受日，待有事來方用者，豈非妄置？又解，以倚傍昔言，即
便受日，是事虛也。未知事之長短，是限濫也。輒受七日，乃至半月等，是
日數妄置也。」（五三二頁下）搜玄：「折中云：由前事虛限濫，其緣未可以

論長短。今或受七日、半月、一月，如是日數，皆虛妄置也。故羯磨疏云：既無實緣，不可虛牒，一則不可倚傍，二則本無實緣，三則不知期限，四則妄受僥倖，一向不合也。如律無事及減年等，皆非法緣，加羯磨不得。」（三八六頁上）

〔五四〕**便通餘用**　資持卷上四：「初科。準疏，古師不分本異兩緣，例得互用。今意不爾，如文所明。」（二四四頁下）簡正卷八：「便通餘用者，憶古義也。首律師云：本意為佛家受七日，已用三日，其事既畢，復有餘之四日。更有法及僧家緣事，便將此殘日用，無過。所以得者，准十誦文，有白，餘殘夜用，故知得也。故不得也者，今師破也。謂初標心之時，元為佛受七日，且不為餘緣，今句當佛事因緣既周，其法即謝，設有餘日，以無法故，何用之？是以不得。」（五一二頁上）搜玄：「牒古義也。羯磨疏云：有人言，既有受法，但是事如互用無損，所以知之。十誦云：有殘夜在，白已餘用，故知得互。鈔直破云『故不得也』。羯磨疏云：雖為僧事竟，殘日於佛無法，何得妄用？遂立正義。」（三八六頁下）

〔五五〕**必有本緣，何爽通用**　資持卷上四：「前明異緣不合。『必『下，明本緣開得。」（二四五頁下）鈔批卷一一：「立謂：如受七日，為僧事出界，用三日竟廻來，本緣僧事猶在，後更去。不須受日，但用前日，有何爽也？」（五三二頁下）簡正卷八：「今師自釋也。謂元言（【案】『言』疑『請』）之時，通為三寶及病等。緣受七日，今佛事用三日了，更有四日，便通餘用，即無爽。爽，由失也。古人反詰云：『若爾，何以十誦律中，有白餘殘夜用耶？』令（【案】『令』疑『今』。）鈔通云：『十誦中白餘殘夜用，謂同是一事等。（云云。）』准十誦律云：諸比丘受日，到聚落中，七夜未盡，作事未竟，來還白佛。佛因聽受餘殘夜者，云：『我受七夜，二夜已過，餘有若干夜往出界者。』律文如此。既云所作未竟，明知本緣在，法不謝故，白殘夜何失？」（五一二頁上）搜玄：「靈山云：爽，由失也。謂初受通三寶，三寶既是本緣，今通用何失？羯磨疏中假立難云：『若爾，要是本緣得通用者，何因十誦得白殘夜？』鈔引十誦答。云白殘夜等，彼十誦云，諸比丘受日到聚落中，七夜未盡，作事未竟，來還白，佛因聽受餘殘夜去。云：我受七夜，二夜已，餘有若干夜，往出界。律文如此。南山云：既云所作未竟，明知本事未謝，白殘用也。」（三八六頁下）【案】十誦卷六一，四六〇頁上～中。

〔五六〕**白餘殘夜用**　鈔批卷一一：「依撿十誦云，諸比丘受七夜到聚落，七夜未盡，

所作未竟來還。比丘不知云何。白佛。佛言：『受餘殘夜用。』『我受七夜法，二夜已過。餘若干夜，受彼出界。』（律文如此。）立云：要是本緣未謝，今去還為本緣故也。」（五三三頁上）

〔五七〕謂同是一事未了，殘夜白用，非謂異事　資持卷上四：「十誦因比丘受日到聚落中，七夜未盡，作事未竟，來還白佛，因聽餘殘夜。白云：『我受七夜，二夜已過，餘有若干夜，往彼出界。』（今若依用，宜準此白。唯改『夜』為『日』。）即知本是一緣，故云非謂異事也。」（二四四頁下）鈔批卷一一：「此言對古師故來。古師即首疏，云：既有受法屬己，但是事如法，互用無損。今冥破此師，故曰非謂等也。」（五三三頁上）簡正卷八：「鈔重破古人不了。律文云意，羯磨疏云：本無心受，何得白行等。」（五一二頁上）

〔五八〕若本並因三寶事受　鈔科卷上四：「『若』下，就通受，明通塞。」（三八頁下）資持卷上四：「望三寶則通，對餘三寶為塞。如本作釋迦，後作別像，雖同佛事，非本所期。法僧例此，在文可見。」（二四四頁下）搜玄：「羯磨疏云：若本三寶，俱須經營。作法之時，文中合攝，是俱有心法，復通用也。」（三八六頁下）

〔五九〕若三寶事後生　簡正卷八：「於中更料簡也。准南云：本為造釋迦佛，法花經及常住。（云云。）事受七日，已用四日，作前事並說。今或為造彌勒佛、涅槃經，十方常住事，將前餘日用亦不可，故云不是前緣三寶也。」（五一二頁下）搜玄：「初，辨三寶別緣，後生不得通用。」（三八六頁下）

〔六〇〕不是前緣三寶，及他雜緣　鈔批卷一一：「立謂：前為張家三寶事，後為是王家三寶事也。言及他雜緣者，立謂：布施、懺悔、生善、滅惡等也。」（五三三頁上）搜玄：「初為東院三寶事，受用五日了，後西院三寶事生，（三八六頁下）不是前緣三寶。雜緣等者，謂布施、懺悔、生善、滅惡等也。由前事有心，後事無心故。」（三八七頁上）

〔六一〕乃至為張家施物受日　鈔科卷上四：「『乃』下，約一家，明通塞。」（三八頁下）搜玄：「『乃至』下，俗情別緣，後生通用應不。」（三八六頁下）

〔六二〕若一家通緣，準心應得　資持卷上四：「後一家中，初明塞。『若』下，顯通。如但受彼請，不定別緣，通標諸事，隨為作之，故云準心等也。」（二四四頁下）簡正卷八：「進退解也，謂張家太請七日，不准（【案】『准』疑『唯』。）受施，兼請受戒、懺悔等。即受日時，便有心故得也。」（五一二頁下）搜玄：「立云：此明受日，元知張家有多緣事，設供、戒懺、說法、受施等，受日來

故，得通共用也。」（三八七頁上）【案】心，鈔批一處為「理」。

〔六三〕**此界內僧，為別處三寶、病人，受日得不** 資持卷上四：「釋妨中。恐疑異界不開，故有初問。」（二四四頁下）

〔六四〕**彌是生善** 鈔批卷一一：「上問意云：此界僧，受日往彼界，為彼三寶等事，及為他病患，受日往東西求藥等，為得以（【案】『以』疑剩。）不？謂此是正緣，聖教開許，故云彌善也。」（五三三頁上）簡正卷八：「彌者，廣也、大也，不合作『微』、『小』字釋也。」（五一二頁下）

〔六五〕**僧次請者，得受日不** 搜玄：「謂替僧次，施主無簡別心故得。若替別請者，由後人非是本請人，施主於此後人無請心，故不得也。」（三八七頁上）

〔六六〕**律制二請** 鈔批卷一一：「即僧次、別請，俱得受日。若准律文，又開別請。若准諸經，不許別請，以奪十方僧利，犯盜故。」（五三三頁上）簡正卷八：「既的請受日，亦得不同大乘梵網經也。」（五一二頁下）

〔六七〕**得受他捨請受日不** 資持卷上四：「或疑捨請非我緣，故有後問。」（二四四頁下）

〔六八〕**僧次應得，別請不合** 鈔批卷一一：「此謂元本是僧次請，今受他捨，則得受日往，由施主無簡別故。若元是別請，今捨與我，不得受日，由施主無心故也。」（五三三頁上～下）資持卷上四：「以施家心漫故。」（二四五頁上）

〔六九〕**以非施主元心** 簡正卷八：「謂檀越元心請前人，今見後人來，竟不悅，故不許。然鈔文且大約論也。或施主雖元請某比丘，今既不來，替代亦得。不生惱者，理可□之。」（五一二頁下）資持卷上四：「『元』即本也。」（二四五頁上）

〔七〇〕**昔解，一夏之中，開於三法，差此不成** 鈔批卷一一：「立云：古來諸師云，前受七日、次半月、後一月，過此不得。今則不然。但使前緣若如法，皆得受也。礪律師亦破古師之執，云：昔人言要先七日、次十五日、次一月等，如此次第，若已受十五日，不得更受七日，以長攝短故。如前已辨。」（五三三頁下）簡正卷八：「羯磨疏敘古云：安居立行，修道為宗，緣急開三，以濟時要。何許重受？無此理也。故十誦云：為破僧故，聽受一七夜，（五一二頁下）不得二七夜，乃至聽受三十九夜。盡應破安居者，故知不許重也。」（五一三頁上）資持卷上四：「昔解者，疏云：有人言，安居立行，修道為宗，緣急開三，以濟時要。何得重受？無此理也。故十誦中為破僧，聽受一七夜，不得二七夜，乃至三十九夜已破安居去。此明文矣。（下指和僧文，即此是也。彼但有七夜、三十九夜二法。不同四分。）開三法者，不許重也。差不成者，不許前

後亂也。彼謂：必須先受七日、次受半月、縱七日緣，亦請半月。一月亦爾。三法用足，或有急緣，破安居去，更不開也。比（【案】『比』疑『此』。）由不曉受日，從緣作法據實，故有此判。」（二四五頁上）【案】「重受」文分二：初，「昔解」下，次，「今云」下。

〔七一〕**今云得重，廣有徵難，如疏述也**　搜玄：「如疏述者，首疏也。羯磨疏云：如前檀越召，受七日，後有三寶要須經營，何得不開？又如官事，須二三日，曾受七日，何能不去？夏制本意，無事遊行。（三八七頁上）今有緣來，依法受往，非專擅去，何得獨制？但事緣如法，故一切通開也。」（三八七頁下）鈔批卷一一：「有人云：修道務急，何必制住，必有緣來，隨意開得。今以義通，并以文證。初解通者，如前檀越召受七日，後有三寶，要須經營，何得不開？明知亦得。『若爾，何故十誦但聽初七？』『今解，初制不可恠也。或可一事上，不重二七，豈制異事，不許受耶？望法似重，望事望緣，前後不異，何得重也？不如為父母得重也。又如為父母受日，往彼限滿，留連尚開；檀越今更受往，即不許者，何如彼住不受便得？（五三三頁下）若言留住限滿得夏是難，故開父母令我更返受日，乃至三寶經營未了，來受重往，不往大損，何得不開？又如官事須二三日，曾受七日，何能不去等？爾直去，寧勝加受。夏制本意，無事遊行。今大緣來，依法受往，非專檀去，何得獨制？律中，不及即日，聽受七日，此是通文，不專一事，豈非重也？如緣故列。父母兄姊，並開赴彼，兄已前請，父後復召，豈不開之？律中但云佛未聽我如是事去，因以白佛，佛言隨聽。如四分中，一夏受日，開十八緣。或更有者，十九亦得。如非時入聚，佛制囑往。豈可前開，後者不許？』『若爾，十誦何通？』答：『彼不許二七夜者，謂一時不得雙牒二七夜故，不妨前後去者，亦得也。』」（五三四頁上）簡正卷八：「今云得重者，今師所解，聽許重重，全異古也。如疏述者，首疏也。今依羯磨疏云：如前檀越，召受七日，後有三寶，要須經營，何得不開？又如官事，須二三日何能者？夏制本意，無事遊行。今有緣來，依法受往，非專檀者，何得不開？但如法緣，一切開往。餘文與鈔不異。」（五一三頁上）資持卷上四：「今解中。初科。初句判定，次二句指廣。疏引古難云：修道務急，何得制住？必有緣來，隨意開得。又今難云：如前檀越，召受七日已，後有三寶要須經營，何得不開？明知亦得。」（二四五頁上）

〔七二〕**故律列二十餘緣**　鈔批卷一一：「立明：並是七日緣。由事未現，佛未聽去，不言不得重去也。」（五三四頁上）簡正卷八：「四分廣列二十三緣，並是七日

緣，由事未現。」（五一三頁上）搜玄：「四分卅六，廣列廿三緣，並是七日緣。由事未現，佛未聽去，不言不得重去也。」（三八七頁下）

〔七三〕**但云佛未聽我如是事去** 資持卷上四：「『但』下，正立，又三。初，申理。由受日法本為緣開，緣求法應。何有限三不前後也？故知昔人全迷教意。」（二四五頁上）簡正卷八：「佛未聽者，且不云不得去也。」（五一三頁上）

〔七四〕**且約為事信樂父母，則有四重** 鈔批卷一一：「立謂：父信、母不信一也，母信、父不信二也，父母俱信三也，父母俱不信四也。四句皆得受日往也。若看律文，不然。謂爾時有信樂大臣請比丘：『大德來，我欲見。』比丘自念：『被處遠，不及即日還，佛未聽我如是事去。』白佛。佛言：『自今已去，聽有如是，受七日去。（五三四頁上）若有益、無益，及七日還。』二、有不信樂大臣亦爾；三、有不信父母亦爾；四、有信樂父母請亦爾。」（五三四頁下）簡正卷八：「爾時，有信樂父母請比丘云：『大德，我欲相見。』佛未聽我有如是事者。遂白佛，佛聽者。二、有信樂父母遣信喚召，亦如是；三、爾時有母請比丘，亦如上；四、爾時有父母請比丘，亦爾。如上則是四重，佛一一皆言聽者。」（五一三頁上）【案】信樂父母四請比丘之事，見四分卷三七，八三三頁中。「事」即侍奉、服務之義。

〔七五〕**況餘雜請** 簡正卷八：「『況餘』等者，舉上父母前後尚乃得於四重，豈況檀越三寶等？不可限局，不開重也。」（五一三頁上）搜玄：「父母四重，佛皆言聽去，況餘雜請，不得重也。」（三八七頁下）

〔七六〕**若有請、無請，須出界外，一切聽受七日** 資持卷上四：「五分，一切之言豈局一番耶？」（二四五頁上）鈔批卷一一：「立謂：五分與四分還別。四分要是有請，方得去也。」（五三四頁下）搜玄：「有請者，五分云：時有長者名優陀退（【案】『優陀迎』五分為『憂陀延』。），信樂佛法，於安居中，為僧作房，設人舍食，以房施，比丘不受。長者便嫌言：『我用財為食。比丘不受！』白佛。佛言聽受請等。無請者，比丘有疑故，問須出界外。佛言：『一切聽受七日往。』羯磨疏云：豈前須問，後不須問也？謂一時前後重用者，破古人據此不得重受義。（三八七頁下）古人見十誦不聽二七夜，謂言不得重也。羯磨疏云：或一事上，不得二七，豈制異事不許受耶？又言，不許二七夜者，彼受日法，但有二位故，對首七夜，何得重加？故云不得二七夜也。不妨前後去者，亦得。」（三八八頁上）【案】五分下分二：初五分下，次「余親」下。五分卷一九，一二九頁中～下。

〔七七〕十誦中，列多七夜緣已　資持卷上四：「初，破執，不聽二七之文。初，引文。列多緣者，如上興福等八種，自為如衣、藥等；為他如受懺等。」（二四五頁上）鈔批卷一一：「立謂：十誦中，憂波離白佛：『為誰受七夜？』佛言：『為七眾與福故受。』即列。為憂婆塞列二十二緣，為憂婆夷列二十二緣，為沙彌亦列二十二緣，為沙彌尼亦列二十二緣，為式叉列二十二緣，為學悔則列二十三緣，為學悔尼列二十三緣，為比丘列二十三緣，為尼列二十三緣，合二百四十二緣，並是七夜事。若如法，皆聽去。」（五三四頁下）簡正卷八：「彼云：波離白佛：『為誰受七夜？』佛言：『為七眾興福受。』廣列二十三緣，為優婆塞列二十三，乃至沙彌尼，一一並是七夜，皆聽者也。古師反難云：『若爾，何故十誦文中，但聽一七夜，不聽二七夜？』可引鈔通云：『聽一七，不聽二七，謂一時雙牒二七日，前後重用。』今師云十誦不許者，或約一事上，不得二七，豈制異事不許受耶？又云：不許二七夜者，彼受日法但有二位：一、是七夜，二、三十九夜。故於對首七夜，何得重加？故云不得二七夜。何妨前後去者？皆開。古人不達文意。但見云不聽二七夜，便妄解云不開重受也。古人更反難曰：『若爾，既一事上開重，何故和僧滅淨，彼律聽破安居者？』可引文通云：『若准和僧，似一事上，不許重受。』准十誦云：時有異界僧爭起，請僧斷重。若前安居竟，應受七夜者，若七夜盡，應受三十九夜，盡聽破安居去。古人將此為憑，不許一事上重受。（五一三頁下）今師云：似一事上不許重受。既云似未必全判，不得彼律意者，據和滅難期故。聽破安居者，若可期約，無亦開重。」（五一四頁上）【案】十誦卷二四，一七四頁上。

〔七八〕謂一時雙牒二七日，前後重用　資持卷上四：「『謂』下，釋通。古師執此以為明據，故須決破。雙牒者，別緣加二七夜，是非法。故疏云：彼受日法但有二位，對首七夜何得重加？故不得二七夜。不妨前後去者，亦得。」（二四五頁上）

〔七九〕若準「和僧」，似一事上不許重受　資持卷上四：「『若』下，破執和僧文。如上已引。初縱彼計，故云『似』耳。由似是故，致令誤解。」（二四五頁上）搜玄：「十誦卅五云：時有異界僧，爭起，請僧來斷事：若先安居竟，應受七夜去？若七夜盡，應受卅九夜，盡應破安居去？古人亦據此不得重也。若得重者，更受去得，何須破夏？鈔文言似一事上不許重受。既言其似，未必全不得重受，但為和滅難期，開破夏去。若可期者，重受無妨。故羯磨疏云：和僧用二法已。破安去者，受法依限前二者期，故開隨受。既用法盡，和滅難期，知

用何法往彼和也？理須破夏，是所開故，還同僧祇事訖之文也。若不為和，破夏獲罪。若定可期，如前必聽也。」（三八八頁上）鈔批卷一一：「撿十誦云：時有異界僧諍起，彼知不滅，便遣使往近住處僧所，請來斷是事，即應往斷。若僧先安居，應受七夜去。若七夜盡，應受三十九夜去。若三十九夜去，若三十九夜盡，應破安居，來集一處受。是事斷，如法，如毗尼，如佛教斷。鈔意云：此由和滅，事是難知，故開破夏，非謂不許重受也。觀十誦律意，似如一事上不開重受，文復不了。若於異事上，定知得重。（五三四頁下）義如蘇油，為病異故，雖同是七日，得加法並服也。然古師執一夏開三法受日者，正據此十誦文也。賓云：古師浪引十誦證此，蓋部別宗殊，未須通會也。且如僧祇事訖，十誦三十九夜，與此四分全乖，何須引彼和僧？此開重受，故今正解，但有緣來，重受何爽。」（五三五頁上）【案】十誦卷三五，二五三頁中。

〔八〇〕然彼有不請之文，寬於四分　鈔批卷一一：「十誦：遣使、不遣使，俱得受日往。四分：遣使方得，故曰也。」（五三五頁上）資持卷上四：「『然』下，是奪。不請文者，彼不遣使，亦開受往，同上五分。四分：一一遣信別請，即是急也。此中且約寬急相，並以彰不局。疏釋云：和僧用二法已，破安居去者，（二四五頁上）受法依限，前二有期，故開隨受。既用法盡，和滅難期，知用何法往彼和也。理須破夏，是所開故。」（二四五頁中）簡正卷八：「彼律為七眾興福，設供受戒問疑，但使前人見我生善，縱不遣使，亦得受日。四分，遣使方許。彼既寬於部（【案】『部』前疑脫『當』。）。」（五一四頁上）搜玄：「十誦為七眾興福、設供、受戒問疑，但使前見生善滅惡，若不遣使，亦得受日，如此之文，寬於四分。四分一一皆言遣信別請，方得受日，不請尚乃得去。若重受不開，只是番譯之家，迴文有失。文非明了，非謂不開重受也。」（三八八頁上）

〔八一〕重受不開，文非明了，理須通明　資持卷上四：「『重』下，斥彼所據，令須依理。」（二四五頁中）鈔批卷一一：「謂十誦和僧，似一事上不開重受，此則急於四分也。又有不請之文，復寬於四分也。今則通會二文，以十誦雖不許重受，文不明了。復有不請之文前寬，既二文互有寬急，今則通明重受無失。」（五三五頁上）簡正卷八：「只為翻譯之者不解迴文語勢，諸含故非明了。理須通明者，彼既不請之文，更寬重受之文，則不合急，二意通練，其理自顯。然不可偏執一文，致失諸緣重請也。」（五一四頁上）搜玄：「不請之文既寬，重受之文則不合急。二處之文相通，重受之義自然明矣。」（三八八頁下）

〔八二〕**五百問云** 資持卷上四：「五百問中，文理甚明。疏云：此卑摩羅叉口決，其人翻十誦者，既有此通，義無疑矣。（十誦本什師翻，後卑摩重翻故。）」（二四五頁中）搜玄：「初，二論兼疏，證得重受；二、『此論』下，引彼親承己聞，破古人之壅執。言『五』至『宿』者，羯磨疏云：此五百問，卑靡羅叉（原注：『靡』疑『摩』。）口決也。其人翻十誦者，既有此通，義無疑矣，即證十誦文非明了故。上准不請之寬，下引卑靡（【案】『靡』疑『摩』。）之語，重受之理，即通明也。」（三八八頁下）簡正卷八：「文中既云滿七日已，乃後重受，故知許也。此雖非重，文且是重義也。」（五一四頁上）

〔八三〕**明了論中，得受** 資持卷上四：「謂得開重也。」（二四五頁中）簡正卷八：「玄云：今引論疏，真諦三藏自解，別請七日事了，還至八日出界，引（【案】『引』疑『此』。）是異緣得重受。前事已了，更有別緣，亦須更受。既文中云更受，豈不開重？准此，雖非重受，文且是重義。思之。因此便今時行事。此論既言前請七日，事了還界內，第八日更請七日出界者。……縱使了論中第八，更請七日出界，亦是部如（【案】『如』疑『別』。）不同。今師但取彼證前重受，不依他行事也。雖有此有此（【案】次『有此』疑剩。）解，未可依幸。不准（【案】『准』疑『唯』。）論疏如然，律亦有於明制，故文云及七日還也。又，前來立義，立如受七日，用三五日，餘日未用，身歸本界，便作前事者，此是未滿之文，不可例於已滿之事。標心為滿歸寺，其法經明即失，不同未滿，暫迴緣在，法何得失？今但依玄，七日反界，定須經宿，戒律從急，豈不然耶？何假徒繁成立義。請思之。餘文知之。」（玄記對此引論解三千界量，今意在隨相中明之。）」（五一四頁下）搜玄：「發正云：今引此論疏，真諦三藏自翻，自解前請七日事了還，至第八日出界。此是異緣得重受。前事已了，更有別緣，亦得更受，因此便明。今人行事，此論既云前請七日事了，還至界內，第八日更請七日出界。『出界者，今人行事，至七日滿歸界，即請七日出界不宿者，不知成不？』有人約義通言：『謂受日法，身在界內，法在不失。如受七日，用三五日，其餘之日未用，身歸本界，更作前事。本法由在，不須更請，法在不失。今縱七日滿，歸於本界，至明出時。雖然經宿，殘法亦在，論許重請，亦帶前法，故知七日纔滿，歸界請之，理無失也。雖立此理，除由未除，謂律有明制，及七日還，論令經宿。（三八八頁下）並准聖言，如前但用三五，許其法在，得用無疑。以此未滿例於已滿，事不可也。標心為滿故歸，其法經明自謝。不同未滿，不為滿歸，法在不失。古人猶執，但一夏三受，其數

太急，入界不宿，行事大緩。太急，不體律文，太緩，無文可據，故不可也。』」（三八九頁上）【案】明了，六六九頁下。

〔八四〕**前請七日事了，還至界內，第八日更請七日出界宿**　資持卷上四：「疏解中。業疏引云：雖請七日事竟不還，破安居得小罪。若事未了，極得六夜，第七日還，至八日，更請七日。（今云『事了』者，疑脫『未』字。）若後仍不了，更請七日等。」（二四五頁中）鈔批卷一一：「立謂：上來昔人，不許重受七日，謂前七日、次半月、次一月。今則不然。了論疏中有其九句，皆是重受。」（五三五頁上）

〔八五〕**此論真諦三藏翻，中國親承此事**　鈔批卷一一：「記云：優禪尼國人，陳、梁二代至此方，譯經論三十四部，合一百四十一卷。然真諦或鋪坐具，跏趺水上，若乘舟而濟岸，或以荷藉水案而度之。如斯神異，其例甚多。賓云：其人博識，古今無比，遍達三藏大小乘經論，解十八部律。唐三藏唯伏此一人。發自西城，遠來遊化。初達楊都，值候景作亂，梁主被困餓死，即至陳朝。陳主深相敬重，請以翻譯，始翻唯識論，名無塵論。……翻譯攝大乘論、部執論、了論等，各有疏也。」（五三六頁下）搜玄：「華嚴云：真諦是優禪尼國人，陳、梁二代至此方，譯經論卅四部，合一百卅一卷。然真諦或鎮坐具，跏趺水上，若乘舡而濟，神異甚多。中國之中，三藏親承用重受日事。」（三八九頁上）

〔八六〕**寧得自執一隅小見，通壅三千佛化**　資持卷上四：「『寧』下，責其局執。一隅者，無通變也。壅，塞也。佛化本通，固執乃塞。」（二四五頁中）鈔批卷一一：「謂佛化周（五三六頁下）三千世界也。論云：一四天下，有一須彌山、一四大海水、一鐵圍山遶、一日、一月，名一『世界』。以此為數，數至千，是『小千世界』。復從此數，數至千，是『中千世界』。又從此數，數至千，是『大千世界』。一佛出世，道王其中也。」（五三七頁上）

〔八七〕**余親聞見**　資持卷上四：「大唐之世，玄奘西歸，那提同至。敕詔祖師同預翻譯，因得備聞中國之法，足為明據，故引示之。」（二四五頁中）扶桑記：「通釋：今鈔重修貞觀四年（公元六三〇年），或云八年。然按西域記，玄奘貞觀三年渡天竺，同十九年歸唐；撰鈔在前，何引後事？有人云：內典錄貞觀初年，天竺沙門婆羅頗蜜多，持藏論梵本來此云云。又，尼鈔云『婆頗三藏』；今鈔云『翻經三藏』，疑彼等人云。」（一三六頁上）

〔八八〕**餘廣如疏鈔**　搜玄：「羯磨疏中引了論解。疏中有其九句，皆是重受。疏引論偈云：『七日有難隨意行，善解三種九品類。』疏釋云：於安居中，三緣得出

界：一七日緣，二有難緣，三隨意緣。此三各三，故成九品。」（三八九頁上）

鈔批卷一一：「立謂：上來，昔人不許重受七日，謂前七日、次半月、次一月。今則不然。了論疏中有其九句，皆是重受。撿了疏云，論偈曰：七日有難隨意行，善解三種九品類。釋云：如安居時，由三義故，出界行：一、有因緣請，七日出界；二、有難事起，出界；三、有因緣，隨意出界。此三各有三，故成九品類。言九品者，三三分之。初『三』者：一、有事先成七日緣，後更成七日緣；（五三五頁上）二、有事先成七日緣，後成有難緣；三、有事先成七日緣，後成隨意緣。第二『三句』者：一、有事先成有難緣，後成有難緣；二、有事先成有難緣，後成七日緣；三、有事先成有難緣，後成隨意緣。第三『三句』者：一、有事先成隨意緣，後成隨意緣；二、有事先成隨意緣，後成七日緣；三、有事先成隨意緣，後成有難緣。且列句如此，今約疏一一解釋。言初句，先成七日後成七日者：初受七日出界，為父母、親戚、和上、闍梨、同學、善友等病，及受施和僧等，至第七日，須還本界。至第八日，若更有如上緣者，更得受七日往。若先請七日出界，已用三日，前緣若謝，應還本處。別有餘緣，但得用後三宿出界外，此後三宿皆成。由此七日，皆出宿故，謂先請七日出界，用三宿事即竟。後更有因緣，止得用餘三宿，不得更別受七日宿。用後三宿盡，須還本界宿。後方得更請七日，由七日有定量故。二、先七日後有難者：先有因緣，受七日出界，事竟應還本處。（五三五頁下）其本處有水、火等『八難』事起，仍往餘處住者是也。三、先七日後隨意者：先受七日出界，事竟應還安居處。其安居處無好善友，或喧動妨修定慧，或無好藥食，四大羸損。為此因緣，仍往有善知識等處住，名隨意行是也。雖有此因緣，開隨意去，經一宿即破安居。由有因緣，故不得罪。若無此緣，隨意行破安居，得吉羅。雖破安居，不失夏。夏計日月，不論安居不安居。四、先成有難，後成有難者：先為有賊難出界，未經宿，賊於此日即去，比丘應即還來。更聞有火難起，仍往餘處住是也。所以須就未經宿論之者。若經宿已，破安居，不須復論，此人後去悉爾。五、先有難，後七日者：先有難事出界，難靜即還本處，有檀越請因緣，仍請七日往者是也。此難緣還約當日，聞靜即返，經宿更不須言。六、先有難，後隨意者：先為難事出界，後為無善友，即等（【案】『等』疑『仍』。）往好善友處是也。七、先隨意，後隨意者：先為無善知識等，隨意出界，未經宿，聞有善知識本處，即應還本處，又為喧動因緣，仍往餘處住是也。八、先隨意後七日者，先為無好善友因緣出界，後聞有善（五三六頁

上）知識來本處，即還本處，仍有檀越請緣，即受七日出界是也。九、先隨意，後有難者：先為無善知識因緣出界，後聞有善知識來安居處，即還本安居處。其處忽有難起，即往餘處住是也。今鈔唯引初一句意，取重受義也。」（五三六頁下）

〔八九〕**約事長短** 搜玄：「中二：初，約處遠，以明長短；二、『若路』下，（三八九頁上）約處近，以辨長短。」（三八九頁下）

〔九〇〕**唯止一日、二日，皆須七日法** 資持卷上四：「三位極限為長，一日、八日、十六日為短。中間長短可知。文中唯明七日短緣，長易知故，半月、一月，例準同之。」（二四五頁中）搜玄：「羯磨疏云：止須一夕，並作七日，以法收緣，如文。不及即日，義開七日也。『夏中可爾，夏末五日，如何成受？』『餘日非夏限，故解云：乃至七月十五日，亦作七日法。餘日雖非夏，以法成故。』」（三八九頁下）

〔九一〕**不及即日還，聽受七日去** 簡正卷八：「外難云：『夏中可爾。（五一五頁上）如七月十五日，有緣情（【案】『情』疑『請』。）七日，至十六日已去。既不是夏，又復如何？』鈔答云：『夏末一日在，亦得作七日法。餘云六日，雖非夏限，以無受一日法故。』問：『安居護（【案】『護』疑『後』。），明相未出，外在不外犯，明相出後，既當十六日，本是出界時，何假更受日？』答：『謂明相正出時，身須在界內。若不得法，明相出時，身在界外，便成破夏。又如七月九日請七日出界，至十五日，亦須反界。以十六日明相正出時，身須在界內故。』」（五一五頁下）【案】四分卷三七，八三三頁上。

〔九二〕**夏末一日在，亦作七日法** 鈔批卷一一：「此且約七日緣故也。若有一月、半月緣，並須隨此緣而受。故礪云：縱無三品日在，但有三品緣，須依緣而受也。三品者，謂七日、半月、一月也。夏唯一二在，忽有緣來，或七日、半月、一月，皆隨此三緣，而受日也。」（五三七頁上）

〔九三〕**立法楷定，作法應爾** 資持卷上四：「『立』下，申所以。」（二四五頁中）

〔九四〕**若路近得還，由緣經宿** 資持卷上四：「『若』下，釋疑。但約緣長，不必路遠。」（二四五頁中）鈔批卷一一：「立謂：雖去此安居處三五里，當日得返界。以由檀越請召之緣，亦開須受七日不？必要是路遠，名為『不及即日還』，方開受日去也。」（五三七頁上）搜玄：「由緣經宿，不及即日還，此約緣也。如文。羯磨疏問云：『今有七月九日受七日法，出界不還，夏成以不？』答：『破也。何以知然？夏有後開，無前開也。以七月十五日，須及夜分，還反本

界，如律所制。及七日還，今限明相，及在界外，絕此分齊，故說破也。』『若爾，何以律文最後自恣七日在，受七日不還不犯者？』答：『謂七月十六日是最後自恣日也。如急施中說之。今此人以七月十日受七日故，彼第七日自是夏滿，不來無犯。』又問：『七月十五日，明相未出，隨行不犯，相出是開，何有夏破？』答：『止為明相未出，須返界中，名為及法。相出界外，故違本制。』又問：『制及七日，是有法緣，至明夏滿，法隨事失，有何犯故，令我破夏？』答：『日夜分齊，約明相分，第七夜分，明相未出，自屬前夜，明相若出，即屬八日。制七日夜，須及界中，今不在界，（三八九頁下）故當破夏。至十六日，自是後開，由違前制，故說破也。若約此解，十誦七夜，亦及七日返，還同四分，何有異耶？明相若出，不及夜也。此義甚要，故繁敘也。』」（三九〇頁上）

〔九五〕尼律中開受七日，不云多　鈔科卷上四：「初，引示開制。」（三八頁上）資持卷上四：「尼中不同，故須簡別。四分、僧祇，明文可了。不云多者，不明餘二也。」（二四五頁中）搜玄：「羯磨疏云：如『三時遊行戒』中，唯有口受，不云多日，可准斯也。」（三九〇頁上）【案】僧祇卷四〇，五四二頁中。

〔九六〕比有濫同僧法　鈔科卷上四：「『比』下，斥世濫用。」（三八頁上）簡正卷八：「敘古儀也。古云：僧既開三法受日，尼便准之，不更領列。（新章扶於此解。）」（五一五頁下）搜玄：「『比有』等者，羯磨疏云：昔人解云，尼隨僧受，三法遍緣，上下同受，不說假為異，故無妨也。」（三九〇頁上）

〔九七〕但令緣至，三法受日　鈔批卷一一：「古師濫云：七日、半月、一月，此三法受日，開尼得用。但使有緣，應此三法，皆得受之。便引難云：至如僧家百一羯磨，皆對僧開，尼並無文。今僧尼通用，豈獨受日羯磨？頓便不許。今不同之，云：未見祇律明斷也？高云：計理用僧百一羯磨，皆通尼行，何獨受日？頓不許用，理令通尼，不須引祇證。（五三七頁上）祇是事訖羯磨。望我四分，大僧亦不得依，何局尼也！故今立義，尼用四分半月、一月法，理亦無失也。」（五三七頁下）

〔九八〕僧祇明斷，足是指歸，不勞別解　鈔批卷一一：「謂四分中無文，明尼得羯磨受日，及與不得。但祇律中，尼無羯磨受日法，此明證也。」（五三七頁下）

〔九九〕但開七日，亦濟別緣　資持卷上四：「別緣者，簡非眾。故必有長緣，事須前往。或容返界，重受七日，或比難緣，義通直去。」（二四五頁中）鈔批卷一一：「謂但受七日，亦濟於前佛、法、僧事，病患等是別緣也。」（五三七頁下）

簡正卷八：「有（原注：『有』上一有『設』字。）三十、半月之緣，但七日滿已，隨時更請，亦被得生善滅惡之緣也。」（五一五頁下）

〔一〇〇〕事訖不來成不　鈔批卷一一：「礪疏云：若受日出界，事訖須還，不還得小罪，未即破夏，以有法故。如與欲事訖，不來之類，即須作來之方便。或有諸難，不來無過。鈔主破云：如欲法羯磨不牒事，今受日法牒事，加之事謝法失，亦如藥法，病止無用。又不同狂解須乞，故何以浪引也？立釋云：礪意，狂差不來，不名別眾。說欲已後，事了不來，亦不別眾。難云：『狂差須乞解，以今未解，得法在身，故非別眾？』『言說欲者，本不牒欲之緣入羯磨法，故緣謝法在。今受日則牒緣入法，故緣謝法亡。』」（五三七頁下）搜玄：「羯磨疏云：有人言：事訖不來，亦不破夏，以法在故。如七日藥、與欲類同，犯病得法，病差不失等例。今解不同，事訖法謝，不同欲法，羯磨不牒。今受日法，牒事加之，緣謝法失之。如藥法，病止無用。又同犯解，須乞法也。」（三九〇頁下）

〔一〇一〕由所牒緣謝，法亦無施　資持卷上四：「施，猶用也。問：『事訖即謝，返界路遙，中途經宿，無法隨身，應須失夏？』答：『法託緣生，緣謝法失，本期還來，未及本處，事猶未息，故非失夏。』問：『事訖法亡，或緣未竟，期限已滿，約何明失？』（二四五頁中）答：『四分、十誦，日夜兩別，如後自明。』」（二四五頁下）鈔批卷一一：「謂受日羯磨，牒前請喚等緣。今緣既謝，則羯磨之法亦癈，故曰無施也。」（五三七頁下）

〔一〇二〕十誦明文不許往　鈔批卷一一：「勝云：前引十誦遣使不遣使，俱得受之。若中聞死、返界等，不應去也。」（五三八頁上）

〔一〇三〕僧祇意亦同之　資持卷上四：「前云中前和了，中後即還等是也。」（二四五頁下）簡正卷八：「祇中，和僧不得迂迴至彼，中前和了，中後須還，若停，失夏。十律不許往，祇文不許住，文少異，皆恐破夏，故意同也。」（五一六頁上）

三、正加法〔一〕

前明心念法

十誦：五種人，謂獨住等，心念受日〔二〕。若界中有人堪來，不待，心念不成〔三〕。若待不得〔四〕，界又無人，具儀，心生口言：「我某甲比丘，今受七日法，出界外，為某事故，還來此中安居。」三說。

此謂無比丘，開心念〔五〕。若有沙彌者，作念已，告以事緣〔六〕：「今

請七日出界，若了即還，汝知之。」十誦〔七〕：令五眾受日，五眾邊受。準此，當眾相共作之。無者，準前言告。

其沙彌受日，如下別法〔八〕。

二、對首受法〔九〕

應具儀對比丘言〔一〇〕：「大德一心念：我某甲比丘，今受七日法出界外，為某事故，還來此中安居。」三說。

然心念、對首二法，諸部無文，但開受法〔一一〕。相傳，準羯磨白文〔一二〕，雖非佛說，義準無失〔一三〕。

若受七日未用，過七日用亦得〔一四〕，以本緣在故；若無，法謝〔一五〕。不同七日藥，彼已限滿，病轉故失〔一六〕。

「若爾，病住法應在〔一七〕？」答：「由佛制定〔一八〕。如論云：服之七日，堅病得消〔一九〕。」問：「此請七日，得兼夜不〔二〇〕？」答：「不得。以文云『至第七日當還〔二一〕』；不同十誦，彼以文中受七夜〔二二〕故。又不得改云『七夜』，以部別不同〔二三〕。亦不得秉四分羯磨〔二四〕，用僧祇『事訖』。具如諸部別行法中。」

三、明眾法

所為之緣，同前通用〔二五〕。但令事是半月、一月緣者，方應羯磨〔二六〕。不同存單之人〔二七〕，由不重受七日，事緣要必須訃〔二八〕，理無停止，遂引七日令長〔二九〕，用一月羯磨。此自汙心，教有明罰〔三〇〕。餘同前釋〔三一〕。

今加法中，有四不同〔三二〕：

二家羯磨，文相少見〔三三〕。

第三，光師所撰羯磨〔三四〕，增〔三五〕加乞辭。舉世同行，事須略述〔三六〕。今正學宗，並依律本，恐輒內乞辭增加羯磨〔三七〕。律云「如白羯磨法作」〔三八〕。今既不如，即知非教。又，諸部並無乞文，不得準著，止可隨其綱網〔三九〕，順教誦之〔四〇〕。問：「用舊羯磨，受日得夏不〔四一〕？」答：「應成歲。雖增加乞辭，而羯磨大宗無失〔四二〕。」

第四人〔四三〕。依律出文云：「大德僧聽：若僧時到，僧忍聽。比丘某甲受過七日法，十五日出界外，為某事故，還來此中安居。白如是。大德僧聽：比丘某甲受過七日法，十五日出界外，為某事故，還來此中安居。誰諸長老忍『僧聽比丘某甲受過七日法，十五日出界外，為某事

故，還來此中安居』者，默然，誰不忍者說。僧已忍『聽比丘某甲受過七日法，十五日出界外，為某事故，還來此中安居』竟。僧忍默然故，是事如是持。」

其一月日法，準前著之〔四四〕，不得雙誦「十五日」〔四五〕者。

【校釋】

〔一〕正加法　鈔科卷上四：「依位解。」（三九頁上）簡正卷八：「謂加於僧別之法也。」（五一六頁上）

〔二〕五種人，謂獨住等，心念受日　資持卷上四：「初文本是對首，以無所對，故開心念。初明開緣。『獨住等』者，等取蘭若遠行，（謂寄道中安居。）長病、飢時依親里，五緣並約無侶，有即不開，故下猶須相待。」（二四五頁下）搜玄：「十誦五種人者，一、獨住；二、蘭若；三、遠行；四、長病；五、飢時依親里住等，開心念受。准此，當眾相共作之者。准前律文：作念已，告以事緣，汝知之。即知五眾當眾相共而作也。」（三九〇頁下）鈔批卷一一：「此五種人，獨人獨住，聖開受日。若也有人不待，作法不成，違教得罪。」（五三八頁上）【案】十誦卷四八，三四七頁上。

〔三〕若界中有人堪來，不待，心念不成　資持卷上四：「『若界』下，示非法，即成別眾，人非所收。」（二四五頁下）簡正卷八：「謂清淨人堪來，足我對首之數。今不召他，此是別眾，心念不成。今時多有無識之徒，至結夏日，向佛前自說偈者，愚癡甚也。」（五一六頁上）

〔四〕若待不得　資持卷上四：「『若待』下，明如法。」（二四五頁下）簡正卷八：「即開自心念也。餘文可委。（云云。）大德云：十誦中對首法，既通心念，半月、一月眾法例此，亦合通心念。但今時無人敢行，道理無損。」（五一六頁上）

〔五〕此謂無比丘，開心念　資持卷上四：「初指上開。」（二四五頁下）

〔六〕若有沙彌者，作念已，告以事緣　資持卷上四：「『若』下，正示告法。」（二四五頁下）鈔批卷一一：「以非同法，只得口告也。」（五三八頁上）

〔七〕十誦　資持卷上四：「『十』下遮濫。有執此文，謂通互對等故。然此且據七日為言，羯磨月法不通餘四。前文但簡尼眾，準理沙彌亦然。指沙彌中，下亦不出，還指同僧。」（二四五頁下）

〔八〕如下別法　搜玄：「謂下沙彌別行篇明也。」（三九〇頁下）

〔九〕對首受法　搜玄：「初，出法；二、『然心念』下，通釋二法是非。」（三九〇

頁下）簡正卷八：「詞句出法，如文因說。今時行事不同，有人言：對首比丘，須是當界，同安居人。又須在界內，為我任持此法。若一時總出，即不得向他邊受，（五一六頁上）受即不成。先須委問，然後作法。大德云：『若爾，且如請半月、一月法時，當界無人秉法，請外界人來，秉法了去，不教（原注：『教』上一有『可』字。）他外處僧就僧（原注：『一』無『僧』字。）此界與我守法耶？』今此對首，亦後但據對首作法之邊，更互請日了，一時去並得。誰論他界、內界，及同去、不同者等，無此道理，蓋是意言也。」（五一六頁下）【案】「對首」分二，初，「應具」下；二、「然心」下。

〔一〇〕應具儀對比丘言　資持卷上四：「對首中，受法分五：初，求他審諦；二、述己情懷；三、標期無濫，（簡眾法故；）四、牒事非虛；五、期還奉制。」（二四五頁下）

〔一一〕然心念、對首二法，諸部無文，但開受法　搜玄：「文三：初，明二法文之來處；二、『若受』下，未用應不；三、『問此請』下，得兼夜不。」（三九〇頁下）

〔一二〕準羯磨白文　資持卷上四：「初科云：準羯磨白者，即第三句緣本詞也。不無加減，對之可見。」（二四五頁下）鈔批卷一一：「立謂：諸部無受七日文，但有其事，今則依眾法受日羯磨中白文而用也。故上序中十門云『或就理有而成事』（見鈔序『第五，文義決通意』。），即此義也。雖諸部無文，然理合有也。」（五三八頁上）

〔一三〕義準無失　簡正卷八：「羯磨牒依對僧請日。今對首、心念，准向（原注：『向』一作『白』。）文牒之，請日理通，有何失也？」（五一六頁下）搜玄：「羯磨牒緣對僧請日，今對首、心念，准日（【案】『日』疑『白』。）文牒之。請日理通，有何失也？」（三九〇頁下）

〔一四〕若受七日未用，過七日用亦得　簡正卷八：「與前懸受文意同也。前則約緣辨非，此中約未用分別，亦不重也。」（五一六頁下）搜玄：「未用中。二：初，辨未用應不；二、『不同』下，釋通疑妨。」（三九〇頁下）

〔一五〕若無，法謝　搜玄：「本緣若無，受法便謝也。」（三九〇頁下）

〔一六〕不同七日藥，彼已限滿，病轉故失　搜玄：「不同失者，靈山云：藥滿七日，七日滿已，縱病未差，（三九〇頁下）法亦失也。病轉者，謂病已差（【案】『差』即『愈』。），縱日未滿亦失，故雙牒也。」（三九一頁上）資持卷上四：「『不』下簡異。世凡論病，七日則轉，藥不加病，故限七日。」（二四五頁下）

鈔批卷一一：「此明前緣若癈，羯磨法則謝也。其緣若在，法則未失。但受日竟，要從物用日數之。藥則不爾，伽（【案】『伽』疑『加』。）法已後，不問服與不服，數過七日，其法則失，由病七日一轉故。受日未用，法不謝者，由緣在故。（五三八頁上）」（五三八頁下）簡正卷八：「玄：藥滿七日，縱病未差，法亦失也。病精（【案】『精』疑『轉』。）者，謂病已差，縱日未滿亦失，故雙牒也。」（五一六頁下）扶桑記：「不同七日藥，受用，從用行日數之故通過用，彼藥從加法日數之病勢轉故，所以不同。」（一三六頁下）

〔一七〕**若爾，病住法應在**　資持卷上四：「疑者云：病轉可爾，不轉過日法應隨在。住，猶存也。」（二四五頁下）鈔批卷一一：「從『若爾』下，是更難。難云：『病轉藥則失，病住藥應在。』」（五三八頁下）

〔一八〕**由佛制定**　簡正卷八：「以制七日揩定。論云：堅病消者，是也。」（五一六頁下）

〔一九〕**服之七日，堅病得消**　鈔批卷一一：「此明病至七日則轉，故不須更服。若至七日，病設不轉，服復無益，以藥勢分，齊七日故，就能立法，故限七日。」（五三八頁下）資持卷上四：「即多、成、了論。如四藥引。」（二四五頁下）

〔二〇〕**此請七日，得兼夜不**　簡正卷八：「此約四分請七日，得兼第七夜不。」（五一六頁下）資持卷上四：「並由昔世妄行，故特辨示。」（二四五頁下）

〔二一〕**至第七日當還**　資持卷上四：「初句義定，此唯約第七夜為言，非謂不兼前六夜也。」（二四五頁下）簡正卷八：「以律文制第七夜及界，故知不兼夜也。」（五一六頁下）

〔二二〕**不同十誦，彼以文中受七夜**　資持卷上四：「『以』下，釋所以，文明七日，餘二準同。」（二四五頁下）鈔批卷一一：「彼雖七夜，然與四分七日不殊，亦須第七夜明相前及界，故知還是六夜耳，此立釋也。賓云：彼律七夜，論日則八日也。」（五三八頁下）簡正卷八：「乍觀文勢，似盡七夜，至第八日，明出後還。據羯磨疏，亦須及第七夜還界，與四分不別，亦護第八日，明相現明故。（五一六頁下）又疏云：十誦七夜及七日還，同於四分不兼夜也。（已上疏文。）如此分明，至今尚有未知之者妄釋云：十誦夜得法，縱明相時身在外者日（原注：『日』疑『曰』。）不破夏也。以請日晴，云七夜故。四分既不言夜，但得至第七日護。第八明相，以無法故。若作此解，縱依彼律，亦成破夏，與疏有違也。外難：『若爾，十誦與四分，日夜之語雖殊，防護不異。今四分律師，請七日法時，改云七夜得不？』可引鈔答云『又得』（【案】『又』疑『不』。）」

―1017―

已下是部別不同，須依宗呼召也。」（五一七頁上）搜玄：「約其鈔文，似盡七夜至八日還，據羯磨疏，須及七夜還，與四分無別。故疏云：十誦七夜及七日返還，同四分明相。若出不及夜也。」（三九一頁上）

〔二三〕以部別不同　資持卷上四：「『又』下，止非。又二。初，正斥妄改。」（二四五頁下）

〔二四〕亦不得秉四分羯磨　資持卷上四：「『亦』下，因斥濫用。疊諦羯磨後隨出『事訖法』，有昧教者輒用故。問：『兩宗失受，同異云何？』答：『失法則異，破夏乃同。四分受日，日沒即失。十誦受夜，夜盡方謝。及論破夏，並約八日明相為言。疏云：第七夜分，明相未出，自屬前夜，明相若出，即屬八日，制七日夜，須及界中。又云：十誦亦及七夜返，還同四分，（二四五頁下）有何異耶！』問：『諸律立法，差別何相？』答：『五分三品，則同四分。十誦有二：一、七夜法，二、羯磨三十九夜法。僧祇亦二：一、七日，二、羯磨事訖，是則別法咸同，眾法時異，文指後篇，尋之可領。』」（二四六頁上）鈔批卷一一：「謂不論一月、半月，但隨前緣長短，了日即還，名為『事訖羯磨』也。案彼律等二十七云：若事月，若一月，若二月，白乃至自恣緣，自恣應還，不還者越。若有難，於彼自恣無罪。四分受日有三法，五分同之。十誦二法：謂七夜、三十九夜也。」（五三八頁下）簡正卷八：「彼云但隨前事長短，了日即還，名事訖。其事訖，是外宗法，具在諸部篇明之。」（五一六頁上）搜玄：「彼律二十七云：但隨前事長短，了日即還，名事訖，論其事法，具在諸部別行篇也。對此欲知，且依羯磨疏，錄十誦廣七夜緣。下文和僧聽卅九夜。祇有『事訖』之文，五分三品，與四分同也。」（三九一頁上）僧祇卷二七：「……如是『事訖』，應還：若半月、若一月、若二月，乃至後自恣應還。若不還者，越毘尼罪。若道路恐怖、賊難、畏失命者，於彼自恣無罪，是名安居法。」（五四一頁上）【案】僧祇卷二七，四五○頁下。

〔二五〕所為之緣，同前通用　鈔批卷一一：「立明：上對首中，有得一時牒多緣而受，通得隨用，今羯磨亦然，言得通牒多緣而受也。礪云：然異界僧得足，此界僧羯磨受日，不同處分，義局當界僧也。」（五三八頁下）簡正卷八：「一、三寶緣，乃至第五和僧護法是也。同前通用者，心念、對首，同用此緣，故云通用。今但緣事稍長，即用半月、一月等法也。」（五一七頁上）資持卷上四：「示緣中。先出今意，又二：初，示緣同者，即前三寶等五種。故律受七日中備列，已半月、一月，並指如上。」（二四六頁上）搜玄：「所為緣者，如前五緣。一、

三寶境界緣，乃至第五和僧護法緣。心念、對首，同用此緣，故云通用。但令緣事時長，用半月、一月法也。」（三九一頁上）【案】「眾法」分二：初「所為」下；次「今加」下。

〔二六〕**但令事是半月一月緣者，方應羯磨**　資持卷上四：「『但』下，明限異。此明前緣眾別，並同日限，長短為異。」（二四六頁上）

〔二七〕**不同存單之人**　鈔批卷一一：「<u>立</u>謂：古師：一夏得三法受日，名為『存單』，如前已辨。」（五三八頁下）簡正卷八：「一夏之中，但存三度：初，單七日；次，單半月；後，單一月。故云『存單』也。」（五一七頁上）資持卷上四：「『不同』下，次斥古非。彼以短緣而加長法。疏又云：古師用七日已，後有短緣，受月為非，令破夏去。故知，有二古解。」（二四五頁上）

〔二八〕**訃**　【案】底本為「計」，據<u>大正藏</u>本、<u>貞享</u>本、<u>敦煌甲</u>本、<u>敦煌乙</u>本、<u>敦煌丁</u>本、<u>敦煌庚</u>本及<u>弘一</u>校注改。

〔二九〕**遂引七日令長**　鈔批卷一一：「謂<u>十誦</u>家師，所執唯開三法，差此不成。要前七日、次半月、次一月等，不得重受。有人曾前受七日竟，後更有七日緣來，則作半月之法。又復忽曾用半月法竟，更有半月及七日緣來，則作一月之法，故言引之令長。非謂引緣令得長，但自引法長也。」（五三九頁上）簡正卷八：「<u>玄</u>云：非謂引緣令長，但用長法也。受既不成破夏，得罪是罸也。」（五一七頁上）搜玄：「<u>花嚴</u>云：非謂引緣令長，但用長法也。羯磨疏云：今夏末一二日，在（三九一頁上）不重受家，既曾受日，若用月法，又是破夏。由緣不合，即教明罰，破夏是也。」（三九一頁下）

〔三〇〕**此自汙心，教有明罰**　資持卷上四：「『此』下二句，正斥。上句謂結業，下句即違教。」（二四五頁上）

〔三一〕**餘同前釋**　資持卷上四：「『餘』下，指前重受。」（二四五頁上）簡正卷八：「指『第五重受』一中解也。」（五一七頁上）

〔三二〕**今加法中，有四不同**　搜玄：「文三：初，略明二師文相少見；二、『第三』下，別辨先師所撰，加其乞詞；三、『第四』下，明<u>願律師</u>依律出本。」（三九一頁下）資持卷上四：「通標四家，此與諸文差異，故須委出。疏序云：或單翻出，（<u>鎧師</u>；）或依律文，（即今一家，依本直誦；）或準義用，（<u>光師</u>；）或引緣據，（<u>願師</u>。）至受日中云：初，師加乞，（<u>鎧師</u>；）二、準覆藏，（<u>光師</u>）；三、準六夜，（<u>願師</u>）；四、云近世諸師，不加乞詞，（即上序中第二。）用此二文，對鈔又別，如下自見。」（二四五頁下）鈔批卷一一：「第一，<u>曹魏</u>時<u>曇諦</u>所出

羯磨本；第二，姚秦時覺明律師所出。此二家本，今時並闕，不見行，故言少見。意云：鈔主曾一文（【案】『文』疑剩。）度見本，希更不見，故言少見。第三，高齊光統律師所出；第四，即并部願律師所出也。上四師中，立云：第三光師所出，增加乞辭，謂受日既是恒（原注：『恒』疑『順』。）情作事，故須乞詞。諸羯磨中，若順情者，皆有乞詞故也。今則不然，律既不安，不可輒加。是以文言『不如白法作白』，謂斯人也。羯磨疏中對此大有料簡。云：初人加乞，羯磨不牒，恐成增法，此古羯磨即第一師也。第二人雖差乞詞，准乞覆藏中兩遍牒事，時到已前，增加乞詞，忍聽已後，略事而作。羯磨亦爾。此光師集，魏世盛行也。第三師，但准六夜乞法，牒緣誦事並盡。（五三九頁上）以律文云：不如白法作故。今若增減，並不成也。凡斯三集，文局義通，有人定判，依受破夏。（礪判也。）鈔家今解不然，但順教故，增乞減乞，各有所憑。羯磨大途，規猷在故，依受不失。近世諸師，不加乞詞，准律直誦，以律制斷，加乞是增，不敢輒用。問：『凡受日法，為防破夏，夏是私緣，若不乞求，何容妄與？故乞是也。』答：『凡情所信，憑教為言，律既缺文，不可妄著。不同杖囊，加乞是法，以彼白中，銜乞作故。翻傳漏文，非是，不合。』私云：杖囊，律無乞文，是翻傳之家漏也。統通諸部律，枝（【案】『枝』疑『杖』。）囊皆是須乞，故非輒加。受日不爾，三律無文令乞也。第四師依律文，不加乞詞。礪師亦爾，不許加乞也。」（五三九頁下）

〔三三〕二家羯磨，文相少見　鈔科卷上四：「初，略指二家。」（三九頁中）搜玄：「諸記咸言：第一，曹魏時，曇諦所出羯磨是也。羯磨疏云：初人加乞羯磨不牒，恐成增法，謂請日者，從僧乞請日法而至。羯磨文中，則不牒『乞詞』，恐增法也。第二，即是姚秦時覺明所出羯磨。羯磨疏云：但准六夜乞法，牒緣牒事並盡。慈云：鈔主說曾一度見本，希更不見，故云少見也。」（三九一頁下）資持卷上四：「指二家者，應是鎧、願二本。（舊指鎧、諦）。初鎧本先出『乞辭』云：『大德僧聽，我比丘某甲受過七日法、十五日，若一月日出界外，為某事故，還來此中安居。』（三說。）白及羯磨，同今鈔中。疏云：初人加乞羯磨不牒，恐成僧法，此古羯磨是也。次願師本，其文已亡。疏云：第三人（序是篇四。）但準六夜乞法牒緣，誦事並盡。（六夜白法中，初牒所犯，次牒乞覆行覆，後牒乞六夜，最詳悉故。）意詳乞法，同下光本白及羯磨。唯第四句中加云：『僧今與比丘某甲，受過七日法、十五日，若一月日出界外，為某事故，還來此中安居。』故云誦事並盡。（素師云：願本無斥言增減者，謂準德

衣立六緣耳，非關羯磨。）」（二四六頁上）

〔三四〕光師所撰羯磨　鈔科卷上四：「初，約義顯非。」（三九頁中）簡正卷八：「北
齊光律師出本增加乞詞。雖加乞詞，准乞覆藏兩遍牒事時列已前增加乞詞，
『忍聽』已後，略事而作此。光師當世盛行也。」（五一六頁下）資持卷上四：
「第三師中，（疏序亦第三，受日中列在第二。）初三句，示彼所立。疏云：
（二四六頁上）第二人雖著『乞詞』，準乞覆藏，兩遍牒事。（謂白中加第二，
故云兩遍。）『時到』已前，增加『乞詞』；『忍聽』已後，略『事』而作。羯
磨亦爾，此方全依曇諦舊本。今略引之。乞云：『大德僧聽：我比丘某甲此處
夏安居，受過七日法、十五日，若一月日出界外，為某事故，還來此中安居。
今從僧乞受過七日法、十五日，若一月日羯磨，願僧與我比丘某甲受過七日
法、十五日，若一月日羯磨。慈愍故。』（三說。）正加中。白云：『大德僧聽：
比丘某甲此處夏安居，受過七日法、十五日，若一月日出界外，為某事故，還
來此中安居，今從僧乞受過七日法、十五日，若一月日羯磨。（此謂增加『乞
詞』。）若僧時到僧忍聽，僧今與比丘某甲受過七日法、十五日，若一月日羯
磨。』（不云『為某事』等，故云略『事』作也。）羯磨於第二句緣中，牒『乞
詞』下加『本事』云：『僧今與比丘某甲受過七日法、十五日，若一月日羯磨。』
（第四句及結詞中單牒根本，同上白中。）」（二四六頁中）

〔三五〕增　【案】底本為「問」，据大正藏本、貞享本、敦煌本及弘一校注改。

〔三六〕舉世同行，事須略述　資持卷上四：「『舉』下，指過。初，生起前二少見，不
在評論。此既盛行，須知過失。」（二四六頁中）

〔三七〕今正學宗，並依律本，恐輒內乞辭，增加羯磨　資持卷上四：「『今』下，正示，
又四，初敘今意，以彰昔非。內，猶入也。」（二四六頁中）

〔三八〕諸部並無乞文，不得準著　資持卷上四：「『又』下，取例斥。」（二四六頁
中）

〔三九〕止可隨其綱網　資持卷上四：「『止』下，勸依後法。」（二四六頁中）鈔批卷
一一：「立謂：不著『乞詞』，但須上座告僧言：『今時盛熱，乃知徒眾疲極。』
今彼比丘，既有某事，從僧受日，可為齊心，共秉聖教，故曰隨其綱網也。」
（五三九頁下）簡正卷八：「只可隨於律文受日四句成白，緣骨之綱，教網也。」
（五一七頁下）

〔四〇〕順教誦之　鈔批卷一一：「謂依律文之教，不內乞詞，依教直爾誦羯磨也。」
（五三九頁下）

〔四一〕**用舊羯磨，受日得夏不**　資持卷上四：「問得否者，為破古解。疏云：有人定判依受夏破是也。」（二四六頁中）

〔四二〕**雖增加乞辭，而羯磨大宗無失**　鈔批卷一一：「立明：先律雖內『乞詞』，但是牒緣事。第二、第三句中，以非羯磨正骨，故無失也。」（五三九頁下）資持卷上四：「答言『無失』者，疏云：增乞減乞，各有所憑。羯磨大途，規模在故，依受不失。（意詳，不無非法之罪。）」（二四六頁中）搜玄：「羯磨大宗無失者，牒緣牒乞詞等，但是第二、第四句，於羯磨宗骨無失也。羯磨疏云：有人定判依受夏破，今解不然，俱順教故。增乞減乞，各有所憑，羯磨大途，規猷在故，依受不失也。」（三九二頁上）

〔四三〕**第四人**　鈔科卷上四：「初，半月法；二、『其』下，一月法。」（三九頁中～下）鈔批卷一一：「即并列（【案】『列』疑『州』。）願師也。（今鈔同之。）」（五四〇頁上）資持卷上四：「第四師者，疏云：近世諸師不加乞詞，依本直誦。（即同疏序云：即今一家依本直誦也。）舊指願師本者，且願出北齊，則非近世。問：『前四中，不列曇諦本者？』答：『同光師故，不復出之。』問：『既除乞詞，羯磨緣中，應無正陳本意？』答：『疏明古師立緣增減，謂受日無乞，闕第八緣。祖師難云：受日無乞，豈不須告？準此，合行事時受者，應具儀至僧中，（二四六頁中）告云：比丘某甲欲受十五日，（若一月日。）出界為某事故，還來此中安居。白已，方可加法。』」（二四六頁下）

〔四四〕**準前著之**　搜玄：「願律師依律出文，更不增加，今多准用也。准前著之者，准著十五日處，著一月日也。」（三九二頁上）

〔四五〕**不得雙誦「十五日」**　搜玄：「靈山云：今准此言，恐人不了律文，依文而誦。律本云：受過七日法，若十五日，若一月日，出界外。今若受一月日者，即須除十五日，但云受過七日法，一月出界外，不得雙牒前二誦也。」（三九二頁上）鈔批卷一一：「勝云：不得雙誦兩个十五日成一月也，直須云『今受一月』也。又解：不得雙誦十五日、一月，成四十五日也。」（五四〇頁上）簡正卷八：「今准此意，恐人不達律文。（五一七頁下）依文謹誦。律本云：受過七日法，若十五日，若一月日出界外，今若受十五日，即不用著一月，或受一月法，即除卻十五日，不得雙牒而誦也。」（五一八頁上）資持卷上四：「以律本中不別出法，於十五日下連書一月，翻譯省文，意令隨改，往往愚者，依文謹誦，故此遮之。疏云則四十五日故也。疏又問：『云受一月，不云過半月者？』解云：『七日，別人餘皆眾法，但云過七日，明知餘二俱白二也。又云：若受

半月數日滿足，以加法云十五日故。若受一月，則隨大小。」私謂：『若從初
一受，則可隨月，或中間受。而遇小月，如何數之？準亦依小，得二十九日，
以受月故。（如十六日受，至月盡，止得十四日後，更數十五日耳。）』」（二四
六頁下）

三、料簡雜相〔一〕

若夏中熱極〔二〕，受日者多；同緣受〔三〕者，二人、三人，應一時羯
磨〔四〕。十誦開之。

若依大界安居，戒場及餘小界內不成受日，以非本要心處故〔五〕。
若先無大界，依伽藍結者〔六〕。若後結二界，隨界受日並成〔七〕，莫非所
要地故。縱入戒場，不破夏而離衣〔八〕。

若本結大界，小於伽藍，便依伽藍而坐〔九〕者，由佛制依界故〔一〇〕，
有者不成〔一一〕，受日不得〔一二〕。止得卻縮取於界相〔一三〕。餘廣如疏
〔一四〕。

上是義決，非文有之〔一五〕。

【校釋】

〔一〕料簡雜相　資持卷上四：「通明受日安居差別之義，故云雜也。」（二四六頁
　　　下）簡正卷八：「都有三家（原注：『家』下一有『科』字。）。此一段，初依
　　　玄記，於第二受日法附中，就僧法受日中分三：初，通明長緣，便斥古失；
　　　二、『今加法『（【案】即上文「今加法中，有四不同」句。）下，正出受法；
　　　三、即此雜料簡之。羯磨受日，是時非之處，故云雜相也。或依淮南、順正
　　　記，亦於受日中科為三：初牒，二釋，三雜料簡。若爾，今此中大科『三』字
　　　配上義科不著。已上兩家並是錯科，破鈔文，殊非雅當也。今依法寶云：准前
　　　文意去（原注：『去』疑『云』。），初中分五，即是第一大段安居正篇也。第
　　　二大段，即云『一明受日』（【案】『一』疑『二』。）。今此第三大段，便云『三、
　　　雜料簡』，豈不應得前來『初二』兩字？此蓋是鈔主自科，後人心矗，不達文
　　　旨耳。又，此名為『雜料簡』者，謂料簡受日與安居處相圍涉故，須立此簡
　　　之。若云但料簡僧法受日，何以下文更說『安居依藍、依界』等別！」（五一
　　　八頁上）搜玄：「文四：初，明受人離合；二、『若依』下，辨依大界安居、小
　　　界受日不得；三、『若先無』下，明初在自然安居，後作法界中受日；四、『若
　　　本結』下，解有界依藍，安居不成，受日不得。自古諸記，皆責此門來處。何
　　　孤然生？（三九二頁上）即長料（【案】『料』疑『科』。）云：一明安居，二

明受日，三料簡雜相。今不同之。此一段文，從眾法中出。初，通明長緣，斥古失；二、『今加』下，正出受法；三、料簡羯磨受人離合處之是非，故謂之雜相。不同古人長斷也。」（三九二頁下）【案】本段內容在本篇中的結構與地位，諸家所說有異。搜玄記、淮南、順正記把其列入受日法附中，作為其三個部分的最後一部分。其中，本段在受日法附中的結構位置，淮南、順正記又與搜玄不同。法寶、簡正和鈔科則把此作為本安居策修篇三大部分中的第三部分，即：安居正篇、受日法附、料簡雜相。弘一科文與鈔科等同。見弘一事鈔略科。今從後者。料簡之文，搜玄科文四節。鈔科分文分二：初「若夏」下；次「若依」下。

〔二〕**夏中熱極**　資持卷上四：「夏熱即餘緣。此且略舉餘例開之。」（二四六頁下）

〔三〕**同緣受**　鈔科卷上四：「初，多人受日可否。」（三九頁上）鈔批卷一一：「謂眾多人同為事，故得三人一時加法，若異緣，則不得同番羯磨也。」（五四〇頁上）簡正卷八：「同是半月、一月等也。」（五一八頁上）資持卷上四：「牒事便故，異緣不得，下指所出。然與四分受戒頗同，亦可例準。」（二四六頁下）

〔四〕**二人、三人，應一時羯磨**　簡正卷八：「二人、三人者，不得至四也。由如受戒，（五一八頁上）無緣一人為一番羯磨，有緣二人、三人，故開也。此亦如然，依十誦許也。」（五一八頁下）

〔五〕**若依大界安居，戒場及餘小界內不成受日，以非本要心處故**　鈔科卷上四：「『若』下，依處安居差別。」（三九頁上）簡正卷八：「及餘小界者，還是攝僧大界。今望圍輪大界，得於小名。謂本依外大界要心安居，戒場小界不是本要云（【案】『云』疑『去』。）處，不得於中受也。」（五一八頁下）鈔批卷一一：「立謂：小界還是攝僧之界，如圍輪別住是也。以本心依大界，不依此小界故，不得於中受日也。」（五四〇頁上）搜玄：「立云：餘山（【案】『山』疑『小』。）界者，還是攝僧之界，如圍輪別住也。以本依圍輪大界，不依此小，故不得於中受日也。」（三九二頁下）【案】「若依大」下分二：初，「若依」下；次，「上是」下。

〔六〕**若先無大界，依伽藍結者**　鈔科卷上四：「『若』下，依藍（二）：初無界依藍；二、『若』下，有界不依。」（三九頁下）資持卷上四：「初文即前云結夏在前、結界在後，故云先無也。」（二四六頁下）

〔七〕**若後結二界，隨界受日並成**　簡正卷八：「後結二界者，一是大界，二是戒場，

即許受日。」（五一八頁下）搜玄：「後結二界者，即大界、戒場也。縱入戒場，不破夏。而離衣者，謂戒場是本要心處所，故不破夏，由中隔自然，故離衣也。此據依大界，結攝衣界為言。若無攝衣界，依藍護衣，亦不失也。」（三九二頁下）

〔八〕縱入戒場，不破夏而離衣　資持卷上四：「言『離衣』者，此據作法攝衣為言，自然亦不失也。」（二四六頁下）鈔批卷一一：「立謂：以先要心，此地而坐，故不破夏，由界在後結故。言離衣者，以依大界上，稱大界而結攝衣界。今入戒場，則非衣界，由中隔自然，便成異界也。若不結攝衣界，雖有戒場，但依藍護衣，雖入戒場，衣亦不失。由藍能攝衣，大界不能攝衣也。」（五四〇頁上）簡正卷八：「戒場本是我要心處，入中故不破夏，由中隔自然地故。是以離衣，此亦據結攝衣界為言。若不結衣界，依藍護衣，亦不離衣也。」（五一八頁下）

〔九〕若本結大界，小於伽藍，便依伽藍而坐　資持卷上四：「明先有界也。」（二四六頁下）簡正卷八：「謂據初結夏時，本有大界，不許依藍，佛制依界故。」（五一八頁下）鈔批卷一一：「立明：此藍大界小，本要心依藍不依界。今就界中，作法羯磨，受日不成，由非本要心處故。若欲坐夏者，可指取界相，依界安居。（五四〇頁上）後得受日，此則成安，以界是強，藍是弱故。要須依界，比上一句，鈔家義決。礪問：『藍中有界，依何處結？』答：『有二解。初令依藍等安居，文云：依某聚落、某伽藍等也。又，解須依界，所以知依界為護夏分齊者，文云：一腳入界，受日出界等也。』」（五四〇頁下）

〔一〇〕由佛制依界故　資持卷上四：「比丘住處，佛制必先結界，制令依界明矣。伽藍有緣，未及結界，或依村舍等處，可依自然。若僧坊有界，定須依界。今人行法，有界之處，令依藍結，則餘場小，往返無妨。意謂：依藍依界，隨人所欲。反謂此文，是順古義。（從前至此，三處出此義，並指為古，謬之太甚。）後學無知，皆隨盲導，何可救也。」（二四六頁下）

〔一一〕有者不成　簡正卷八：「有依藍安居，安居不成。」（五一八頁下）

〔一二〕受日不得　簡正卷八：「謂藍中既是自然之地，但作七日之別法，秉羯磨受半月、一月法。」（五一八頁下）

〔一三〕止得卻縮取於界相　資持卷上四：「言卻縮者，捨寬藍，從狹界，得教意故。」（二四六頁下）簡正卷八：「一解云：從內縮至外，本界小，既今更解了，通結令大。二解云：從外縮至內，即須來界上安居，不得依藍而住。謂界中受日

三法，並通也。」（五一八頁下）

〔一四〕**餘廣如疏** 簡正卷八：「<u>首大疏</u>者。彼敘二師立理：一去（原注：『去』疑『云』。）：安居必須依界，不可依藍，以佛制定故。文云：雙單反界也。二師云：藍大界小，但藍依（【案】『藍依』疑『依藍』）不依戒（【案】『戒』疑『界』。）故。文云：依某僧伽藍等。（五一八頁下）准斯二解，各報一邊。今鈔文從急，且敘初師儀。由是了，若據<u>羯磨疏</u>中，亦不定執，但寬處即依也。若藍寬界小，依藍，即與第二師同；若界大藍小，即令依界。二文兼備，至時酌量。外難云：『界小藍大，依藍安居，今向界中請日得不？』答：『得。此是藍內，內界本是所要之地，入不破夏，受日何畏不成？故前文本依伽藍，後界二界，隨界受日，尚判得成，今藍內大界，豈可不得？』更難：『若爾，藍界戒場，亦合得下？』答：『戒場雖在藍內，即非本要，入中破夏，離衣失。依上法，即不類後結也。』」（五一九頁上）<u>資持</u>卷上四：「疏明先本無界依藍結者，後云立心行者。行護從急，若後作法，遠於自然，祖依自然分齊，既無緣難，不可後開。若結狹本，有說依新。（他解。）（二四六頁下）意以安居隨本，自然為定，由本作法，意在羯磨，安居隨處，不要加結。（古記見此，便謂先有界處，亦不須依界。誤矣。）紆指中。點上所判。講者，因先諸記，妄約順古，便云此是斥古。妄上加妄，此妄何窮！且鈔文前後義評，義準其言非一，豈非文者皆不取耶？」（二四七頁上）<u>搜玄</u>：「<u>首疏</u>云：有人言，依界安居，不依藍相，佛制依界，不得依藍故。又云：雙單及界也。有一師：藍大界小，依藍不依界。以文云依某伽藍、某聚落也。鈔家且引急義，故勸縮取界相後造。<u>羯磨疏</u>云：安居依處、依藍得成，何必依界？二文相兼，被機方足，且界小藍大，依藍安居，羯磨受日依界得不？解云：（三九二頁下）藍內之界，入不破夏，並是本要之處。依界請法，何得不成？如前本依伽藍，後結二界，隨界受日，尚判得成。今藍內大界，總是本要，何受不得？『差（【案】『差』疑『若』。）爾，藍內戒場，亦應得受？』答：『戒場雖在藍內，即非本要，入中破夏，離衣即不類後結也。』」（三九三頁上）

〔一五〕**上是義決，非文有之** 簡正卷八：「有人不會鈔意，乃云上是<u>南山</u>儀（【案】『儀』疑『義』。次同。）決者，錯也。謂本師指前來文中云：由佛制依界，及縮於界相者，此是古師約儀決判也。下句斥云『非文有之』，謂不是律文有此說也。謂界本為攝僧，不為安居，安居約人標心，何局於界？但寬處即護也。更有異說云：今師恐人疑云『我今依藍安居，不依界，或受半月、一月之

法,不可向他界上』,便於自然藍內,秉羯磨受日。此受日不成。以文中釋云:佛制依界故,有向自然藍上秉白二法,冥然不成受日,固冥不得,止得縮向界中受也。(五一九頁上)此但是制『受日依界』,非謂制『安居依界』。若准此解,違於疏文,昏迷鈔意也。」(五一九頁下)搜玄:「是古人之義決也。慈和問云:『異界僧得足此界僧羯磨受日不?』答:『得。不同處分,義局當界僧也。』」(三九三頁上)

自恣宗要〔一〕篇第十二迦絺那衣〔二〕法附

然九旬修道,精練身心〔三〕。人多迷己,不自見過,理宜仰憑清眾,垂慈誨示〔四〕。縱宜己罪,恣僧舉過〔五〕,內彰無私隱〔六〕,外顯有瑕疵〔七〕,身口託於他人〔八〕,故曰「自恣」。故摩得伽云:何故令自恣〔九〕?使諸比丘不孤獨〔一○〕故;各各憶罪,發露悔過故;以苦言調伏〔一一〕,得清淨故;自意喜悅〔一二〕,無罪故也。

所以制在夏末者:若論夏初創集,將同期款〔一三〕,九旬立要〔一四〕,齊修出離;若逆相舉發〔一五〕,恐成怨諍,遞相訟及,廢道亂業。故制在夏末者:以三月策修,同住進業,時竟云別,各隨方詣〔一六〕。必有惡業,自不獨宣,障道過深,義無覆隱〔一七〕。故須請誨,良有茲焉。故律聽安居竟自恣。毘尼母云:九十日中,堅持戒律及修諸善,皆不毀失,行成皎潔,故安居竟自恣〔一八〕。

此是自言,恣他舉罪,非謂自恣為惡〔一九〕。此雖相顯,有無知者濫行〔二○〕。

【題解】

搜玄:「律緣起中,比丘共住,妄設瘂法,致令佛呵:『汝曹癡人,共住如似怨家,猶如白羊。何以故?我無數方便,教諸比丘,彼此相教,共相受語,展轉覺悟。汝曹癡人,同於外道,共受瘂法。不應如是,犯突吉羅。』羯磨疏云:又表一歲之勤,情本據道,中含非法,正缺道標,義須清蕩,無瑕受歲。今若相嘿,豈抱過生年?故須相檢,應僧淨法。」(三九三頁上)鈔批卷一一:「上篇,一夏安居,九旬同住,恐有愆過,不自見知,故須自陳三業,恣僧糾舉,故安居後,有此文來也。羯磨疏云:同住久處,心性義開,陶治精靈,方對正量。故陳己累,通告前緣,必事糾治,無宜杜嘿,故能展轉,以相清淨。律中,同住受瘂法者,由妄設法,因言致諍,俱行嘿然,何事乖越?佛法不爾,義須識非。生知者少,必假良友。豈伊不語,何能離愆?故呵

責言：同白羊也，至死無聲。此但強戾，復作何善？故佛制之，互相撿挍。是以安居後，有此篇來也。賓云，律中二喻：一、怨家喻，謂共住既不共語，猶若怨家；二、白羊喻，以相共住，無言自雪，故喻白羊。謂安居中，無所言說，有事不申，似若白羊。曾見屠家，牽羊往殺，彼亦知死，淚下交流，（五四〇頁下）然不作聲。乃至屠割，倒懸在架，從後割卻，半身已來，命全未死，亦不作聲。然其眾生，業報不定，何業然也。今詳，此是官人打他百姓，非理抑伏，有理不由。故今歲報，得相似果，亦令有理不能自雪，義必然也。」（五四一頁上）【案】「怨家喻」和「白羊喻」，見四分卷三七，八三六頁上。

【校釋】

〔一〕**自恣宗要** 資持卷上四：「謂人該五眾，法別三階。時局夏竟，處通二界，餘在文中。言宗要者：若論眾同之本、攝僧大教，此同說戒，即法為要；若治惡挫慢、清心增善，眾行中最，即行為要；若律論廣博、眾說繁累，撮錄時用，以成此篇，即文為要。三釋俱通，後義善尤善。」（二四七頁上）簡正卷八：「自陳三法之詞，恣舉七聚之罪，摧黑（【案】『黑』疑『累』。）業之宗主，成白法之樞鍵。欲使知（原注：『知』下一有『過』字。）必改，省已增修，皎潔尸羅，凝清海（原注：『海』上疑脫『佛』字。）。法寶又釋：『宗』是宗主，『要』者要務。即行草、差人等，是宗家之要務。」（五一九頁下）鈔批卷一一：「言自恣者，縱宣己罪，恣僧舉過，故曰自恣。又云：恣己身心，任僧舉罸，故曰也。言宗要者，此明自恣是懺罪之宗要也。又云：宗者，尊也。由能尊此自恣之法，使道風常舉，目之為要，故曰自恣宗要也。」（五四一頁上）搜玄：「褔云：自陳三法之詞，恣舉七聚之犯，摧累業之宗主，成白法之樞鍵。欲使知過必改，省己增脩，皎潔尸羅，凝清律海也。」（三九三頁下）扶桑記：「飾宗記八：梵云『鉢利波蘭拏』，今三藏翻為『隨意』，舊云『自恣』。」（一三八頁上）【案】「自恣」本篇分二：初，「然九」下；次，「就中」下。篇序，鈔科分二：初，「然九」下正明，次，「此是」下遮濫。搜玄分三。

〔二〕**迦絺那衣** 鈔批卷一一：「此是梵音，翻為『功德衣』也。以其九旬修道，坐夏有功，僧別無愆，任其受利，德衣蔭大，功被行人。釋名者，以坐夏有功，五利賞德，故曰功德衣也。」（五四一頁上）

〔三〕**然九旬修道，精練身心** 資持卷上四：「上二句躡前生起。俗中以十日為一旬。」（二四七頁上）搜玄：「靈山云：上兩句，明夏中脩道精進，安居之德也。次兩句，明三業有失。下兩句，辨須自恣竟。九旬者，旬，歷也，支神有

十二：子、丑、寅、卯、辰、巳、壬、未、申、酉、戌、亥。干神有十：甲、
乙、丙、丁、戊、己、庚、辛、壬、癸。以支十二，歷干神十盡，名一旬也。
一夏，九度歷其干神，名九旬也。」（三九三頁下）鈔批卷一一：「立謂：一夏
之中，修習定慧，精進勤苦，研練身心也。（此解恐不著。）礪羯磨疏云：以
其九旬修道，迭相諳練，將欲告離，故須恣僧舉，覺彰己夏未有皎潔之美故
也。意云：據此礪意，言精練者，謂大眾熟相諳委其身心也。」（五四一頁上）
簡正卷八：「然者，諸記中多訓『是』也。鏡水大德作『相違』意解也，謂夏
修（原注：『修』下一有『道』字。）策勵，身口無瑕，夏滿功圓，理合騰空
而去，以顯成果位也。今令且修，未許隨方，卻自云恐僧治罸，豈非相違？故
云然也。九旬者，數也。搜玄：旬，歷也，支神有十二：子、丑、寅、卯、辰、
巳、午、未、申、酉、戌、亥。干神有干（原注：『干』疑『十』。）：甲、乙、
丙、丁、戊、己、庚、辛、壬、癸。以支十二，歷干神十畫（【案】『畫』疑
『盡』。），名為一旬。（五一九頁下）一夏九遍歷之，故曰九旬也。大德不許
此解：若云旬歷也，合作此『巡』字。今文中是『由旬』，旬假『等』字也。
今准法寶解云：十日為旬也。如國家立一百二十司，每司給十日為旬：九之
中，勾當官事；中後歸舍，勾當私事；脫又入司，勾當官（【案】『官』後疑脫
『事』。）。若列（【案】『列』疑『到』。）第十日，即旬假一日，停諸事務歇
泊也。今佛制比丘九十日結夏，故云九旬。加行策勵，故云修道也。精練身心
者，警䇲身口是練身，即戒學也。脩定習慧，是精練心，即餘二學也。」（五
二〇頁上）

〔四〕人多迷己，不自見過，理宜仰憑清眾，垂慈誨示　資持卷上四：「『人』下，正
敘來意。又二。初敘意，妄情外騖，無始慣習，不自反照，故多迷己。」（二
四七頁下）簡正卷八：「法律三昧經云：世人但見佗非，多迷己過，故藉糺治，
方得清淨，故云理宜仰憑等也。」（五二〇頁上）鈔批卷一一：「立明：世人但
見餘人之過，不見自過。故法律三昧經云：世人無知，但見人過，不見己過，
但見己善、不見人善，即其證也。」（五四一頁上）

〔五〕縱宣己罪，恣僧舉過　搜玄：「輔篇云：自說三根，恣他陳舉。」（三九三頁
下）【案】「己」，底本作「已」，依大正藏本及義改。

〔六〕內彰無私隱　簡正卷八：「我既縱宣，即表不隱其罪故。」（五二〇頁上）資持
卷上四：「初二句，釋上縱宜（【案】『宜』疑『宣』。）己罪，即明白義，誠心
露過，故曰內彰。」（二四七頁上）搜玄：「我既縱宜（【案】『宜』疑『宣』。）

宣，即彰內無隱，願哀愍語我，則顯外有瑕玼，身三口四，委托『五德』舉之，名自恣也。靈山問云：不言心者，毗尼不制單心，故但言身口也。」（三九四頁上）

〔七〕**外顯有瑕疵**　簡正卷八：「殊（【案】『殊』疑『珠』。）有損為瑕，玉有穎（『盧對』反。【案】『穎』後疑脫『為』字。）疵。文云：大德長老，哀愍故語我，即顯外有愆犯也。」（五二〇頁上）資持卷上四：「屈身坐草，發語求誨，故云外顯，即三業也。玉病曰瑕，人病曰疵，並喻於罪。」（二四七頁上）

〔八〕**身口託於他人**　簡正卷八：「謂七支之過，全托五德糺舉也。所以但云身口不言心者，謂小乘不制心犯故。」（五二〇頁上）資持卷上四：「『身』下一句，釋上恣僧舉過，即彰恣義。」（二四七頁上）鈔批卷一一：「此明造過，不出身口二業，將恐身口所犯三根外現，自迷不見，故委托他人，舉我之過。他人者，即『五德』也，亦可通指大眾也。」（五四一頁下）

〔九〕**何故令自恣**　資持卷上四：「初，問起。『使』下，列釋四義，並以『故』字結之。……初即明制相依，餘並清過。二句有已，四即無犯，三通有無。又，初後生善，中二滅惡。」（二四七頁上）

〔一〇〕**不孤獨**　資持卷上四：「三業憑他，不自有故。」（二四七頁上）簡正卷八：「犯罪不除，不應僧法，棄在眾外，不入僧數，名孤獨。今懺竟，仍舊名不孤獨也。又解，犯罪不懺，當來入於惡趣，名孤獨。今悔除竟，免招惡道，即不孤也。」（五二〇頁上）鈔批卷一一：「此明恐自有犯，己所不見，更不恣他舉糺，冥目之後，生報三途，失諸善法，是謂孤獨。今恣他舉罸，依教懺蕩，恒與清淨法律以為伴侶，是不孤獨也。又解，恐有過不見，復不恣人舉發，恐將犯大罪，不預僧法，棄出眾外，亦是孤獨也。有人云：人若破戒，為惡所欺，名為孤獨。今自恣懺悔，身口清淨，不為惡欺，名不孤獨也。」（五四一頁下）搜玄：「發正云：若犯罪不除，不應僧法，棄於眾外，故稱孤獨，令其自恣悔除，堪入說戒、羯磨二種僧中共住，即不孤獨也。」（三九四頁上）

〔一一〕**以苦言調伏**　簡正卷八：「依法治罸，名若言。依教不違，名調伏。」（五二〇頁下）資持卷上四：「苦言，即所陳詞句，以自述己過，使眾聞故。」（二四七頁上）搜玄：「依篇聚治，乃至呵責，名苦言調伏。」（三九四頁上）

〔一二〕**自意喜悅**　簡正卷八：「既洗條竟，七支皎潔，自歡喜悅樂，知無有罪也。」（五二〇頁下）搜玄：「輔篇云：謂先有犯，迷己不知，因舉悔除，服本清淨。既無罪也，故自意培悅。」（三九四頁上）

〔一三〕**若論夏初創集，將同期款** 簡正卷八：「說文云：期款者，是情欲也。期謂剋
定也。款謂款會也。夏初，情欲剋定，聖會同住。」（五二〇頁下）鈔批卷一
一：「謂吐欵，亦云輸心曰欵，明其共要期吐欵，同住安居也。廣疋云：欵，
由愛也。蒼頡篇云：欵，誠重也。說文云：欵者，意有所欲也。」（五四一頁
下）搜玄：「欵，說文云：情欲也。期者，剋定也。」（三九四頁上）【案】『若』
下分二，初，「若在」下；次，「故制」下。

〔一四〕**九旬立要** 簡正卷八：「共立要期，九十日中修行，趣於上果，超三界也。」
（五二〇頁下）資持卷上四：「要，制也。」（二四七頁上）

〔一五〕**若逆相舉發** 簡正卷八：「若初結夏後，便互糺舉，即無心修道，反成怨仇，
諍竟之本也。」（五二〇頁下）資持卷上四：「『若逆』下，彰前舉之過。『逆』
謂未竟而先舉也。」（二四七頁上）

〔一六〕**以三月策修、同住進業，時竟云別，各隨方詣** 資持卷上四：「『以』下，釋。
初，敘將散。方詣，謂所往之處。」（二四七頁上）搜玄：「夏初創集，情欲剋
定，同住安居。詣，往也。」（三九四頁上）

〔一七〕**必有惡業，自不獨宣，障道過深，義無覆隱** 資持卷上四：「『必』下，明立法。
不獨宣者，多迷己故。障道等者，顯須悔故。」（二四七頁中）簡正卷八：「尸
羅不淨，三昧不顯，犯吉羅罪，九十千歲墜泥梨中也。」（五二〇頁下）鈔批
卷一一：「既犯罪已，不階聖果，隔在法外，於道無分，名障道惡業濁重，名
為過深也。」（五四一頁下）搜玄：「尸羅不清淨，三昧不現前，是障道，犯突
吉羅，則九百千歲墮泥黎中，過則深也。」（三九四頁上）

〔一八〕**九十日中堅持戒律及修諸善，皆不毀失，行成皎潔，故安居竟自恣** 搜玄：
「『毗尼』下，顯精脩行成，恣舉無失之時。」（三九四頁上）資持卷上四：「論
中，持戒律者，是遵制教。及諸善者，即依化教。化制無違，故云皆不毀等。」
（二四七頁中）

〔一九〕**此是自言，恣他舉罪，非謂自恣為惡** 鈔科卷上四：「『此』下，遮濫。」（三
九頁中）資持卷上四：「初二句正名，『非』下黜謬。昔人應以賞勞五利開破五
戒，是任意毀犯而立其名。」（二四七頁中）簡正卷八：「非謂自恣為惡也，破
昔愚也。昔人云：夏中即須專志撿察，不得施為作惡。今夏竟，即許放縱，恣
情造罪也。今師云非謂自恣為惡。」（五二〇頁下）

〔二〇〕**此雖相顯，有無知者濫行** 資持卷上四：「『此』下，示意。」（二四七頁中）
簡正卷八：「此自言恣舉之相狀。雖則分明，有此一類愚人，無知濫迷也。」

（五二〇頁下）搜玄：「此恣舉罪之相雖顯，有無智者濫行非法自恣。破昔非也。」（三九四頁上）鈔批卷一一：「立謂：自恣為惡者，是濫行也。」（五四一頁下）

就中分三：一、明緣集相應〔一〕，二、自恣方法，三、雜明諸行〔二〕。

【校釋】

〔一〕明緣集相應　資持卷上四：「謂定時簡人，並須合教，方成法故。」（二四七頁中）

〔二〕雜明諸行　資持卷上四：「料簡釋疑，非一相故。」（二四七頁中）

初中

分二。

前明時節

謂有閏月者：依閏安居，七月十五日自恣〔一〕；不依閏〔二〕者，依摩得伽中，數滿九十日自恣。若閏七月者，取前月自恣〔三〕；非前夏安居者，過閏已，數滿九十日自恣〔四〕。二、因諍增減自恣，如說戒中〔五〕。三、修道安樂，延日自恣，得至八月十五日〔六〕。

然律中但明十四日、十五日自恣〔七〕。及至「急施衣〔八〕」中次第增〔九〕中，十六日自恣；增三中，三日自恣〔一〇〕。律云安居竟自恣〔一一〕。則七月十六日為定。律又云：僧十四日自恣，尼十五日自恣〔一二〕。此謂相依問罪，故制異日〔一三〕。及論作法，三日通用，克定一期，十六日定〔一四〕。若有難者，如五百問中一月自恣〔一五〕。

二、明應人是非〔一六〕。

若破夏、不安居人，雖不得歲，以舉罪義通，理必依眾，恣僧治舉。四分云：若後安居人，從前安居者自恣，住待日足〔一七〕。

【校釋】

〔一〕謂有閏月者，依閏安居，七月十五日自恣　鈔科卷上四：「初，含閏前後。」（三九頁下）資持卷上四：「初，明閏四、五、六月，七月十五日且約前安居人。中、後結者，多隨前坐，故不別標。」（二四七頁中）搜玄：「若依閏者，閏四、五、六月，前安之人，定百二十日，律取七月十五日自恣。中、後二安，則不定也。」（三九四頁下）【案】「明時節」分二：初「謂有」下，次「然律中」下。初又分三，如下鈔科所示。

〔二〕**不依閏** 資持卷上四：「不依者，謂先結後閏，具如前篇。此即隨竟自恣，不局時節。」（二四七頁中）搜玄：「但數滿也。」（三九四頁下）鈔批卷一一：「<u>立</u>謂：若本知有閏，不依者，不成安居。今此明者，據本不知有閏，如前篇已辨也。」（五四二頁下）

〔三〕**若閏七月者，取前月自恣** 資持卷上四：「『若』下，明閏七月，非前夏數。」（二四七頁中）鈔批卷一一：「<u>立</u>明：此謂四月十六日，後至五月一日結者，此中有十六人，但須三月住，故得前七月自恣也。自意云：今文但是通明大家自恣時節耳。准律，應從前安人自恣，故須言取前月自恣也。」（五四二頁上）

〔四〕**非前夏安居者，過閏已數，滿九十日自恣** 鈔批卷一一：「此謂閏七月也。明其若五月一日已前安者，至七月三十日自恣，盡得出界。今正是五月二日已後安者，則至七月三十日，夏猶未滿，踏着閏月，更得過閏月已，至八月一日竟，方得自恣，出界去也。由閏是虛月，不得在數故也。」（五四二頁上）資持卷上四：「滿者，此據中、後者多。必前多後少，亦隨前。作住待日滿耳。」（二四七頁中）搜玄：「<u>發正</u>云是中、後人也。若五月一日已前安居者，至閏七月一日得去。若五月二日已後至後夏結者，皆越閏月過，至八月二日等。已後數滿九十日，自恣也。」（三九四頁下）【案】此句後，<u>敦煌甲本</u>、<u>敦煌乙本</u>、敦煌丙本、敦煌丁本和敦煌庚本有「若閏七月，不依閏者，五月一日已前安居者，並數九十出；若五月二日已後安居者，並除閏數滿九十日始出，即是依閏。」共四十七字。

〔五〕**因諍增減自恣，如說戒中** 資持卷上四：「減前二日，增後二半。猶不去者，開強和合，一同說戒，故指如前。」（二四七頁上）搜玄：「自恣白僧文云：『大德僧聽：若僧時到僧忍聽，今日僧不自恣，至黑月十五日自恣。白如是。』客猶不去者，再白亦爾，不得至三。舊比丘應強和合自恣，為入冬分故也。」（三九五頁上）簡正卷八：「謂如前<u>說戒篇</u>引<u>四分</u>『外界鬥爭比丘來，佛令增減說戒』。若知十四來，十三說；若知十五日來，十四日說；若已入界，當令入浴，比丘出界說。若不肯者，白僧言：『今不得說，待後十五日當說。』不得過三度，應強和合說。今時『自恣』亦爾，唯改『說戒』為異。餘文並同，故指如彼也。向前日為減，待後月為增也。」（五二一頁上）鈔批卷一一：「<u>立</u>說：如說戒中者（【案】『立』等七字疑剩。），立謂：如說戒中，若有難來入界，當令落（原注：『落』疑『浴』。）如彼說，令此亦爾。若知十四日來，十三日須

自恣；若知十五日來，當十四日自恣，此是減也。若已入界，可令入浴，僧即出界外結小界，疾疾自恣。若不得如此作者，即作單白，待後十五日，當自恣。更不去者，增至第二十五日自恣。唯得至二，不得至三。至三必須強和而作，為入冬分，（五四二頁上）不可更增。和上云：此中有『三卻兩增』，一、常十六日，卻取十五日；二、常十五日，卻取十四日；三、常十四日，卻取十三日。此由因諍因難，故開此名減也。言『二增』者：一、若正自恣日來，增至七月三十日；二、若猶在不去，更增至八月半。只得至此二增，更不開也，為入冬分故。」（五四二頁下）【案】見前說戒正儀篇第十。

〔六〕**修道安樂，延日自恣，得至八月十五日**　資持卷上四：「延日中。律因諸比丘安居，精勤行道，得增上果，恐往餘處不得是樂，白佛。因令作白，增益自恣。白云：大德僧聽，若僧時到僧忍聽，僧今不自恣，四月滿，當自恣。白如是。」（二四七頁上）鈔批卷一一：「撿四分云：有住處眾多比丘結安居，精勤行道，得增上果證。諸比丘作如是念：『我曹若今日自恣者，便移往餘處，恐不得如是樂。』即白佛。佛言：『應作白，四月自恣。應云：大德僧聽，若僧時到僧忍聽，僧今不自恣。四月滿，當自恣。白如是。』謂是單白和僧，待至八月半自恣也。疏云：九旬勵修，將尅忍位，待時解脫，末代便多。若更他行，眾具難得，故白停之。會正方作也。」（五四二頁下）【案】四分卷三八，八四〇頁中。

〔七〕**律中但明十四日、十五日自恣**　鈔科卷上四：「『然』下，詳定三日。」（四〇頁下）資持卷上四：「初，定無難。『若』下明有難。初中，又二。初，引文以定。初云『律中』者，即自恣犍度云：諸比丘欲十四、十五自恣，佛言聽。」（二四七頁中）【案】四分卷三七，八三七頁中。

〔八〕**急施衣**　資持卷上四：「急施者。初句通指一戒。次句別指戒中釋衣時應畜文。彼云：若自恣十日在，（七月六日）得急施衣，事已至一月，（無衣，）五月畜，（有衣也。此即時前開十日後無所增。）乃至明日，自恣應受。（十五受衣，十六自恣，故言明日。）一月、五月外，更增九日，（謂初七得衣，前減一日，後增一日，乃至十五前減九日，後增九日，故云『次第增』也。）此明十六自恣，合上犍度，三日明矣。」（二四七頁中）【案】四分卷五八，九九八頁下。

〔九〕**次第增**　簡正卷八：「次第增者，大德云：准律有九重增文。搜玄云：十重如七月六日得衣，至十六日也，滿十日便合說淨。由迦提月，落開通中不犯。至

八月十五日，方要說也。若七月七日得，越迦提，增得一日，即八月十六日方說。若八日乃至十五日衣得，越迦提月，增得九日，名『次第增』也。謂將後時非日添前得衣，滿十日也。若有功德衣，過五月後，增亦如是。鈔引此者，次第既有十重增文，皆至十六日，云越迦提，數滿十日說淨，明知十六日是自恣時也。增三文中，亦有三日，則十四、五、六也。」（五二一頁下）搜玄：「自恣揵度文中，但言十四、十五兩日自恣。急施衣中，有十六日。次第增中，亦明十六日。案律緣中，有王大臣，為僧作安居中賞勞衣，夏竟擬施。有急緣遠行，欲預將施僧。諸比丘，夏未竟，不敢受。白佛。佛言：『夏有幾日在？』答言：『十日在。』（三九五頁上）佛開有此緣者：『自今已去，聽前十日受，名急施衣。』即是七月六日得者，開受；過前受者，犯提。鈔意既言，去自恣十日在，明知十六日是自恣日也。次第增者，若七月六日得衣，至十六日已滿，十日即合犯長，由入迦提，故不犯。至八月十五日，即須說淨。若七月七日得衣，越迦提，因增得一日，即十六日須說。若八日乃至十五日得衣，越迦提月，增得九日，名為『次第增』也。謂將後非時日，足前得衣，滿十日也。若有迦絺那衣，過五月後增，亦如是。鈔引意者，次第有十重增文，皆至十六日，云越迦提，數滿十日說淨，明知十六日是自恣日也。律增三文中，亦有三日，則十四、五、六三日也。『上廣引律諸文，有三不同，何是自恣日耶？』鈔云：『律安居竟自恣，三日中取十六日，是安居竟日也。』羯磨疏云：今行事者，多用十四日後夜作者。古法所傳，不可輒用。然德衣法云：安竟自恣，及急施衣中，皆十六日為竟也。』」（三九五頁下）

〔一〇〕增三中，三日自恣　資持卷上四：「引增三中，律云：有三種自恣，十四、十五、月初日。（十六是黑月初。）」（二四七頁中）【案】四分卷一〇，六三一頁上～中。

〔一一〕律云：安居竟自恣　資持卷上四：「『律云』下，正定。此亦揵度中文。雖通三日，前二非竟，不符文意，故取十六也。」（二四七頁中）【案】四分卷三七，八六三頁中。

〔一二〕尼十五日自恣，此謂相依問罪　資持卷上四：「『律又』下，二、釋妨。初引文，此出尼揵度中。恐人固執，故須釋通。此文且約處遠為言。準理須云：僧十五日、尼十六日，又尼近處，不勞隔日。如下文中，雙出二法是也。」（二四七頁下）搜玄：「先應難云：『既取十六日安竟自恣者，何故？』律云：『僧十四日自恣，尼十五日恣者，鈔牒上難。謂律文言，僧乃至自恣，此謂相依

問罪,故制異日也。」(三九五頁下)立云:尼要先來僧中自恣,後還尼中自恣。若先尼中自恣,後入僧者,非法。」(三九六頁上)【案】四分卷二九,七六六頁中。

〔一三〕**此謂相依問罪,故制異日** 資持卷上四:「言『相依』者,疏云:僧須在前自恣,白眾治舉,既犯清淨,方合受尼故。」(二四七頁下)鈔批卷一一:「立明:尼要先來僧中,自恣竟,後還尼中自恣。今若先於尼中,自恣竟,後來僧中自恣者,一向非法。」(五四三頁上)搜玄:「及論尼作相,依問罪之法,三日通用並得,不要須十五日也。」(三九六頁上)

〔一四〕**及論作法,三日通用,克定一期,十六日定** 資持卷上四:「『及』下,示通局。文既通三,今取十六,亦非專必,故云一期。克,猶約也。」(二四七頁下)搜玄:「及論作自恣法,三日通得,約其減論,取十四日,故云通用。今剋取十六日自恣為定。為(原注:『為』字更勘。)律云:夏竟應自恣,及云夏竟受功德衣。若十五日受者不成,但名非時衣,故取十六日也。若尼來自恣,但向僧自恣時,暫停作之即得,何論要須十五日也。下作法中明也。向(【案】『向』疑『問』。):『僧自恣時,尼來自恣,但用僧和法,更須新和耶?』答:『律藏無文。准文義,意新和方得,前和為僧。今為尼眾所為,雖皆自恣,而僧尼二部不同,准文,尼依僧住,普令舉罪。若一人不知,不成自恣,則令問誶(【案】『誶』疑『訊』。)禮拜等。今時多有。』」(三九六頁上)鈔批卷一一:「立明:律雖明三日自恣,今若計會剋定,十六日作者好。以律中令夏竟自恣,以十六日方是夏竟。又復,須知若受賞勞衣,及受作功德衣,要是十六日,方得受之;若十五日受者,不成。但名非時衣,是名非時僧得施也。」(五四三頁下)簡正卷八:「『上廣引律諸文,有三不同。未審的定何日,是自恣時耶?』鈔云:『律安居竟自恣,三日之中,(五二一頁下)取十六日,是安居竟日也。』外難曰:『既云十六日是安居竟自恣,何故律文僧十四日自恣、尼十五日耶?』鈔文牒上難詞了,下遂釋通云:『此謂相依問罪,故制異日。謂尼要先來僧中自恣,後還尼中自恣。若先自恣,後入僧中,便成非法。反(【案】『反』疑『及』。次同。)論尼作相依問罪之法,三日通用總得,不必要須十五日也。』玄又釋云:反論作自恣法,三日通得,約其咸論,即取十四日,故云通用。今剋取十六日自恣為定故。律云:夏竟,應自恣,受迦絺那衣。若十五日,受衣不得,但呼為非時衣耳,故取十六日。若尼來時,且暫停住,何必要須十五日也?」(五二二頁上)

〔一五〕若有難者，如五百問中，一月自恣　鈔批卷一一：「如從七月半至八月半，中
　　　間有難，日日欲自恣，為有難不得作。至八月半來，皆不得作，故名一月自恣
　　　也。」（五四三頁下）【案】五百問，九七四頁下。

〔一六〕明應人是非　搜玄：「文有二意：初，約義總明，並須一時自恣；二、『四分』
　　　下，引後同前，顯一時之義。」（三九六頁上）鈔批卷一一：「此已下，正論人
　　　之是非也。」（五四三頁下）資持卷上四：「人是非中。列三種人：初，先結後
　　　破；二、一向不結；三、結有中後。恐疑上二，不可同法，故此辨之，通成應
　　　教。文中，初明前二種，『四分』下示後一種。但云後者，義必兼中，亦約望
　　　前，通名後耳。」（二四七頁下）

〔一七〕住待日足　鈔批卷一一：「至八月十五日方滿也。」（五四三頁下）扶桑記：
　　　「問：數歲如何？答：飾宗記云：不應三月未足便數歲。今詳未足，不合言
　　　一夏二夏等，而論禮敬，則未必然。準之，日未滿尚應依本歲而論座位，可
　　　依受戒先後，不應依受歲前後。」（一三九頁下）【案】四分卷三七，八三二
　　　頁上。

二、明自恣方法

分三，即三人〔一〕也。

就五人已上。

分四〔二〕：一、明僧集緣起，二、五德自恣進不，三、尼來請罪，
四、雜明略說諸事。

初中

要五僧已上，得白差自恣〔三〕。當鳴鐘集僧〔四〕。各在地上，敷席而
坐，以是互相舉過，處牀慢相不絕〔五〕故。律云：不得在座，不得在地，
應離座自恣〔六〕。五分云：好泥地，布草座已而自恣〔七〕。竝偏袒右肩，
右膝著地，合掌〔八〕。

初行水，香汁浴籌，唱數告令，大同「說戒」〔九〕，唯改「說戒」為
「自恣」之辭。

乃至沙彌等，亦須集堂，以治舉義同，待唱出已，方始得去〔一〇〕。
在別處行自恣法〔一一〕，如「別法〔一二〕」明。

二、五德進不〔一三〕

分二：初六人已上法〔一四〕；後，五人法〔一五〕。

初中分四：一、簡人是非，二、差法正式，三、五德行事，四、對

－1037－

座說之儀式。

初中

四分律取具二「五法」〔一六〕者，謂：不愛、恚、怖、癡〔一七〕，知自恣不自恣〔一八〕，此名「自恣五德〔一九〕」。律文又差「知時不以非時〔二〇〕，如實不以虛妄〔二一〕，利益不以損減〔二二〕，柔耎不以麤獷〔二三〕，慈心不以瞋恚〔二四〕」，此謂「舉罪五德」。意令：和合無諍〔二五〕；有罪非謬〔二六〕；欲使前人懺悔清淨，美德外彰〔二七〕；故能勸喻，離於懷惱〔二八〕；愍物與樂，不欲非法故〔二九〕。

所以差二人者，四分文不了〔三〇〕。十誦、僧祇中，竝差二人為法；五分中：二人已上，乃至多人〔三一〕。謂僧多故，更互息作〔三二〕。三千威儀云：要差二人，為僧自恣竟〔三三〕，自相向出罪。不得求餘人自恣，以餘人僧不差故。

今行事者，多有人人別差〔三四〕，此未通諸部〔三五〕。又差年少輕健者，多不生善〔三六〕。十誦、僧祇，多差上座有德者〔三七〕，令下座來向上座自恣也。

二、加法差遣〔三八〕者

當上座差眾中二人，具兩種「五德」〔三九〕者。不須喚來〔四〇〕，立前而作，此是別眾，往往而然。直在本座而坐。

作羯磨者，索欲問和〔四一〕。其欲法云：「大德僧聽：比丘某甲我受彼欲自恣。彼如法僧事，與欲自恣。」此律自恣開欲，不同他部〔四二〕，故重示之。作者知之。問和。答云「自恣羯磨」，亦有通別，如上〔四三〕。

應云：「大德僧聽：若僧時到，僧忍聽。僧差比丘某甲、某甲作受自恣人。白如是。大德僧聽：僧差比丘某甲、某甲作受自恣人。誰諸長老忍『僧差比丘某甲、某甲作受自恣人』者默然，誰不忍者說。僧已忍『差比丘某甲、某甲作受自恣人』竟。僧忍默然故，是事如是持。」

三、五德行事法

差已，即從座起，具儀至上座前〔四四〕，露地伸手內，作和白言：「大德僧聽：今日眾僧自恣〔四五〕。若僧時到，僧忍聽，和合自恣。白如是。」不應立作，別眾不成。若差自恣人時，答云「差受自恣人羯磨」者，不得通用後法〔四六〕。至五德單白前和，答言：「單白和僧自恣羯磨」。若如前答，直爾通和二法〔四七〕。

次明行草法。四分但云「離座」，不言「草座」。五分：布草而坐〔四八〕。明文依用。當於自恣前，預覓乾㮇草。隨得多少，人別一撮〔四九〕，安上座前。至五德和已，令年少次第行之〔五〇〕。彼至上座前，互跪授已，乃至下座。大眾多者，三五人助行之。各取已，於座前敷之〔五一〕。若大德眾主，為敷亦得。計是前辦，不止臨時〔五二〕。五德至上座前，互跪告云：「一切僧就草座，偏袒右肩，互跪合掌〔五三〕。」僧皆依唱從之〔五四〕。

四、明對僧自恣法〔五五〕

增一云：如來同僧坐於草座，告諸比丘：汝等各就草座，我欲受歲等〔五六〕。廣如新歲經〔五七〕中。

次正對僧自恣法。

其一五德至上座前，大敷坐具，互跪〔五八〕；第二五德至次座前立〔五九〕。此僧祇文〔六〇〕。

四分云：若上座見五德來，即從座起，互跪，偏袒右肩，合掌，一切僧即隨上座法〔六一〕。十誦云〔六二〕五德是上座者，應加「捉足」之言。應作法言〔六三〕：「大德一心念〔六四〕：眾僧今日自恣，我比丘某甲亦自恣。若見、聞、疑罪，大德、長老〔六五〕哀愍故語我。我若見罪，當如法懺悔。」三說。上座復本座〔六六〕。其五德至第三上座前立，彼第二五德在次座前立者，同上作法〔六七〕。如是展轉，至于下座，隨其說訖，還復本座〔六八〕。律開病者，隨身所安〔六九〕。準此，不病應訖自恣〔七〇〕。若二五德自恣者。僧祇：五德各至本坐處，應自恣〔七一〕；不得待僧竟，然後自恣。即破十誦家法〔七二〕。若眾僧說已，五德至上座前告云「僧一心自恣」竟，便如常禮退〔七三〕。十誦文也。

若五德及僧，舉得六聚之罪〔七四〕，或自言伏首，僧當撿按審實者，各依當篇治竟〔七五〕，然後自恣。若別人舉罪，窮勘是非，覈其事情〔七六〕，無有虛濫者，依律遮法治之〔七七〕。若事實是犯，舉根不了〔七八〕，並反治謗罪〔七九〕。亦如眾網中〔八〇〕。

五德舉過，無問虛實。由是僧差，加復具德，縱舉成虛，三根容謬，雖合推繩〔八一〕，情在離惡，故不入治限。不同別人〔八二〕，僧不差遣，輒爾陳過，恐濫清人；又內無德，多不知時，反生諍本，何成安眾？故虛即結謗〔八三〕。

—1039—

若僧滿二十,隨所犯罪,竝得治之〔八四〕。若五人已上,舉得出罪之事〔八五〕,則且白停進不,如四人法中說〔八六〕。

三、尼來請出過法〔八七〕

若無尼眾來,依常自恣。不須同「說戒」問尼有無〔八八〕。

若尼來者,當自恣前,語令在眼見不聞處立。眾僧自恣〔八九〕,若至五三人,量時早晚令尼得還〔九〇〕者,上座敕五德且住,待尼自恣。當命之至僧中〔九一〕,禮足已,令說三事見、聞、疑等,如別法明〔九二〕。大眾良久默然。上座敕尼云〔九三〕:「大眾上下,各竝默然,不云見罪者,良由尼等內無缺犯,外得清淨。各精勤行道,謹慎如法自恣。至寺,當傳此教,告尼僧令知。」餘同尼法〔九四〕。此謂「白日法」〔九五〕。

今時多在十四日夜或十五日夜自恣者〔九六〕。若尼明日來時,鳴鐘集僧,不來者索欲。大眾集已,尼來僧中,如常威儀,請求三事。餘同前示〔九七〕。問:「此非僧法,何須盡集索欲〔九八〕?」答:「以尼依僧住,溥使舉罪。若一人不和,則不成自恣〔九九〕。故律云:若僧不滿、若不和合,則令問訊禮拜。不得如廣自恣法〔一〇〇〕。處既有僧,通須舉治無濫,故須集之〔一〇一〕。僧祇「教誡」中,本無羯磨法,亦令隨緣說欲訖,然後教誡〔一〇二〕。由是僧法,理不偏別。故今僧尼自恣,同是僧法。準用不疑。」

五百問:夏末,尼來受歲。若二尼已上,得,一尼不得。以尼獨行出界,犯重罪故〔一〇三〕。

四、明略說雜行〔一〇四〕

言略說者,若有八難、餘緣,如「說戒」中明者,當量僧多少、難來遠近等〔一〇五〕。

若僧多、時熱,處所迮狹,明相欲出等,當令五德於三五上座邊三說,已外眾僧一說便止〔一〇六〕。或一人受兩人自恣者,互跪,須在中間,左右取之,竝須一說,示令大眾聞知。律云:不得竊語自恣〔一〇七〕。今或兩「五德」,雙頭一時各自恣者,此是非法〔一〇八〕。律中:一時自恣鬧亂,佛令一一次第,從上座自恣〔一〇九〕。十誦:應從上座自恣〔一一〇〕;不得逆作次第〔一一一〕,及行行置人如益食法〔一一二〕,并超越〔一一三〕、總唱〔一一四〕等。

四分:若賊等急難,不可閑緩〔一一五〕者,五德至上座前,互跪白

言：「今有難事，不得一說，當作羯磨，各各三說。文云：大德僧聽：若僧時到，僧忍聽。僧今各各共三語自恣。白如是。」便各各相對，人別三說〔一六〕。文同前法〔一七〕。難事轉近，若欲再說、一說，亦須單白〔一八〕。以此自恣，不對五德，進否無由，故須羯磨，令眾同聞。不類前略，不須白告〔一九〕；以親對五德，多少量時，得自在故。

四分六種略說〔二〇〕，第六：難事驚急，開直爾去〔二一〕。

二明難事〔二二〕。結小界，圓坐自恣。事既希少，故不出之。

上來明六人僧法，具述如上〔二三〕。

【校釋】

〔一〕三人 簡正卷八：「法寶云：即三類人也，不是單三人。謂：初，是五人已上，直至百千萬等，是一類人也；二、『四人』已下，是一類也；三、一人，心念別是類。故云三人也。」（五二二頁上）鈔批卷一一：「立謂：五人已上，得羯磨差五德，即僧法也；若四人僧，只得對首，名眾多人法；若一人僧，唯得心念法。故曰三人也。」（五四三頁下）

〔二〕分四 簡正卷八：「就五人已上分四者，寶科為總標。二種僧法章一也，五人是一，已上即六人，乃至百千人等分四者，即鈔列也（云云）。外難曰：『鈔科云：就五人已上分四者，已上是六人，乃至百千等，分四可爾。（五二二頁上）既五人自恣，差五德之法，與六人及百千人，行事秉法，條然不同，莫須除卻五人，但就六人已上分四不？』答：『法寶云：良有深致。謂五人自恣時，亦其此四門與六人及百千人不別。但第二進不門中，差法之時，不得雙牒二人名入法，與六人等稍別。今但就五人，便分四科，前後三科並同，只有第二五德進不一科有異。向下路（原注：『路』字疑剩。）略點出異處即得。若不作此科者，六人、百千人，既分四門，其五人僧法，不可不具。雖則第二門稍異，下自明之。今但就五人已上分科，便收得兩種僧法，亦是巧用文勢，貴免周遮。』」（五二二頁下）

〔三〕要五僧已上，得白差自恣 鈔科卷上四：「初，鳴鐘敷設。」（四〇頁上）資持卷上四：「初，示人法分齊。」（二四七頁下）簡正卷八：「謂反顯四人雖成僧，但作展轉對首法也。」（五二二頁下）【案】「明僧集緣起」，文分為三：初，「要五」下；二、「初行」下；三、「乃至」下。

〔四〕當鳴鐘集僧 資持卷上四：「『當』下，正明緣相有四。一作相。」（二四七頁下）搜玄：「律云：應打揵搥作煙，唱『自恣時到』等。」（三九六頁下）【案】

初，「鳴鐘敷設」下，緣相有四，即作相、敷座、布草、修敬。

〔五〕各在地上，敷席而坐，以是互相舉過，處牀慢相不絕　資持卷上四：「『各』
下，次敷座。準餘法事，床席兩通，獨此自恣，准局席地。」（二四七頁下）
簡正卷八：「今在席地，以表位卑，顯身在罪。大德云：如以眾人有犯着白，
私裹帽子在席地，或雖有床，亦是傳腳下床，亦表我身有罪也，此亦如是。」
（五二二頁下）

〔六〕不得在座，不得在地，應離座自恣　鈔批卷一一：「羯磨疏云：言離床者，捨
其憍慢故也。」（五四三頁下）搜玄：「羯磨疏云：離床捨憍慢故，謂在上五
德，來取自恣，故成慢也。」（三九六頁下）資持卷上四：「『律』下，三、布
草。上二句遮非，下句示法。不在座者，謂所坐席處。不在地者，為護身衣須
以草藉。應離座者，捨席就草也。（古云『互跪』者，非。）」（二四七頁上）
搜玄：「離座等者，下五德行事中云：四分但言『離座』，不言『草座』。」（三
九六頁下）簡正卷八：「謂床坐也，證上文故。不得在地者，謂不可便於地上
坐也。（五二二頁下）下引五分布草而坐，即證上不得在地故。」（五二三頁
上）【案】四分卷三七，八三六頁下。

〔七〕好泥地，布草座已而自恣　資持卷上四：「然不許在地，義須草上，而文中不
明，故引五分以決。」（二四七頁下）搜玄：「五分：布草而坐，明文依用也。」
（三九六頁下）【案】五分卷一九，一三一頁中。

〔八〕竝偏袒右肩，右膝著地，合掌　資持卷上四：「『竝』下，四修敬。」（二四七
頁下）搜玄：「表恭敬；右順，吉祥；著地，示其卑下；合掌，表一心無二。」
（三九六頁下）【案】四分卷三七，八三七頁中。

〔九〕大同「說戒」　鈔科卷上四：「『初』下，籌水唱告。」（四〇頁上）資持卷上
四：「同前者，即諸偈詞及唱告言。今言布薩處，並須改之。然行事之時，須
知次第。至於說清淨妙偈已，即須梵唄，散洒華水，亦須供養。（有云：說戒
須供戒法，自恣不須，非也。此供三寶，豈唯戒法？又，自恣法豈不須共？）
梵唄既畢，說傳香偈已，上座即敘事告眾，選擇德人，後秉差法，方接下科行
事。」（二四七頁下）

〔一〇〕乃至沙彌等，亦須集堂，以治舉義同，待唱出已，方始得去　鈔科卷上四：
「『乃』下，小眾同別。」（四〇頁上）簡正卷八：「鈔云『乃至』，則越卻中間
尼等。」（五二三頁上）鈔批卷一一：「賓云：今鈔中，今（【案】『今』疑『令』。）
沙彌待唱出已，往別處共集自恣。唯（【案】『唯』疑『准』。）淨三藏云：過

午已去,眾咸共集,大僧先自恣,後方尼眾,次即下三眾。(五四三頁下)各來對僧自恣也。(述曰:)計理,下眾先集一處,上眾自恣竟,方喚下眾入僧中自恣。辭句同僧,義亦無爽。」(五四四頁上)資持卷上四:「小眾中,同、別二法。同法者,(二四七頁下)既唱出已,至僧自恣竟,鳴鐘召來。依次坐草,對五德自恣。別法者,送籌入僧已,口差沙彌為五德。餘事並同僧。」(二四八頁上)搜玄:「『待唱』等者,飾宗云:鈔與義淨三藏不同,鈔約出別處自恣。三藏云:過午已去,眾咸共集。大德先自恣,後方尼眾,次即下三眾。各來對僧自恣。」(三九六頁下)

〔一一〕**在別處行自恣法** 簡正卷八:「鈔據有別處為言。若無別處,待意(【案】『意』疑『竟』。)還來僧中,對僧自恣也。」(五二三頁上)搜玄:「鈔云:『乃至』則越中間尼等。約別處者,據有別處為言,若必無別處,待竟還來僧中,未曾別也。」(三九六頁下)

〔一二〕**別法** 搜玄:「沙彌篇中,自恣詞句,(三九六頁下)同大僧也。」(三九七頁上)

〔一三〕**五德進不** 搜玄:「然此一科,皆言鈔錯。鈔有深意,人難得知。為前大科,約人分三:一、五人已上僧去;二、四人已下對首;三、一人心念。據科,明五人已上。然五人亦是眾法已上故然。故鈔前牒標云:就五人已上,意明五人之法,與六人已上,前一後二,其義不殊。唯就第二『五德行事』一門,五人異六,故科出簡異令知。故至五人後云:『餘同前法故,唯五德行事一門別耳。』所以就此科分者,意同後。前唯簡此一門為異,故作此科,是深意也。若但向六人,五德行事門後便明五人法者,恐新學致迷謂『前牒標云,就五已上』。今於其內復出五人,恐有斯雜,故不便出。『若爾,何不合下就僧法分二:初明六人已上法,次明五人法,可不便也?』答:『若合下分,又恐有繁略二過,故不可也。若但出五人差法及五德行事二法,略無前後諸門,恐新學不委。若更分門廣釋,文相成繁。今但向五德行事門中,略標簡異,釋五人已上法竟。(三九七頁上)然後略出五人異六人處,自餘即指同前:一則相嘆易識,二則不違前科,三則離其繁略,意如此也。今講解相承,恐文難知,合下科出。比代記中,且將五人已下舉罪為五人法,復言已上,無此理也。至後鈔主自結云:上明六人,僧法分明,下始辨五人,眾法簡異。今知此意,且准前科也。』四段不同,今當第一。分三:初,正簡德不同;二、『所以』下,辨差二人所以;三、『今行事』下,科簡是非。』」(三九七頁下)

〔一四〕**初六人已上法** 簡正卷八:「齊六人已上,即百千人。五德進不,並皆不異也。」(五二三頁上)

〔一五〕**後五人法** 資持卷上四:「其五人法,跨指略法之後,欲彰差法之異。」(二四八頁上)簡正卷八:「即五德差法。與上不同,故此科出也。」(五二三頁上)

〔一六〕**具二「五法」** 鈔批卷一一:「謂一人身上具兩種『五德』也。故羯磨疏云:差五德緣制兩德。初『自恣德』(【案】『德』前疑脫『五』字。),取不愛等者,以眾雜是非,染淨同住,無宜枉濫,分(原注:『分』疑『坌』。)污僧倫,知時知法,非人不顯,故須之也。又,取『舉罪五德』者,眾以清淨為先,過犯具彰,何得杜嘿,故須舉處,德人行事也。」(五四四頁上)搜玄:「謂一人具兩種『五德』也。發正云,謂對他說詞云『我某甲亦自恣』,即須具『自恣五德』也。若見聞疑罪,大德語我等,又須具『舉罪五德』也。律文前後列者,前為自恣,後為舉罪,故前後也。今須兩具,故鈔一時出也。」(三九七頁下)

〔一七〕**不愛、恚、怖、癡** 搜玄:「言不愛者,慈和云:謂於眾親厚,不別有愛故;二不恚者,謂於怨不嗔恚,吹毛覓過;三不怖者,謂於有力人邊,不怯而不舉也;四不癡者,謂解了羯磨如非,不癡也。」(三九七頁下)

〔一八〕**知自恣不自恣** 簡正卷八:「知無難廣自恣,知有難用略法。又知善兩人即自恣,十三難體壞等,不合自恣等。」(五二三頁上)搜玄:「謂知有難無難,廣略之宜也。又知十三難等體壞之人,不合自恣,犯殘已下,悔竟自恣。律云:又差知時等五德。」(三九七頁下)

〔一九〕**自恣五德** 資持卷上四:「初五德中。上四通德,如前篇分房中,下一別德。初,約人釋,破夏不結前後等人並應自恣,三舉二滅,抱過不露等名不自恣。次,約時釋,三日是時,餘為非時,增減難事,並須曉故。三、約法者,一廣六略,觀緣緩急,並合宜故。疏云:眾雜是非染淨同住,無宜枉濫,坌污僧倫,(謂知人也;)知時、知法,(共上為三。)非人不顯,故須之也。」(二四八頁上)

〔二〇〕**知時不以非時** 資持卷上四:「『律』下,明次五德。初列五相,一一相中,是非相對。言知時者,與上何異?上是時節,此即時宜,謂量僧和諍,可舉即舉。疏云:舉過靜諍,無不和順是也。」(二四八頁上)鈔批卷一一:「羯磨疏云:舉過靜諍,無不和順也。濟云:前人雖有犯,若於他門徒及俗家、眷屬前,舉他云犯者,即是不知時也。故疏云:對白衣沙彌、淨人,非具戒前,不合舉罪;又,眾不滿四,亦不合舉。皆曰不知時,反則名知時也。」(五四四頁上)

搜玄：「鈔解云：意令和合無爭，謂舉過靜爭，無不和順。若舉不知時，則生鬥爭。」（三九八頁上）簡正卷八：「此五鈔文自釋也。意令和合無爭者，釋上『知時不以非時』也。謂舉過，若不知時，反生爭本也。」（五二三頁上）

〔二一〕如實不以虛妄　鈔批卷一一：「有實非謬，有根非濫也。謂有犯罪，是一實，又三根不互是一實也。」（五四四頁上）搜玄：「有罪非謬，謂犯有三根，名如實有罪，三根不牙（【案】『牙』疑『互』。），故云非謬，即非虛妄。」（三九八頁上）

〔二二〕利益不以損減　鈔批卷一一：「欲令前人清淨，美德外彰故也。」（五四四頁上）搜玄：「欲使至彰，釋其利益返上，名損減也。」（三九八頁上）

〔二三〕柔耎不以麤獷　鈔批卷一一：「謂慈心尉汲，無皷怒也。」（五四四頁上）搜玄：「故勸喻等，釋其柔較，返此麤獷也。」（三九八頁上）

〔二四〕慈心不以瞋恚　鈔批卷一一：「濟云：慈愍前人，故舉其罪，豈得瞋恚也。」（五四四頁下）搜玄：「愍物等，釋其慈心，返此皷恕，名瞋恚也。不假別釋也。」（三九八頁上）

〔二五〕和合無諍　鈔批卷一一：「合上知時等句也。」（五四四頁下）簡正卷八：「釋上『知時不以非時』也。謂舉過，若不知時，反生爭本也。」（五二三頁上）

〔二六〕有罪非謬　資持卷上四：「次句，釋第二德。」（二四八頁上）鈔批卷一一：「合上『如實』等句也。」（五四四頁下）簡正卷八：「釋上『如實不以虛妄』也。謂犯有三根名，如實三根不樂，故云非謬也。」（五二三頁上）

〔二七〕欲使前人，懺悔清淨，美德外彰　資持卷上四：「『欲』下三句，釋第三德。」（二四八頁上）鈔批卷一一：「合上『利益』等句也。」

〔二八〕故能勸喻，離於懷惱　資持卷上四：「『故』下二句，釋第四德。」（二四八頁上）簡正卷八：「釋上『柔耎不以麤獷』也。勸喻即是耎言，刃之便是麤獷也。」（五二三頁下）

〔二九〕愍物與樂，不欲非法　資持卷上四：「『愍』下二句，釋第五德。五中。上二是智，能觀量故。次二是悲，皆拔苦故。後一是慈，以與樂故。又，第四是口，餘四並心。此謂各人自具二種五德。（有人行事差一人為『自恣五德』，一人為『舉罪五德』，謬矣。）問：『既具二五，何以不名十德耶？』答：『罪事別故，通局異故。』『若爾，今云五德，從何得名？』答：『用分通局，義有兼正，約事就局，從正為名。」（二四八頁上）簡正卷八：「釋上『慈心不以瞋恚』也，反此即是瞋恚也。」（五二三頁下）

〔三〇〕**所以差二人者，四分文不了** 鈔科卷上四：「『所』下，差二所以。」（四〇頁中）資持卷上四：「二、釋，為三：初點本宗，但令差人，及羯磨中，唯牒一名，故云不了」（二四八頁上）搜玄：「自恣中，但言聽差受自恣人有五法者，應差不言二人，一不了也。羯磨詞中，單云僧差某甲比丘作受自恣人，無差二人處，二不了也。」（三九八頁上）簡正卷八：「自恣法中，但言聽差受自恣人，不云二人，是一不了。羯磨詞中，但僧差比丘某甲，無差二人處，不着第二『某甲』字，是二不了也。」（五二三頁下）鈔批卷一一：「立云：四分但云令差五德，不云一人、二人。今准十誦、僧祇，為更互作故也。如百千人，以眾多故，恐疲頓也。有人言：四分文不了者，以四分文單差一人為法，以一人無自恣處，故言不了也。」（五四四頁下）

〔三一〕**十誦、僧祇中，竝差二人為法；五分中：二人已上乃至多人** 資持卷上四：「次示三律，並差二人。」（二四八頁上）鈔批卷一一：「五分中，二人已上乃至眾多人者，立謂：此非一時差，牒眾多人為五德，一時入羯磨，但為僧多，故差或十、或二十人為五德，更互息作，差白之時，唯得兩人，一時牒名入法也。」（五四四頁下）搜玄：「十誦、僧祇、五分三律，雖有二人、多人法，義由未了。輔篇云：十誦差二人者，更互為法也。祇同也。五分云：作自恣人，若一人、若二人、若眾多人，不言數；或差十人五對，兩兩入法，前對作法。若困互息，還遣兩人交替，如是取遍，為僧多故，更互息作。義由未了，三千經云為相向出罪，是了義也。」（三九八頁上）簡正卷八：「十誦、僧祇並云差二人為佛。五分差二人，更差多人為法。已上三律，雖言二人及多人，儀由未了，且十誦差二人，為更互作法。祇亦同之。五分中，差多人，且不言數，或差十人為五對，兩兩入法。若困，互歇息，還差二人交替。如鈔注文辨也。（並未了故。）」（五二三頁下）

〔三二〕**謂僧多故，更互息作** 資持卷上四：「注釋多人，謂二對、三對，作法差已，隨對起，復互相替換，始終二人，非謂齊作。後引三千，正明所以。」（二四八頁上）

〔三三〕**要差二人，為僧自恣** 資持卷上四：「即同十誦，下不用之，此中但取差二之意。」（二四八頁上）鈔批卷一一：「以相向自恣，以『五德』不可對餘人舉過，緣彼無德。又復不被僧差，故不可對之自恣也。」（五四四頁下）【案】三千威儀卷上，九一三頁中。

〔三四〕**今行事者，多有人人別差** 鈔科卷上四：「『今』下，斥世非謬。」（四〇頁中）

資持卷上四：「初，斥專執，謂逐人差也。（二四八頁上）以見本宗差法，單牒名故。」（二四八頁中）簡正卷八：「古來行事家，見四分中單差一人，乃秉兩番羯磨。差先一人了，又差一人，故云人人別差也。」（五二三頁下）鈔批卷一一：「立明：若六人已上作法，須一時差兩『五德』，令若前後羯磨者，並是非法，由此未見諸部也。」（五四四頁下）搜玄：「靈山云：古人行事，見四分中單差一人，遂即人人別差。未通十誦、祇、五等一時差文也。（三九八頁上）或只有五人自恣，則應人人別差，以三非僧。若六人已上，應二人同差。」（三九八頁下）【案】「差」，音釵。

〔三五〕**此未通諸部**　資持卷上四：「即上所引也。」（二四八頁中）簡正卷八：「通者，達也。未達十誦、五分、僧祇，一時差二人文也。若五人自恣，即要別差。若至六人已上，何須各各差云（【案】『云』疑『也』。）？但一番中，牒二人名字入法故。」（五二三頁下）

〔三六〕**又差年少輕健者，多不生善**　資持卷上四：「『又』下，次斥輕易。今時皆爾，況復庸愚，空無一行，妄充僧命，輒號『五德』。」（二四八頁中）

〔三七〕**多差上座有德者**　鈔批卷一一：「老宿若作五德，眾人肅敬也。年少反之。」（五四四頁下）

〔三八〕**加法差遣**　鈔批卷一一：「明差五德法也。」（五四五頁上）簡正卷八：「欲詞如文。就中並須言自恣，（五二三頁下）今往往說云清淨者，非也。」（五二四頁上）【案】「加法差遣」分三：初「當上座」下；次「作羯磨」下；三「應云」下。

〔三九〕**當上座差眾中二人，具兩種「五德」**　資持卷上四：「初科，前明簡德，文令上座差選。或堪能羯磨者，隨作亦得。」（二四八頁中）【案】「種」，底本為「德」，據大正藏本、貞享本、敦煌甲本、敦煌乙本、敦煌丙本、敦煌丁本、敦煌庚本及弘一校注改。

〔四〇〕**不須喚來**　資持卷上四：「『不』下，定處。由世濫行，故須指破。」（二四八頁中）

〔四一〕**作羯磨者，索欲問和**　資持卷上四：「初明索欲。餘諸羯磨，通傳欲淨，獨此有異，故須別出。」（二四八頁中）

〔四二〕**此律自恣開欲，不同他部**　資持卷上四：「『此』下，示部別。僧祇等律並不開，故問和中。且約通答，後顯別答。」（二四八頁中）簡正卷八：「為簡僧祇不開欲。彼云：初令扶來，二恐增劇，僧往彼作。若病多，僧自出界，作自恣

也。搜玄云：歡（原注：『歡』疑『觀』。下同。）其文意，由是舉罪，必須現前。若制違心，恐叛其罪，故不開也。」（五二四頁上）鈔批卷一一：「立明：僧祇文中不開說欲，諸部並開。祇意：由是舉罪，事須現前，恐倚托房中，畏僧糺治，恐有此避，故不開欲。撿祇云：不得與欲自恣。若病，應將來；若畏死，僧應就彼作法；若病多，僧應出界自恣。礪問云：『夫說欲時不得稱僧所秉之事，但是僧事皆須與欲。若稱事者非法，今自恣欲辭，何故言與欲自恣者？』答：『言不聽稱事者，義實可爾。今言與欲自恣者，謂說己心行，恣僧舉罪，本非稱僧家之事者，此非類也。』」（五四五頁上）

〔四三〕**亦有通別，如上**　資持卷上四：「即羯磨篇。五德行事和僧中，初文前示威儀，今時多在僧前，禮已和白不。」（二四八頁中）鈔批卷一一：「立謂：通辨羯磨中，明其答有通別也。今若答言自恣羯磨者，即是通答；若言差五德羯磨者，即是別答。至後五德單白時，更須問答也。」（五四五頁上）

〔四四〕**至上座前**　鈔科卷上四：「初出眾白和。」（四〇頁下）【案】「五德行事」文分二：初「差已」下；二、「次明」下。搜玄分三，將「五德至」下作第三。

〔四五〕**今日眾僧自恣**　鈔批卷一一：「立謂：若依濟律師解云：『今日』者，是出家法語耳，應『白月某日』『黑月某日』等。」（五四五頁上）簡正卷八：「今時例向佛前。有人云：不得違鈔文，今亦可通之，未傷大理也。『單白中，羯磨文中加『僧』字，鈔文無『僧』字，不知成不？』答：『有即是增，無即是減，有無並得。今時無識之者，見欠『僧』字，呵云『不成』。此是歡事乃同於法之輩也。』」（五二四頁上）搜玄：「豈云：白中，律云僧和合自恣，鈔文無『僧』字者，准例合成，是緣非骨。多有呵者，不識羯磨緣骨，亦是觀事，乃同於法也。」（三九八頁下）

〔四六〕**不得通用後法**　簡正卷八：「意道：不得通用此和秉於後之單白法也。」（五二四頁上）

〔四七〕**若如前答，直爾通和二法**　鈔科卷上四：「『若』下，答法通別。」（四〇頁下）搜玄：「卻指上差自恣五德中。答云自恣羯磨，此已通答竟，並是自恣事。後更不須問答，故云通和二法也。」（三九九頁上）簡正卷八：「指上通答，並是自恣事已，後不要更和，此一度便通二羯磨法也。」（三九八頁下）

〔四八〕**布草而坐**　鈔批卷一一：「羯磨疏云：恐有損故也。其行艸勿使五德行也，應命下座行之。至五德單白已，即須行艸。艸置面前敷之，後移身就艸也。亦名長命艸，（五四五頁上）亦名吉祥草也。行艸時，喚取一童子俗人，投草互

跪。上座說偈云：『吉祥童子施佛艸，如來受已成正覺，我等比丘學佛慧，如
是自恣淨三業。』說已，比丘受取自行。」（五四五頁下）

〔四九〕**人別一犇**　資持卷上四：「意使各敷，恐相連布，故當用一握，長二尺許，剪
已束之。須令展布，可容一坐，即為準矣。」（二四八頁中）

〔五〇〕**至五德和已，令年少次第行之**　簡正卷八：「玄云：其草莫使『五德』行，應
季少行也。大德云：今多是五德自行，違文甚也。其五德和了，且在僧前，待
季少行草遍，『五德』始要白僧也。其季少行草法，至上座前三人，亦須胡跪
等。」（五二四頁上）

〔五一〕**於座前敷之**　資持卷上四：「明敷布於座前者，即所坐席外地上也。」（二四八
頁中）

〔五二〕**計是前辦，不止臨時**　資持卷上四：「有云『重囑預覓』，或云『定是預覓』，
何必重囑？今謂：此文注上敷草，謂若至五德唱已始敷，事容倉卒，眾復稽
遲，故令受已前敷，待唱即坐。有不依此，特注示之。『辨』（【案】『辨』疑
『辦』。）謂布草，備擬坐處也。」（二四八頁中）

〔五三〕**一切僧就草座，偏袒右肩，互跪合掌**　資持卷上四：「就草座者，告令即時離
本座處。『偏但』（【案】『但』疑『袒』。）等者，囑後自恣，具儀致敬。」（二
四八頁中）

〔五四〕**僧皆依唱從之**　簡正卷八：「謂五德既白，僧就草座，僧即一一依之。大德云：
初行草時，受了且安坐具上，至此時，便將草安坐具下，合掌各說偈云：『吉
祥童子施奠草，如來受已成正覺，我等比丘効佛故，坐草自恣淨三業。』（出
無量壽經上卷也。）玄記：於行草時，纔受了，便令說此偈。今時總如此，蓋
是未達教文本意行事，無所表彰也。」（五二四頁下）資持卷上四：「注令從
之，非謂合眾，即皆互跪。下云見五德來，方從座起，故知爾前但坐草上。人
多錯解，令眾疲極，迷文故也。問：『所以須坐草者？』答：『自恣一法，異餘
眾事。由是露過，求他誨示，必現卑遜：褥席坐具，不以擬藉，屈身平地，同
彼罪因。恐損身衣，故令布草。疏云：言離座者，捨憍慢故；（二四八頁中）
布草坐者，恐有損故。斯為明證。豈復疑乎！（舊云佛成道時，吉祥童子施
草，今効佛故，因又妄述『受草偈』。穿鑿大甚，請以疏驗，早宜廢之。）然
今行事，多從妄習，隨用少草，繫以繒綵五色，間鬥事同兒戲。又令管句之
僧，或復淨人，分頭俵散，平身拋擲。及至唱告，手擎頂戴，依古謬傳，誦『吉
祥偈』，然後揭起坐具，投之於下，身不離座，復不敷草。違背正教，恣任妄

情。況自矜誇『我能講說』；至於行事，還逐訛風。」（二四八頁下）扶桑記釋
「管句」：「在唐口訣云：知事人也。」（一四〇頁下）

〔五五〕對僧自恣法　鈔科卷上四：「對座說儀。」（四〇頁中）資持卷上四：「正自恣
法。四科。」（四二八頁下）【案】「對座」文分為二：初，「增一」下；次，「次
正」下。

〔五六〕汝等各就草座，我欲受歲等　資持卷上四：「初引聖儀，誡令傚上。」（二四八
頁下）搜玄：「增一二十三云，如來坐草座已，告諸比丘：『各就草座，我欲受
歲，我無過咎於眾人乎？又不犯身口意乎？』如是至三，諸無對者。時舍利弗
從座起，白佛：『諸比丘眾觀如來無身口意過。所以然者，世尊今日未度者度，
未解脫者令得解脫，未涅槃者令得涅槃，為旨（【案】『旨』疑『盲』。）者作
眼，為迷逕路，以此事緣，無過咎於眾人，亦無身口意過也。』時舍利弗白佛
言：『今向如來自陳，我無咎於如來及眾僧乎？』佛言：『汝今都無身口意過。
所以然者，汝智慧無量，無與等智，總持三昧，戒、定、慧、解脫知見成就。
所作如法，未曾違理。』（三九九頁上）如是五百比丘，各各受歲，亦復如是。
准此經意：謂諸聲聞脩少欲行，故見坐草，今傚佛成規，遂坐草也。」（三九
九頁下）【案】增含卷二四，六七七頁上。

〔五七〕新歲經　搜玄：「豈云：別譯五紙許，失譯經也。」（三九九頁下）資持卷上
四：「彼云：時三千大千世界，六反震動，一萬比丘得道跡，八千比丘得羅漢，
空中八萬四千諸天皆發無上正真道意等。」（二四八頁下）

〔五八〕其一五德至上座前，大敷坐具，互跪　鈔科卷上四：「初，五德來儀。」（四〇
頁中）鈔批卷一一：「立謂：五德不敷草坐，故須敷坐具。必若敷草，不須坐
具。」（五四五頁下）資持卷上四：「上座法中。初修敬者，律因六群反抄衣，
衣纏頸裏頭，通肩披衣，著革屣地上坐、床上坐自恣。佛因制具儀，律列四
禮，文略脫屣。偏袒一法，此土不宜。」（二四八頁下）【案】文分為二：初，
「其一五」下；次，「若五德及僧」下。初又分四。

〔五九〕第二五德至次座前立　資持卷上四：「明非雙頭一時說也。今多並跪，深乖法
律。縱前後說，外儀相濫，不能顯別，亦非法也。」（二四八頁下）

〔六〇〕僧祇文　簡正卷八：「彼文云：若二人作自恣者，一人受上座自恣，一人下座
前立。上座說已，下座次說，如是展轉。但為四分文不了，故取祇文一坐一立
也。『問：莫犯別眾不？』答：『此別對五德一人，縱宣己罪，復是法差，坐立
雖乖，無別眾也。』（已上正義。）今有人云：鈔引僧祇差二人為法，顯四分

不了之文。若行時（原注：『時』疑『事』？）之時，並須胡跪，不得一座立。若依此坐立者，即用他文他部事。是以今師注文簡濫，故云『此僧祇文』。若全取彼一坐立白，即合言僧祇云：其一五德至上座前等。（云云。）既子注出，密意不取也。今恐不然，制表不作變通，何局於注？審而思之，穿鑿太甚也。應加提（原注：『提』疑『捉』。）足之言。羯磨疏云：十律並差二人寂上座者，作『五德』也。下座來至上座前，執足口言求聽。若是下座，不用乖儀式也。」（五二五頁上）【案】僧祇卷二七，四五一頁下。「捉足」之義見十誦卷二三（一六五頁下）。

〔六一〕若上座見五德來，即從座起，互跪，偏袒右肩，合掌，一切僧即隨上座法　鈔科卷上四：「『四』下，眾僧自恣。」（四〇頁中～下）資持卷上四：「律因上座具儀自恣，餘人猶故在座，佛又制之。此亦據五德來時，非謂大眾齊跪。」（二四八頁下）【案】「四分云」下分二：初，「四分云」下；次，「律開病」下。初又分二：初「四分云「下，次「如是展轉「下。四分、十誦別示二座。搜玄次將本節三分：初，「四分」下；二、『應作』下；三、『若眾僧』下。四分卷三七，八三六頁下。

〔六二〕十誦云　資持卷上四：「投身仆地，舒手執足，示敬之極。彼又云：若是下座，不得執足，乖儀式也。」（二四八頁下）【案】十誦卷二三，一六五頁下。

〔六三〕應作法言　資持卷上四：「準疏分五：初句，正告五德，求聽說也。次句，牒僧自恣時也。三、『我某甲』等者，下應上法，縱陳過咎、恣僧舉也。四、『若見』等者，我有三根，慈誨賜示，疏云：解行具故名大德，年臘高遠名長老。又云：前單牒者，但告『五德』，後雙牒者，勤重之志在於僧也。（謂囑僧中別人。僧祇則云：長老及僧自恣說，故知通告也。）五、『我若』下，從聞悔過，成我清美。」（二四八頁下）

〔六四〕太德一心念　鈔批卷一一：「『大德一心念』下，正作法也。羯磨疏云，文有五句：初，言『大德』者，正告『五德』，求聽說也；小者言『長老』。二、『眾僧今日自恣』者，僧自恣時也。三、『我某甲亦自恣』者，下應上法，縱陳過咎，恣僧舉也。四、『若見聞疑』下，我有三根，慈悔賜示也。五、『我見罪』下，從聞悔過，成我清美也。……礦解此詞，亦五句：初言『大德』者，言對『五德』，不問大小，成（【案】『成』疑『咸』。）稱大德，此是襃讚之辭。二、舉十方同遵，故言『眾僧今日自恣』。三、仰則成規，表依僧法，故言『我某甲亦自恣』。四、縱宣己過，請求舉罪，願垂誨示，故曰『若見聞疑』等。既

歎彼求舉，『大德』『長老』，並稱無妨。五、彰己見過悔除，令行皎潔，故曰『我若見罪』等。表己懃懃，如是至三。」（五四六頁上）簡正卷八：「鈔加『一心念』字。律文及羯磨本中既無，所以加添者，鈔唯（原注：『唯』疑『准』。）僧祇，有一心念之語。意道：對『五德』別人，着一心念，亦有何損？」（五二五頁下）

〔六五〕大德長老　鈔批卷一一：「言『大德長老』者，羯磨疏云：前單言大德者，但告五德也。後雙牒者，懃重之至，在僧故也。何以知然？律中，不得竊語自恣、（五四六頁上）疾疾語自恣等。故是對僧，令知名目，理須清朗，擬眾通淨也。准善見論云：大為大德，小為長老，且分二人耳。義通上下，更須論之。長老乃大，故經中長老舍利弗、賢者阿難。律中不定，今略釋之。行解具故，名為大德；年德高遠，名為長老。（謂夏歲多者，是也。）應作四句：一、是大德，非長老，少年解行備也；二、是長老，非大德，年高解淺；三、俱是，謂年高、行解著；四、俱非者，少年無知也。首疏云，昔人云：初言『大德』者，喚『五德』人也；中間『大德』者，喚眾中大於己者；次『長老』喚眾中小於己者。問：『若如此義者，最大上座，喚誰為大德；末下小者，喚誰為長老？若言眾通凡聖，由唱清淨大沙門入，此義且然，意明最大上座，望聖人名小也。末座小者，喚誰為長老？豈有聖人小於無夏初戒僧矣？』注云：『此明最小下座，不下喚聖人為長老，由聖非小也。又復小者，即喚長老。』『何故九十中，牽他出房戒中，十七群既小於六群，何故語六群言：長老是我等上座？又七百結集中，離波多喚一切去（【案】『去』疑『云』。）最大上座，作大德長老者？』今解云：『行之具足，稱為大德；高監懃哲，道遠見遐，目為長老。（五四六頁下）今此所稱大德長老，初、中、後言，皆喚所對五德之人也。』問：『此義若然。但稱大德即足，何須復言長老？』答：『得但為懃懃，求請五德舉我罪故。恐不在意，故須重喚。』『若如此者，何不言大德長老？』『大德長老，一解亦得，但是翻譯家換互耳。第二解者，重言即醜，又亦義異，談德別故。』『若爾，何故不得初稱長老？』答：『若初稱長老，復問何不大德在初，難無窮故。二解所對之人，為具五德，眾中差出。既稱五德，德是根本，故初稱德。道遠見遐，是其緣助，非正根本，故須後曰直。』問：『何不初作重呼，後以單喚？』答：『初未求請，不假重呼。中間正為求守，五德舉罪，是以重喚也。』」（五四七頁上）搜玄：「上且一途釋其大小，更通論之。長老乃大，故經中長老舍利弗、賢者阿難等。律中不定，今略釋之。行解具

故,名為大德;年德高遠,名為長老。如俗中云長者言也。前單牒者,但告『五德』,後雙牒者,勤重之至,在僧故也。問:『前對小者,得如文中云大德不』?答:『具德差遣,成所推敬,何得不稱!善見云:大為大德,小為長老。且分二人,義通上下,餘不可盡也。』」(四〇〇頁上)

〔六六〕**上座復本座** 資持卷上四:「還歸席位也。」(二四九頁上)搜玄:「律云:時上座自恣竟,胡跪,乃至一切僧竟,上座疲極,白佛。佛言:『聽隨自恣竟,復座。』」(四〇〇頁上)

〔六七〕**其五德至第三上座前立,彼第二五德在次座前立者,同上作法** 鈔科卷上四:「『其』下,次座。」(四〇頁下)搜玄:「牒前祇文中第二『五德』也。羯磨疏云:其小『五德』,在第二上座前立,待眾首作竟,方互跪對作,故言同上作法。」(四〇〇頁下)

〔六八〕**如是展轉,至于下座,隨其說訖,還復本座** 資持卷上四:「上以二座為法,餘並同然,故云如是。所以展轉,別對各說者,由是求他舉過,必使大眾識知名字,觀量有無。若令合說,言相參濫,何由辨別?所以律中,一說、二說、竊語、疾語,皆名非法,意在此也。」(二四九頁上)

〔六九〕**律開病者,隨身所安** 鈔批卷一一:「謂復本座,非謂歸房也。」(五四七頁上)資持卷上四:「隨身安者,亦須坐草,但不具儀耳。故律云:時有病比丘,偏袒、脫屣、互跪、合掌,時久病增。白佛,因開。」(二四九頁上)

〔七〇〕**準此不病,應訖自恣** 簡正卷八:「唯上文約病曲開。今或無病比丘,即須依上座胡跪,待至座前,說偈了復坐,故云『訖』也。有解:待一切了,總方可復坐,名為說(【案】『說』疑『訖』。)者,此非解也。」(五二六頁上)資持卷上四:「謂自陳三說竟也,非謂合眾都訖。上云隨訖復座,豈不明耶?」(二四九頁上)搜玄:「不用依上座預前胡跪久合掌,但隨身所安,臨自恣時,胡跪也。若不病者,應隨上座胡跪合掌,(四〇〇頁上)待自恣訖復座。今不行此,但依上座開文也。」(四〇〇頁下)

〔七一〕**五德各至本坐處,應自恣** 資持卷上四:「準僧祇文,須依位者,不失次故。」(二四九頁上)

〔七二〕**破十誦家法** 資持卷上四:「彼取僧竟,同上三千威儀故。」(二四九頁上)簡正卷八:「彼云:從上坐至下座,說自恣竟,二『五德』自相向自恣。今祇不然:各至本位,相向自恣,即與四分『一一次第,從上座自恣』義勢相開(原注:『開』疑『關』。)。必依十誦之文,即太緩,故不取也。若眾僧說已,事

訖文也。依次十誦，可知。」（五二六頁上）鈔批卷一一：「立明：十誦文中，令待僧自恣竟，兩个『五德』，自相向作。今祇不同之，至本坐處須作。」（五四七頁上）【案】五分卷一九，一三一頁中。四分卷三七，八三六頁中。十誦卷二三，一六五頁下。

〔七三〕**便如常禮退**　資持卷上四：「今時行事，『五德』歸位已，咒願迴向，然後梵唄，說『自慶偈』，三歸禮散。（多、見不說偈者，非也。）」（二四九頁上）

〔七四〕**若五德及僧，舉得六聚之罪**　鈔科卷上四：「『若』下，明舉罪（三）：初，舉法不同；二、『五』下，反治須否；三、『若』下，僧數具缺。」（四〇頁中～下，四〇頁下）簡正卷八：「舉得六聚者，鈔意令先治，然後自恣。若舉四重：有覆，與滅擯治；不覆，與學悔治。第二篇，有覆不覆，令發露竟自恣。三篇已下，皆懺了自恣，恐稽留法事，皆發露了自恣。別人舉者，已聽許治之，然後自恣也。」（五二六頁上）搜玄：「別人舉者，三根並實，依遮法治。遮揵度云：應召入眾中，當為舉。舉已，作憶念，應與罪。上座又具問能舉。徒眾上下，及所舉人，已聽許治之，然後自恣。」（四〇〇頁下）

〔七五〕**各依當篇治竟**　資持卷上四：「依篇治者，約心違順，通收懺罰。初科，分二。初明『五德』眾僧舉，必無私曲，依法加治，不假窮勘。」（二四九頁上）

〔七六〕**若別人舉罪，窮勘是非，覈其事情**　資持卷上四：「『若』下，二、明別人舉。恐懷損減，須究虛實。初明事根俱實。」（二四九頁上）

〔七七〕**依律遮法治之**　資持卷上四：「依遮法者，作舉憶念。」（二四九頁上）

〔七八〕**若事實是犯，舉根不了**　搜玄：「實犯夷罪，或見言聞，或聞言疑，三根不能辨了，（四〇〇頁下）即治謗罪也。」（四〇一頁上）資持卷上四：「『若』下，明事實根謬。」（二四九頁上）簡正卷八：「實犯夷言殘，或聞云疑，不能辨也。『了』即治謗罪。」（五二六頁上）

〔七九〕**並反治謗罪**　資持卷上四：「初，簡『五德』不治，有二義故：一是眾差，二謂具德。」（二四九頁上）

〔八〇〕**眾網中**　簡正卷八：「彼云，若明不成者，律云：若不舉，不作憶念，不伏首罪，或無犯，犯不應懺，罪已悔竟，不現前非法別眾。二十七非，並非法不成也。」（五二六頁上）

〔八一〕**雖合推繩**　資持卷上四：「覈實加刑也。」（二四九頁上）

〔八二〕**不同別人**　資持卷上四：「『不同』下，次明別人須治。（二四九頁上）反前二義，在文顯然。」（二四九頁中）

〔八三〕又內無德，多不知時，反生諍本，何成安眾，故虛即結謗　資持卷上四：「初，舉極位僧。辦法備故。」（二四九頁中）

〔八四〕若僧滿二十，隨所犯罪，竝得治之　資持卷上四：「『若』下，明次位僧。被事不足故。」（二四九頁中）搜玄：「有舉得犯六聚者，但有二十眾，並能治之。」（四〇一頁上）

〔八五〕若五人已上，舉得出罪之事，則且白停　搜玄：「為僧數不滿二十，出殘罪等不得，故且白停。」（四〇一頁上）

〔八六〕如四人法中說　搜玄：「彼云：若犯提已下罪，其（【案】『其』疑『莫』。）問自言、舉來，並前懺已自恣，此是『進』也。若犯四人已上，偷蘭，乃至僧殘，交無治義。彼引十誦，白停後，待眾滿，如法治之，不應礙自恣也，白停其治罪也，此是『不』也。指彼同此，故云如四人法中說也。」（四〇一頁上）資持卷上四：「指後法者，令發露也。」（二四九頁中）【案】五分卷一九，一三三頁上。

〔八七〕尼來請出過法　簡正卷八：「外難曰：『鈔文於第二『進不門』首開科云：初明六人已上法，次指後辨五人法。適來既明六人已上五德進不之法竟，依科便合辨五人法，今此卻標第三尼來請罪，可不違於前科耶？』答：『若向六人五德行事進不門，後便明五人法者，況新學致迷。前文標云，就五人已上分四，今若於其內復出五人，恐有斯親（【案】『親』疑『亂』。）也。』『若爾，前來分科，何不就僧法中分二：初明六人已上法，次辨五人法，豈不便耶？何得總標就五人已上分四，如此科之？』答：『若合（【案】『合』疑『以』。）下作此分科，便有繁略之失，進退不可。只如就五人法中，若但出差法，及五德行事法更不述，第一門并第三門又太略。新學之人，將謂五人自恣，不具初一、後二之三門。若於五人法中，更出前後三門者，前六人中已辨訖，今後重述，又是太繁。今但於六人已上法中時，（五二六頁下）總出卻四門了，然後略辨五人之法與六人稍似異處。若初一、後二同者，一如前文辨也。是以此中不敘五人之時，為此深旨。』」（五二七頁上）【案】「尼法」分三：初，「若無」下；二、「若尼」下；三、「五百問」下。

〔八八〕不須同「說戒」問尼有無　鈔批卷一一：「謂說戒時，問言：誰遣比丘尼來請教誡者？此制令問擬差人往教，（五四七頁上）使尼眾清淨，彼此俱益。今之自恣，直是尼來求僧舉過，聖不制問來與不來，故不須問也。」（五四七頁下）資持卷上四：「初無尼中。以說戒時，尼請教誡，身不現前，有無俱問。自恣

不爾，縱有不問。」（二四九頁中）

〔八九〕眾僧自恣　資持卷上四：「『眾』下，止僧自恣。」（二四九頁中）

〔九〇〕量時早晚令尼得還　簡正卷八：「若日早，即且待僧自恣竟。若日晚，恐尼迴寺不得，即上座勅五德：且暫住，待尼自恣。其二『五德』，且各歸本位。今時多見在僧前者，非也。」（五二七頁上）

〔九一〕當命之至僧中　資持卷上四：「『當』下，命尼陳說。」（二四九頁中）簡正卷八：「請令人喚召尼入於僧中也。問：『召入後，未說自恣前，更要和僧。今有人云不用者，不達意也？』大德云：『更須重和。謂前和自是為僧，今此為尼，豈不和也？僧普有舉罪義，一人不和，尚由不得。又如隔日尼來，說三事見聞疑，僧中亦須索欲問誓（原注：『誓』疑『和耳』。）不例解。」（五二七頁上）

〔九二〕如別法明　資持卷上四：「下具云：『比丘尼僧夏安居竟，比丘僧夏安居竟，比丘尼僧說三事自恣見、聞、疑。大德慈愍故語我，我若見罪，當如法懺悔。（三說。）』」（二四九頁中）搜玄：「尼眾別行篇明也。前明自恣時節中，云及論作法，三日通用，不要須十四日僧，十五日尼，但定取十六日。停僧自恣，待尼請罪，亦得也。後依律文，更出異日。」（四〇一頁下）【案】見尼眾別行篇「五、自恣法」。

〔九三〕上座敕尼云　鈔科卷上四：「『上』下，上座告勅。」（四一頁中）資持卷上四：「上告下名敕，古語通用。今唯王者所稱。」（二四九頁中）

〔九四〕餘同尼法　資持卷上四：「『餘』下，指後。彼云：尼於自恣時，傳僧所告，諸尼頂戴訖，然後自恣等。隔日法中，以夜中作法，尼來不及，故制重集。唯此為異，餘並同前。」（二四九頁中）

〔九五〕白日法　簡正卷八：「即同『日法』也。」（五二七頁上）資持卷上四：「初科為三。初，安尼立處。」（二四九頁中）

〔九六〕今時多在十四日夜或十五日夜自恣者　鈔科卷上四：「『今』下，隔日重集法。」（四一頁中）【案】底本無兩個「日」字，據敦煌甲本、敦煌乙本、敦煌丙本、敦煌丁本、敦煌庚本加。

〔九七〕餘同前示　搜玄：「謂同前大眾良久嘿然、勅尼等也。」（四〇一頁下）

〔九八〕此非僧法，何須盡集索欲　資持卷上四：「以欲應羯磨，今既不作而制傳欲，故須問釋。」（二四九頁中）簡正卷八：「問意云：躡前文不來者索欲等，此是尼說自恣，不是僧法，無別眾，因何傳欲等。」（五二七頁下）

〔九九〕**若一人不和，則不成自恣**　資持卷上四：「初，申理。尼八敬中，依僧自恣。眾不和集，非依僧故。」（二四九頁中）搜玄：「答文三：初，立理答；二、『故律』下，當部證成；三、『僧祇』下，引為准。」（四〇一頁下）【案】四分卷一二，六四九頁中。

〔一〇〇〕**不得如廣自恣法**　簡正卷八：「但禮拜等。不得說三事見、聞、疑，名為廣法。不同諸家釋云：僧既不滿，或不和，尼眾亦不得歸寺中，作尼自恣法，只但禮拜問訊等。此是錯解。」（五二七頁下）

〔一〇一〕**處既有僧，通須舉治無濫，故須集之**　資持卷上四：「『處』下，反彰廣法。」（二四九頁中）

〔一〇二〕**本無羯磨法，亦令隨緣說欲訖，然後教誡**　搜玄：「准祇：明日尼來，僧請教誡人，傳大僧中上座，教還尼眾中說。尼有不來，須說欲同，是僧法准用無疑也。」（四〇一頁下）簡正卷八：「祇云：明日尼來僧中，請教誡人，傳大僧中上座教勅，使尼歸本寺說。尼中有不來人，亦令傳欲。二彼俱是僧法，道理是齊，不可偏頗各別，但唯（原注：『唯』疑『准』。）此行用請，無疑請也。犯重罪者，十七殘中，獨行不許，望下篇為重，非謂波羅夷重也。」（五二七頁下）鈔批卷一一：「今引此文意者，明尼來僧中自恣，以請僧舉罪。若僧隨不集者，即須說欲也。」（五四七頁下）【案】僧祇卷三〇，四七五頁中。

〔一〇三〕**以尼獨行出界，犯重罪故**　鈔科卷上四：「『五』下，尼來得否。」（四一頁上）搜玄：「華嚴云：謂殘罪，望下篇為重，非謂夷也。然差尼來，但得羯磨差一尼，餘尼口差為伴也。」（四〇一頁下）鈔批卷一一：「今時尼眾，七月十六日夜，明相未出前，來僧中者，一向非法。以十五日夜分未盡，便夜起來者，皆破夏離衣。何須如此？夜急去也。（往往曾見此事。）又復夜半盡眾來，未見所出，可白曰『二三尼來』，即是依教。」（五四七頁下）資持卷上四：「僧殘戒分，望下為言，身既有過，不堪自恣也。今時尼法，節制不行，幸而聞之，無復見矣。」（二四九頁中）

〔一〇四〕**明略說雜行**　資持卷上四：「緣法二種，各有多別故。」（二四九頁中）鈔批卷一一：「疏云：僧正作法，難緣忽生，若獨廣說，惱亂僧眾。德人進不，作白告知，一時兩對，彼此陳露。此謂不對『五德』作也。若對『五德』，有二略，謂一說、二說。（五四七頁下）對本五德，緩急自知，任時量事，不須和白。不對『五德』，有三略說者，改眾也。初一白，各相對三說，則百人為五十對，一時彼此三說也；次一白，各各相對二說也；後一白，各各

相對一說也。和上云：此三白者，宣（【案】『宣』疑『宜』。）合為一。礪
分為三白，即羯磨疏云『有人分為三白，今合為一』是也。」（五四八頁上）
【案】「說雜行」文分二：初「言略」下；次「二明難事」下。

〔一〇五〕當量僧多少，難來遠近等　資持卷上四：「令量時者，事在五德，眾法選舉，
非庸昧所，堪可不慎乎！」（二四九頁中）【案】初「言略」下分二：初，「言
略」下；次，「若有」下。次又分二：初，「若有」下；二、「四分若」下；
三、「四分六」下。

〔一〇六〕若僧多、時熱，處所迮狹，明相欲出等，當令五德於三五上座邊三說，已外眾
僧一說便止　鈔科卷上四：「『若』下，正明略法（三）。初對五德略。」（四一
頁中～下）簡正卷八：「僧多時熱、迮狹等者，此餘緣開略也。」（五二七頁
下）資持卷上四：「『疏云：對『五德』有二略，二說、一說也。（人云無再說，
非。）受兩人者，縱受三人，理亦無損，但不得至四耳。」（二四九頁中）

〔一〇七〕不得竊語自恣　搜玄：「『律竊語』者，明上一說，令大眾聞知。因六群竊
語、疾疾自恣，佛言非法也。」（四〇二頁上）

〔一〇八〕雙頭一時各自恣者，此是非法　鈔科卷上四：「『今』下，斥非法。」（四一
頁下）簡正卷八：「雙頭者，二『五德』各對一人時說自恣，是非法也。」
（五二七頁下）資持卷上四：「二『五德』齊跪。一時者，兩座同說也。」
（二四九頁中）

〔一〇九〕一時自恣鬧亂，佛令一一次第，從上座自恣　資持卷上四：「初引本律，因
非特制。」（二四九頁下）

〔一一〇〕應從上座自恣　簡正卷八：「玄云：此是僧祇二十七卷文。鈔指十誦，是筆
誤也。」（五二八頁上）資持卷上四：「次引十誦，上句示法。」（二四九頁
下）【案】僧祇卷二七，四五一頁中。

〔一一一〕不得逆作次第　資持卷上四：「『不』下，遮非有四。逆作者，從下至上也。」
（二四九頁下）簡正卷八：「謂記解云：從下至上，顛倒為逆也。大德云：
左轉作次第為逆也。如今時食堂中，東頭為上。今自恣時不然，緣自恣是出
罪，與常途有別。如面南寺門，在大殿前架鋪設，即從殿中門東狹邊為上座
位。『五德』行事時，即右遶，由如禮佛行道時。若依尋常排位，即是左轉，
故云逆也。」（五二八頁上）【案】資持釋文中「遮非有四」即下文：逆作、
行行、超越、總唱。

〔一一二〕行行置人，如益食法　資持卷上四：「行行者，分頭各取也。」（二四九頁

下）鈔批卷一一：「謂一行頭安一『五德』，或二行、三行頭，著一五德是

也。」（五四八頁上）簡正卷八：「諸記云：有人十行人坐，一行著一『五德』

自恣，如『益食法』也。大德云：此釋有二不了。既言如有十行人者，夫自

恣出罪，羯磨疏：須兩向長鋪㲲，眾僧面相向坐，中間一行㲲，不坐人留，

與『五德』行事。今若十行、五行排坐，自是非法也。此一不了。又云一行

著一『五德』者，且五德只有二人，何處有十人『五德』，且二不了。今准

法寶云：行行置人者，由如食堂內坐人作十行。五行前行背後行，遞互背面

坐也。如益食法者，二『五德』取自恣時，巡諸行內，如今時堂內，益食不

殊也。」（五二八頁上）【案】「行」，音「航」。

〔一一三〕超越　資持卷上四：「間隔坐次也。」（二四九頁下）鈔批卷一一：「立謂：

不依次第，越次而作，如第一『五德』在上座前作已，其第二『五德』應向

次座前立。今則越次座，向第三座前，名超越也。」（五四八頁上）搜玄：

「謂不依次第，從第一上座過，即越第二上座過，取第三上座等。四分亦

有，與祇同，不明了也。」（四○二頁上）

〔一一四〕總唱　簡正卷八：「准南云：如一行有三十人，行首一人說云『我比丘某甲

（五二八頁上）等若干人亦自恣』，餘二十九人便不說偈也。（此不成解。）

今依玄記云：一切大德僧，見、聞、疑自恣，准彼律文抄出也。『等』者，

更等取餘非法事也。」（五二八頁下）鈔批卷一一：「謂一時同說，名總唱

也。鈔指十誦文，錯也，事出祇律。」（五四八頁上）搜玄：「一切大德僧，

見、聞、疑罪自恣，謂彼律文如此等者，等取其餘非法之事也。」（四○二

頁上）【案】僧祇卷二七，四五一頁中。

〔一一五〕若賊等急難，不可閑緩　鈔科卷上四：「『四』下，僧自相對略。」（四一頁

下）簡正卷八：「前來雖有緣難，由緩，則可對五德略。今難既排門（【案】

『排門』疑『非閑』。）是急，故不可也。」（五二八頁下）

〔一一六〕便各各相對，人別三說　資持卷上四：「『便』下，眾僧對說。疏云：不對五

德有三略，如百人為五十對，一時彼此三說、再說、一說也。三說，望法是

廣，對人為略；下二，人法俱略。」（五六七頁下）簡正卷八：「如一百人，

作五十對，各各人別三說。」（五二八頁下）

〔一一七〕文同前法　鈔批卷一一：「謂其自恣詞，同於前也。」（五四八頁上）搜玄：

「謂詞句也。」（四○二頁下）簡正卷八：「詞句之文，與前對五德說不別。」

（五二八頁下）

〔一一八〕**難事轉近，若欲再說、一說，亦須單白** 簡正卷八：「等作白再說。或更急，作白一說。此有三單白：一、三說，二、再說，三、一說，成三也。此並不對『五德』。法寶云：須知此三，約三遍論，非謂一度，因恣一時，作此三白。迷意者多。」（五二八頁下）搜玄：「難近，作白再說；更急，作白一說。此有三單白，謂三說，二說，三、一說，即三白也。此並不對『五德』也。」（四〇二頁下）資持卷上四：「唯改『再』『一』為異。」（二四九頁下）【案】「難」，去聲。

〔一一九〕**不類前略，不須白告** 資持卷上四：「初，明須白。『不』下，簡前不須。」（二四九頁下）簡正卷八：「謂不可比類先前來對五德略也。」（五二八頁下）

〔一二〇〕**四分六種略說** 鈔科卷上四：「『四』下，卒難，直去略。」（四一頁下）資持卷上四：「直去中。初句總舉，五種如上，下別示第六。〔廣略合論，去（【案】『去』疑『云』）為七法。〕」（二四九頁下）簡正卷八：「初，對五德，有二：一、再說，二、一說。二一說（【案】次『二一說』疑剩）。鈔文前來闕『再說』也。二、不對五德，略有四：一、白僧對首三說；二、白僧對首再說；三、白僧對首一說；四、不得說，應直去。都成六略也。」（五二八頁下）鈔批卷一一：「如前解者是也。謂對『五德』有二略：初，對『五德』二說；次，一對一說是也。此鈔不出『二說』之文，應合有也。就單白相對自恣，有三略，謂三說、再說、一說也。并後難急直去，為六也。此皆約難，來有遠近，故有此差別六種不同也。」（五四八頁下）搜玄：「謂對五德再一為二，次復眾中三，今單白成五。第六難事，更近驚起直去，即六種略也。」（四〇二頁上）

〔一二一〕**難事驚急，開直爾去** 資持卷上四：「由難卒至，不容對說，此據『五德』和白已後，未白難來，待靜自恣，即五百問通一月也。（舊云落增減者，非也。彼為外界靜，緣非八難故。）」（二四九頁下）簡正卷八：「寶云：據作自恣，單白了說，但未說自恣，難便急至，即入此第六略數。若五德未秉和僧單白前，難至，未成自恣，略法之數，但在增減中攝也。諸記中但云難事驚急直去，（五二八頁下）便是第六略。並不約其單白前後者，莽鹵甚也。」（五二九頁上）

〔一二二〕**難事** 資持卷上四：「難事小界，如結界中已明。『難』名通漫，略為簡示。受說安恣，並以王、賊、水、火等八難，餘緣為難，增減說恣。即因他界鬥諍，來此為難。三小開者，並以當界不和為難，緣相各別，不可混濫。」（二四九

頁下）簡正卷八：「律云：惡比丘作留難，而且入，令浴，以同師善友疾疾出界等。結小界作之事，時希少用，故鈔指略也。」（五二九頁上）鈔批卷一一：「明眾僧相向坐，『五德』在中央，四向受自恣。」（五四八頁下）搜玄：「律云：為難比丘入浴已，同師道友，疾疾出界等事希，故略之。」（四○二頁下）

〔一二三〕上來明六人僧法，具述如上　簡正卷八：「謂六人直至百千人，總具此四門無異。亦是結文也。」（五二九頁上）搜玄：「謂於第二門中分，恐後人迷，故結異也。」（四○二頁下）【案】依義本句當為上「初六人已上法」之結句，如簡正所言。鈔科作下「次明五人法」文之首。今從簡正。

次，明五人眾法〔一〕

恐濫行，故簡異之〔二〕。

若界內五人者，索欲不開〔三〕。問和，答已，便白二〔四〕，差一五德竟，又重差第二人。不得牒二人一時同法〔五〕，以所為人不入僧數故。取自恣時〔六〕，一五德同前坐，一五德展轉取自恣。若至坐處，二人共說。餘同前法〔七〕。

【校釋】

〔一〕明五人眾法　鈔批卷一一：「問：『上明六人，此明五人。既等是僧法，何故分為取段？』答：『義有所以，為簡益故，恐不閑教者。界有五人，一人說欲；界若六人，一（【案】『一』後疑脫『人』字。）說欲，餘五成僧，得羯磨差五德也。若五人者，一人說欲，餘四雖是僧，但是能秉，更無別有人可差五德也。若差一人為五德者，三非僧故，一向不成。又復五人雖盡集，又恐一時雙牒，二个名入法，餘三非僧，故又不成，但得前後差也。故今立此段，簡異故也。』」（五四八頁下）搜玄：「有四意：初，總標簡異；二、欲法有無異；三、『問和』（【案】「和」音「賀」。）下，差人總別異；四、『取自恣』下，受恣雙單異。問：『上六人、五人，同是僧法，如何異耶？』答：『為五人行事，不同六人，恐濫行故。『簡異』下，出三異。若界六人，一人說欲，餘五成僧，得羯磨差五德也。』」（四○三頁上）

〔二〕恐濫行，故簡異之　資持卷上四：「恐濫行者，往往有人同上雙差五德故。」（二四九頁下）簡正卷八：「謂此五人僧法自恣，於前四門之中，前一、後二即同，唯第二『五德』進不門差法，反行事法，與六人有異。恐人不曉，將謂六人等同，故此更辨。即前來第二門，首開科云『二、指後辨五人法』，即是此人也。」（五二九頁上）

〔三〕若界內五人者，索欲不開　鈔科卷上四：「『若』下，正明作法。」（四一頁上）
搜玄：「若五人者，一人說欲，餘四雖僧，但是能秉。若差一人為『五德』者，
三非僧故，不得與欲。」（四〇三頁上）鈔批卷一一：「謂自恣四人，不得受第
五人欲。以四人集堂，不得羯磨差『五德』，但得秉對首法。對首既是別人之
法，豈得受欲？然復此本眾法，（五四八頁下）今四人集，是秉眾法對首。界
猶有人，成別眾故，此屬人非，作法不成。」（五四九頁上）

〔四〕便白二　資持卷上四：「『便』下，秉法。前後各差，互為能所故。」（二四九
頁下）

〔五〕不得牒二人一時同法　資持卷上四：「『不』下，遮濫。」（二四九頁下）搜玄：
「鈔主正取差人時，（四〇二頁下）五人僧體，只得一一差，不得雙牒二人者。
以所為之人不足數故，三既非僧，如何差遣？」（四〇三頁上）

〔六〕取自恣時　資持卷上四：「『取』下，正對自恣。」（二四九頁下）

〔七〕餘同前法　簡正卷八：「第一僧集緣起，第三尼來請罪，第四雜法出諸相等，
並與六人中同也。」（五二九頁上）搜玄：「謂舉罪前，已明五人舉罪白停也，
及尼來難事略法，並同前也。」（四〇三頁上）

二、四人已下，至對首法〔一〕

當盡界集，不得受欲〔二〕。四人相對，一人別說云：「諸大德一心念：
今日眾僧自恣，我比丘某甲清淨。」三說。餘人亦如上述之。若二人對
首，唯云「大德一心念」，餘辭同前。

若犯波逸提已下罪者，莫問自言、舉來〔三〕，竝如〔四〕前懺已，自
恣。若犯四人已上，偷蘭僧法〔五〕，但入偷蘭說中〔六〕，乃至僧殘說中〔七〕，
以交無治罰之義〔八〕。若準用十誦〔九〕，白停後，當待眾滿，如法治之，
不應礙自恣〔一〇〕。四分說戒中〔一一〕：自犯罪，若告僧，恐妨說戒，令
心念發露已，後得聞戒。既俱是淨行、眾法，攝治功齊〔一二〕，準用無妨。
理須牒其所犯〔一三〕，以眾不滿，未得治之，餘者清淨〔一四〕。

此中口陳，若不實者結罪，隨犯三波逸提〔一五〕。不同說戒默妄，隨
罪結吉〔一六〕也。

【校釋】

〔一〕四人已下，至對首法　簡正卷八：「四人未成僧法，由是對首已下，即三人、
二人也。」（五二九頁上）【案】「四人下對首法」文，鈔科分為三：初，「當盡」
下；二、「若犯波」下；三、「此中」下。搜玄分二，后二合為一。

〔二〕**當盡界集，不得受欲** 鈔科卷上四：「初，正自恣。」（四一頁中）資持卷上四：「四人、二人，大同小異。」（二四九頁下）【案】本節明「四人法」和「二人法」。

〔三〕**若犯波逸提已下罪者，莫問自言、舉來** 資持卷上四：「『自言』即目求也。『舉來』約他舉也。」（二四九頁下）搜玄：「第二，辨治罪，文二：初，犯輕，悔已自恣；二、『若犯四人』下，犯重罪，發露自恣。」（四○三頁上）【案】「若犯波」下，明「可懺」、「不可懺」兩種。

〔四〕**如** 【案】底本無「如」，據敦煌甲本、敦煌乙本、敦煌丙本、敦煌丁本和敦煌庚本加。

〔五〕**若犯四人已上，偷蘭僧法** 鈔科卷上四：「『若』下，不可懺。」（四一頁中～下）資持卷上四：「偷蘭，三品。上品，界內大眾懺，能所六人，方可行故。」（二四九頁下）搜玄：「文二：初，且舉所犯無治罰義；二、『若准』下，引文釋成得自恣義。……靈山云：若犯四人已上蘭。不許懺者，謂一人犯罪，餘但三人，即懺不得。此准十誦，四人為小眾，即中品蘭已上，無治罰義。若准四分滅爭（【案】『爭』疑『諍』。）中，小眾通二三人，則中品蘭，小眾懺亦得。今言四人已上者，則上品蘭耳。」（四○三頁上）

〔六〕**但入偷蘭說中** 資持卷上四：「入說中者，意顯此人已入罪聚故。」（二四九頁下）簡正卷八：「此謂犯其偷蘭罪，舉來至僧，未及治罸，因難驚起，名（去呼）入偷蘭說中。謂犯事已彰，教中說故也。」（五二九頁下）鈔批卷一一：「此謂犯其偷蘭罪，乃至波羅夷，舉來至僧，未及得治，因難驚起，名入偷蘭說中。謂犯事已彰，教中說犯，故曰入說中等也。又復但自犯罪，眾雖未知，亦名入偷蘭說中。餘僧殘及夷亦爾。」（五四九頁上）

〔七〕**乃至僧殘說中** 簡正卷八：「謂越卻夷罪，故云『乃至』也。以眾不足，更無治義故也。」（五二九頁下）

〔八〕**以交無治罰之義** 資持卷上四：「『交』即訓俱。僧數不滿，不應前事，故云俱無也。」（二四九頁下）

〔九〕**若準用十誦** 鈔科卷上四：「『若』下，準用發露。」（四一頁下）資持卷上四：「初準十誦，當悔未悔故，且白停，即同發露。」（二四九頁下）搜玄：「文二：初，准十誦白停，即後自恣；二、『四分』下，引例發露，合得自恣。」（四○三頁下）

〔一○〕**不應礙自恣** 簡正卷八：「謂舉得重蘭、僧殘等罪，僧數不滿，不得懺悔，且

向（【案】『向』疑『白』。）停悔罪之事。既舉得罪了，眾人具知，類同發露，便得自恣也。」（五二九頁下）鈔批卷一一：「明其犯者，已被他舉，不合自恣。餘無罪者，依常自恣，不可因他有犯，餘僧便止，不自恣也。」（五四九頁上）資持卷上四：「犯者既露，餘戒皎然，義須自恣，故云不礙也。」（二四九頁下）搜玄：「富陽云：謂自恣舉得重蘭、殘等罪，眾不滿，不得即（【案】『即』疑『懺』。）悔，不可自恣，且白停悔罪之事，以其舉得罪，合眾知竟。類同發露，得自恣也。」（四〇三頁下）

〔一一〕四分說戒中　資持卷上四：「『四分』下，準例，以無文故。初，舉事，即座上發露，開聞說戒。」（二四九頁下）簡正卷八：「舉例數（原注：『數』疑『釋』。）通也。說戒發露竟，罪雖未悔，且得聞戒。自恣中，舉罪雖未悔，亦得自恣。」（五二九頁下）【案】四分卷三六，八二六頁中。

〔一二〕既俱是淨行眾法，攝治功齊　資持卷上四：「『既』下，例同。說恣眾法，義無異故。（二四九頁下）文中有三：一、淨行同者，俱護體故；二、眾法同者，皆是攝僧本故；三、攝治同者，有犯並須悔露故。」（二五〇頁上）搜玄：「輔篇云：鈔引此文，將例自恣。富陽云：說戒發露竟，罪未悔，得聞戒。自恣中，舉得罪發露竟，罪未悔亦得自恣也。既俱是淨行，說戒防未起非，自恣防已起過，防過一同，故俱是淨行。又，說、恣俱是眾法，攝僧功齊，約界盡集，治罰功齊，有犯不得聞戒，有犯不得自恣等。以自恣准說戒，用之有何妨也！」（四〇三頁下）簡正卷八：「說戒防未起非，自恣妨（【案】『妨』疑『防』。）已起罪，防過既同，故俱是淨行。又，說、恣俱是眾法，攝僧功齊，約界盡集，治罰功齊，有犯不得聞戒，有犯不得自恣等。已自恣，准說戒用之，有何妨也！」（五二九頁下）鈔批卷一一：「立謂：自恣與說戒，俱是淨行眾法也。說戒是防未起之非，自恣是防已起之過。防過是一，故曰俱是淨行也。說戒座上，若憶有罪，聖令心念發露，即得聞戒，自恣亦爾。若憶有罪，亦須發露，方得自恣。」（五四九頁上）

〔一三〕理須牒其所犯　簡正卷八：「亦同說詞也。二人、三人自恣，或舉得殘罪者，應云：『二大德一心念：我某甲比丘，犯某僧殘，以眾不滿，未得治之。』」（五二九頁下）搜玄：「牒其所犯者，示說詞也。輔篇云：二三人自恣，舉得殘罪者，應云『二大德一心念』，或但云：『大德一心念，我某甲比丘，犯某僧殘，以眾不滿，未得治之。』」（四〇三頁下）資持卷上四：「『理』下，改詞句。應具云：『諸大德一心念：今日眾僧自恣，我比丘某甲，犯故漏失僧殘罪。』即

接文中『以眾』等語。詳此即是自恣，以身帶犯，不可言淨，須牒入法。前云『五人已上舉得出罪指如四人』者，準應白停已，依常自恣，不必改詞。以僧自恣法中，不陳淨故。」（二五〇頁上）

〔一四〕餘者清淨　搜玄：「此准說戒形勢也。又復自恣時，各各有罪者，各說罪名。發露竟，亦得自恣。」（四〇三頁下）

〔一五〕此中口陳，若不實者結罪，隨犯三波逸提　鈔科卷上四：「『此』下，示妄陳。」（四一頁中）資持卷上四：「犯三提者，以三說故，一一人邊皆結三罪。（舊云望三比丘各得一提者，非也。以前對一、二，不必定故。）」（二五〇頁上）搜玄：「有二意：初，明不實得罪則重；二、『不同』下，簡異嘿妄得輕。華嚴云：（四〇三頁下）實不淨，對他稱淨，是故妄語。前境有三，便結三提。不同說戒，嘿妄表淨，但得吉也。」（四〇四頁上）

〔一六〕不同說戒默妄，隨罪結吉　資持卷上四：「『不』下，簡異。彼不形言，犯緣缺故。」（二五〇頁上）簡正卷八：「實不淨，對他稱淨，是故妄語。前境有三，便結三墜，不同說戒，嘿妄表淨，但得吉也。」（五二九頁下）

若一人法者

律云：當往說戒處，埽灑敷坐，具盛水器、舍羅等，待客比丘〔一〕。若無來者，應至塔廟前，具修威儀，心生口言：「今日眾僧自恣，我比丘某甲清淨。」三說。

若犯輕突吉羅，心念懺已自恣；若犯故作吉羅已上，無治罰義，及以發露〔二〕，則不應自恣之法〔三〕。餘依前〔四〕。

【校釋】

〔一〕當往說戒處，埽灑敷坐，具盛水器舍羅等，待客比丘　資持卷上四：「初文，前明備具者，由本眾法無人乃開，故辦所須，擬同大眾也。」（二五〇頁上）【案】四分卷三八，八三七頁下。

〔二〕若犯故作吉羅已上，無治罰義，及以發露　搜玄：「文二：初，明輕罪懺竟自恣；二、『若犯』下，犯其重罪，治懺應不。」（四〇四頁下）鈔批卷一一：「此中言稍似倒。（五四九頁上）欲明若犯此故作吉者，且須心念發露，然微（原注：『微』疑『後』。）方可心念、自恣。謂既犯，須對人懺。今無人者，只得發露也。」（五四九頁下）

〔三〕不應自恣之法　搜玄：「輔篇云：重吉已上，無人對之，即無悔義。獨自又不得發露，故不應自恣。約義如此。」（四〇四頁下）

〔四〕餘依前　鈔批卷一一：「依前心念、自恣之詞也。」（五四九頁下）資持卷上四：「約人被事，可不兩相？悔犯露過，並須對人，不可行故。然亦可準座上發露，牒犯自恣，故云依前。（詞句例前作之。）又說戒篇準五百問，向四方僧懺已，說戒，亦可例用。」（二五〇頁上）搜玄：「鈔意准前心念說戒中。彼文云：或云發露、或云待人。靈山解云，或待人者，僧祇文。文云：若無客來者，作念：若得清淨比丘，此罪如法除。念已。心念口言，二說布薩。彼又引五百問論：合掌向四方僧發露，然後廣誦戒本。彼此俱是淨行眾法，攝治功齊，復應須牒其所犯，餘者清淨也。然後心念口言，三說自恣也。問：『何以得知餘依前者，即取前心念說戒文耶？』答：『羯磨疏心念法中，大同說戒也。』」（四〇四頁下）【案】五百輕重事，九八五頁下。

三、大明雜相〔一〕

問：「對僧自恣，云『見罪懺悔』，對首、心念，皆云『清淨』者何？」答：「僧中通有治舉之義〔二〕，加法容得具足〔三〕，別人雖有治舉，攝治未能得盡〔四〕。故但言『清淨』，舉心應僧〔五〕。」

問：「自恣竟，得說戒不〔六〕？」答：「依明了論，先說戒，後自恣〔七〕。四分云：自恣即是說戒〔八〕。」

問：「自恣得在未受具戒人前作不〔九〕？」答：「律中，令至不見不聞處，作羯磨自恣〔一〇〕。若不肯避去，僧自至不見聞處作之〔一一〕。」

律中，若別人及僧自恣已，更有客來〔一二〕：若少，告清淨；等、多，更為說〔一三〕。若二人作法已，更有三人來，僧法自恣〔一四〕。二人來者，還同對首。如前所明〔一五〕。

問：「十五日自恣已，得出界不？」答：「不得。破夏、離衣，由夜分未盡故〔一六〕。受日至七月十五日滿〔一七〕者，亦須反界，以夜不得法。文云：及七日還。」

問：「此界安居，餘處自恣得不〔一八〕？」答：「僧祇：不得，結罪〔一九〕。」

問：「前安居人自恣竟，夏分得物，後安居人得不〔二〇〕？」答：「律令受物，餘日應足令滿〔二一〕。若分房舍、臥具，亦聽為未來故受〔二二〕。」

問：「一說、二說自恣，無難緣成不〔二三〕？」答：「不成。律中：六羣比丘一說、二說〔二四〕，竊語、疾疾語〔二五〕，不往自恣處，往而不

坐，或不說，佛竝判不應。四分云：年少比丘，不知自恣法者，和尚、
闍梨教詔〔二六〕。猶故忘不憶，使受自恣者教〔二七〕；若復忘，應共句句
說〔二八〕。」「年少如此委示，老者云何〔二九〕？」答云：「亦同年少之
法。故律中，阿難攝眾無法，迦葉訶言『年少』。阿難言：『我今頭白，
何故名年少〔三〇〕？』答云：『汝不善察，事同年少。』老年愚法，豈不
例之。」

問：「界中前後安居，自恣云何〔三一〕？」答云：「從安居多者自恣
〔三二〕等。」

問：「安居竟，須離本處不？」答：「律云：安居竟，不去，犯罪
〔三三〕。毗尼母云〔三四〕：比丘安居已，應移餘處。若有緣〔三五〕，不得
去，不犯；若緣無者，出界一宿，還來不犯。五分〔三六〕：安居已，不
去，一宿者墮；若不作限請，若非受請處〔三七〕，得住。增一云〔三八〕：
告諸比丘，恒一處止，有五非法〔三九〕：意樂屋舍、器物；又著財產，
恐人奪之；或多集財物；貪著親親；恒共白衣往來。反此，得五功德
〔四〇〕。」

【校釋】

〔一〕大明雜相　資持卷上四：「前明緣法，徑顯行事，其教義差別、是非之相，併
　　　列于後，故云大明。」（二五〇頁上）【案】鈔科科此「雜明諸行」文為十段。
　　　簡正將「律中，令至不見不聞處……如前所明」科為一段，成九段。搜玄將
　　　「四分云……應共句句說」句單科也成十一段。今從鈔科，如鈔所示。

〔二〕通有治舉之義　資持卷上四：「上得通下，故一往對論。若約盡辦，必須二十。
　　　非謂大眾，得作對念，但望人多是可行故。」（二五〇頁上）簡正卷八：「此約
　　　僧法自恣，舉得夷罪，即擯棄。若舉得殘罪有覆，即行覆藏，六夜出罪等。乃
　　　至惡作惡說，皆得治之。」（五三〇頁上）鈔批卷一一：「此明僧法自恣時，舉
　　　得罪人，或是犯重，即加擯棄；或是殘者，即得行覆六夜出罪等。乃至蘭、提
　　　惡作，皆得治。以僧數不必盡足故。」（五四九頁下）

〔三〕加法容得具足　鈔批卷一一：「以僧數不必盡足，故云容得具足，具如悔重，
　　　蘭須大眾。十誦謂八人也，今唯六七人，則還是不足。」（五四九頁下）搜玄：
　　　「如前文云：若數滿二十，並得治之，此一向得足。若但有六七人，出殘罪，
　　　兼懺重蘭。准十誦八人，此即不足，故云容有。亦不定一向得也。」（四〇四
　　　頁下）

〔四〕**別人雖有治舉，攝治未能得盡**　資持卷上四：「下不攝上，故七聚為言，須分三位：一、唯僧治有三：夷、殘、重蘭；二、唯別治有六，中下二蘭、單提、提舍、重輕二吉；三、通僧別者，懺捨墮也。」（二五〇頁上）鈔批卷一一：「謂前人既少，縱舉得罪。若是提、吉，可得治罸。若夷、殘、重蘭者，以人數少，不得懺治，故云攝治未盡。」（五四九頁下）

〔五〕**舉心應僧**　資持卷上四：「自恣攝僧，必取行淨，內彰不隱，口述無瑕，故云舉心應僧也。然對、念二法，言相雖殊，俱須體淨，方堪陳說。」（二五〇頁上）

〔六〕**自恣竟，得說戒不**　鈔科卷上四：「說、恣單重。」（四一頁上）資持卷上四：「以所出不同，恐成偏計故。」（二五〇頁上）

〔七〕**依明了論，先說戒，後自恣**　資持卷上四：「俱出正法，隨人采用。」（二五〇頁上）搜玄：「明了論中，若五人自恣，先誦木叉戒竟。次第一人起，胡跪合掌，請為『說罪主』，說見、聞、疑罪，請覓見、聞、疑也。此『說罪主』者，『自恣五德』異名也，即先說戒也。四分律三十七云：自恣已，說戒疲極。佛言：『不應自恣已復說戒，自恣即是說戒也。』（四〇四頁下）問：『說戒為知戒相，防未起非；自恣淨身口，除已起罪。對治既異，云何即是耶？』答：『已、未雖復不同，意令清淨不別，故云自恣即說戒也。』」（四〇五頁上）

〔八〕**自恣即是說戒**　鈔批卷一一：「說戒為知戒相，防未起之非；自恣為除已起之罪，成皎潔之美。已、未雖異，清淨義同，故曰也。」（五四九頁下）簡正卷八：「律初緣中，自恣已，說戒疲極。佛言：『不應自恣後更說戒，自恣即說戒也。』外難：『說戒為知戒相，防未起非；自恣淨身口，除已起罪。對治既異，云何言自恣即戒說耶？』答：『已、未殊雖（原注：『殊雖』疑倒。），意令清淨不別。』」（五三〇頁下）

〔九〕**自恣得在未受具戒人前作不**　資持卷上四：「律因六群尼來遮比丘，莫為六群作羯磨及遮自恣，（二五〇頁上）乃至遣式叉沙彌尼、白衣來遮。佛並制不得在此等人前自恣。又因匡王遣兵護僧，諸比丘欲自恣，佛令語使避去等。」（二五〇頁中）

〔一〇〕**律中令至不見不聞處，作羯磨自恣**　資持卷上四：「初，明遣避。」（二五〇頁中）

〔一一〕**若不肯避去，僧自至不見聞處作之**　資持卷上四：「『若』下，即自避。今世無知，多容士女，擁隘相喧，深乖法制，宜須先遣。」（二五〇頁中）

〔一二〕**若別人及僧自恣已，更有客來** 搜玄：「『律中』下，僧別說已，更有客來重說進不。」（四〇四頁下）鈔科卷上四：「『律』下，客來多少。」（四一頁上）資持卷上四：「初，總示僧別。」（二五〇頁中）

〔一三〕**若少，告清淨等，多更為說** 資持卷上四：「準律，自恣未竟，客來，若少，若等（客主數同。），若多（客多於主。），並隨上下座，依次自恣。」（二五〇頁中）搜玄：「如前明五人法中，明二人來，還同對首。如上四人法云『諸大德一心念』，乃至『清淨三說』，及『舉得罪』等，並如前也。」（四〇五頁上）

〔一四〕**若二人作法已，更有三人來，僧法自恣** 資持卷上四：「若自恣竟，舉眾未起，若已起，客來，少者應與清淨；不與，如法治。若等，若多，應更自恣；不者，如法治。『若』下，別示別人。僧法即五人，對首同四人，故並指如前。」（二五〇頁中）【案】底本無「來」，據敦煌甲本、敦煌乙本、敦煌丙本、敦煌丁本、敦煌庚本加。

〔一五〕**如前所明** 鈔批卷一一：「即上云三（【案】即『二、四人已下，至對首法』。）人『大德一心念，今日眾僧自恣』等是也。」（五四九頁下）簡正卷八：「如上四人法中云『諸大德一心念』，乃至『清淨三說』也。」（五三〇頁下）

〔一六〕**破夏、離衣，由夜分未盡故** 簡正卷八：「離衣者，謂前安居人，約迦提五利，今夏未盡，置衣出界，未入迦提，是離衣也。」（五三〇頁下）鈔批卷一一：「此明上十五日自恣竟，當日出界破夏，由十五日夜分未盡，至明相出，後方得出界。（五四九頁下）言離衣者，謂夏既不成，不獲五利，豈許離衣？受日出界亦爾。」（五五〇頁上

〔一七〕**受日至七月十五日滿** 資持卷上四：「疏云：如律所制，及七日還，今限明相，乃在界外，絕此分齊，故說破夏。又云：七月十日受七日，至第七日是夏滿，不來無犯。（準知，從十已去受者，前緣未竟，不來奔夏。）」（二五〇頁中）

〔一八〕**此界安居，餘處自恣得不** 資持卷上四：「四分受日往餘處自恣，及客來多少，有難，出界並非當處。」（二五〇頁中）

〔一九〕**不得，結罪** 資持卷上四：「乃制無緣輒往耳。」（二五〇頁中）搜玄：「深云，四分云：此處安居，受日往餘處，自恣亦得。祇則不爾。彼云：此處安居，餘處自恣，越毗尼。若受日若一月，乃至後自恣應還。若不還者，越罪。若道路有難，畏失命者，於彼自恣，無罪。」（四〇五頁上）

〔二〇〕**前安居人自恣竟，夏分得物，後安居人得不** 鈔科卷上四：「前後受施。」（四

一頁上）資持卷上四：「謂時僧得時、現前，此二種施，並賞夏勞故。非時二施，非所論矣。若二衣中，時、現前施，局前安居人者，中、後非分，如後明之。」（二五〇頁中）

〔二一〕律令受物，餘日應足令滿　資持卷上四：「初，引文明許。雖是中後夏功齊故，破夏不結，定不預分。」（二五〇頁中）鈔批卷一一：「答意云：此云得者，謂是時中，僧得之物。若時現前物，一向不合，以時現前物，具四義故。一者時定，即同是七月十六日受得也；二、處定，局此界安居人；三者人定，局現前同住前安居人；四、法定，謂不須作羯磨，皆直數人分也。故知後安居人不得此物。今言得衣分者，是時僧得施也，不簡安居前後，彼此之界皆施，通一化僧也。」（五五〇頁上）

〔二二〕若分房舍臥具，亦聽為未來故受　鈔批卷一一：「立云：此明後安居人，日雖未足，得受衣也。引房舍臥具來者，明其自恣竟，分冬房分等。後安居人，夏日未滿，亦得懸受此房舍、臥具。若不及時受者，恐自身夏竟。不可更僧分房，故言為未來受也。賓同此解。又釋云，為未來故受者，安居揵度下文：（五五〇頁上）夏日未了，疑不敢受臥具。佛言：聽為未來故受，謂是當來要須也。又勝云：律文中，以前安居人夏滿遊行，因自恣時，便分房舍。後安居人未滿，亦得分不？佛言：聽為未來故受。所以然者，現在分房，即用未滿，不得輒受，緣為冬分，於今望冬，即是未來聽受。」（五五〇頁下）【案】四分卷三七，八三二頁中。鈔批釋文「懸受」即提前受。

〔二三〕一說、二說自恣，無難緣成不　鈔科卷上四：「無緣略說（二）：初無緣可否；二、『四』下，教詔年少。」（四二頁上）資持卷上四：「有緣開略，無難如何，恐致濫行，故須問決。」（二五〇頁中）

〔二四〕律中，六羣比丘一說、二說　資持卷上四：「律明六群恐餘比丘為作羯磨，遮自恣故，乃起諸過。文列七種，五是非法，二是別眾，因一說、二說，佛即制斷：自今已去，三說自恣。」（二五〇頁中）【案】四分卷三八，八三八頁下。

〔二五〕竊語、疾疾語　資持卷上四：「竊語謂低聲。佛言：應了了自恣，足使他聞。（二五〇頁中）疾疾即急語。佛言：應徐徐自恣。」（二五〇頁下）搜玄：「語不出脣，是私竊語，不合。雖語疾疾，不令人解者，並非法也。」（四〇五頁下）

〔二六〕年少比丘，不知自恣法者，和尚、闍梨教詔　資持卷上四：「初，教年少有三。初，二師預教。」（二五〇頁下）【案】初明教年少者，次明教年老者。四分卷

三八，八三八頁下。

〔二七〕**猶故忘不憶，使受自恣者教**　資持卷上四：「『猶』下，五德臨事教。」（二五
○頁下）鈔批卷一一：「立謂：諸五德為自恣者，亦得教也。」（五五○頁下）
搜玄：「雖老得同少，法猶故忘，不憶使授者：使何人授，自恣者教。『五德』
是受自恣人，故名自恣者也。何故？老者同年少之法耶！」（四○五頁下）

〔二八〕**若復忘，應共句句說**　資持卷上四：「句句，謂隨教者語，逐句說之。」（二五
○頁下）

〔二九〕**老者云何**　鈔批卷一一：「此明正是老弟子也，非謂別餘人也。」（五五○頁
下）

〔三○〕**我今頭白，何故名年少**　鈔批卷一一：「謂汝解年少，以解少（【案】『少』音
上聲。）故，名為年少也。」（五五○頁下）搜玄：「引律：阿難頭曰（【案】
『曰』疑『白』。），謂不善察，迦葉呼為年少。今老年愚法，與年少何殊？故
例別之也。」（四○五頁下）【案】四分卷四九，九三○頁上。

〔三一〕**界中前後安居，自恣云何**　搜玄：「謂界中有前、後安居人，不知前人從後、
後人從前義，約從多為論。如律中，僧自恣竟，更有客來。若多者，更須自恣，
以少從多，此亦爾也。」（四○五頁下）

〔三二〕**從安居多者自恣**　資持卷上四：「律因前後安居人雜住，不知隨何自恣。白佛。
初令隨上座，上座中又有前後，（主、客各有上座。）次令隨舊住，復有前後，
令隨多者。如文所引。」（二五○頁下）鈔批卷一一：「隨前安居多人自恣也。」
（五五○頁下）【案】四分卷三七，八三七頁上。

〔三三〕**安居竟，不去，犯罪**　資持卷上四：「初，引制教定犯，四分文通。」（二五○
頁下）搜玄：「答中，二：初，直答須去；二、『增一』下，辨恒止不去。有五
非法，前三：初，舉當宗不去得罪；二、『毗尼』下，約緣有無，方便離過；
三、『五分』下，約請約處，分別是非。」（四○五頁下）鈔批卷一一：「撿母
論云：有諸比丘尼，檀越諸（【案】『諸』疑『請』。）安居，安居日滿，比丘
尼為飲食美故不去，檀越心生疲猒。諸比丘白佛。佛言：『安居竟，若過一日，
波逸提；若大比丘，吉羅。』此並據在俗處安居也。有緣不去，無罪。必在寺
中，不須如此。」（五五○頁下）

〔三四〕**毗尼母云**　資持卷上四：「既云出界，即是僧住，無緣結犯，應得輕吉。」（二
五○頁下）搜玄：「母論，檀越請安居，安居竟，比丘尼為飲食故不去。（四○
五頁下）檀越生疲厭，諸比丘白佛。佛言：安竟過一宿，尼提、僧吉。（四○

六頁上）【案】毘尼母卷二，八〇七頁下；卷七，八四一頁上。

〔三五〕若有緣　資持卷上四：「『緣』者，或是三寶，或約難事，隨有阻礙，不可去者。」（二五〇頁下）

〔三六〕五分　資持卷上四：「五分：受請正據俗舍，有惱請主，故結重提。」（二五〇頁下）簡正卷八：「五分：尼單提中，受請安居竟不去，尼亦提。若不局夏中，謾心而請，無犯。又，寺中、巖穴等處，一切無犯。」（五三一頁上）【案】五分卷一三，八九頁中。

〔三七〕若非受請處　資持卷上四：「非請處者，即是僧舍，反上得住，準前應吉。」（二五〇頁下）鈔批卷一一：「謂檀越慢心請比丘，不限局一夏是也。即寺內巖中等處也。」（五五〇頁下）搜玄：「非受請處，即寺內、巖窟等處也。」（四〇六頁上）

〔三八〕增一云　簡正卷八：「增一等，有證上安居竟，不去久住，在此心有過患。」（五三一頁上）【案】增一卷二五，六八八頁下。

〔三九〕有五非法　資持卷上四：「次約化教顯過。五中，一、二（【案】即第一和第二。）可見，『或』下三句為三種。二、三（【案】即第二和第三。）相濫，以義分之上是慳吝，下即貪求。或可上約田宅園林，下是錢寶穀帛。此五無非慳貪，多事（【案】『事』，動詞，意即主動為之。），非出家業。遠離此者，成德可知矣。」（二五〇頁下）

〔四〇〕反此得五功德　鈔批卷一一：「即無上恐奪、戀親等之患也。」（五五〇頁上）

迦絺那衣〔一〕法

明了論翻為「堅實〔二〕」也，能感多衣，衣無敗壞。又名「難活」〔三〕。以貧人取活為難，捨少財入此衣，功德勝如以須彌大衣聚施也。或云堅固〔四〕。或名廕覆〔五〕。古翻為「賞善罰惡衣〔六〕」：賞前安居人，後安居不得也。亦名「功德衣〔七〕」，以僧眾同受此衣，便招五利功德也。

【校釋】

〔一〕迦絺那衣　鈔批卷一一：「此是梵音，翻為『功德衣』也。迦（『舉祛』反，亦上聲。），此方字書云：小曰葛，大曰絺。葛即葛布是也。言衣者，唯局三衣也。先辨來意者，由前安居進業，夏坐有功，自恣無愆，美響遐布，表裏清潔，感動物心。對此時中，多招福施，聖開五利，賞德資功。俗不云乎？有功者賞。故有此文來也。」（五五一頁上）資持卷上四：「律中，佛在舍衛，拘薩

羅國諸比丘夏安居竟，往見世尊。道路值雨衣濕，僧伽梨重，疲極。又，寒雪國糞掃衣比丘來見世尊，亦值天雨疲極，因聽受功德衣，開五種利。」（二五〇頁下）

〔二〕**堅實** 鈔批卷一一：「立謂：受此衣竟，能令五利堅實，謂五利不壞也。礪云：堅實者，多有施衣，簡牢勝者，搆成此衣，故曰堅實也。又，了論疏云：『迦絺那』，能感多衣。若人受迦絺那衣，若有檀越施衣，皆屬此人。此人既有多衣，衣無敗壞，故言堅實也。又，當作迦絺那衣時，此衣為多所成，故言堅。一切堅實物，皆稱迦絺那，乃至煩惱強感，亦名迦絺。又如人瞋心、欲心，執固難捨，亦諎此人為『迦絺心人』也。言衣無敗壞者，以受此五利故，得畜眾多長衣，不犯捨墮。若無敗壞，向若不由受此衣，畜長過限犯捨，即名為敗壞也。」（五五一頁上）資持卷上四：「了論四名，第二從施主，餘三就功能。上二，名下自釋。無敗壞者，補舊易新也。（有云畜長過限不犯捨，非也。）」（二五〇頁下）

〔三〕**難活** 鈔批卷一一：「了論疏解云：此是貧名，貧人資生短闕，取活為難，故言難活。貧人若能抽徹得一兩張物，入此迦絺那衣，功德果報，（五五一頁上）勝以衣聚如須彌山大為施也。佛示作此衣時，貧人亦應於中行施。為引貧人令於中行施，故偏從貧人作名，故稱難活衣也。」（五五一頁下）簡正卷八：「若富有之者，減少許，施何難？但為貧人，雖減少財極難，以須彌之大施也。佛令作此衣時，偏就貧人乞求。此從所勸施物處彰名也。」（五三一頁下）

〔四〕**堅固** 資持卷上四：「能使五戒無缺也。」（二五〇頁下）簡正卷八：「不破義也。『若爾，與前堅實何別？』答：『前云堅實，唯（原注：『唯』一作『准』。）能感多衣，衣無敗壞，則約衣無犯。今云堅固者，約戒無犯，以因衣受利而不犯五種之戒。故祇云：以因受衣，不破五戒，名堅固也。』」（五三一頁下）

〔五〕**蔭覆** 資持卷上四：「令眾得五利也。」（二五〇頁下）簡正卷八：「以受此衣，能覆蔭於五利故。十誦中，諎此為『蔭覆衣』也。」（五三一頁下）鈔批卷一一：「立謂：十誦中，諎迦絺那衣為覆蔭也。欲明此衣服覆蔭於五利也。」（五五一頁下）

〔六〕**賞善罰惡衣** 搜玄：「義翻，賞善、罰惡二義，翻為功德衣。……前安居得，故名『賞』；後安不得，為『罰』也。」（四〇六頁下）

〔七〕**功德衣** 資持卷上四：「『開並為益，故同名利。」（二五〇頁下）搜玄：「花嚴

云：便招五利功德者，從功能彰名。然五利中，得離三衣者，非謂盡得離三。
本緣起中，為大衣重故，唯開離之。下二，無開離文也。」（四〇六頁下）鈔
批卷一一：「礪云：若受此衣，能生五利功德，從功德彰名故曰也。然五利中，
言得離三衣宿者，非謂盡開離其三衣，但是開離大衣。以緣起中，為大衣重
故，下二衣，無開離文也。」（五五一頁下）

就中分五：一、受衣時節；二、衣體是非；三、簡人差別；四、受
衣方法；五、捨衣進不，竝雜出諸相〔一〕。

【校釋】

〔一〕雜出諸相　資持卷上四：「即下五利時、非時等。」（二五〇頁下）

初，明受衣時者

四分云：安居竟，應受功德衣〔一〕。則前安居人，七月十六日受〔二〕，
至十二月十五日捨〔三〕，故文云：齊冬四月捨〔四〕。如是乃至八月十五
日，日日亦得受衣〔五〕。故文云「即日來，不經宿〔六〕」者，謂即得衣日
即受〔七〕，不得經宿〔八〕等。

故十誦云：若月一日，猶是七月十六日〔九〕也，得衣，即日受〔一〇〕。
若二日、三日〔一一〕，乃至八月十五日，亦爾〔一二〕。五分：受有三十日，
捨亦三十日〔一三〕。彼但得四月利，不同四分五月利也。毘尼母云〔一四〕：
七月十六日應受。若事緣不及，乃至八月十五日，過是不得〔一五〕。捨
中，亦齊五月滿已，羯磨捨〔一六〕。七月十六日受者，得百五十日利；八
月十五日受者，得百二十日利。中間轉降，可以比知〔一七〕。

十誦問「受功德衣已，官作閏月」者，隨安居日數取滿也，則不得
攝閏〔一八〕。

【校釋】

〔一〕安居竟，應受功德衣　鈔科卷上四：「初，受捨時限。」（四一頁中～下）資持
卷上四：「本宗中，初定時分齊。前引文，示開受之始；後引文，證制捨之終。
中間則下準知五月明矣。應受者，即佛聽也。」（二五〇頁下）簡正卷八：「四
分安居竟，夏功德衣者，律緣中，十五自恣竟，十六日，持糞掃衣及持（五三
一頁下）新衣，往見佛，道逢天雨疲極，以此白佛。佛因集僧告云：安居竟，
四事應作，謂：自恣、解界、結界、受功德衣也。」（五三二頁上）【案】「受
衣時」分二：初「四分云」下；次「十誦問」下。初又分二：初，「四分」下；

次「故十誦」下。四分卷四三，八七七頁下～八七八頁上。

〔二〕前安居人，七月十六日受　搜玄：「靈山云：簡濫。文云：安居竟受衣，然安居有前後，後安居竟，不合也。此月本音名『迦絺那衣月』，此方存略，『提』替『絺那』，云『迦提月』。」（四〇七頁上）資持卷上四：「前安居，簡除中、後也。」（二五〇頁下）

〔三〕至十二月十五日捨　搜玄：「佛言：不受衣一月，受衣五月。」（四〇七頁下）

〔四〕齊冬四月捨　簡正卷八：「佛言不受衣，則一月受衣。既云齊冬四月，即十二月十五日也。」（五三二頁上）資持卷上四：「連夏一月，共為五也。」（二五〇頁下）搜玄：「齊冬四月捨，即十二月十五日也。」（四〇七頁上）【案】四分卷四三，八七八頁下。

〔五〕如是乃至八月十五日，日日亦得受衣　資持卷上四：「『如』下，明餘日得受。」（二五一頁上）簡正卷八：「引為破古非也。古云：唯局七月十六日，已外不許。何以得知故？律云：即日來不經宿。謂七月十六日即日得衣，來便受，尚猶不許隔宿，豈得更開七日去已耶？今師云不然：從七月十六日已去，直至八月十五日已來，於此一月之中，日日開受也。法寶云：此言日日得受者，謂約容有而說。雖開一月是受衣時，其衣只得一度受，非謂三十日三十日（【案】次『三十日』疑剩。）得受也。古人卻反難云：『若言一月之內開其受衣，爭奈律云即日來不經宿耶？』鈔文卻牒他所執之文，故文云：即日來不經宿者。」（五三二頁上）搜玄：「發正云：祇、五、十等三律，通一月日受衣。四分但局七月十六日一受衣鉢，取此文，故云日日得受。謂從七月十六日，至八月十五日來一月中，日日得受也。」（四〇七頁上）

〔六〕即日來，不經宿　簡正卷八：「下句為古釋。云『即』謂得衣日即受，不得經宿。今師云：謂律約一月之中，隨於何日得衣來便受，不許經宿，非局七月十六日（原注：一無『日』字。）為『即日』也。古來不達文旨，致斯濫述。（五三二頁上）問：『何故律制不許經宿耶？』答：『玄記云：況成染觸，作法不成，由如淨地經宿，不得作處分法等。此亦約施僧了說。若未施，經宿不犯，同他物淨也。』此釋全非。不可將衣以例於食，食有觸染，衣即不然。時人相承，多依此說。今依蜀云，具三義也：一、恐有慢衣之過，二、損比丘五利，三、損施主五功德。是以隨日來時，便令受也。」（五三二頁下）搜玄：「不經宿者，與人同宿，恐成觸染，（四〇七頁上）作法不成。猶如淨地經宿，不得作處分法。靈山云：此約施與僧竟，如來施與僧，雖曾經宿，不犯。下祇云：

未用三衣約作，豈非在界內耶？如他物淨，必若元許，施為作事，則不成也。」
（四〇七頁下）【案】四分卷四三，八七八頁上。

〔七〕謂即得衣日即受　資持卷上四：「『謂』下，轉釋。但云即日，故知不局。」（二
五一頁上）

〔八〕不得經宿　資持卷上四：「二意詳之：一、恐久延過時，失受；二、是開奢，
必須制約。」（二五一頁上）

〔九〕猶是七月十六日　簡正卷八：「此即黑月一日，故得衣即受，約當日說也。」
（五三二頁下）鈔批卷一一：「立謂：佛法中但有三時，如四月十六日是夏初
一日。今言七月十六日者，是夏中第四月之一日也。」（五五一頁下）

〔一〇〕若月一日，得衣，即日受　鈔科卷上四：「『故』下，引他部為證。」（四一頁
下）資持卷上四：「十誦證上受通一月，是明文也。四分、十誦，受有三十日，
捨唯一日。下引母論亦然。」（二五一頁上）搜玄：「靈山云：五分，受有三十
日，捨亦三十，前安七月十六受，至十一月十五日捨。若七月十七日受如
是，乃至八月十五日受，至十二月十五日捨，即受各三十日也。若後安八月十
六日受，十二月十五捨。此受捨各一日，前後二安，並四月利，後安得利，不
同四分也。毗尼母：過八月十五不得受，故云過是不得也。鈔意欲取三十日受
衣，故受捨雙引，明四分文闕也。」（四〇七頁下）【案】十誦卷二九，二〇六
頁下。

〔一一〕若二日、三日　簡正卷八：「謂十七、十八也。」（五三二頁下）

〔一二〕乃至八月十五日，亦爾　鈔批卷一一：「中間有越，故云『乃至』。謂從此七月
十七八日已去，至八月十五日來，隨日得衣，當日便受，不得經宿，故言『亦
爾』也。」（五五一頁下）

〔一三〕受有三十日，捨亦三十日　資持卷上四：「五分中，受同諸部，捨法獨異。彼
約得衣日，去數滿四月，事同安居，前減後增，並通一月。問：『何以異耶？』
答：『準詳諸部，皆開四月，但是宗計，各見不同。五分則取受衣為始，四分
以迦提常開，不在其數。若據八月十五受者，不妨四分還成四月，五分卻得五
月。」（二五一頁上）簡正卷八：「從七月十六日至八月十五，豈非受三十日？
前安居人，七月十六受，至十一月十五日捨。若七月十七日受，至十一月十
六捨，乃至八月十五日受，十二月十五日受捨。」問：『七月十六受，本合至
十二月十五捨，何得云十一月十五日捨？』鈔文答云：『彼但得四月利，不同
四分五月利。若依四分，五月利則至十二月半楷定，謂五分四月利，是以捨通

後（五三二頁下）一月故。又五分，後安人亦得五利；四分不得。今此中，但取他受有三十日。為破古人，不取他捨三十日，但因便引也。』」（五三三頁上）鈔批卷一一：「撿五分云：受迦絺那衣有三十日，捨亦有三十日。若前安居，七月十六日受，至十一月十五日捨；若七月十七日乃至八月十五日受，至十一月十六日乃至十二月十四日捨。若後安居，八月十六日受，十二月十五日捨。（此但月日得四利也。）四分則不爾，受則有三十日，始從七月十六日，終至八月十五日，日日得受。捨則有一日，即十二月十五日也。受雖三十日不同，捨則唯齊一日。中間日數，漸少可知也。」（五五二頁上）【案】五分卷二二，一五三頁下。

〔一四〕毘尼母云　資持卷上四：「母論初明受捨，後七月下計日數，事緣不及，謂衣未辦，或似緣礙，亦開隔日。（上諸文中，且據作法捨，餘捨則不定。）」（二五一頁上）

〔一五〕過是不得　簡正卷八：「謂八月十五日去，即不合受已，落冬分故。」（五三三頁上）

〔一六〕捨中，亦齊五月滿已，羯磨捨　簡正卷八：「十二月十五日也。十六已去，任運自捨。」（五三三頁上）

〔一七〕中間轉降，可以比知　簡正卷八：「謂極多是一百四十九日，極少一百二十日。中間降下即不定，或一百四十八、七、六、五，共可以比類知也。」（五三三頁上）

〔一八〕隨安居日數取滿也，則不得攝閏　鈔科卷上四：「『十』下，不開攝閏。」（四一頁中）搜玄：「有閏但七月十六日受者，數滿百五十日，不得取閏也。」（四〇七頁下）簡正卷八：「不得攝閏者，謂開不重開也。」（五三三頁上）資持卷上四：「十誦不得攝閏，是奢法故。」（二五一頁上）鈔批卷一一：「立謂：受功德衣已，即作閏月者，但從安居滿日已後，數取五月日，不得攝閏也。」（五五二頁上）

二、明衣體〔一〕

四分云：若得新衣〔二〕，若檀越施衣〔三〕，若糞埽衣〔四〕，新物揲作淨〔五〕。若已浣，浣已納作淨〔六〕。即日來〔七〕，不經宿，不以邪命得〔八〕，不以諂曲〔九〕得，不以相得〔一〇〕，不以激發得〔一一〕，不捨墮，作淨者〔一二〕，應法〔一三〕。四周有緣，五條作十隔〔一四〕；若過是條數〔一五〕，應自浣染，舒張碾治，裁作十隔縫治〔一六〕。又云：不得大色〔一七〕染衣，

聽用袈裟色。此云「不正色」也。

十誦：若不割截，減量作〔一八〕，不揲四角。若故、爛、壞、覆死人衣〔一九〕，到塚取來者，四分云糞掃者，則非死人衣〔二〇〕也。及曾已受作迦絺那衣，並不成〔二一〕；若揲葉衣，得成〔二二〕。

摩得勒伽云：死比丘受用三衣及故衣，不成〔二三〕；若急施衣、時衣，成受〔二四〕。

僧祇：未曾受用三衣，得作〔二五〕。

五分〔二六〕：若浣、染、打、縫不如法，若小，若大，若錦綺衣，若未自恣竟受，若貪利養，故捨五事，皆不成〔二七〕。反上，成受〔二八〕。

善見：若七眾衣，得受〔二九〕。若三衣中，隨受一二，得〔三〇〕。

四分：必須編邊、安紐、作鉤〔三一〕，成受。

【校釋】

〔一〕衣體　簡正卷八：「即此功德之體也。」（五三三頁上）【案】鈔科將「衣體」文科為七節，如鈔所示。

〔二〕若得新衣　資持卷上四：「若得新者，即時非時施，本非作德衣也。」（二五一頁上）【案】四分卷四三，八七八頁上。四分引文分四。

〔三〕若檀越施衣　資持卷上四：「正為作德衣，施通七眾也。」（二五一頁上）

〔四〕若糞帚衣　搜玄：「糞掃衣中有二種。案律文：若是新衣，若是故衣，故衣新物揲作淨，浣以納作淨。」（四〇八頁上）律宗名句卷下：「十種糞衣（四分）：一、牛嚼衣，二、鼠嚙衣，三、火燒衣，四、月水衣，五、產婦衣，六、神廟衣，七、塚間衣，八、求願衣，九、王職衣，十、往還衣（至塚返將來）。」（六五六頁下）

〔五〕新物揲作淨　資持卷上四：「即上新衣，以故揲也。」（二五一頁上）

〔六〕浣已納作淨　資持卷上四：「明上故衣，不勞更揲也。」（二五一頁上）

〔七〕即日來　資持卷上四：「律因六群以大色染衣，錦衣、白色衣作之，佛因制斷。律云：云何僧不成受功德衣？謂不浣、不碾、不治、不安緣、不裁隔、不編邊（不刺緣口。）、不安紐、不作葉、不安鉤；（二五一頁上）邪命得、諂曲得、相得、激發得；離宿衣，捨墮不作淨，（前不捨墮，兼收離衣。）不即日來，不應法受衣；（反前應法，可解。）不四周安緣；（自下三種，如後簡人中引。）不在僧前受；若有難、若界外住如是；並不成。反之則成。」（二五一頁中）

【案】四分四三，八七八頁上。律中是用「不即日來」「不應法」和「若邪命

得」「若諂曲得」之句式來說明不成受衣，鈔文則用反用其句式。

〔八〕**不以邪命得** 資持卷上四：「『不以』下，次，明求乞離過。次列六種：上五簡非，如二衣釋；下一顯如，謂道眾所施，說淨長物也。（僧祇亦云：淨財得作。）三、上云『即日來』及『應法』。此二明受法。」（二五一頁上）搜玄：「邪命，如前四、五邪，得也。心貪財利，諂說少欲，曲順人情，得物，非法也。」（四〇八頁上）

〔九〕**諂曲** 簡正卷八：「心貪財利，諂詐少欲，曲順人情等是。」（五三三頁上）

〔一〇〕**不以相得** 簡正卷八：「冬披暑服，夏著冬衣，悕望人得物之類。」（五三三頁上）搜玄：「怖望人施，名為相得。」（四〇八頁上）

〔一一〕**不以激發得** 搜玄：「稱王家施物，激動張人，令張捨施也。」（四〇八頁上）

〔一二〕**不捨墮，作淨者** 簡正卷八：「不捨墮者，已長物也。淨者，應法者，簡上諸類已外如法之名，淨乃應此衣體也。」（五三三頁上）鈔批卷一一：「立謂：若犯捨墮衣，不得作。若是說淨長衣，得作也。賓云：不捨墮作淨者，舊相承解云：謂若曾犯捨墮，今雖作淨，亦不堪用。今解不然。謂是不犯捨衣，及餘一切作淨者，（五五二頁上）皆得作之。所以知者，以對下文，明非法中，不作淨，犯捨墮。故知此明如法，即是不犯捨墮及作淨也。」（五五二頁下）【案】「不捨墮，作淨者」，有兩種理解：一種是把其理解成「因曾犯捨墮，即使作淨也不堪用」，一種是把「不捨墮」「作淨者」與「即日來」「不以激發得」「應法」等一樣，是合法得衣體的兩種前提。

〔一三〕**應法** 資持卷上四：「即下簡人秉法，皆須合教。」（二五一頁上）搜玄：「得物作淨，非捨隨財，離上諸緣，即日而來，名為應法。」（四〇八頁上）【案】四分原作「即日來，應法」，鈔將即日來移到「不經宿」前。

〔一四〕**四周有緣，五條作十隔** 搜玄：「『四周』下，辨衣色相是非。」（四〇七頁下）資持卷上四：「『四周』下，四、明作衣法。又三，初示堤條。」（二五一頁上）鈔批卷一一：「此且舉五條為言。餘者例知，皆須依法也。」（五五二頁下）【案】此處明衣法分為三：一是條數，一是裁制，一是色相。

〔一五〕**若過是條數** 資持卷上四：「若過是者，謂七條大衣也。應云七條二十一隔大衣，亦類增之。」（二五一頁上）簡正卷八：「玄云：此明衣相，前云五條十隔，且約下者為言。准得（【案】『得』疑『律』。）中，二衣、七條大衣，皆得受作。」（五三二頁上）鈔批卷一一：「立謂：即七條、九條大衣等也。」（五五二頁下）搜玄：「靈山云：此明衣相，向言五條、十隔，下者為言。准得（【案】

『得』疑『律』。）中，上二衣，七條大衣，皆得受作也。」（四〇八頁上）

〔一六〕應自浣染，舒張碾治，裁作十隔縫治　資持卷上四：「『應自』下，明裁製。且示下衣，餘可例準。」（二五一頁上）搜玄：「捩者，（『尼展』反），亦有『展』音。」（四〇八頁上）

〔一七〕大色　簡正卷八：「律文因六群（五三二頁上）作五大色衣，佛言聽用袈裟色，即青、黃、亦（【案】『亦』疑『赤』。）、白、黑，名大色。青、黑、木蘭，名袈裟色，此云『不正色』也。」（五三三頁下）搜玄：「六群作五大色，佛言聽用袈裟色，此色如也。五方，青黃即云正色。既離五方，此立翻云不正色也。」（四〇八頁上）

〔一八〕若不割截減量作　簡正卷八：「是攝葉不許也。」（五三三頁下）資持卷上四：「十誦中。初，簡作。」（二五一頁中）搜玄：「文二：初，諸部，雜辨衣體成不；二、『四分』下，別顯編邊，安約成受。」（四〇八頁上）【案】十誦一段引文見卷二九，四〇六頁下。

〔一九〕若故、爛、壞、覆死人衣　資持卷上四：「『若故』下，簡體。到塚取者，釋上覆死衣。」（二五一頁上）鈔批卷一一：「濟云：如改葬塚、改換屍上之衣是也。猶如則天死，與大帝合塚，開大帝棺，由石棺盛水銀包之。是形白如常，不改。其太平公主別作新衣，盡換除故者，其故者，即是此衣也。」（五五二頁下）搜玄：「濟云：謂改葬換屍上衣，取來施僧者是也。」（四〇八頁上）簡正卷八：「大德但據尋常，多舉爛壞、破衣是也。覆死人衣者，鈔自釋云到塚取來者。大德據西土說，彼云：人死並無材襯，但和床移往尸陀林中，或與鵶鳥，或土埋等。去時，所將衣服蓋覆屍上，纔到塚所不除，卻迴來，即施與比丘。俗家忌諱，不更收也。已上正解竟。若依搜玄，將故爛壞及覆死人衣，卻作一收解，謂此衣覆死人，多時爛壞故。到塚取者，約改葬，換尸上衣，取來施比丘。此非解也。必若爛壞，約改卜（【案】『卜』疑『補』）之衣，亦不堪施比丘也。又，此十誦但據西天以論，彼方亦無改葬之事。」（五三三頁下）【案】「故」，即「故舊」，非「故意」之義。

〔二〇〕四分云糞掃者，則非死人衣　鈔批卷一一：「謂是街衢中拾得者成也。經覆死人衣，則不成作。」（五五二頁下）資持卷上四：「注中和會前文，應知四分常用糞衣，亦無所擇。」（二五一頁中）

〔二一〕已受作迦絺那衣，並不成　鈔批卷一一：「立謂：去歲將作迦絺那衣竟，今更重將作也。」（五五二頁下）

〔二二〕**若揲葉衣，得成** 資持卷上四：「『若揲』下，示如法。」（二五一頁上）鈔批卷一一：「立云：即納衣是上安揲葉也。」（五五二頁下）搜玄：「揲葉者，謂上云不割截作不成，恐揲葉者不得，故簡出也。此衣連條，但揲葉作隔也。」（四〇八頁上）【案】十誦卷二九，四〇六頁下。

〔二三〕**死比丘受用三衣及故衣，不成** 資持卷上四：「伽論：急施及時衣，本非德衣施，經宿亦成受。」（二五一頁中）簡正卷八：「下至一經身著，名故衣也。如『不揲坐具戒』云：下至一經身坐，即名為故，不要揲也。」（五三四頁上）搜玄：「靈山云：下至經試一者，即名故衣。如不揲坐具故者，不須揲下至經一坐也。」（四〇八頁上）【案】摩得勒伽卷七，六〇六頁上。

〔二四〕**若急施衣、時衣，成受** 鈔批卷一一：「立云：時衣即今夏末，七月十六日已去，賞勞衣是也。今時人作者，盡是言急施衣得作者。若本於非時中受得此急施衣，若本受時，擬作功德衣者，即不合也。今言得者，謂本受時，無心擬將作，後忽與僧作功德衣，故得也。」（五五二頁下）搜玄：「立云：謂於非時中受得此急施衣。若本受時，擬作功德衣者，即不合也。今言得者，謂本無心擬將作功德衣者，得。時衣，即夏末施坐夏僧衣是也。」（四〇八頁下）簡正卷八：「急施衣者，若本受時，擬後作功德衣者，即不得。今文中得者，約他受時，本無心故。後見無，即將作功德衣，成受也。時衣者，即夏末有人施坐夏僧衣也。亦約初受時，無心者得，有心不合。」（五三四頁上）

〔二五〕**未曾受用，三衣得作** 資持卷上四：「僧祇未用，即上新衣。」（二五一頁中）鈔批卷一一：「立謂：此明比丘新作三衣，未曾著用，故得作也。若一經身者，即不得也。」（五五二頁下～五五三頁上）簡正卷八：「祇中據雖作了，未加法受持，或至此日，見別無衣得作。反顯前文死比丘三衣是已受用了，一向不合也。」（五三四頁上）【案】僧祇卷二八，四五二頁上。

〔二六〕**五分** 資持卷上四：「五分明非，有七，並以『若』字標之。上四簡衣，即製造體、色、量皆非法也。第五簡時。六、七並簡受人。」（二五一頁中）【案】五分卷二二，一五三頁下。

〔二七〕**若貪利養，故捨五事，皆不成** 簡正卷八：「謂約比丘見今季無俗人施功德衣，我便不得五利。今自捨己衣，與僧受作。據理比丘施衣，即是施主合得成受。今云不成者，約為利邊不合。五事皆不成者，五事即五利。」（五三四頁上）鈔批卷一一：「立明：欲貪五利故受，不為檀越長福心者，不成受也。」（五五三頁上）資持卷上四：「故捨五事者，準彼（【案】『彼』後有脫『律』字，指

即五分律。），上有『若欲』二字。五事即『畜』、『長』等五戒。上明貪利，下即慢戒。（有以『五事』為『五利』，彼文不然。）」（二五一頁中）

〔二八〕反上，成受　簡正卷八：「無心貪利，即許成受也。」（五三四頁上）搜玄：「上伽論：死比丘受用三衣，不得。祇中，未曾受用者，得作。五分：若比丘貪利，捨三衣作功德衣，五事皆不成。反上成受。明即比丘施衣，亦得作功德衣。」（四〇八頁下）

〔二九〕若七眾衣，得受　鈔批卷一一：「問：『上言送功德衣來，即日須受，不得經宿。今言僧尼得為施主，豈非在界內作衣耶？』答：『雖在界內，由未與僧者，無過。若將出，施作功德衣，即當日須受也。』濟云：七眾衣中，有俗人二眾衣，何堪作功德衣者？謂是俗人身上所著之，疊將裁割而作也。」（五五三頁上）簡正卷八：「證上文比丘施衣，便是於主不為利，總得不局白衣施主也。」（五三四頁上）搜玄：「此辨能施衣人。比丘衣雖同界未捨，作功德衣，同宿無過。」（四〇八頁下）【案】善見卷一八，七九五頁下。

〔三〇〕若三衣中，隨受一二，得　搜玄：「意謂三衣並得受作功德衣。不必如十誦，要須僧伽梨，下二衣不成受。或有釋言：或受一衣作，或受二衣共作，並得。意謂不然。此正明衣體，未辨多少。至下引見論明之，故不取後釋也。」（四〇八頁下）鈔批卷一一：「謂俗人將衣來施，隨受一衣、二衣、三衣，皆受作迦絺那衣，不必要具三衣也。若俗人云：將此衣可與守衣人，亦須隨於彼意。五眾為生亦爾。礪云：准四分三衣中，隨上、中、下，科得一衣作，不須盡作，但以一今（【案】『今』疑『令』。）作耳。又云：極是三衣得作。若准十誦，要是割截僧伽梨成受。若下二衣，不成受。伽論：減量衣，不成受也。」（五五三頁上）

〔三一〕鉤　簡正卷八：「即面前、背上靽細條也。不著此，不成也。」（五三四頁上）

三、簡人差別〔一〕者

先明受人，後明持人。

四分云：不在僧前受，謂與欲人〔二〕。若有難〔三〕，若無僧伽梨〔四〕，若僧如法受衣而彼在界外住〔五〕，並不成。

善見：前安居人得受〔六〕；若後安居〔七〕，破安居，異界僧等，不得受利。若此處僧少，不滿五人，得預請界外僧足數，成受；其異界僧，不得受利〔八〕。若住處有四比丘、一沙彌〔九〕，安居欲竟，為沙彌受大戒，得足數，成受。新受戒者，亦得五利。一比丘、四沙彌，亦爾。以沙彌夏

坐有功也。若住處雖有五人，不解受衣，得請異界知法僧來作羯磨受衣，異界人自不得受。

十誦云：諸異界僧，欲受衣不可得者，各解本界，同結〔一○〕；受已，然後別結〔一一〕。捨者成捨，不捨者依利〔一二〕。犯僧殘人、別住人、學悔沙彌、擯人等，不成受〔一三〕。

二、明持衣人〔一四〕

十誦云：守衣人具「不愛」等五德，謂知得受、不得受〔一五〕。了了分明。

善見云：若多人送功德衣，應受一衣〔一六〕；餘同輕物，應分，重物屬四方僧〔一七〕。若施主言「持三衣作，盡與持衣人〔一八〕」，隨施主意。若羯磨迦絺那衣，與衣壞者〔一九〕；若衣壞者多，與衣壞中老者；若老者多，與老中夏多者。不得與慳貪人。

明了論疏云〔二○〕：於初結安居時，欲受迦絺那衣〔二一〕，悉須白僧：「我欲受衣。」僧觀此人，不多緣事不？不好失衣不？此人從來不貪聚財物，有慈悲心，好行惠施者，僧即許可。若不爾者，不須許之。

【校釋】

〔一〕簡人差別　簡正卷八：「簡擇受衣人，簡選持衣人也。」（五三四頁下）鈔批卷一一：「礪云：若受此衣，約人分別者，要是大僧及尼，下三眾以非具足修道人，勞不重故，又無僧伽梨可為故。（緣起為僧伽梨重，故開也。）今何以知下眾非受此衣人故？（五五三頁上）見論：四比丘、一沙彌，安居欲竟，為沙彌受戒得，足成五人，受功德衣。新受戒者，亦成受衣。一比丘、四沙彌，亦爾。明知，沙彌無受法，然要是具戒中約安居者，不安居人不得受。就安居中，要局前安居人；雖是前安，若破安人，不得受衣。又，約非破安居人，有僧伽梨，雖有伽梨，要在界內，在僧前者，成受衣人故。十誦：行別住人，不得受衣也。要須五人已上得受，四人已下不得也。四分云：不僧前受。」（五五三頁下）

〔二〕與欲人　搜玄：「立云：謂在房中不成受，不得五利，又不足數。」（四○八頁下）【案】四分明四種人。四分卷四三，八七八頁上。

〔三〕有難　鈔批卷一一：「立謂：是十三難人，不合受功德衣，亦不得五利。深又解云：界中有難，不得受功德衣也。筭云：若有八難起，則不得受功德衣也。又解：雖是前安居，以夏中有難，破夏出界來，不成受法。解恐非。」（五五

三頁下）搜玄：「下十誦中，學悔沙彌上（【案】『上』疑『尚』。）不成，例此可知，無僧伽梨。花嚴云：謂緣起中，本為大衣重故，令受功德衣，開其五利。既闕大衣，則此利闕，故不成受。下二衣闕無妨。問：『本闕大衣，今時將下二衣當大衣處，得成受不？』答：『律無明決。然文中，衣有正從，理合得也。然從衣者開，無闕衣之罪。據其衣本非僧伽梨，其事甚難，且約正衣，又順律判，不違初緣也。而彼在界外者，前在界內，與欲上既不成。僧受衣時，出在界外，無得理也。」（四〇九頁上）資持卷上四：「謂王、賊等難，眾不得受，即簡受人也。戒疏云：律云有難無大衣，今既賊難，故不合受；無難應成。（文見『蘭若離衣戒』。古云十三難人，謬矣。）」（二五一頁中）

〔四〕**若無僧伽梨** 資持卷上四：「非本開意，如前緣中。『若爾，無下二衣成受不？』答：『文中不簡，思之可知。』」（二五一頁中）簡正卷八：「律緣中，本為大衣重故。令受功德衣，獲五利。今既無大衣，不合下二衣，闕不妨。」問：『既開正大衣，今將下二衣，當大衣處，得成受衣不？』玄記云：『律無明決。然衣通正從，理文合得。復有解云：從衣當正衣，受戒尚開，今亦例此也。今云不得。律開下二衣，替處且免，一期闕衣壞威儀之失，已是一重開，不可更開也。如有閏受日，但得一月，不可更含閏受，亦是開不重開，可不例解。』」（五三四頁下）鈔批卷一一：「謂緣起中本為大衣重故，令受功德衣，開其五利。既闕大衣，則不得利，故不成受。餘下二衣，闕與不闕，俱非妙也。」（五五三頁下）

〔五〕**彼在界外住** 簡正卷八：「前在界內，與欲上乃不成。況今身在界外，固宜不可。」（五三四頁下）鈔批卷一一：「立明：雖是前安居人，若眾僧正受功德衣時，而比丘在界外，此人不得五利也。」（五五三頁下）資持卷上四：「身雖現前，相不足數故。」（二五一頁中）

〔六〕**前安居人得受** 資持卷上四：「善見初通簡是非，文中必該中安居、不安居者。」（二五一頁中）搜玄：「明異界僧不得受。許請異界人滿數，及與作法，而不得受。」（四〇九頁上）【案】善見卷一八，七九五頁下。

〔七〕**若後安居** 資持卷上四：「『若』下，別示界外。初不滿及後滿五不解，並簡異界不得中，明僧及沙彌。僧為受已成足得利，並顯當界成受。（謂請僧為受戒已，但共新戒受衣。）」（二五一頁中）

〔八〕**異界僧，不得受利** 鈔批卷一一：「立謂：異界人雖來此為僧作法，而此界人不得受利。」（五五四頁下）

〔九〕**若住處有四比丘、一沙彌**　簡正卷八：「外難曰：『沙彌始受戒，成新戒比丘，未解羯磨是非，何得足數受衣獲五利等？』法寶：『約舊比丘解法人教伊，但齋久而已，即得也。』一比丘、四沙彌者，外難曰：『夏初由是沙彌，夏內方始受戒，何故得於五利？』可引注文答云：『以沙彌等。（云云）。』若住處等者，據此五人，並不解法，（五三四頁下）得請外界人來為受，但外人不合得利也。」（五三五頁上）

〔一〇〕**諸異界僧，欲受衣不可得者，各解本界，同結**　鈔批卷一一：「立云：上明諸異界僧，欲同共受不知。若為方便，得受。故佛令各捨，本界共受等也。」（五五四頁上）資持卷上四：「十誦初明，曲開異界。同結者，彼云：安居竟，四邊僧坊，若八，若九，若十，若過，共結一界，受迦絺那衣，一切比丘皆得名受。」（二五一頁中）

〔一一〕**受已，然後別結**　資持卷上四：「謂作法受已，即解即結，非五月滿也。彼問：『如上僧坊共結，受已，捨是大界，是諸比丘名受衣耶？』答：『皆名受。』」（二五一頁中）

〔一二〕**捨者成捨，不捨者依利**　鈔批卷一一：「立明：既共受衣竟即解，向者受衣大界更各自別結，各得受五利。若彼界僧是中自捨成捨，其餘界未旨捨者，不成捨，故言依利。」（五五四頁上）搜玄：「發正云：准此問，以世尊為饒益諸比丘故，各解本界，受功德衣已，復解此界，更依本界。各結界時，隨諸比丘本要心捨者，解界時則捨。若本要心不捨者，則依本利也。」（四〇八頁上）簡正卷八：「須知此文大意，謂前來許外界僧為此界比丘秉法足數受衣，唯自己不合五利，以異界者不得。今未審還許異處僧同受此利不？所以鈔引此文，亦有許之道理也。唯（原注：『唯』疑『准』。）十誦云，波離問佛：『諸比丘安居竟，眾多僧坊，共諸一界受衣，受已，一切比丘名捨衣不？』答：『隨捨者捨，不捨者依。准此，約後解界時，若本要心捨者，即解界時失五利；若不要心捨者，雖解界不出，五利依利。若依法寶，約持衣人數（原注：『數』一作『釋』。下同。）。若衣持衣人在界內，不離宿眾僧，即不失五利，故云『依利』。若離衣宿，眾僧犯僧殘已下等，如文。」（五三五頁上）【案】十誦卷五四，四〇一頁下。

〔一三〕**犯僧殘人、別住人、學悔沙彌、擯人等，不成受**　資持卷上四：「簡犯過。『擯人』即滅擯。彼文止列四人，令（【案】『令』疑『今』。）加『等』字，更收『應擯』及『三舉』人，以棄眾外不合同法故。（諸文不簡四羯磨人，義詳似

得。）」（二五一頁下）鈔批卷一一：「學悔沙彌者，即是犯重而學悔人也。犯殘擯等，身不清淨，故不合受也。」（五五四頁上）搜玄：「初舉犯殘人未從僧乞懺。別住人者，從僧乞。別住人、學悔人，謂犯夷與學悔治。滅擯人，不肯從僧乞懺而滅殯治也。（四〇八頁上）上來諸人，身不清淨故，不合受衣也。」（四〇八頁下）扶桑記：「別住人，通釋：理非懺殘行別住人，別出犯僧殘故。今按同上界外住耳。」（一四六頁上）

〔一四〕持衣人　簡正卷八：「五德也。守衣亦然，呼召別知。」（五三五頁上）搜玄：「第二，能治人，文三：初，辨持人具德；二、『見論』下，受與進不；三、『若羯磨迦絺』下，明選持人是非。」（四〇八頁下）【案】搜玄科文與鈔科不同，今從鈔科。

〔一五〕謂知得受、不得受　資持卷上四：「『謂』下，釋第五。得不得者，須約時衣人，三種釋之。」（二五一頁下）簡正卷八：「破安人、不安人、後安人、無大衣人、犯殘等人，不得受。反上成受也。」（五三五頁上）鈔批卷一一：「立明：持衣人，須具五德，須知破夏。不安居人，無僧伽梨等，不得受。反此得受，故曰知得受、不得受也。」（五五四頁上）扶桑記：「約時衣人：應云：初約時，迦提一月受衣時，餘名非時。次約衣，如上體色量應法名得受，不應名不得受。三約人，同界前夏等名得受，外界及不安居等是不得受。知此等通塞，為第五德也。」（一四六頁上）【案】十誦卷五四，四〇一頁中。

〔一六〕若多人送功德衣，應受一衣　資持卷上四：「善見中，初明用衣多少。」（二五一頁下）簡正卷八：「謂約一施主衣也。詞（原注：『詞』疑『問』。）：『一施主或三衣來作功德，為簡取大衣，為下二衣亦得作？』答：『十誦：唯是僧伽梨，下二不許受。今（【案】『令』疑『今』。）依四分，並得，不局大衣也。」（五三五頁上）

〔一七〕餘同輕物，應分，重物屬四方僧　簡正卷八：「餘同輕物者，玄云：此據功德，是時中得故，輕重兩屬也。（五三五頁上）重物入常住者，淮南記云：引約施主多㲲，及價直衣，即受持錢、物入常住。如無衣，總是錢，即將錢買絹帛，作衣受之。已外剩錢，入常住。此是時中施故。若七月十五日，但名非時得施，不合分輕重。縱有金銀錢等，亦須易取輕物，羯磨分之。若羯磨分重物，即是『跋闍妄法』也。玄記：又進退數，由施主衣。若言施此界前安居人，即名時中現前，不用羯磨。四義定故：一時、二處、三人、四法。如前已述也。（云云。）若言通施一切安居人不同前、後者，即名時中僧得故，須羯磨限

約，輕重兩分等。斷章（【案】『斷』疑『新』）同此說；相疏不作羯磨者，非也。」（五三五頁下）鈔批卷一一：「明此衣物一同亡比丘物分處也。（五五四頁上）輕者應分，重者屬常住僧。此謂夏末，俗人多得輕重物施僧也。深云：此據時中所得者，故有輕重兩屬。今時多是七月十五日得衣物者，但名非時現前，則不問輕重，盡須現前分之。又復若施主，時中將物來施，須問施主心，為施此界前安居人，為通施一化僧尼耶？答言『施此界安居者』，即名時中現前施，正當今文所明是也；若言『弟子通施一切安居人』，不問前後者，即名時中僧得施也，要須作羯磨限約，方得分之。上言時現前施者，不須作羯磨，以四義定故：一、時定，局七月十六日；二、處定，局此界也；三、人定，局前安居人也；四、法定，直數人相，參墮籌分也。古師亦有須作羯磨法，鈔主不存也。」（五五四頁下）搜玄：「深云：此論據功德衣，是時中僧得故，輕重兩屬。若多衣，總作功德衣，並須連著橫四福五綴。今時亦有七月十五日得物來者，但名非時，現前則不問輕重，盡須現前分之。又復時中將物施者，須問主心，為施此界前安居人，為通施一化僧尼耶？答：言施此界前⋯⋯（原注：前下佚失）」（四〇八頁下）資持卷上四：「重物者，如送錢寶等。」（二五一頁下）

〔一八〕持三衣作，盡與持衣人　簡正卷八：「寶云：謂施主作得三衣，來意中欲得總作功德衣，即合須縫著同一衣之相也。更有淮南、東陽釋，非正不述也。盡與持衣人者，謂三衣盡與五德，謂施主本意將三衣作功德，隨施人意，不可違越。今既受利曰足，此衣即與持衣人。准羯磨疏中，持衣人並不得五利，故將此賞之。淮南云『但不得離衣，餘四總得』者，錯釋也。」（五三五頁下）鈔批卷一一：「立明：須隨施主意。雖然若有三衣，得隨彼意。若是重物，定屬常住攝也。」（五五四頁下）

〔一九〕若羯磨迦絺那衣，與衣壞者　資持卷上四：「『若羯磨』下，此明於五德中復選缺乏，以衣屬彼，有所濟故。此科所明，正簡持衣五德。又論云：三衣隨施主語，悉與受衣人，（即是五德。）眾僧不得受迦絺那衣。（舊謂五月滿已還，以此衣與眾中衣壞等，誤矣。）」（二五一頁下）簡正卷八：「此約持衣人不受，即與眾僧之中僧伽梨破壞之人。若眾中多人衣壞，（五三五頁下）即如鈔文分別。（云云）。如此分明，說衣處去，有人不達。妄釋云：鈔文不明功德衣，去處已後，但作非時僧得物分之等。」（五三六頁上）【案】「衣壞者」即衣服破敝而不堪用之人。

〔二〇〕明了論疏云　資持卷上四：「了疏夏初先白者，令僧觀察，日久可知。所觀有五：不多事者專守衣故，不好失者眾所憑故，不貪財者非為此衣故，有慈悲者憐愍眾故，好惠施者令他得利故。問：『持衣人自得利否？』答：『但持不受，故不得利。』問：『三不自具，受時如何？』答：『善見云：持衣比丘捨已所受僧伽梨，著迦絺那衣，往白上座云：我以法持僧伽梨、迦絺。（準此，先衣捨已說淨，迦絺加法受持。）』」（二五一頁下）

〔二一〕初結安居時，欲受迦絺那衣　簡正卷八：「此約持衣人，於初結夏時，自（【案】『自』疑『白』。）僧：『我情願守衣，不受五利。』僧須觀察，如法即許，反上為非，不許持也。」（五三六頁上）鈔批卷一一：「立明：有人於夏中云：『後若有衣來，我情願持衣也。』僧須量議，此人何似等。若是惡人，不得與持也。」（五五四頁下）

四、受衣方法

初，作衣法；後，明受法。

四分：若得未成衣，應眾僧中羯磨差比丘令作〔一〕；若得已成者，應如法受。

善見云：若衣未成，應喚一切比丘共成〔二〕。不得說道德，作留難〔三〕，唯除病者。不得縫作，應卻刺之。所以殷勤者，此衣諸佛所讚〔四〕。昔蓮華如來，一萬六千比丘圍繞共作故〔五〕。

諸部作衣，大有明法。今時有者，多是已成，故略不出。

二、明正受

應取橫疊，二尺一綴〔六〕。如是五綴〔七〕，置箱中，在上座前。僧祇：應襞疊衣置箱中，眾華散上。

二明和僧受衣

應鳴鐘集僧：即簡破夏、不安居人、犯僧殘等〔八〕。如上列人，竝令別坐一處〔九〕，以不同受衣故。餘合受者，共坐一處。雖二處別坐，應同眾法〔一〇〕。即須索欲問和〔一一〕，答云：「受迦絺那衣羯磨」。上座白言〔一二〕：「大德僧聽：今日眾僧受功德衣。若僧時到，僧忍聽。僧今和合受功德衣。白如是。」

如是白已，與一比丘〔一三〕。應問言：「誰能持功德衣者？」答：「某甲能持〔一四〕。」應作羯磨云〔一五〕：「大德僧聽：若僧時到，僧忍聽。僧差比丘某甲為僧持功德衣。白如是。大德僧聽：僧差比丘某甲為僧持功德衣。

誰諸長老忍『僧差比丘某甲為僧持功德衣』者默然，誰不忍者說。僧已忍『差比丘某甲為僧持功德衣』竟。僧忍默然故，是事如是持。」

彼從座起，禮僧足，在上座前，互跪合掌〔一六〕。當羯磨，持衣與之〔一七〕。「大德僧聽：此住處僧得可分衣，現前僧應分〔一八〕。若僧時到，僧忍聽。僧持此衣與比丘某甲，此比丘當持此衣，為僧受作功德衣，於此住處持〔一九〕。白如是。大德僧聽：此住處僧得可分衣，現前僧應分。僧今持此衣與比丘某甲，此比丘當持此衣為僧受作功德衣，於此住處持。誰諸長老忍『僧持此衣與比丘某甲，此比丘當持此衣為僧受作功德衣，於此住處持』者默然，誰不忍者說。僧已忍『持此衣與比丘某甲受作功德衣』竟。僧忍默然故，是事如是持。」

彼即應起，執衣箱至上座前，互跪頂戴已，授與上座。上座亦頂戴〔二〇〕。如是三反已，置箱上座前。左手撥除花已，右手執衣頭，置左手中，二尺許。又取一疊。如是四疊，竝置左手中，來上座前。

上座見來，即互跪舒手〔二一〕。其人即右手取疊頭，授與上座。又卻行〔二二〕一疊付第二上座。如是卻行，盡第四上座。

彼付衣已，還至第二上座下間。手執衣，口云：「此衣，眾僧當受作功德衣；此衣，眾僧今受作功德衣；此衣，眾僧已受作功德衣〔二三〕。」三說。彼諸比丘應作是言：「其受者已善受〔二四〕，此中所有功德名稱屬我〔二五〕。」如是各各說已，答言：「爾〔二六〕。」

即應起至第四上座前，右手執衣，置左手中。如是四褶取已，至第五上座前，還如第一上座法。

如是乃至下座已，還來上座前，執衣向僧互跪白云：「今僧和合受功德衣竟。」

【校釋】

〔一〕若得未成衣，應眾僧中羯磨差比丘令作　資持卷上四：「律令差人，亦不出法。僧祇文云：『大德僧聽：僧得此衣財，若僧時到，僧拜某甲比丘及餘人作僧迦絺那衣。白如是：大德僧聽（合牒白中緣本。）諸大德忍某甲比丘（云云如上）者默然。若不忍者，便說。僧已忍。某甲比丘（云云竟）。僧忍默然。』等如常。（必有用者，依本宗綱緣故之。）」（二五一頁下）【案】僧祇卷二八，四五二頁中。四分卷四三，八七八頁下。「四分」下明受衣，分三：初，「四分」下；二、「善見」下，明共作；三、「諸部」下示略意。

〔二〕**若衣未成，應喚一切比丘共成**　鈔科卷上四：「『善』下，明共作。」（四二頁下）資持卷上四：「初，明開制。」（二五一頁下）

〔三〕**不得說道德作留難**　資持卷上四：「遮其詞免作留難。若不共作，令彼經宿，不成受故。」（二五一頁下）簡正卷八：「謂不得云『彼大德是三藏郢匠，莫喚他為作留住，不許佗去喚』，故名難也。若自述道德，便是自代理。」（五三六頁上）

〔四〕**此衣諸佛所讚**　資持卷上四：「諸佛贊者，能使得利，安樂修道。故論云：昔有佛名蓮華，有弟子名須闍多，作迦絺那衣未成，故與諸比丘共作。（二五一頁下）後科指廣，仍申略意。此雖不出，前『衣體』中文亦詳矣。更引僧祇示之。彼云：若外人施衣財，不得默受，應作是說：『我今受迦絺那衣財，受已到僧中，白二告僧云：大德僧聽，僧得此時衣財，若僧時到，僧取此迦絺那衣，白如是。』（羯磨準作，合上緣本為第二句。）次，差能作衣者，若一人，若二三人，白二差之。（如上。）差已一人，作主受衣財時，應作是言：『受此迦絺那衣財，僧當受。』（三說。）浣時，應云：『浣是迦絺那衣，僧當受如是。』裁時、縫時、染時、點淨時，隨所作，如上三說。不說而作亦成，但得越毘尼罪。」（二五二頁上）

〔五〕**蓮華如來一萬六千比丘圍繞共作故**　簡正卷八：「『彼論云，法師云：何以於迦絺那衣，如是慇勤，為佛處讚故？往昔有佛，名蓮華如來，有聲聞弟子，名須闍多，作迦絺那未成。蓮花如來一萬六千比丘圍繞，共作此衣故，所為所重也。」（五三六頁上）鈔批卷一一：「立謂：以心慇重故，共圍遶看作也。撿見論云，法師曰：何以於迦絺那衣如是慇懃，為佛所讚故？往昔有佛，名蓮華如來，有聲聞弟子名須闍多，作迦絺那衣未成。蓮華如來與一萬六千比丘圍遶，共作迦絺那衣。」（五五五頁上）【案】善見卷一八，七九六頁上。

〔六〕**應取橫疊，二尺一綴**　鈔科卷上四：「初，置衣法式。」（四二頁中）資持卷上四：「橫疊者，從長量也。疊，即是攝。雨（【案】『雨』疑『兩』。）頭兩綴，中間三綴、五綴，則為四疊。（準此長量，止八尺計明矣。）」（二五二頁上）【案】「受衣法」分二：初，「應取橫」下；次，「二明」下。

〔七〕**如是五綴**　簡正卷八：「如是五綴，恐有解散，故合四攝五綴也。玄云：若五衣、六衣總受者，並須橫攝相連，合五綴之。若留置，不受此衣，則不生五利，不名功德，但名時中僧得。若不便分，入於非時，亦須作非時僧得。若但作現前分者，終不達教也。」（五三六頁上）鈔批卷一一：「此明恐有解散，故

須橫作四攝，兩頭作兩綴，中央作三綴也。」（五五五頁上）

〔八〕**簡破夏、不安居人、犯僧殘等**　鈔科卷上四：「初，簡眾和僧法。」（四二頁下）資持卷上四：「初簡眾。總前諸部共十一人：一、與欲人，（即不現前；）二、有難，（此通一眾；）三、無大衣；四、異界；五、中後安居；六、破；七、不結；八、犯殘；九、別住；十、學悔；十一、擯人。」（二五二頁上）【案】「二明和」下分二：初，「應鳴鐘」下；次，「彼即應」下。初又分三：初，「應鐘」下；次，「如是白已」下；「從座」下。

〔九〕**別坐一處**　資持卷上四：「令別坐者，以合受人，必相連接，行事便故，不依欲（【案】『欲』疑『次』。）第也。」（二五二頁上）簡正卷八：「大德云：受衣之時，鋪陳坐位，與自恣時不同。（五三六頁上）若自恣，即五德右遶，如殿前架（【案】『架』後疑脫『鋪設』兩字。），即中門東狹作上坐位。今受衣五德行衣，是左遶取殿中門西狹，鋪上座位也。所以爾者，若依右遶，則行衣不便，亦無別理。」（五三六頁下）

〔一〇〕**雖二處別坐，應同眾法**　資持卷上四：「『雖』下，遮情。恐謂雨（【案】『雨』疑『兩』。）分，容乖別故。」（二五二頁上）扶桑記：「會正：若有露地，須伸手相及，覆處不得隔障，即以云二處，恐成別眾，故云爾。」（一四六頁下）

〔一一〕**即須索欲問和**　資持卷上四：「且據通衣，通下三法。若行別答，隨法牒之。」（二五二頁上）

〔一二〕**上座白言**　資持卷上四：「白中，問：『此與自恣法，差白前後者？』答：『有人言：德衣聽教，通作不作。先和告眾，許作方差。自恣嚴制，無慮不行。直爾先差，後方和眾。或可德衣三法，並上座作自恣、白和，須五德秉，故不等也。又，可制法不同，不須比難。』」（二五二頁上）鈔批卷一一：「礪問：『自恣法中，所以先差次白，此受衣中，何以先白次差？』答：『自恣制作，故先差後白。受衣是開，不受無過，不知受否，故須先白後差。』」（五五五頁上）

〔一三〕**如是白已，與一比丘**　鈔科卷上四：「『如』下，差持衣人法。」（四二頁下）資持卷上四：「『與』謂相對問答。文似別對餘人，準律即是五德。」（二五二頁上）

〔一四〕**某甲能持**　簡正卷八：「約五德也。」（五三六頁下）

〔一五〕**應作羯磨云**　簡正卷八：「差人白二。問：『如自恣，先白二差五德，秉單白和僧，今此受衣，何故單白先和，後方白二差遣？』答：『自恣是制作故。前差

後白，受衣是開聽。有人不受，且無過咎。今未審受衣為後不受，是以先和後差五德也。」（五三六頁下）

〔一六〕**彼從座起，禮僧足，在上座前，互跪合掌** 資持卷上四：「注文先示五德具儀。」（二五二頁上）

〔一七〕**當羯磨，持衣與之** 資持卷上四：「『當』下，上座作法。」（二五二頁上）

〔一八〕**此住處僧得可分衣，現前僧應分** 鈔批卷一一：「文中先牒衣根本，是時中賞勞衣，即是現前可分之衣也。以今將為功德衣，故次即牒其事法，故云僧今持此衣與某甲比丘。某甲比丘，當持此衣為僧受作功德衣等。」（五五五頁上）資持卷上四：「可分衣即目輕物。此牒緣也。」（二五二頁上）

〔一九〕**於此住處持** 簡正卷八：「付衣之法也。於此住處持者，戒疏云：為彰此人，不得衣利為重，此衣羯磨付彼也。」（五三六頁下）鈔批卷一一：「礪解云：為彰此人，不得衣利，為重此衣，羯磨付彼也。賓云：然作法時，要須簡取，共作法者，（五五五頁上）舉僧中央作之。若如堂中，有眾多行床。行床作法者，則前床人作法得成，後行床人被前行背，故所以不成也。又，若不簡預作法人同一處坐者，為中隔異界人，非前安居人、破夏人等。由引（【案】『引』疑『此』。）人非受衣人數故，與應受人相間雜坐，脫地露地，應受衣人各各相望。在申手外，法即不成也。」（五五五頁下）

〔二〇〕**上座亦頂戴** 鈔科卷上四：「『上』下，次第授與。」（四二頁下）【案】「彼即應起執衣箱」下明「受衣」，鈔文五段。

〔二一〕**上座見來，即互跪舒手** 資持卷上四：「準下三座皆然。」（二五二頁中）

〔二二〕**卻行** 資持卷上四：「即退身也。」（二五二頁中）

〔二三〕**此衣，眾僧當受作功德衣；此衣，眾僧今受作功德衣；此衣，眾僧已受作功德衣** 資持卷上四：「初，五德作法。未受令受，曰當正受，是今結今名已。」（二五二頁中）鈔批卷一一：「制令三說。律中，憂波離從此即問。佛言：『此中受衣九句，當受者是未來，次句今受者是現在句，已受者是過去。』三陳此句，豈非九也？三世各三故。問：『何世受功德衣？』佛答：『波離為滿足語，故說九句，亦不以過去三句受功德衣，亦不以未來三句受功德衣，正是現在三句受功德衣。何以故？過去已滅故，未來未至故，是以現在受功德衣也。』」（五五五頁下）【案】此為陳詞三句之第一句。

〔二四〕**其受者已善受** 資持卷上四：「其受者，通指眾僧。善受者，無非法過。」（二五二頁中）簡正卷八：「相疏云：此約眾僧受領，為彰持衣，故云已善受。」

（五三七頁上）鈔批卷一一：「礪云：此明眾僧領受，為彰持衣合法，故曰已善受也。」（五五五頁下）【案】此為陳詞三句之第二句。

〔二五〕**此中所有功德名稱屬我**　資持卷上四：「此中者，指所受衣。衣名功德，名必有實。功既屬我，必獲五利，各各說者，非合誦也。」（二五二頁中）簡正卷八：「『五利』稱為功德。美嚮外彰，故曰名稱。利不在他，故云屬我。」（五三七頁上）鈔批卷一一：「立明：以持衣人，不得五利，利屬於諸比丘，故云名稱屬我也。言功德名稱者，『功』是功勞，（五五五頁下）『德』是行德，名稱是五利也。以其得此五利，故無破戒之事，美德光顯，故云名稱也。礪云：五利功德，既無過咎，美響外彰，故言名稱。令我獲此五利，故名屬我也。」（五五六頁上）

〔二六〕**如是各各說已，答言「爾」**　資持卷上四：「五德對答。四人說已，總以一答。（四分唯有僧法，僧祇開對首、心念受者，應是部別。故所不引。）」（二五二頁中）簡正卷八：「持衣人發言許順也。受功德衣竟者，事畢端恭，告竟而退，即禮散也。」（五三七頁上）【案】此為陳詞三句之第三句。

五、明捨衣雜相〔一〕

四分中：聽齊冬四月竟，應出〔二〕。有二種捨：一、持功德衣比丘出界宿；二、眾僧和合出。又廣明要心失捨法〔三〕。

今明和合出〔四〕者，律云：僧集和合，未受大〔五〕戒者出，不來者說欲。「僧今和合，何所作為？」答云：「出功德衣羯磨：『太德僧聽：今日眾僧出功德衣。若僧時到，僧忍聽。僧今和合出功德衣。白如是。』」

僧祇有多種捨法〔六〕：至臘月十五日不捨者，至十六日自然而捨。餘部八種、十種〔七〕，各隨違本心〔八〕，皆成捨也。

次，明五利通塞〔九〕者

律中：受此衣故〔一○〕，畜長財〔一一〕、離衣宿〔一二〕、背請〔一三〕、別眾食〔一四〕、食前食後至他家等〔一五〕。各如隨相所明〔一六〕。其畜長衣，始從七月十六日後受得，至十二月十五日，一時說淨〔一七〕。餘有「時」「非時」相攝〔一八〕，亦如隨相說〔一九〕。

思益經云，菩薩有四法，無所恐畏，威儀不轉〔二○〕：一、失利，二、惡名，三、毀辱，四、苦惱。得利心不高，失利心不下〔二一〕。八法〔二二〕中，其心平等。為決定說「罪福業不失〔二三〕」。

四分律刪繁補闕行事鈔卷上之四終

【校釋】

〔一〕**捨衣雜相**　簡正卷八：「捨者，出也。多種不同，故云雜相。」（五三七頁上）資持卷上四：「律因六群不出功德衣，以久得五事故捨，故佛因制捨。若不出過功德衣分齊，突吉羅。」（二五二頁中）【案】「捨衣雜相」分二，初「四分」下；次「次明」下。初又分二，一、四分；二、他部。四分卷四三，八七八頁下。

〔二〕**聽齊冬四月竟，應出**　鈔科卷上四：「初通列多種；二、『今』下，別顯和合。」（四二頁中）簡正卷八：「齊冬四月竟者，十二月十五也。」（五三六頁上）

〔三〕**廣明要心失捨法**　鈔批卷一一：「下文八種、十種是也。」（五五六頁上）簡正卷八：「玄云：准揵度中，有八因緣捨功德衣：一、去，二、竟，三、不竟，四、失，五、望斷，六、聞，七、出界，八、共出。前六是要心，後二作法捨。所言要心者，據初受衣時，約人心久近，故曰要心。失此衣利，故名為捨。一、『去』者，謂本受衣時，要心云：『我若住此，即受利；若去，即捨功德衣。』今遂本心去時，即捨也。二、『竟』者，謂受衣時作念，我作下二衣竟，當捨功德衣，今作下二衣既了，已遂本心故捨。三、『不竟』者，謂此人留下二衣財置界內，後時出界。要心云：『我若不作衣，亦不更還所留衣處。既至界外，內心思惟，我亦不能作衣，妨修道業。』既絕心不作，即不還來本處，故云不竟捨。四、『失』者，（五三七頁上）謂彼受衣時，要心云：『我為作衣故，受作功德衣；我若失下二衣，即捨功德衣。』今遂本要，故名失捨。五、『望斷』者，彼受衣時，要心云：『至前家求衣，若不得，至後家求。』今至前家不得，後無後家可續放失。』六、『聞』者，謂彼受衣已，要心出界外作衣。若聞眾僧作捨衣時，我亦捨衣。後聞僧捨，遂本要心，故云聞失。七、『出界』者，彼受衣已，出界外作衣，聞僧在界內，和合出衣。彼在界外，冥然不知，亦失衣也。或有釋云：知即失，不知不失。無此理也。八、『作法共出』者，共和合捨也，過時不捨犯吉。」（五三七頁下）

〔四〕**今明和合出**　資持卷上四：「律中唯此羯磨及戒本序前具列之，餘皆例用，故須詳示，令知所出。文中六緣，且據問者，終須具十。如上篇中。」（二五二頁中）

〔五〕**大**　【案】底本無「大」，據敦煌甲本、敦煌乙本、敦煌丙本、敦煌丁本和敦煌庚本加。

〔六〕**僧祇有多種捨法**　鈔批卷一一：「依撿祇文，有十種捨：一、衣竟捨；二、受

時捨；三、時竟捨；四、聞捨；五、逆捨；六、懷捨；七、失捨；八、出去捨；九、時過捨；十、究竟捨。初，言衣竟捨者。受迦絺那衣時，作是念：『我作衣竟，當捨迦絺那衣』。作衣成已，即名捨，故曰也。二、受時捨者。作是念：『受此衣時，當捨迦絺那衣。受衣時即名捨。』故曰也。三、時竟捨者。作是念：『爾許時，我當捨迦絺那衣。』要期滿已，即名捨。故曰也。四、聞捨者。作是念：『我聞和上闍梨，捨迦絺那衣時，我當捨。』後聞和上、闍梨，說今日僧捨迦絺那衣，爾時即名捨。故曰也。五、逆捨者。作是念：『我是衣與他已，當捨迦絺那衣。』後送已，即名捨。故曰也。六、壞捨者。受迦絺那衣已，中間自言：『我今捨迦絺那衣。』作是語時，即名捨。故曰也。七、失捨者。作是念：『是衣中間壞敗，失不現，我當捨。』（五五六頁上）後衣壞敗若失，即名捨。故曰也。八、出捨者。作是念：『我此中住，出去時，當捨迦絺那衣。』若出時去時，即名捨。故曰也。九、時過捨者。臘月十五日不捨，至十六日，即名捨，得越毗尼罪。故曰也。十、究竟捨者。至臘月十五日應捨，一人僧中應作是唱言：『大德僧聽，今日僧捨迦絺那衣。』如是三說。故曰也。」（五五六頁下）【案】僧祇卷二八，四五三頁中；卷八，二九二頁中。

〔七〕餘部八種、十種　簡正卷八：「明過時任運自捨。八種、十種者，五分有八。十誦亦有八事捨，了論有八，大同四分。祇有十，大同小異。非急不明也。」（五三七頁下）資持卷上四：「五分八事失：一、時竟，（即僧祇過時；）二、失衣；（二五二頁中）三、聞失；四、遠去；五、望斷，（此四同上四分；）六、衣出界，（將德衣出界經宿也；）七、人出界，（同四分持人出界宿；）八、白二捨，（四分單白。）了論有八：一、竟；二、成就，（未詳；）三、出離，（同前去也；）四、失；五、聞；六、過位，（即時過也；）七、望斷；八、共拔除，（作法出也。）十種，如上僧祇。」（二五二頁下）鈔批卷一一：「立云：十種出祇文。如上已辦八種者，出了論，大同四分。依四分中有八種，前六是『要期捨』，後二是『作法捨』。一、去捨；二、竟捨；三、不竟捨；四、失捨。頌曰：『去竟不竟失望聞，冥知合五望斷捨。』六、聞捨；七、冥伏捨，（亦云出界捨；）八、自來共和合捨。初，言去捨者，謂無受利時，有如是要心，云：『為在此作衣則受利，我若出界去，則不受利，故今不作衣。』出界去時，與本心相應，即是捨也。礪云：言『要心』者，或可當出界時『要心』，或可本受衣時『要心』，但使決意去時，即失德衣故曰也。已下並是礪約

律文解也。二、竟捨者，謂本無上門去捨之心，故雖出界不捨也。謂無下二衣，以求得衣財，在此界作衣，本要心云：『我若作衣受利，若作衣竟，即不受利。』（五五六頁下）後作衣了，遂本要心，是名竟捨。所以不言無三衣，唯言無下二衣者，謂其人必先有人大衣。若闕大衣，本不合受功德衣也，故唯言下二衣。賓云：今雖言下二衣，且據緣說，然亦合舉作秌（原注：『秌』字原本書體不明。）也。三、不竟捨者，亦謂無上來去要之心。雖出界不捨，謂此人留下二衣財，置界內。出界時，要心言：『待還當作。我若息不作衣，亦不復還衣所。』既至外已，心即思量：『我亦不能作衣，妨癈道業。』既絕心不作，即不還來本處，故曰不竟捨也。由元有此要故，不竟亦成捨也。四、失捨者，謂受時要心，本為作衣，故受功德衣。今此山寺，多有賊盜，若失二衣財，無所作為，則不受利。後界被人盜，將此物去，與本心相應即捨，故名失捨。此人亦無上來去竟及不竟之要，故雖法及竟等，不捨也。唯有失惡，故今遂本要，故曰先捨。五、望斷捨者，亦謂無上來去等要也（【案】『也』疑『心』。），以受功德衣時，要心云：『欲作下二衣，我去某村，不得更去，今村雖前村不成乞，未失為當時要心處多。』後更去別村，還如前不成乞即失也。律中亦云：續望失，謂本要心云：『欲往某處求衣財，若所望處，不得衣。若更有望處續，（五五七頁上）我即不捨利。若前家望斷，後無望續，我當捨利。』後至望處，更無望續。謂今乃往乞，至前家不得是斷。後更無望處可續，遂本要心，故名望斷捨也。六、聞捨者，亦謂本無去竟要（【案】『要』後疑脫『心』字。），故去竟不捨也。但元受衣已，要心出界外。『若聞僧捨時，我亦捨衣。』後聞僧捨，遂本要心，故曰聞捨。此聞通虛實。賓曰：但使聞捨即失，不問前人實捨、不實捨，縱使虛傳聞亦失也。問：『若聞僧捨，名聞要者，僧若捨竟，何待要心？』『又，若不要心，聞應不失，今解聞者，謂聞僧中別人不受衣利，故名聞僧出衣。言出者，捨失之別名。』此上礪解，意明其受德衣處，有一大德，名望可重。比丘要心云：『此大德若受利時，我則受利，此人若捨，我亦不用利也。』其人既出界求財，後聞此大德已捨利，便遂本惡心，故曰聞捨。（礪云：上來六事，若無要心，有六不失。）七、受已出界，僧和合捨者，亦云『冥伏捨』，謂其人受已出界，界內比丘眾主等為受五利，散亂不修道業，即集僧和合捨。其人在界外，冥然自失，若不知捨，受利無罪。八、和合捨，謂受已出界，無去竟不竟要心，故後時雖去竟不竟，俱不失。以還來在界內，（五五七頁下）不能受利。共僧和合捨，故言和合捨。礪料簡云：上六是『要

心捨』，下二是『作法捨』。言各各違本心，皆成捨者，即八種中，前六是違本心。故曰也。」（五五八頁上）【案】五分卷二二，一五三頁下；十誦卷二九，二〇七頁下；了論卷一，六七一頁上。

〔八〕**各隨違本心**　資持卷上四：「『各隨』下，通示諸文之意。違本心者，且據多分。其間不無作法過時。」（二五二頁下）

〔九〕**五利通塞**　鈔批卷一一：「明其五利名相，及時、非時相攝義也。」（五五八頁上）資持卷上四：「『通』謂五月得利，『塞』即時外不開。（此中，止論有衣五月，其一刀（【案】『刀』疑『向』。）常開，如安居篇，不可相濫。）通塞中。初，通列五相，總開八罪。畜長攝三，（十日月望急施。）離衣含二，（聚、蘭。）釋相具明，並指如後。所以開者，夏竟營衣出入多務，若不開通，無成濟故也。準十誦，得九利：一、十夜，（長衣；）二、六夜；三、一夜，（即二離衣；）四、五緣留僧伽梨；〔一、恐怖，二、兩（【案】『兩』疑『雨』。〕三、營大衣，四、浣染，五、深藏。）五、五緣留雨衣；六、數數食；七、別眾；八、九，二時不白入聚落。（四分不開非時，部別不同。）」（二五二頁下）簡正卷八：「五利通塞者，有多通塞。若約戒辨者，五條戒開是『通』，餘戒不開是『塞』。若據此解，猶是各就一邊說也。若約時者，一解云：有衣五月是『通』，無衣一月是『塞』。大德不許此解。脫令云：有衣五月得受利為『通』，五月已外不得為『塞』；無衣一月為『通』，已外不得是『塞』也。（五三七頁下）若約人辨者，大德云：受衣人得五利是『通』，持衣人不得為『塞』。有云：後安、不安、破安等人，不得利是『塞』。非也。法寶又云：眾僧得五利，不得衣是『通』；持衣得衣，不得利（【案】『利』後脫『是塞』二字。）。玄記中，不解通塞義，亦成不了，思之是『塞』。准此，亦是據一邊說。今不依之。」（五三八頁上）【案】「五利通塞」文分為二：初，「律中」下；二、「思益」下。

〔一〇〕**律中，受此衣故**　鈔科卷上四：「初，明通塞。」（四二頁中）

〔一一〕**畜長財**　簡正卷八：「若尋常十日內說淨不說，至十一日，地了時犯。今受衣竟，一百五十日內，開不說也。」（五三八頁上）

〔一二〕**離衣宿**　簡正卷八：「但離僧伽梨，下二衣不得。約緣如此。」（五三八頁上）

〔一三〕**背請**　簡正卷八：「或背前向後、背後向前，皆許。」（五三八頁上）

〔一四〕**別眾食**　簡正卷八：「四人主同一處而食，別他不同，亦得無犯。」（五三八頁上）

〔一五〕**食前食後至他家等**　簡正卷八：「亦開不白，輒往並得。」（五三八頁上）

〔一六〕**各如隨相所明**　簡正卷八：「畜長離衣，如『三十』中。餘三戒，『九十』中辨也。」（五三八頁上）

〔一七〕**其畜長衣，始從七月十六日後受，得至十二月十五日，一時說淨**　資持卷上四：「『其』下，別簡畜長。初明分齊，一年之中五月為時，七月名非時。」（二五二頁下）簡正卷八：「此約七月十六日及已後得衣，至十二月十五日總須便說，不得更待明日也。不同急施衣，次第增至後二十日。忩（原注：『忩』疑『恐』。）有此迷，故此明示也。（相疏更近十日取急施衣例，不達教也。縱依例，亦但九日，況不可也。）」（五三八頁上）

〔一八〕**餘有「時」「非時」相攝**　資持卷上四：「『餘』下，持相攝時前十日開受急施，即非時攝時也。自恣竟，不為安居施者，時攝非時也。」（二五二頁下）簡正卷八：「謂若有功德衣，從七月半後至冬末來，皆名時。七月十六日，向前十二日半已後皆號非時。云『相接』（【案】『接』疑『攝』。）者，時自襪時功德衣，接迦提月，（五三八頁上）有三義故：一、同是時位；二、俱得五利；三、本末相因。迦提為本，功德衣是末也。『相因』者，因開一月不足，更添四月，共成五月。非時自攝非時，亦具五（【案】『五』疑『三』。）義：一、同非時位；二、同防長罪；三、本末相因。十月是本，一月一末也。相因者，因開十日，不足更添二十日，共成一月，並以長收短，故得相攝。因便更明不相攝，迦提一月，不攝十日衣，亦有三義：一、時非時別；二、寬狹別；三、本末相因。便十日，亦具三義，如上寬狹者，迦提寬，十日唯開一長是狹。」（五三八頁下）鈔批卷一一：「謂如上急施衣次第增中，已明也。若有功德衣，從七月半已後，齊各未（原注：『各未』疑『冬末』。）來，皆名時也。七月半前，十二月半後，名為非時。謂其時自攝時、非時自攝非時，故云相攝。言『時攝時』者，謂時中得長衣，時中盡須說淨是也。『非時自攝非時』者，即急施衣次第增是也。此義到下隨相中『三十捨墮』末，釋急施衣戒，廣引首疏釋，如後當明之也。又釋『時非時相攝』者，濟云：為安居故施，名時衣。時中得者，時中須說，不得將非時之日合數也。若非時得衣，非時自相攝，亦不得將時之日合論也。上來至此，始自標宗顯德終乎自恣宗要，有十二段文，是其眾法。中間非無別人對首心念之法，然皆為成眾法之行。今若舉宗往攝，皆是眾法網納之義也。」（五五八頁上）

〔一九〕**如隨相說**　簡正卷八：「指下三十捨墮『急施衣』中明也。」（五三八頁下）

〔二〇〕**菩薩有四法，無所恐畏，威儀不轉**　鈔科卷上四：「『思』下，誡等心。」（四二頁中）簡正卷八：「大德云：此是後代留流妄加，不可解釋。若有者，請除也。（已上法附竟。）」（五三八頁下）資持卷上四：「誡等心中。恐於利養，得失動懷，故引經示，令心平等。初列四法，即是八風：四違、四順。文先舉違，故云有四。後方合辨，則云八法。無恐是心，以安住故。『不轉』即身口以守常故。」（二五二頁下）【案】思益梵天所問經卷一，三五頁～三八頁。

〔二一〕**得利心不高，失利心不下**　資持卷上四：「『得』下，示得失平等。初，別釋第一，是今正意。餘三因引，故所不明。」（二五二頁下）

〔二二〕**八法**　資持卷上四：「一利；二、衰，（即上得失；）三、毀；四、譽；五、稱；六、譏；七、苦；八、樂。四違對上四順，相反可知。上即修己。」（二五二頁下）

〔二三〕**罪福業不失**　資持卷上四：「『為』下，示他。得失榮辱，皆本業緣。違順風來，故無忻慼也。（即本以前段作注字，又無經文，傳之訛脫。）」（二五二頁下）

四分律刪繁補闕行事鈔

著述者多立名標異

卷　中

卷中之一

唐京兆崇義寺沙門釋道宣撰述

篇聚名報〔一〕篇第十三

出俗五眾〔二〕，所以為世良田〔三〕者，實由戒體〔四〕故也。是以智論云：受持禁戒為性，剃髮染衣為相〔五〕。

今若冰潔其心〔六〕、玉潤其德〔七〕者，乃能生善種，號曰「福田」〔八〕。不然縱拒〔九〕，自貽伊戚〔一〇〕，便招六聚之辜〔一一〕，報入二八之獄〔一二〕。故五篇明犯，違犯持行自成〔一三〕；七聚彰持，順持諸犯冥失〔一四〕。

而新學之徒，率多愚魯〔一五〕，未識條例，寧辨憲章〔一六〕？隨戒昏同霧遊〔一七〕，罪報類之觀海〔一八〕。致使順流長逝〔一九〕，貪蜜滴而忘歸〔二〇〕；為成重業，豈超悟而知反〔二一〕！故毗尼母論云：僧尼毀禁而受利養，不現在受者，為向地獄故也〔二二〕。

然則業隨心結〔二三〕，報逐心成〔二四〕。必先張因果〔二五〕，廣明相號〔二六〕，使持戒佛子，觀果知因〔二七〕焉。

【篇旨】

鈔批卷一二：「上來始自標宗，終乎自恣，有十二篇，是明『眾法』竟。雖稱眾法，若眾不滿，亦開別人對首、心念秉之。今從根本所攝，唯是秉於僧法，故言『眾法』。亦可標宗一篇，義含『眾』『別』。集僧篇已下，方稱『眾法』。此篇已去，明其別人自行之法。故序文云：『上卷則攝於眾務，成用有儀；中卷遵於戒體，持犯立懺。』即此篇已下，是中卷也。又云：上卷已明作持行成，未辨止持之法。止持之相，勿先

戒本，故今欲約戒本，釋其相貌。故且先明『篇聚』名體、『報果』不（【案】『不』疑『之』。）相，欲令行人，志懷折（【案】『折』疑『祈』。）厭，有此篇來也。」（五五八頁下）簡正卷九：「上『眾行』綱領既存，凡欲秉持眾法，須自行清淨，故居『眾行』後、『共行』之前，稱之為『中』也。……問：『自行四篇，何故此居其首？』答：『為遵戒體。正是此篇欲令僧尼奉禁不違。先示名字果報，故在初也。」（五三九頁上）

【案】底本卷首有從十三至十六的篇名目錄，今刪去。

【校釋】

〔一〕**篇聚名報** 鈔批卷一二：「『篇』是五篇，『聚』是七聚。文中廣明篇聚名相。若對篇聚，毀犯行成，當招苦根，故曰也。……所言『聚』者。昔人解云：眾罪非一，聚在一處，號之為聚。解云：古人以隨名束罪，故曰聚也。故礪問云：『蘭無別文，何以名聚？』答：『聚在大聚之中，或可集在一名之下。若舉一名往命，則無蘭而不盡。』（此問意，破古人解。眾罪聚在一處，曰聚義也。但可云聚一『名』之下，不可道聚在一『處』也。）故心疏云：若如昔解，偷蘭及惡說，聚在何處？又，如夏不依人，犯墮罪者，非戒本收，乃至如法治，其相無限，非戒本所收，聚在何處？故不同昔。今但『名』收，無罪不盡，義可解也。言『名』者，夷、殘、提、吉，各須品目是也。『報』者，約犯論報，輕重不同。犯夷，則九百二十一億六十千歲，生報泥梨。下之四篇，來報階降，如下引目連問罪報經說。故曰『篇聚名報』也。」（五五九頁上）資持卷中一上：「**篇聚者**，攝犯之大科，據斷之綱格。辨業輕重，定報淺深。『篇』即章品之名，謂罪分局段；『聚』是攢集之號，謂犯有條流。『篇』出僧祇，『聚』出本律，名殊義一，故此雙標。疏引古解，具『三均』者，名篇。一、名均，（五篇當局同二名故。『均』即等也。）二、體均，（犯懺同故。）三、究竟均，（不為諸篇方便。）不具，號『聚』，如蘭、吉之類，但有名均，體則不均，（蘭分三懺，吉分兩悔。）究竟不均，（蘭局初二從生，吉通諸篇方便。）今師不爾，篇聚名通，不必偏對。唯約五、七，以分均雜。故疏云：縱使聚從五位、義具三均、篇名在七，本因雜攝是也。問：『若約戒本，自有八篇，今分五、七，如何相對？』答：『今言篇聚，不局戒本。但是立名，統收眾罪。若以五數，以對戒本，三十、九十，合之為一；不定、滅諍，總歸吉羅。然本立名，不逐文相，但使律儀所制，境遍塵沙，因果重輕，統歸五七。但五收根本，七雜本因，以為異耳。』問：『吉羅一聚，三均義闕，那入五中？』答：『誠如來難。故下文中，均雜往分，但據前四。（二五三頁上）今準戒疏，且

約戒本百戒為言。題中，『篇聚』言通，貫下名報。『名報』語別，即後二門。『名』謂教所制刑，『報』謂因所感果。尋名則識教，觀果則知因。此章之來，於是見矣。（有本作『來報』，傳之誤矣。）』（二五三頁中）簡正卷九：「『篇』者五篇，『聚』含六、七，莫非章品嘉號，分段別在（【案】『在』疑『名』。）。一位三功，定其輕重。次廣者，依戒疏先解『篇』字，四門：初位五篇，并辨篇義；二、置名飜譯；三、但五，不立四六所以；（五三九頁上）四、先後次第。且初位立五篇者。一、僧四、尼八，為波羅夷；二、僧十三、尼十七，為僧殘篇；三、僧一百二十、尼二百八，為波逸提篇；四、僧四、尼八，為提舍尼篇；五、僧尼各有一百，為突吉羅篇。次，釋篇義。總有四師：第一師云：相形輕重階降不類，名『篇』。謂初篇滅擯治，二篇從僧悔，乃至第五輕重有殊。今云：『二十法聚，前後列位，有何輕重耶？』然『篇』字有二：一、從『人』是偏頗義；二、從『竹』乃篇章之篇。今是『篇章』之『篇』也。第二師云：今言『篇』者，取流類均等為『篇』。凡立『篇』字，必具三均：如初四戒，同號波羅夷是名功齊，須滅擯治是體均，罪非方便是究竟均，乃至第五篇三均皆具也。今云：『若爾者，俗書亦有名，應具三均否？』第三，火（【案】『火』疑『有』。）疏主云：今言篇者，始從四棄，終於七滅，則為八篇。文字眾處，得名『篇』也。第四，今師云：今立篇義，莫非章品之嘉名，分段之別號。縱使聚從五立，義具三均，篇名在七，本同雜攝。故知，篇聚通於本支，五七位罪定其均雜。第二，置名飜譯。飜譯如鈔自明。『今辨置名，有何義故，置此五名？』答：『疏云：大聖如來，深鑑物情。濁世根鈍，須立麤刑，逗彼明機，（五三九頁下）聞名息過。如俗本禁，蒲鞭示恥。季世深酷，乃徒流可以通望？』三、但五，非四、六者。疏云：如昔解云，藥法有五，對此五藥，故立五篇。若爾，後明七聚，可有七藥，明七毗尼，可有七爭？故知不爾。且對病設藥不定，或病多而藥少，如四輪摧八難；或病少而藥多，如七滅珍（【案】『珍』疑『殄』。）四爭是；或藥均等，即此五篇。今更立義：蓋是如來一方化儀，對根之教，宜聞說五也。四、次第先後者。先約所防。若據所防，本無次第，但隨先犯者即先制。若准僧祇，初之四戒，即有次第，餘皆無次第。今立五篇次第者，疏云：蓋是大聖臨滅度時，欲使教法傳世有儀，故命持律，廣開斯要，所以結集。文云：一切僧尼及諸揵度，所有教法，聚在一處。文誠驗矣。於五篇中，正死之罪，宜加先勒。有餘之罪，其即第二。如是漸降，乃至第五。欲使僧尼觀過興猒，先麤後細，斷除業非，克出道益，理數

也。次，能防者。初篇之體，能持行本，入道正原。若壞初本，後四條枝無由生行，故知初篇行立，眾行隨生，最須奉修，故須先立。第二，眾法綱網須成，必事乖違，何能匡化？故須次立。身口法式，行越威儀，自行不成，（五四〇頁上）何能淨業？故立第三。雖三業無瑕，深為行淨，若染世塵，醫（原注：『醫』疑『翳』。）其正法，未能榮顯，故須第四。自行外化，後乃修明。若不敬順三寶，禁約四儀，授說乖方便說法網，故須第五，趣道正行。（上並疏文。）次解『聚』字，亦具四門。初位七聚，并解聚義；二、離分品位之意；三、解七聚得名不同；四、明諸罪隱顯之相。初位，立七聚者。夷為一，殘為二，蘭為三，提為四，舍尼為五，吉為六，惡說為七。並如律文增七中說。總收諸篇方便，以之為聚。成究竟者，以之為篇，亦是一家，不可抑也。云何名聚？古云：眾罪非一，號之為聚。若如此釋，五罪可爾，偷蘭惡說，聚在何處？今解：以名義收，但有罪相輕重不動，或七或五，統以收之，隨名束（原注：『束』字未詳。次同。【案】『束』疑『束』。次同。）罪，用通攝篇聚。（上並疏文。）二、**離分品位之意者**。疏云：大聖立教，為顯時心，或約結集業以收，武（原注：『武』疑『或』。）立名相以束罪，隨其所通，得解便止。如陰界入，隨迷故分，可以例曉。罪雖聚聚，一位三階，定其輕重。取究竟者，莫不齊五，故有五聚、五犯、五制、五品、五篇、五部等。定其來報，年劫遠近者，莫不齊六，故有『六種犯聚』，『六種犯』是也。言其果由因成，自有因而不感果者，（五四〇頁下）莫不齊七，故有『七犯聚』、『七種犯』，母論『七篇』等。三、辨得名，如鈔自述。（云云。）四、隱顯相者。疏問曰：『我本立相，如篇所明，偷蘭、惡說，何為不敘？』答：『斯出聖心，非凡判決。律中所列，多云二百五十戒為行正宗，故此戒本，斯成大數。至於餘罪，不入戒本，非余所解，不可情求。』有人解曰：二百五十，且以數求，比丘感戒，量同法界，可不然也？偷蘭一罪，不在戒本者，豈不以體相不倫，因果難定？故單抽出，用在聚收，所以先後、通塞不定。今就通論，俱名為戒，是故律曰：最初犯戒。若就相說，齊號『威儀』，故律亦非威儀也。大（【案】『大』疑『若』。）據輕重分之：前三聚過相麤者，能治名戒。偷蘭即在第三，下四過輕，能治之行，名曰威儀。若據均雜往分：前四是均，下三為雜，偷蘭雜中之重，故居第五也。（上並疏文。）上依戒疏，解『篇』『聚』兩字竟。名報者，『名』即波羅夷等，『報』即果報。」（五四一頁上）

〔二〕**出俗五眾** 鈔科卷中一：「初，位尊所由。」（四三頁下）簡正卷九：「形法兩

超，故名出俗。僧二、尼三，都五眾也，並據有戒言之。若但剃髮，即是形同，而無勝法，未出俗也。」（五四一頁上）

〔三〕**為世良田** 簡正卷九：「望其自、他，有二。初，約自己以釋：由無出故，久受輪迴。今有淨出，能超生死，及得涅槃，即是能生善種，號曰良田。次，約他釋：由有出供（【案】『供』疑『世』。），光潔世人，於此信敬行施，增長無量功德，即諮此五眾為世間良善福田也。」（五四一頁下）

〔四〕**戒體** 資持卷中一上：「『實』下，釋所以。戒體者，是善法之聚、聖道之基，超越人天，堪為物供，生福益世，實由此焉。」（二五三頁中）鈔批卷一二：「謂由有無作戒體，秉持無染，是世人生福之田。有能於此田行施，必獲反報之益。由田淨故，能長善苗種子也。若無此戒，自身諸善功德尚自不生，豈能生他之福也？（五五九頁上）所以俗人非福者，良為無戒故也。以僧尼有戒，故能習生三昧，發智斷惑，終獲道益。以三乘聖人，皆稟此戒，故經云：戒淨有智慧，便得第一道。又，梵網經云：『戒如明日月，亦如瓔珞珠，微塵菩薩眾，由是成正覺。』以其離染行成，三乘因種，故曰良田也。如世福田，無砂、鹵、芒、穢者，堪投種子，必長嘉苗也。有云：今此篇首，創言戒體，厥意如何？謂欲明持犯名相，故先且談其體。有體可使論犯，無體作本無違，故序宗之由致，義不徒述也。」（五五九頁下）

〔五〕**受持禁戒為性，剃髮染衣為相** 鈔批卷一二：「欲明性相兩備，方稱福田。若唯取相，如外道；亦有剃髮者，只為無戒，不名福田。十輪經云：披著袈裟，是一切諸佛解脫之相，亦名大正法幢，亦是大乘解脫味幢。意云：准此幢相，若直是稱福田，若無戒、破戒，亦合名田，但福利減少，不得稱良田耳。故下文云：福出淨田，道起少欲。今若性相兩具，方是淨田。」（五五九頁下）簡正卷九：「引此證上戒體為性，得號良田。『是以』二字，覆牒上義下詞也。彼義同解性相義。云：『性與相何別？』有兩師釋。第一云：望自體邊是性，望他緣邊為相。此解則性與相不異。第二云：性與相不同，猶如沙門受持禁戒為性，剃髮染衣為相；又如火然為性，煙焰為相；近為性，遠為相。今引此師義，證上文也。玄記作四句料簡：一、有性、無性。如淨名等，示有妻子，常修梵行故。二、有相、無性。如十三難無戒沙彌。三、俱有。即善好比丘，內含戒德，外具容儀。四、俱非，即俗流是也。」（五四一頁下）【案】智論卷三一，二九三頁中。

〔六〕**今若冰潔其心** 鈔科卷中一：「『今』下，違順得失。」（四三頁下）資持卷中

一上：「初，明順益。上二句自利行。上句喻止持，下句喻作持。或可上是意業，下即身口冰體清潔。玉性溫潤，離染成德，宜以為喻。」（二五三頁中）鈔批卷一二：「氷，由堅也。潔，由清也。以堅持禁戒清淨，心無垢穢，能發生定慧，故曰生善種也。明今僧尼，若行似氷霜，心同清水，乃堪為福田也。」（五五九頁下）簡正卷九：「謂戒法嚴凝，令心清淨，故喻水潔。持戒之心也。」（五四一頁下）

〔七〕**玉潤其德**　鈔批卷一二：「玉有十德，如別記明。今僧尼戒若清潔，為物所推，如玉可貴，故曰德也。此德可珍，如玉可貴，故曰玉潤其德也。以玉能潤物，故借況於戒德，亦能潤物，津通萬像也。濟云：玉性光潤，服之令身潤澤。見今作玉家，水漬玉作，冬天手不疅也。」（五五九頁下）簡正卷九：「謂世有五德：一燥而不輕、二濕而不重、三不隱瑕、四不容垢、五常有明也。比丘持戒之心，資成五分法身之德亦爾。」（五四一頁下）

〔八〕**乃能生善種，號曰「福田」**　資持卷中一上：「『乃』下，利他行。上句明功，下句顯名。善種福田，法喻雙舉。若論受體，亦名善種，今對生他，故喻田也。」（二五三頁中）簡正卷九：「上則三乘因種田出戒淨，下為六道福田亦爾。」（五四二頁上）鈔批卷一二：「此結前文，成上為世良田義也。撿智論云：佛弟子眾，戒眾具足，定眾具足，慧眾具足，解脫解脫知見眾具足。四雙八輩，應受供養，恭敬禮事，是世間無上福田。譬如良田，耕治調柔，以時下種，溉灌豐沃，所獲必多。眾僧福田，亦復如是。以智慧犁耕，出結使根。以四無量心，磨治調柔。檀越下信施穀子，溉以念施、恭敬、清淨心水。若今世，若後世，得無量世間樂及三乘果。如薄拘羅比丘，毗婆尸佛時，以一呵梨勤菓，供養眾僧九十一劫。天上人中，受福樂果，常無疾病。今值釋迦牟尼佛，出家漏盡，得成羅漢。又如二十億耳比丘，毗婆尸佛時，作一房舍，以物覆地，供養眾僧九十一劫，天上人中，受福樂果，足不蹈地。生時，足下毛長二寸。後見佛聞法，（五六〇頁上）得羅漢果，於諸弟子，精進第一。如是少施，獲大果報。是故當知，僧是無上福田。准僧祇云，瞻波國有一長者子，（四分名字守龍那），其家富樂，腳下生毛，作金色，長四寸，行時以衣蓐敷地，躡上而行。後來佛所，遙見世尊在露地坐，見已即卻衣蓐，躡地而來。佛語諸比丘：此童子九十一劫來，足未曾躡地，今見我生恭敬故。爾以過去世時用一白疊敷地，供養眾僧，因此果報，九十一劫生天上人中，未曾蹈地。佛為說法，即便出家，精懃苦行。在尸陀林中所經行處，血流污地，如屠殺處，佛因開著革屣。」

（五六一頁下）【案】智論卷二二，二二三頁中。增含卷三，五五七頁中。

〔九〕**不然縱拒** 鈔批卷一二：「謂不如上求（原注：『求』疑『氷』。）潔其心，玉潤其德，故曰不然也。但縱三毒，四倒煩惱，違拒佛教，故曰也。縱，由恣也。拒，由逆也，亦云抗也。謂縱恣凡情，違逆聖教。」（五六〇頁下）資持卷中一上：「『不』下，明違損。初句示能犯之心。反上二持，故曰不然。縱，謂恣任欲情。拒，即違逆聖教。」（二五二頁中）簡正卷九：「謂不是上來離（【案】『離』疑『玉』。）閏氷潔之人也。縱，推者，縱恣放逸。拒，逆佛制之文也。」（五四二頁上）

〔一〇〕**自貽伊戚** 資持卷中一上：「示所犯之過，不出兩犯。貽，贈也。伊，是也。戚謂憂戚。語通因果，罪由心造，非人所加，是自贈耳。」（二五二頁中）鈔批卷一二：「爾疋云：貽者，遺也。遺者，與也。又，貽者，招也。伊者，爾疋云：發語辭也，亦儞也、深也。戚者，憂苦也。此明違犯教者，自招其苦，非他與也。」（五六〇頁下）簡正卷九：「自己貽遺失也。伊，誰也。慼，憂也。謂縱恣三毒，拒逆佛制，自遺失其善種福田，誰受憂慼也。」（五四二頁上）【案】「自貽伊戚」也可見詩經小雅小明。

〔一一〕**便招六聚之辜** 鈔批卷一二：「事（原注：『事』疑『辜』。），由過咎也。謂隨作何罪，必羅其犯網，成其犯行，在六聚之中科斷也。」（五六〇頁下）

〔一二〕**報入二八之獄** 簡正卷九：「報入『二入』（【案】『入』疑『八』。）之獄，是受果。所云獄者，地獄也。此總攝罪人之所。」（五四二頁下）鈔批卷一二：「撿長阿含經第十九云：總有八大地獄遶。言『八大』者：（五六〇頁下）一、想地獄，二、黑繩，三、推碑（【案】『推碑』疑『堆壓』。），四、叫喚，五、大叫喚，六、燒炙，七、大燒炙，八、無間地獄。此大地獄，各有十六小地獄遶之。十六小獄者，頌云：『黑沸釘飢，渴銅多石，膿量灰鐵，斤犲釰寒氷。』第十六：一曰黑沙，二、沸屎，三、五百釘，四、飢，五、渴，六、銅釜（【案】『釜』經作『鍑』。），七、多銅釜，八、石磨，九、膿血，十、量火，十一、灰河，十二、鐵丸，十三、斱斧，十四、犲狼，十五、釰樹（劍樹），十六寒氷。『想地獄』，既有十六小地獄圍遶；乃至『無間地獄』，亦具此十六，名字同前，合成一百三十六地獄也。又案毗婆沙論亦然，名字大同，但初『想地獄』改名『唱活地獄』，復『無間地獄』改名『阿毗地獄』。其『阿毗地獄』，最在閻浮提下底，次上即是『火燒炙地獄』（原注：『火』疑『大』。）。如是最上，名『唱活地獄』。引七地獄，一一地獄，各有四門，是一一門，各有四眷

屬，合十六眷屬。通『正及眷』屬，合有十七。『阿毗』既有十七，餘七地獄亦具十七，都一百三十六也。其受苦差別不同，如別記之。（云云。）又案觀佛三昧經，亦同今鈔。所言『二八』者，且取眷屬之數耳。言『地獄』者，毗婆沙論云：梵言『泥梨迦』，秦言『無去處』，謂生彼眾生，無有去處、無有依處、無有救處，故曰也。今言地獄者，（五六一頁上）是此方之名。宣云：地獄大約多在地下，重相有八，圍遶各十六也。由獄在地下，故曰地獄。獄者，周名『囹圄』。周禮云：三王如有獄也，後亦謚為『黃沙』。」（五六一頁下）

【案】俱舍卷一一，五八頁上、下，六一頁中、下。毗婆沙論卷一七二。長含卷一九，二十一頁下。

〔一三〕五篇明犯，違犯持行自成　鈔批卷一二：「立謂：五篇七聚，名為犯法，今若不煩（原注：『煩』疑『順』。）此犯法，則成其持行也。故心疏云：五篇明犯者，舉彼犯法也。違犯持行自成者，明不犯行也。違犯法成，順聖制意，若順犯法，便成違聖制意也。」（五六一頁下）簡正卷九：「五篇明犯者，舉彼犯法也。違犯持行自成者，違犯即不作惡故，自然成於二持。此據增五文也。」（五四五頁上）

〔一四〕七聚彰持，順持諸犯冥失　鈔批卷一二：「立云：七聚之中，並彰所持之法。若順此法而持，則二犯冥然自失也。彰，由明也，顯也。」（五六一頁下）簡正卷九：「七聚彰持者，彰，明也，謂明於持行。順持諸犯冥失者，順持即謹守戒行，一切過犯，冥然不容。此據增七文也。」（五四五頁上）

〔一五〕而新學之徒，率多愚魯　鈔科卷中一：「『而』下，愚教致損。」（四三頁下）鈔批卷一二：「爾疋云：率者，動也。率者，總也。無智曰愚，痴鈍為魯，論語云柴也。愚，參也。魯，孔安國云：魯，鈍也。」（五六一頁下）

〔一六〕未識條例，寧辨憲章　資持卷中一上：「次二句，明不學。條例，即篇聚品類。憲章，謂犯不犯相。」（二五三頁下）鈔批卷一二：「立謂：不識五篇七聚，持犯條例也。言寧辨憲章者，爾疋云：憲，訓法也。章，由篇也。引約隨相決斷，皆有法章也。」（五六一頁下）簡正卷九：「謂未識五篇七聚之條例。寧辨得二持兩犯，云憲章。爾雅云：憲，法也。章，篇也。」（五四五頁下）

〔一七〕隨戒昏同霧遊　資持卷中一上：「『隨』下，明昧教。『隨戒』即戒相，霧遊觀海，並喻不明。」（二五三頁下）鈔批卷一二：「謂新學之流，不識戒相；夷、殘、提、吉之名，冥然不辨，猶如霧中遊行。故曰也。」（五六一頁下）

〔一八〕罪報類之觀海　鈔批卷一二：「立明：如遠望大海中物，或謂是船，或謂山，

謂鳥，竟莫識其偽真。明其新學，豈識罪相？犯戒招報，輕重叵知。」（五六一頁下）簡正卷九：「既不識相，不知犯罪輕重，類如觀海之人罔測海之分齊。」

〔一九〕**致使順流長逝**　資持卷中一上：「『致』下，彰過。上二句，明隨塵嗜欲，故云忘歸。」（二五三頁下）鈔批卷一二：「逝，開往也。由前不識戒相，不知罪報，故隨六塵五欲，常往其境，躭荒染愛，不知返迷歸本也。言順須生須生（【案】次『須生』疑剩。）死之流，長往赴於苦海也。」（五六二頁上）簡正卷九：「良為上來無知，不達於教，造種種非法，順生死流，不（原注：『不』疑『永』。）沒沈輪，故云長逝。逝，由往也。」（五四五頁下）

〔二〇〕**貪蜜滴而忘歸**　鈔批卷一二：「蜜喻五欲也。如經明丘井四虵、三龍、二鼠、五狗等喻。（云云。）忘歸者，忘失正念，不知返其源也。」（五六二頁上）簡正卷九：「寶云：大師引丘（原注：『丘』疑『經』。）中喻。如人犯罪於己，己令將罪人付惡醉象。象逐遂（原注：『逐』字疑剩。），罪人怕怖而走。遇一枯井，數枝乘騰（原注：『騰』疑『藤』。下同。），入於井內。彼人尋騰入井。井底有三龍，四面有四蛇，仰觀井上，狂象已臨。又有黑白二鼠，嚙藤之。次見有遊蜂餘蜜滴入，以口承得，暫時眾怖俱息。（上喻下合。）身如枯井，為老所逼，終至於死。象喻無常，藤喻命根，三龍即三毒，四虵即四相，二鼠即日月，蜜滴喻五欲。但貪五欲，不懼三毒，四相推遷，日月相催，命根即斷之忘歸也。為成重業，犯不知悔，隨業受生，三塗下墜。豈能超越五欲之境，悟涅槃理及本還原？故云知反也。」（五四五頁下）【案】此處引經中所喻之事。幾種經中，均有此喻。可見據賓頭盧突羅闍為優陀延王說法經，大正藏三二冊，七八七頁上～中。

〔二一〕**為成重業，豈超悟而知反**　資持卷中一上：「下二句，任業牽生，故不知返。逝，往也。大集云：昔有一人，避二醉象（生死。），緣藤（命根）入井（無常），有黑白二鼠（日、月，），嚙藤將斷，旁有四蛇欲螫（四大），下有三龍，吐火張爪拒之（三毒）。其人仰望，二象已臨井上，憂惱無託，忽有蜂過，遺蜜滴入口（五欲）。是人唼蜜，全忘危懼。今喻比丘不畏眾苦，貪著五欲，無心厭背也。」（二五三頁下）

〔二二〕**僧尼毀禁而受利養，不現在受者，為向地獄故也**　資持卷中一上：「『故』下引證。彼明：破戒受施，必感現報，腹則破裂，袈裟離身，或無此相，為有生報，故云也。」（二五三頁下）簡正卷九：「謂愚教縱情、造罪受苦，在於當來，非

現在也。」（五四五頁下）【案】毘尼母卷二，八一〇頁上。

〔二三〕**然則業隨心結**　鈔科卷中一：「『然』下，立篇本意。」（四三頁下）資持卷中一上：「初，敘業報之本。業即是因，謂所成兩犯。」（二五三頁下）鈔批卷一二：「謂心能造業，鼓動身口，作善作惡，皆由心使（原注：『使』疑『作』。）。若無記餘緣，雖作非犯，必行心成就。是持是犯，此約心為業因也。」（五六二頁上）簡正卷九：「善生中明八種心，結業輕重。輕重之業，皆是隨心，謂心能造業，作善作惡，皆不離心也。故律云：犯即問心，無心不犯。此正約心，為業因也。」（五四六頁上）

〔二四〕**報逐心成**　資持卷中一上：「報即是果。謂墮獄劫數，因果皆心，語通大小。必約教限，簡判淺深。」（二五三頁下）鈔批卷一二：「此舉果酬因也。由心為善惡是因，來報有苦樂之果。」（五六二頁上）簡正卷九：「舉果酬因也。由上八種輕重之心，當來受報重輕，逐今日心而成就也。」（五四六頁上）

〔二五〕**必先張因果**　資持卷中一上：「『必』下，伸撰述之意。初二句，示文，望後釋相，故云先張因果。即後科犯報中，先簡起業，即是明因，後引文明果。」（二五三頁下）鈔批卷一二：「立云：五篇並是果罪，七聚則含因果。謂方便曰因，究竟稱果。此解不著。應是序此篇中，有兩段之意：先解五篇七聚，名相曰因；後第二門則云『二、明所犯果報』曰果也。（尋文自知。）深云：先張因果者，序此篇也。（五六二頁上）……又解：先張因果者，能持能犯是其因，來報苦樂是其果。」（五六二頁下）簡正卷九：「張二持兩犯之因果。先引了論八種護戒，即張持之因果。下引目連問經等，明犯之因果。」（五四六頁上）

〔二六〕**廣明相號**　資持卷中一上：「『相號』即六聚名義。對下二門，文敘不次。從語順便，固無他意。」（二五三頁下）鈔批卷一二：「序後釋相篇也。（五六二頁上）亦恐不然，但是序今篇中意也，謂因中亦有相號，即下引目連問經等是也，故曰廣明相號。」（五六二頁下）簡正卷九：「下文廣明五篇七聚相狀名號也。」（五四六頁上）

〔二七〕**使持戒佛子，觀果知因**　資持卷中一上：「『使』下顯意。『佛子』之言，通目末伐（【案】『伐』疑『代』。）奉法之士，約大褒美，深符宗意。觀果者，睹長劫之苦報；知因者，推少項之業非。由教而知，既知必懼。且夫心緣境發，果自因成，造受更資沈流，長劫因緣遇會，形影無差。至於火爍湯煎，痛非可忍，霜寒冰凍，聲不可聞，萬苦衝心，如鎔鐵聚。翻思往業，雖悔何追？矧乃戴角、披毛，飛空潛水，氣命繫於屠獵，血肉委於庖廚。或復炬口針咽，飢虛

切體，臭膿穢屎，食噉聊生，下敘泥犁。且論總報，三途雜類，隨業何窮信乎？（二五三頁下）禍福無門，昇沈由已。況佛經廣示，祖訓重彰，積惡時深，略無信奉。嗚呼！含靈蠢蠢，生死悠悠，方便多門，其誰一悟。豈得袈裟之下不惜人身，那於良福田中自生荊棘？且中人可以語上，智者言必三思。見惡直似探湯，遇善常如不及，方名佛子。少應沙門，觀果知因，得其人矣。辭雖繁費，意復何窮？」（二五三頁下）鈔批卷一二：「謂下文廣明毀戒招苦果者，欲使行人，觀斯惡果，不作惡因，懃加護持也。」（五六二頁下）

就中，先明戒護是違失之宗；後明篇聚名報之相。

初中

所以犯戒果報，罪業極大者〔一〕。由戒護是生善中最，建立功彊〔二〕，故使違損，便招重報。

明了論述「戒護〔三〕」多種，且略引之：謂在心者名之為「護」〔四〕，在身、口者名之為「戒」〔五〕。有「護」不必有「戒」〔六〕，有「戒」其必是「護」等〔七〕。

經中〔八〕，明佛讚得戒護人，有多章句，略述八種〔九〕：

一者，如王生子，為民所敬〔一〇〕。得戒護人，生聖種中，後必得聖，如紹王位〔一一〕。二者，如月光明，漸漸圓滿〔一二〕。戒護亦爾，諸功德等，隨時增長，乃至得解脫知見〔一三〕。三者，如人得如意寶珠〔一四〕，隨願皆果。得戒護人，欲生善道，乃至菩提，必定能得。四者，如王一子，愛惜紹位〔一五〕。得戒護人，因戒護故，必得成聖，理須愛惜，不得毀損。五者，如人一目，愛之甚重〔一六〕。此人亦爾，由戒護故，得離生死，至得涅槃。六者，如世貧人，愛少資糧〔一七〕。此愛戒故，便得慧命。七者，如國王，三事具足，便愛此國：一足財，二欲塵，三正法〔一八〕。得戒護人亦爾，住戒護中，無量功德〔一九〕，心安無憂惱〔二〇〕，生長正法〔二一〕。八者，如病人得好良藥〔二二〕。戒護亦爾，不應棄捨，由此離一切惡故。

如是因緣，功業深重，不可輕犯，犯致大罪〔二三〕。

【校釋】

〔一〕所以犯戒果報，罪業極大者　鈔批卷一二：「人或致疑：何故犯戒罪，寧頓重而不輕者？今言：但為戒能生善。體亙塵沙，復能任持佛法，以勝多故，故使毀犯罪亦重也。」（五六二頁下）簡正卷九：「玄云：釋疑故來。恐人疑云：何

故犯戒之罪極重而不輕耶？由戒護下釋也。謂戒是萬善因基故。文云：依因此戒，能生禪定及苦集智慧等，出生善中最為第一，即為一切善法之所住處持功德。（五四六頁上）如序云『住持佛法，群籍於茲息唱』等，是故違損招報不輕也。」（五四六頁下）資持卷中一上：「先明戒護者，欲明篇聚嚴猛，犯報深酷，實由所受功深，致使有違罰重，特須先示，方顯後文，宗即是本。」（二五四頁上）

〔二〕**由戒護是生善中最，建立功彊** 鈔批卷一二：「戒為萬善之基。經云：若無此戒，諸善功德不生；又云：戒是正順解脫之本；又云：戒淨有智慧，便得第一道。故曰生善中最也。言建立功強者，毗尼是佛法壽命，建立之功，勝餘二藏。故上序云『住持佛法，群藉息唱』等。又論云『以有律師持律故，佛法住世五千年』，豈非建立功強！故使毀者，便招重報也。」（五六二頁下）

〔三〕**戒護** 資持卷中一上：「舉行目體，兼收法相。」（二五四頁上）簡正卷九：「舊經論名『護』，新經論云『律儀』。若云護者，冥諦疏（原注：『冥』疑『真』。）云有四義：一、能隔惡事；二、能守護六根門，令或心（原注：『或心』疑『惑』。）業不起；三、能防守，以人令出凡位入聖位故。猶斯多義，故名『護』也。若云『根律儀』者，根即眼等六根，律儀即能防護六根，故名『根律儀』也。」（五四六頁下）

〔四〕**謂在心者名之為「護」** 資持卷中一上：「彼論治三界心惑，名對治護，故云在心也。」（二五四頁上）鈔批卷一二：「賓云：新經論中，名根律儀，亦名為護。舊來經論，但有『護』名。所言根者，謂眼等六根。言律儀者，是防護義，謂念、智、捨，防護六根，名根律儀。（五六二頁下）舊名『護』者，真諦解云：能隔惡事，攝善事故，能守護六根門，令業惑不入故；能防守行人，令不墮四趣故；能防守行人，令出凡位入聖位故。由斯多義，故名為護。廣明此義，至下持犯篇中當說。（云云。）謂外防身口七非曰戒也。」（五六三頁上）簡正卷九：「在心名護者，論云：離意地惡名護。」（五四六頁下）

〔五〕**在身、口者名之為「戒」** 資持卷中一上：「防身口邪業，則名戒護。故云在身口也。（今但云戒一往別對。）」（二五四頁上）簡正卷九：「在身口名戒者，論云：離身口惡名戒。有護不必有戒者，引論四句文也。一、是護非戒。此護，護心不起諸念。縱對五塵，由心不起，未假防於身口，不得稱戒，故曰有護不必有戒。若身口不造諸惡，必由念、智、捨心，故曰有戒其必是護。二、是戒非護。雖有受體，起不正思惟，而無護心，不動身口，未必犯戒。三、亦

戒亦護，以要假念等，方能流至身口防非。四、非戒非護。若動發身口，必起
不正思惟故。此四句中，鈔引第一、第三兩句也。」（五四六頁下）

〔六〕有「護」不必有「戒」　資持卷中一上：「『有護』下，示單複。以惑為業本，
若但護心，惑不至身口，故云不必有戒。又，業假惑成，若禁防邪業，必兼防
心，故云其必是護。然護治惑，非謂理觀，即是戒行，彼論謂之『惑毘尼』是
也。」（二五四頁上）鈔批卷一二：「了論疏：離身口惡，名戒；離意地惡，名
護。非戒必是非護，非護未必非戒。所以爾者？若動發身口，必起不正思惟，
故非戒必是非護。若起不正思惟，未必動發身口。若不動發身口，但是非護，
不關非戒。護亦爾。戒必是護，護未必是戒。宜作四句：一、是護非是戒。如
白衣等，有念、智、捨等，而未流至身口防非。賓云：舊來諸德解，有護必有
戒，多將行善俗人雖起善心，身中無戒，但得是護，故曰有護不必有戒；出家
僧尼得戒，其必從護起，故曰有戒其必是護。今解不然。案了論意云：念、
智、捨等，是根律儀。由是根之律儀，故曰根律儀，依主釋也。了論名護，此
護是發業近因，然未發業，謂雖有此護，未防身口，不得稱戒，故曰不必有
戒。若身口不造諸惡，必由前念、智、捨心，（五六三頁上）故曰有戒其必是
護。二、是戒非是護。雖有受體，起不正思惟，而無心護。以不動身口，未必
非戒。三、亦是護亦是戒。以惡、假念等，方能流至身口防非。四、非戒非
護。若動發身口，必起不正思惟。故此四句中，鈔但引第一、第三兩句也。上
言『念』者，論疏云：謂正念也。念戒功德，不起邪念也。智者謂分別戒，如
浮囊、腳足、階陛，能感當果，不起邪智。『捨』者，離憂、喜等，其心平等，
故名為捨。問：『有何義意，捨憂、喜耶？』答：『若無捨心，而對順境，喜故
起貪，復於違境，憂故生瞋。貪瞋既便生二犯，由知憂、喜不起貪瞋二行，故
善行得成。』問：『此護以何為體？』答：『若依正量部，正念、正智、正捨，
三法為體，於緣明記曰念，謂能憶持本所受也。簡擇功德過失曰慧，謂能簡擇
分別也。離貪、憂二品，心平等性為捨也。上言離憂、喜者，憂是瞋煩惱品
也，喜是貪煩惱品也。由喜故，多起貪；憂故，多起瞋。貪、瞋既生，何能護
戒！品謂品類也，如忿、恚、慊、恨、惱、嫉等，是瞋家品類，故總名為憂。
貪、婬、覆、憍等，並名為喜也。』」（五六四頁上）【案】「浮囊」「腳足」「階
陛」喻持律之重要。四分序：「若欲涉遠路，當自護其足，足若毀壞者，不能
涉遠道。……如人欲渡河，用手及浮囊，雖深無沒憂，便能到彼岸。如是諸佛
子，修行禁戒本，終不迴邪流，沒溺生死海，譬如帝釋堂，彫飾眾寶成。七寶

為階陛，天人之所行。」（五六八頁上）

〔七〕有「戒」其必是「護」　資持卷中一上：「『有護』下，示單複。以惑為業本，若但護心，惑不至身口，故云不必有戒。又，業假惑成，若禁防邪業，必兼防心，故云其必是護。然護治惑，非謂理觀，即是戒行，彼論謂之『惑毘尼』是也。」（二五四頁上）鈔批卷一二：「立謂：比丘能防身口七非名戒，要假內心防護身口，故曰也。（五六三頁下）即上了疏第三句是也。」（五六四頁上）

〔八〕經中　資持卷中一上：「未詳何文，或恐了疏所引。（古云：論中自指者，撿彼無文。）」（二五四頁上）簡正卷九：「了論疏中通指諸經名，有此八喻，皆喻得戒護人也。」（五四六頁下）鈔批卷一二：「撿了論疏：疏指諸經也。不出經名，或未翻度也。慈云：通指一切經中皆讚美於戒，非是的指一經。於此經中有八喻，皆讚其戒也。」（五六四頁上）

〔九〕略述八種　資持卷中一上：「八段，一一並有法喻。前三，喻戒體；後五，並言愛惜，即喻戒行。四，與初濫，前以王子直喻受體，後以父愛子乃喻隨行，目喻正見，糧比助道，國謂具德，藥即除障。尋文可知。」（二五四頁上）

〔一〇〕如王生子，為民所敬　鈔批卷一二：「如王生子喻，此明能以紹佛種子。由此戒故，必定成佛。後必得聖者，謂王子為人敬愛者。由能紹王位，得戒護者，亦當紹於佛位，故人敬愛。」（五六四頁上）簡正卷九：「論疏云：王能王（原注：『王』字疑剩。）制伏一切人民。由此而生王種中，後必得王故，（五四六頁下）為民所敬也。法合者，王喻大聖，子喻諸比丘。從法而生，故云生子。民喻一切眾生也。」（五四七頁上）

〔一一〕如紹王位　簡正卷九：「喻諸比丘因持戒故，得成佛也。」（五四七頁上）

〔一二〕如月光明，漸漸圓滿　鈔批卷一二：「立云：既有戒護，如月光漸圓，後得定慧解脫、解脫知見，五分法身圓滿也。」（五六四頁上）

〔一三〕戒護亦爾，諸功德等隨時增長，乃至得解脫知見　簡正卷九：「由戒、定、慧、解脫、解脫知見，五分法身圓滿也。」（五四七頁上）

〔一四〕如意寶珠　資持卷中一上：「智論云龍腦中出。眾生得之，除貧去毒。（或云：金翅鳥心，或云古佛舍利。）善道即人天，菩提即佛果。（二五四頁上）中略三乘，故云『乃至』。」（二五四頁中）鈔批卷一二：「謂必怖必果人也。得此珠能感萬物，隨願必得。得戒護者，若願生人天勝樂、三乘道果，隨願必獲。濟云：若無價之珠，復異如意珠也。言無價者，謂人中無人能定與價也。雖然，其珠則自解作價，謂有人欲賣此珠時，以淨物擎之，都市眾人欲買，即以

衣物錢財而鎮珠上，珠皆透出，衣物皆散。其買者，續復將物覆之，價若未足，珠隨復出。其價亦足，珠即不出，齊此為價，故知珠自作價也。案觀佛海三昧經云，金翅鳥業報，唯食諸龍。初日，於閻浮提，日食一龍王及五百小龍；次日，於弗婆提食一龍王及五百小龍；（五六四頁上）次，復於西瞿耶尼食一龍王及五百小龍；第四日，復於鬱單越食一龍王及五百小龍。如是周而復始，經八萬歲，此鳥乃死。死時現相，現相如何？謂諸龍吐毒，無由得食，其鳥飢逼，周惶求食，了不能得；遊巡諸山，永不得安；至金剛山，然後暫住。從金剛山直下至大水際，從大水際至風輪際，為其風所吹，還至金剛山。如是七反，然後命終，鳥肉散盡，唯有心在。其心直下，如前七反。然後還住金剛山頂，難陀龍王取此鳥心，以為明珠。轉輪王得為如意珠。案智論云：真珠出魚腹中、竹中、蛇腦中，龍珠出龍腦中，如意珠出自佛舍利。若法沒盡時，諸舍利等皆變為如意珠，譬如過千歲冰，化為頗梨珠，因此便明。虎珀者，廣疋云：虎珀，珠名也。漢書云：罽賓國有虎珀也。博物志云：松柏入地，千年化為伏苓，伏苓千年化為虎珀，一名紅珠。廣物志云：虎珀生地中，其上及傍不生草木，深者八九尺，大如斛，削去上皮，中生虎珀，有汁。初如桃膠，凝堅乃成，彼方人取用為盌器也。」（五六四頁下）簡正卷九：「論云：如意寶珠，亦云無價寶珠，謂畜此珠，所要諸物，並皆如意故。若言無價者，謂無有人為珠作價，唯珠自作價。欲買此珠，以錢物著珠上。珠若透出，價未於當。若珠不出，與珠將去。固（原注：『固』字疑剩。）有人問云：『此珠體是何物？』答解：『一云：此珠是龍腦中出也。若有此珠，毒不能害，水火不能焚漂等。（此解未見教文說。）二云：此是過去諸佛舍利變作此珠，與人受用。（今云：舍利是定果，色不可變故。又，舍利是無漏，不可變為有漏故。）三云：准觀佛三昧經，轉輪王取金翅鳥心，名為如意珠，所求皆遂也。（且依此解為正。）』」（五四七頁上）

〔一五〕如王一子，愛惜紹位　簡正卷九：「王喻比丘，子可喻戒，即喻比丘惜戒而得成佛。前段明他敬，此段明自敬，兩處各別。」（五四七頁上）鈔批卷一二：「此明自愛惜，與第一門異。前則他人愛敬也。」（五六四頁下）

〔一六〕如人一目，愛之甚重　鈔批卷一二：「立云：有人有兩目，然亦護惜，失一猶有一在。若一目者，護惜更甚，失則全不見道。戒護亦如一目，失則不見涅槃之道也。」（五六五頁上）簡正卷九：「由有一目，愛之甚重。由有此目，得至於彼，則不墮沒。今有戒目，則能離生死坑，至涅槃果也。」（五四七

頁上）

〔一七〕**如世貧人，愛少資糧**　鈔批卷一二：「謂粮能支計肉身之命，戒能支計法身慧命。」（五六五頁上）

〔一八〕**便愛此國：一足財，二欲塵，三正法**　資持卷中一上：「三事足：『財』謂國富；『欲塵』謂色、聲等境。國足塵，則王者適意故，下以心安合之。『正法』即禮、樂，號今（【案】『今』疑『令』。）不失其所。」（二五四頁中）鈔批卷一二：「欲塵者，濟云：即宮人采女也。」（五六五頁上）

〔一九〕**無量功德**　資持卷中一上：「『無量』下，三句配上三事。」（二五四頁中）簡正卷九：「合上足財，如持一戒招生十利等。如國足財，王便生愛。戒護有多功德，心便愛戒也。」（五四七頁下）

〔二〇〕**心安無憂惱**　簡正卷九：「合上欲出。國有宮綵，王便生愛。戒護之人，法喜如其宮人，慈悲可喻綵女。得戒護人，心無憂悔。」（五四七頁下）

〔二一〕**生長正法**　簡正卷九：「合上正法也。國有正法，王生愛樂。比丘持戒，能生定慧三十七種等正法，即愛此戒也。」（五四七頁下）

〔二二〕**如病人得好良藥，戒護亦爾**　簡正卷九：「良藥能治病，戒能除世間一切惡法之病。不應棄捨戒之良藥也。」（五四七頁下）

〔二三〕**如是因緣，功業深重，不可輕犯，犯致大罪**　資持卷中一上：「總上八喻，歸前二義。餘並生善中最，第一第四及七中末，喻即建立功強也。」（二五四頁中）

二者，列名釋位

中分二別：初明篇聚，後明果報。

初中

五篇七聚，約義差分〔一〕，正結罪科，止樹六法〔二〕。今依六聚，且釋其名〔三〕：一、波羅夷，二、僧伽婆尸沙，三、偷蘭遮，四、波逸提，五、波羅提提舍尼，六、突吉羅。此上六名，並無正譯〔四〕，但用義翻，略知途路。

【校釋】

〔一〕**五篇七聚，約義差分**　資持卷中一上：「前敘名數差互。五篇取均，七聚據雜，仍分身口，故云約義。吉羅罪眾，從具（【案】持桑記：『濟緣：具即身口。』一四九頁上。）兩分。罪無異體，故但有六。問：『前引古解，定五為篇，以七為聚。今家前後諸分，並云五篇七聚，還同古執，其意云何？』答：『但攻

彼局，即章篇聚名通。既曰兩通，隨用有何不可？」」（二五四頁中）鈔批卷一二：「謂篇中，五篇名還是聚家之目，為其蘭、吉二罪，體含因果，雜碎難分，總作聚名。然於吉聚，復分為兩，身犯名惡作，口犯名惡說，故言約義差分也。」（五六五頁上）簡正卷九：「篇聚之名，如前已辨五篇七聚之數，然於吉中，須分身口。身為惡作，口為惡說，故分為六。更加偷蘭，即成七也。吉為二者，此是約義科分也。正結罪科。」（五四七頁下）

〔二〕正結罪科，止樹六法　鈔批卷一二：「立謂：吉羅罪雖分兩聚，不離身口，惡作懺法既同，同作吉稱，故正結罪科。既合為一，但有六聚，故曰正【案】『正』疑『止』。）樹六名法。」（五六五頁上）簡正卷九：「上（【案】『上』疑『止』。次同。）樹六法者，吉分為兩聚，懺法同是一吉聚攝也。結正罪科，既合為一，但有六聚，故云上樹六法，即不分身口為七也。」（五四七頁下）

〔三〕今依六聚，且釋其名　資持卷中一上：「『今』下，約結罪列名。佛出中梵，立此刑名，此土本無，將何對譯？故下諸名，或望聖道，（如夷、蘭也；）或約行業，（夷、殘、吉羅；）或對眾法，（夷、殘；）或就來報，（夷、提；）或從懺法，（僧殘、捨墮、提舍。）大略如此，餘如後釋。」（二五四頁中）

〔四〕此上六名，並無正譯　簡正卷九：「玄云：佛化中天，隨緣制戒，結夷、殘等罪。此先無其名目，是故不可飜譯，但就義意飜之也。」（五四七頁下）鈔批卷一二：「佛化中天，隨緣制戒，結夷、蘭、提、吉之名，引（【案】『引』疑『此』。）土先無其目，是故不可翻譯，但就義意翻之。如言無餘『僧殘』、『捨墮』等者，但約義立名，非正翻對。然佛何不制四篇、六篇，恰制五者？疏中種種解釋。初一師云：藥有五故，故立五篇：謂犯『四夷』，與『學悔法』（五六五頁上）名為藥也；『殘罪』，與『摩那埵』等藥也；『提』，對人三說藥也；『舍尼』，一說藥也；『吉羅』，心念藥也。通律師問：『下四可悔，悔法稱藥。夷不可悔，如何稱藥？』答：『犯夷無覆，學悔是藥名。』『若爾，有覆滅擯，亦應名藥？』答：『殺活雖殊，不妨俱藥。學悔之法，如治病藥。滅擯之法，如殺人之毒藥。』問：『七聚應有七藥？』答：『聚唯六病。惡作、惡說，體類同故。（同責心悔。）蘭又同提，共用一藥。（蘭、提同對首悔。）故雖七聚，亦但五藥。』『若爾，七滅應除多諍？』答：『法相不同，應為三例：一、藥多病少，如七滅除四諍；二、藥少病多，如四輪推（原注：『推』疑『摧』。）八難；三、藥病俱等，如五篇有五藥也。言四輪八難者，且為頌曰：三途北長壽，前後辨聰根，善處摧前五，值願植餘三。』高云：『今釋迦遺法在世，不

名佛前後難也。法滅盡已，方是難也。生聾生盲合者，單聾、單盲，及餘根不具，亦非難也。以聾而不盲，不癈禮佛，盲而不聾，不癈聽法故也。』又一師解：『准俗制道，如五刑法。俗有五刑，斬、絞、流、徒、杖也。約此五刑，以立五篇。』今破云：『此土近俗，立此五刑，豈可遠佛制戒，同於近俗？又梵、漢懸隔，輒便相擬？』又一師解：『引（【案】『引』疑『此』）。是如來隨機制教，宜立五篇，（五六五頁下）即作五名。』今詳此後師最好。如人面上，兩目、一手（【案】『手』疑『口』。）、一鼻，皆是逐便宜然，何須問其多少所以也？故婆沙中有脇尊者，每釋義時，皆言法爾宜立一、二、三、四亦然也。」

（五六六頁上）

初，言波羅夷者

僧祇義當「極惡」，三意釋之〔一〕：一者退沒〔二〕，由犯此戒，道果無分故；二者不共住〔三〕，非但〔四〕失道而已，更不入二種僧數〔五〕；三者墮落，捨此身已〔六〕，墮在阿鼻地獄〔七〕故。十誦云墮不如意處〔八〕。薩婆多解云：由與魔鬪，以犯此戒，便墮負處〔九〕。四分云：波羅夷者，譬如斷人頭，不可復起〔一○〕；若犯此法，不復成比丘故。此從行法，非用為名〔一一〕。又云：波羅夷者，無餘〔一二〕也。此從眾法絕分〔一三〕為名。故偈云：諸作惡行者，猶如彼死屍，眾所不容受，以此當持戒〔一四〕。又名「不共住〔一五〕」者，不得於說戒、羯磨二種僧中共住故〔一六〕。

問：「上言若犯此法，名為『斷頭』。準此而言，必無重犯，戒亦非有〔一七〕？」答：「戒之有無，此入諍論〔一八〕。雜心中，解有戒非無〔一九〕。若論重犯，律自明斷，隨犯多少，一一波羅夷〔二○〕。此篇最初四戒各別，隨眾犯淫，眾多重犯〔二一〕；餘盜、殺、妄，重犯亦爾。此說別解脫戒，由境緣別〔二二〕，得戒不同，故後犯時，還隨別犯。如薩婆多云：寧可一時發一切戒，不可一時犯一切戒〔二三〕。且如淫戒，女人身上發得二十一戒〔二四〕，男子身上得十四戒〔二五〕。餘法界中，男女亦爾。今或貪心，犯一女一道，但名汙一淫戒比丘〔二六〕。自餘諸淫，戒體光潔，無行可違，稱本受體〔二七〕。如懺初篇，還得清淨，不言更受，由有本戒。又如律云：打、謗犯重比丘，皆結墮罪〔二八〕。若無戒者，止同吉羅〔二九〕。

問：「應當足數，不名斷頭〔三○〕？」答：「懺本清淨，理當足數

－1120－

〔三一〕，如『得作說戒、自恣羯磨〔三二〕』等。但由情過深厚，不任僧用，故云『來不隨意〔三三〕。斷頭之諭，此望不階聖果為言。』」

問：「淫戒，雖被汙染，但名犯戒，出在何文〔三四〕？」答：「上已明示。更廣張相，如下懺法中說〔三五〕。戒體定在，常恒清淨〔三六〕。世中有人犯一婬戒，初乃惶懼，後復思審，謂言『失戒』，遂即雷同〔三七〕，隨過皆犯。豈不由愚於教網，自陷流俗！焉知但犯一婬，諸婬竝皆不犯〔三八〕；當篇殺、盜，常淨儼然〔三九〕。下之五聚，義同初受〔四〇〕。故同法之儔，理須明察〔四一〕。若先嚴淨識，託對五塵〔四二〕，欲染不生，由前方便。若先非攝慮，對境不能不犯〔四三〕。既犯業成，必須無覆早懺〔四四〕，還成本淨，進入僧儔。若迷上所設，自懷藏疾〔四五〕，不參眾務，財法竝亡〔四六〕，便冒受用，自他俱負〔四七〕，豈不悲乎！不亦誤哉！

問：「淫已被染，諸戒猶全，何故不階聖位〔四八〕？」答：「明了論解：此四重戒，隨毀一重，諸餘戒分，用則無力。如人身中，四處得死〔四九〕，隨損一處，身命便死。由戒力弱，不發定慧〔五〇〕也。十輪云：若犯四重，毀法謗聖，死入阿鼻。如是之人，於其一身不能盡結，必墮惡道〔五一〕。若有於我法中出家，持根本戒〔五二〕，常勤勇猛，一切〔五三〕供養，終不虛受。何以故？志求解脫，乃至捨命，終不犯毀〔五四〕。何以故？以四根本，三乘依住故。」

四分中，尼有八波羅夷：前四同於大僧，後四如別所說〔五五〕。

十誦重犯，不同此律〔五六〕：同名之罪，則有重犯〔五七〕；同種之罪，則無重犯〔五八〕。此據初篇以言〔五九〕。故文云：學悔沙彌犯僧殘〔六〇〕，令次第僧中行覆藏、六夜、出罪等。餘如別部〔六一〕中說。

明了論云律中說罪有五部〔六二〕者，解云：此間為「篇」〔六三〕，今依本義，立名「部〔六四〕」也。有二義：一成就根本義〔六五〕，二隨順根本義〔六六〕。

第一，波羅夷部，有十六罪〔六七〕。解云：一一各有四部〔六八〕，成十六罪。

一遠方便，如行婬時，先起心，未動身口〔六九〕，責心即滅。二者次方便〔七〇〕，謂動身就彼，或口說欲作。此對人懺滅，通名吉羅〔七一〕。三近方便，至彼人邊，或欲摩觸，身未交前，是偷蘭遮〔七二〕。期行淫事故摩觸，非為戲樂〔七三〕故：成，偷蘭遮；不成，僧殘。此罪，對人懺

〔七四〕。第四，身交〔七五〕，是根本也。

前三方便，皆為成就〔七六〕，故名「部」。若根本未成，前三可懺〔七七〕。若已成就，前三逐根本，悉不可懺，此即「隨順義」。餘三〔七八〕，例此部。

四分中但言：成者波羅夷，不成者偷蘭〔七九〕。若準十誦，則偷蘭分輕重〔八〇〕。明了論中，唯結一品〔八一〕。然偷蘭、吉羅，體通彼此，類解應知〔八二〕。如「懺法」中更述〔八三〕。

【校釋】

〔一〕僧祇義當「極惡」，三意釋之　資持卷中一上：「具兼三義，彰惡之極。」（二五四頁中）簡正卷九：「此約義譯也。以四分無義飜，故引祇律。惡無過此，故云極也。此罪最惡，約此義邊，飜為極惡也。三意釋之者，釋上極惡義也。」（五四八頁上）【案】僧祇卷一，二三一頁中；卷二，二三七頁中。

〔二〕退沒　鈔批卷一二：「賓云：非為己（【案】『己』疑『已』。）得道果，今則退失，但是應得不得，故言退沒也。立謂：若犯此戒，定墮惡道，名為退沒；不階涅槃之果，故曰無分。亦可，道果無分，即是退沒也。引（【案】『引』疑『此』。）後解勝。若准前解，望下第三意有妨：此既明退沒，是墮惡道者，不應更有下文三者墮落義也。」（五六六頁上）簡正卷九：「望其道果應得不得，不無其分，名退沒也。」（五四八頁上）

〔三〕不共住　簡正卷九：「同上釋極惡也。」（五四八頁上）【案】四分卷一，五七一頁下。

〔四〕但　【案】底本無「但」，據敦煌甲本、敦煌乙本、敦煌丙本、敦煌丁本加。

〔五〕二種僧數　資持卷中一上：「同下四分。」（二五四頁中）鈔批卷一二：「謂羯磨、說戒二種也。」（五六六頁上）

〔六〕已　【案】底本無「已」，據大正藏本、敦煌甲本及弘一校注加。

〔七〕墮在阿鼻地獄　資持卷中一上：「目連問經但示劫數，不顯獄名。雜心中：墮焰熱地獄一晝夜。此文明判。及十輪經並云『阿鼻』即『無間獄』。如涅槃云：間無暫樂，（常受苦故；）無間空處，（身與獄等八萬由旬；）故言無間。」（二五四頁中）

〔八〕墮不如意處　簡正卷九：「由是地獄之異名，眾苦逼身，非心所願也。」（五四八頁上）資持卷中一上：「十誦中。初引律文，彼翻『波羅夷』為『墮』。即受戒已，為說四墮是也。僧祇『墮』義轉釋『極惡』，與此不同。文中多『意』

字，嘗用多論古鈔對勘，並無。言不如者，謂不如魔，即墮，負義。下引論釋，明知寫誤。」（二五四頁中）

〔九〕**由與魔鬪，以犯此戒，便墮負處** 　鈔批卷一二：「撿多論云：波羅夷者，名墮不如意處。如二人共鬪，一勝一負。比丘受戒，欲出生死，與四魔共鬪。若犯此戒，則墮負處。問曰：『犯五篇戒，皆墮負處，何獨此戒得名？』若（原注：『若』疑『答』。）：『餘四篇戒當犯時，亦墮負處。（五六六頁上）但尋悔滅，非永墮負處，故不得名也。如怨家以刀割人，命根不斷，雖云得勝，非是永勝。若斷命根，名決定勝。犯四篇戒，如命未斷，犯此四重，如命根斷故也。』」（五六六頁下）資持卷中一上：「魔有四種，常相謀害，當用戒兵防禦戰敵。然今行者，戒力既虧，魔軍得勝，故以為喻。」（二五四頁中）【案】薩婆多卷二，五一五頁上。

〔一〇〕**譬如斷人頭，不可復起** 　資持卷中一上：「本律三義。初，斷頭者，即『受法』說相中（二五四頁中）四喻之一。次，云如斷多羅樹心；三、如針鼻缺；四、如破石為二分。能喻雖四，同俞體壞，永障聖道，故云行法非用也。」（二五四頁中）鈔批卷一二：「立明：此舉四分文，釋成前僧祇三意中第一句也。」（五六六頁上）【案】四分卷一，五七一頁下。

〔一一〕**此從行法，非用為名** 　鈔批卷一二：「立謂：上言斷頭，非比丘故，此約道分無用也。故下文斷頭之喻，此望不階聖果為言，便成引義。」（五六六頁下）簡正卷九：「謂上言斷頭，非比丘故。此約得道無由，唯約初戒說。第二戒，如斷多羅樹，不復更生，為喻也。三戒，如針鼻，缺不堪復用。四戒，如破大石為兩片，不可還合。今且約婬戒舉喻，餘亦例之也。」（五四八頁上）

〔一二〕**無餘** 　鈔批卷一二：「立謂：此下舉四分釋上祇中第二句也。」（五六六頁下）資持卷中一上：「即遮法云：若遮無根、無餘作等，（殘為有餘，名亦出彼。）」（二五四頁下）

〔一三〕**絕分** 　資持卷中一上：「行壞無功，不參眾務，故云絕分也。」（二五四頁下）

〔一四〕**諸作惡行者，猶如彼死屍，眾所不容受，以此當持戒** 　鈔批卷一二：「此是四分律初勸信序偈，曇無德之辭也。彼云：『譬如有死屍，大海不容受，為疾風所飄，棄之於岸上。諸作惡行者，猶如彼死屍，眾所不容受，以是當持戒。』」（五六六頁下）簡正卷九：「證成眾法絕分義。如上卷標餘中已辨。」（五四八頁上）【案】四分卷一，五六七頁下。「以此當持戒」之「此」，四分作「是」。

〔一五〕**不共住** 　資持卷中一上：「不共住，名見戒本。問：『與上無餘何異？』答：『上

約已說，如彼死屍，下對僧論，如海飄出。對前祇律，初義頗同，此後二名，同彼第二。」（二五四頁下）

〔一六〕不得於說戒羯磨二種僧中共住故　鈔批卷一二：「釋前不入二種僧數文也。」（五六六頁下）

〔一七〕準此而言，必無重犯，戒亦非有　資持卷中一上：「『準』下正問，有二：一、問重犯；二、問有無。」（二五四頁下）簡正卷九：「准此而言者，謂准此上來斷頭之言也。必無重犯者，謂初犯已，再犯無過也。戒亦非有者，謂身若有戒，即有重重而犯；身若無戒，即如白衣一般，雖作無犯。今既舉喻，由如斷頭，必無舉犯。（五四八頁上）顯戒非有也。」（五四八頁上）【案】底本無「而」，據敦煌甲本、敦煌乙本、敦煌丙本、敦煌丁本、簡正釋文及弘一校注加。

〔一八〕戒之有無，此入諍論　資持卷中一上：「上二句，示不定。」（二五四頁下）鈔批卷一二：「立云：古人各執有戒、無戒之言，故云諍論。有一師云『犯重失戒』。所以知者？一戒為提（原注：『提』疑『堤』。），眾戒為水，以犯一戒，眾戒焉在？復一師云『犯重不失戒』。所以知者？案律中，打謗犯重，比丘同結提罪；若無戒者，打但小吉。又解：諍論者，如涅槃第三十一卷中，（五六六頁下）有二十二雙諍論，其犯重比丘，有戒無戒，是彼一雙諍論數也。故彼經二十二雙諍論，是迦葉菩薩舉來問佛：『既善知眾生根，何不定說，致人有諍論也？』佛一一答：『我為緣故說不定，隨機作失、不失二種說也。有時，於一名中說無量名，於一義中說無量名，悉為調伏諸眾生故。我諸弟子，不解我意，便作實解，遂生諍論。（云云。）。』其第十八雙諍論云：『或說比丘犯四重已。比丘戒在，或說不在？』（此迦葉問言。）佛下文答：『我於經中作如是說。若有比丘，犯四重已，不名比丘，名破比丘。已失比丘，不復能生善牙種子，譬如焦種不生果實，如多羅樹斷更不復生。犯重比丘，亦復如是。我諸弟子，聞是說已，不解我意，唱言：如來說諸比丘犯重禁已，失比丘戒。我復於經中，為純陀說四種比丘：一者畢竟到道，二者示道，三者受道，四者污道。犯四重者，即是污道。我諸弟子，聞是說已，不解我意，唱言：如來說諸比丘犯四重已，不失禁戒。』榮疏解云：初明為假說犯重戒失，後為純陀說則是不失。『畢竟到道』者，阿羅漢也。斷二障盡，名『畢竟到』。『示道』者，三果也。然以正示人，（五六七頁上）令學須陀洹向已下也，領受聖道，在身中故。『污道』者，犯戒人也。意疑鈔家專指此文，令涅槃疏家解此二十二雙諍論，專引諸部律，及諸論人數人，及十八部執等義。云如犢子部作此說，薩

－1124－

婆多部作引說等，各標不同，故曰諍論。（云云定義。）賓云，婆沙六十六云：准陀經中，亦作是說。沙門有四，無有第五：一者勝道沙門，二者示道，三者命道，四者污道。當知此中，『勝道沙門』，謂佛世尊，自能覺故，一切獨覺，應知亦然。（由道覺故，其道最勝。）『示道沙門』，謂尊者舍利子無等雙故，大法將故，常能隨佛轉法輪故。一切無學聲聞，應知亦爾。（無學之人，自行已辦，但應度人）。『命道沙門』者，謂尊者阿難陀，雖居學地，而同無學，多聞聞持，具淨戒禁。一切有學，應知亦爾。（謂有學人，身中聖道，猶應漸長，如命增長，故云命道也。）『污道沙門』者，謂莫唱落迦苾蒭（原注：『唱』疑『喝』。），憙盜他財物等是。（莫喝落迦，此云『大愚鈍』者，謂都無有所識，舊云『摩訶羅』是。有人云，『摩訶羅』此翻為『伽汁』，未詳出處。）」（五六七頁下）簡正卷九：「玄云：涅槃經中有二十雙諍論，此當第七也。文云：我於經中說，若有犯四重已，不名比丘。已失比丘，不復能生善芽種子，譬如燋種不生菓實。我諸弟子，不解我意，唱言失戒。又云：我為純陀說四種比丘：一者，畢竟到道，（阿羅漢人，斷煩惱盡故也；）二者，示道，（二果人，能示人正法也；）三者，受道，（初果人已下，能領受聖道故也；）四者，污道，（犯戒人也。）我諸弟子，不解我意，唱言不失。問：『上言失戒，又云不失，俱云不解我意，如何和會耶？』答：『夫戒有二種：一是受體，二是力用。言由如燋種不生菓實，而諸比丘便言火（原注：『火』疑『失』。）體，是不解我意。後言污道比丘，謂言猶能更生善芽種子，有力用故。此亦是不解我意者。犯重比丘受體仍在，但是污戒，失於力用，即不生諍論也。』」（五四八頁下）

【案】答文分二：初「戒之有無」下，次「若論重犯」下。

〔一九〕雜心中，解有戒非無　簡正卷九：「彼論第二立『四種捨』，謂作法、命終、斷善、二形。若據大乘瑜伽，加『犯重捨』。雜心論主不許此義，故云有戒非無。餘義如上卷『受中』已辨說。」（五四八頁下）資持卷中一上：「下二句，從有而立。……雜心解者，彼云：有說犯初眾罪，（『眾』即是『篇』。）名捨律儀。此則不然。若捨律儀者，犯根本罪已還俗，應得更出家，已捨律儀故。又云：於別解脫律儀是比丘，於無漏律儀非比丘。又云：但是犯戒非捨戒。（彼文。）問：『此還計有應（二五四頁下）成諍論？』答：『在彼為諍，於今非諍。何以故？知時合宜，深解佛意，非執計故。是以僧網明畜貓犬，及隨相中畜八不淨，並斷失戒。人不見此，故多遲慮。』」（二五五頁上）鈔批卷一二：「案雜心論偈云：『別解脫調伏，是捨於四時，若捨及命終，斷善二根生。』解云：

『若捨』者，謂捨戒也，（五六七頁下）俱舍云與受相違故。『命終』者，種類滅也，俱舍云所依捨故。『斷善』等者，謂善根斷，及二形生也。俱舍云：斷善者，所因斷故；二形生者，所依變故。『持律』者，言法沒盡時，彼說戒、結界、羯磨，一切息斷。毘曇者說曰：『法沒盡時，先所受律儀，相續生不捨，未曾得律儀者不得，是故說一切息。』有說云：『犯初篇罪，名捨律儀。』此則不然。若言犯初篇失戒者，犯根本罪已還俗，應得更出家，已捨戒故。今正解：犯初篇罪於別解脫戒，是比丘；於無漏戒，非比丘也。（上並論文。鈔云『戒之有無』，此諍論或指此論文也。）既言邪見，二形出命，終及捨失，不許犯重失，唯在四重也。案法勝阿毘曇第二卷，存其『五捨』，謂加第五正法隱沒時捨。今不在之，如前已破。未曾得者，更受不得，先受不捨。瑜伽十三立『五捨』，加『犯重捨』也。問：『雜心不存犯重捨者，何故律云犯重已非比丘？』彼論解云：『佛言非比丘者，非第一義比丘也。謂犯初篇已，於別解脫律儀，是比丘；於無漏律儀，非比丘。是犯戒，非捨戒，故曰有戒非無。』」（五六八頁上）【案】雜心卷三，八九二頁上～中。

〔二〇〕**若論重犯，律自明斷，隨犯多少，一一波羅夷**　資持卷中一上：「初，據宗以答。此即初戒廣解之文。戒本亦云：後犯亦爾。」（二五五頁上）鈔批卷一二：「律云：若比丘，犯一一法，如前後犯亦爾，即其義也。」（五六八頁上）【案】「重」，音蟲。後兩「重」字也同。四分卷二二，七一五頁下。

〔二一〕**此篇最初四戒各別，隨眾犯淫，眾多重犯**　資持卷中一上：「『此』下，簡辨名種。重犯有二：一、同名之罪，謂四重五望；二、同種之罪，謂四戒各論。上通十誦，下局本宗，文約四戒，各別論重。即明今宗同種之義，合證者有戒，重犯義不相離。故引文中，初敘宗意，律儀從境，故名別脫。道定從心，即是總脫。」（二五五頁上）

〔二二〕**此說別解脫戒，由境緣別**　鈔批卷一二：「立謂：於一一境上，別別防非，（五六八頁上）得解脫故，曰別脫戒也。以發戒時，隨境而別發。今若犯，還隨境別犯，不得頓也。」（五六八頁下）

〔二三〕**寧可一時發一切戒，不可一時犯一切戒**　簡正卷九：「謂許總發，不許總犯，故有『寧可』之詞也。」（五四九頁上）資持卷中一上：「受是懸擬，故可總發。犯是臨境，故唯別犯。」（二五五頁上）

〔二四〕**女人身上發得二十一戒**　資持卷中一上：「初，明總發。準釋相中，彼論但約三毒以歷七支，誰（【案】『誰』疑『離』。）三為七，是今義推，具如後釋。文

中別舉淫支以明，餘可例顯。淫境約道，女三男二；淫心三毒，三單三複，一
具隨緣。間起以心歷境，故發多戒。如文所列。」（二五五頁上）簡正卷九：
「亦多論文也。諸戒既多，不可遍攝，略抽婬之一戒。餘戒未盡言之，故有
『且如』二字也。女人身上二十一戒，謂約貪等三毒，三單三雙一合，成七
毒。將此七歷女子非處有三，一處既有七，三處故成二十一也。」（五四九頁
上）【案】薩婆多卷一，五〇七頁上。

〔二五〕**男子身上得十四戒**　簡正卷九：「男子非處有二，二七成十四戒也。」（五四九
頁上）鈔批卷一二：「謂七毒歷二瘡門也，直約婬戒。若盜殺妄，下文當述。」
（五六八頁下）

〔二六〕**今或貪心，犯一女一道，但名汙一淫戒比丘**　資持卷中一上：「『今』下，明別
犯。問：『餘淫不犯，故有重者。若還以貪心，復於前女本道，行淫為成重不？』
問：『十誦不立重犯。那取彼論，以證今宗耶？』問：『不可一時犯諸戒者，不
學之罪那得頓犯耶？』」（二五五頁上）

〔二七〕**自餘諸淫，戒體光潔，無行可違，稱本受體**　資持卷中一上：「約懺重例。」
（二五五頁上）簡正卷九：「謂本初受時，發得無作之體，遍周法界。今雖污
於一婬，餘戒儼然。既未毀犯，故稱本體也。」（五四九頁上）

〔二八〕**打謗犯重比丘，皆結墮罪**　資持卷中一上：「『又』下，打謗。例九十中，打比
丘及僧殘，謗二戒。大僧不簡淨穢。」（二五五頁上）鈔批卷一二：「舉律文證
犯重比丘，有戒非無。若打謗無戒俗人，律結小吉。」（五六八頁下）

〔二九〕**若無戒者，止同吉羅**　資持卷中一上：「『若』下，反質打謗三眾，並吉羅故。」
（二五五頁上）

〔三〇〕**應當足數，不名斷頭**　資持卷中一上：「問有二句，即是兩難。律中二滅，學
悔並不足數。又斷頭之名，行法非用，同彼死屍。今云：餘戒體淨，光潔無違，
豈非相反？故須委示。」（二五五頁上）簡正卷九：「問意者，既言有戒，應當
足數。」（五四九頁上）【案】此下三「問」為轉難：初難體在；二問所出，三
問障道。

〔三一〕**懺本清淨，理當足數**　簡正卷九：「有四意：初，據理答；二、『如得』下，引
得作法答；三、『但由』下，明不足意；四、『斷頭』下，顯喻簡別意。謂不階
聖果，不無戒。」（五四九頁上）

〔三二〕**得作說戒、自恣羯磨**　鈔批卷一二：「立偏答上言，云是數之，非謂實堪僧用。
以無人時，開秉二法，餘法亦無開文。然此人，實是體淨，合應足數，由情過

重，不堪僧用，望其自行，是淨非穢。」（五六八頁下）資持卷中一上：「『如』下，例證。十誦開作說恣羯磨，（不開餘法，）亦聽眾中誦律，（無堪能處。）既容秉御身預淨僧，義同足數，故云理當也。」（二五五頁上）

〔三三〕來不隨意　資持卷中一上：「『但』下，約過明不足。情過深者，犯極惡也。不任用者，虧德業也。『故』下，引示。律云，僧說戒及羯磨時來不隨意，故知雖懺必無足理。縱聽秉法，身不入數，但望二擯，財法永亡，不參眾務，以為優耳。上云理足，文含二意：一、為救無知，謂失例犯；二、為救犯者，抱過不悔。故此諸文委曲提示。問：『世云小無懺重之文，那云懺淨耶？』答：『大小兩乘，通明懺重。小雖開懺，但障獄業，不能復本，故云無耳。』若爾，依大懺淨，可預數不？答：『化制不同。化據業道，制就違教，縱依方等，事理懺滅。於今制教，不懺須擯，懺成學悔。若行制懺，縱業不亡，還名清淨。須知化制，懺法天別，人多妄迷，故曲疏之。餘在後篇。』」（二五五頁中）鈔批卷一二：「謂僧作法時，不來非別眾也。」（五六八頁下）【案】四分卷三四，八〇九頁中。

〔三四〕淫戒雖被汙染，但名犯戒，出在何文　資持卷中一上：「難所出者。如上諸文，具依律論，欲彰有據，生後勸勉，故發是問。」（二五五頁中）簡正卷九：「問意者，犯婬許不失體，但名犯戒，有何典據？」（五四九頁上）

〔三五〕更廣張相，如下懺法中說　資持卷中一上：「下引僧祇，學悔行相，一切同僧。」（二五五頁中）簡正卷九：「謂下悔六聚中引祇，犯重比丘與季（原注：『季』疑『學』。）悔已，比丘不淨食。彼不淨食，比丘亦不淨。既云同（五四九頁上）有不淨，豈非戒體常在等？」（五四九頁上）鈔批卷一二：「律云：犯重與學悔已，比丘不淨食，彼亦不云淨食。彼不淨食，比丘亦不淨等。既言同有不淨，豈非比丘？又引母論，與白四悔法已，名清淨持戒比丘等。」（五六八頁下～上）【案】斥迷中，有三：初，「本句」下；二、「豈不由」下；三、「焉知」下。

〔三六〕戒體定在，常恒清淨　資持卷中一上：「十誦：乞羯磨已，佛結所戒一切受行。母論：與悔法已，名清淨持戒等，故云體在等。」（二五五頁中）

〔三七〕雷同　簡正卷九：「如天雷聲，一列同聞也。玄記云：准百喻經說，昔有一人，有二百五十頭牛，常供水草，隨時餧之。時有虎噉卻一頭，其主作念：『數既不全，何用餘者？』遂馭臨岸，一時推下，盡皆致死。（上是喻，下法合。）愚痴比丘亦復如是。既失一戒，餘亦破之等。」（五四九頁下）

〔三八〕焉知但犯一婬，諸婬竝皆不犯　資持卷中一上：「『焉』下，重示。上二句，明
　　　同種淨。」（二五五頁中）

〔三九〕當篇殺盜，常淨儼然　資持卷中一上：「『當』下，明同名淨。堅固不動，謂之
　　　儼然。」（二五五頁中）

〔四〇〕下之五聚，義同初受　資持卷中一上：「『下』下，明異名、異種淨。」（二五
　　　五頁中）

〔四一〕故同法之儔，理須明察　資持卷中一上：「初二句，囑其所告。受隨一等，故
　　　名同法。」（二五五頁中）

〔四二〕若先嚴淨識，託對五塵　資持卷中一上：「『若』下，正勸。初，示持行。『嚴』
　　　謂謹攝。『淨』識即心。『五塵』皆境，所謂方便正念，常擬對治也。」（二五
　　　五頁中）鈔批卷一二：「立謂：先興起觀行之心，後對色聲等五則不染者。如
　　　不淨觀成，對女人不貪色。若慈悲、少欲觀成，則不行殺盜也。即涅槃經中，
　　　無勝長者見諸女人，猶如白骨，如刀毒蚖等。（云云。）所以舉五塵，不舉法
　　　塵者，解云：法塵意識所得，二乘制防身口，不禁意地，故不明也。此自意解
　　　耳。」（五六九頁上）簡正卷九：「先嚴淨識者，嚴潔之淨識，即屬其心也。五
　　　塵者，色聲等境也。欲染不生，對境時無染污心生也。由前方便者，要由行人
　　　預前加功防護，起對治心也。」（五四九頁下）

〔四三〕若先非攝慮，對境不能不犯　資持卷中一上：「『若』下，勸犯悔。上二句，明
　　　成犯。」（二五五頁下）

〔四四〕既犯業成，必須無覆早懺　資持卷中一上：「『既』下，示懺益。」（二五五頁
　　　下）

〔四五〕若迷上所設，自懷藏疾　鈔批卷一二：「立謂：犯不發露，復不懺悔，但知覆
　　　藏。如人有病，不令人見，以衣覆蓋，故曰藏疾。傍人雖解療治，不見來由加
　　　益，遂至於死。」（五六九頁上）資持卷中一上：「『若』下，明不懺之損。『懷』
　　　即是心藏，『疾』喻其覆過，體非淨用。」（二五五頁下）簡正卷九：「如人有
　　　疾，衣覆不治，名為藏疾。犯過隱而不懺，亦復如是。」（五四九頁下）

〔四六〕財法竝亡　鈔批卷一二：「同一利餘，曰財。同一說戒，曰法。二俱絕分，故
　　　曰並亡。」（五六九頁上）

〔四七〕便冒受用，自他俱負　資持卷中一上：「不堪利養，覆過妄受，故云冒也。……
　　　『他負』者，作法則前事不成，受施則能施亦墮。」（二五五頁下）鈔批卷一
　　　二：「以破戒食人，信施不消，來報極苦。又令他施主福德減少，故曰自他俱

負故。<u>五分</u>云：能施所施，二俱犯墮，故曰冒受也。言用者，濫入僧數，塵坌清眾，自招冥責。又誤僧家秉法，被事不成，亦是自他俱負也。此『受用』二字，屬上財法並亡之言也。『受』屬財字，『用』屬法字。」（五六九頁上）<u>簡正</u>卷九：「犯罪人曾受信施，為施所負，即自負也。眾僧同知，公然共作法事，事不成辦，即他負也。」（五四九頁下）

〔四八〕**淫已被染，諸戒猶全，何故不階聖位**　<u>資持</u>卷中一上：「此即難前斷頭之喻。」（二五五頁下）

〔四九〕**四處得死**　<u>鈔批</u>卷一二：「<u>婆沙論</u>中，唯明二處得死。故彼論二十七云：問：『何故斷頭及腰便死，斷手足等而不死耶？』答：『頭、腰二處，是大死首，故斷便死。手、足不然。復次欲界有情，依段食住，喉通段食，腹為食依，故斷二處，命根便斷。復次，頭是眼等多根依處，（謂於頭中具五色根。此五色根，十二入中五入是也。）斷之便壞眼等諸根。腹是息風所依止處，斷腰腹壞，息無所依。故斷二處，命根便斷。」（五六九頁下）【案】<u>婆沙</u>卷二七，一三七頁下。答中分二，初「了論」下；二、「十輪」下。

〔五〇〕**由戒力弱，不發定慧**　<u>資持</u>卷中一上：「『由』下，示『不階』之意。即<u>雜心</u>云非第一義比丘是也。」（二五五頁下）

〔五一〕**如是之人，於其一身不能盡結，必墮惡道**　<u>資持</u>卷中一上：「『如是』下，明障道也。『結』即見思等惑。言墮惡者，釋成不盡結也。今時多學邪空，訶佛毀教，流言鄙俗，反自矜誇。焉知一慢尊容，長淪暗道，一輕聖典，永墮邪林？」（二五五頁下）

〔五二〕**若有於我法中出家，持根本戒**　<u>資持</u>卷中一上：「『若』下，顯持益。初，索持人。初篇四重，出生諸戒，故名根本。」（二五五頁下）<u>鈔批</u>卷一二：「立謂：諸僧尼四重、八重之戒也。案<u>十輪經</u>云，佛言：若有族姓男女，以深信心，歸依佛法，或欲趣聲聞，或趣辟支佛，或趣大乘。於我法中，而得出家，受於具戒，極有信心，護持根本四重等罪。常懃精進，勇極（原注：『極』疑『猛』。）不休，終不虛受人天供養，於三乘中，隨所樂欲。何以故？志求解脫，乃至捨命，終不毀犯。又云：何故名為根本之罪？謂若人作如是惡行，身壞命終，墮於惡趣，作如是行，是惡道根本，故名根本罪也。」（五六九頁下）【案】<u>十輪</u>卷三，六九五頁上～中。

〔五三〕**一切**　<u>資持</u>卷中一上：「一切者，總收四事。」（二五五頁下）

〔五四〕**志求解脫，乃至捨命，終不犯毀**　<u>資持</u>卷中一上：「『乃』下，勸堅持。言捨命

者，即同本律寧死之誡。三乘依住者，出世行本故。嘗讀斯文，敬詳佛語，詞切理顯，足為龜鏡。願專誦心首，以自策勤。」（二五五頁下）

〔五五〕尼有八波羅夷：前四同於大僧，後四如別所說　鈔科卷上四：「『四』下，對尼同別。」（四四頁上）資持卷中一上：「後四如別。即別行篇謂摩觸八事，覆重隨舉。（二五五頁下）女流報弱，情多喜犯，故枝條之罪，例同重制。」（二五六頁上）簡正卷九：「後四如別說者，指尼別行中觸八覆隨也。」（五四九頁下）

〔五六〕十誦重犯，不同此律　鈔科卷上四：「『十』下，他部重犯。」（四四頁上）簡正卷九：「呼十誦為『此律』。（此依寶科鈔句）。若搜玄及諸記中，皆云『不同此律』，『此律』即是四分，對於他宗雙辨也。寶不許此，即破句讀文也。前已說四分重犯義了，今此正釋十稱（【案】『稱』疑『誦』。）中義，如何名為對辨？不得見有『此』字，便云是四分。」（五五〇頁上）

〔五七〕同名之罪，則有重犯　鈔批卷一二：「謂十誦中婬、殺、盜、妄，此四同名夷，則有重犯，謂前作婬犯夷，後作盜亦夷。」（五六九頁下～五七〇頁上）簡正卷九：「初篇四戒同一夷名，則有重犯，謂前婬犯夷，後盜亦夷。」（五五〇頁上）【案】「重」，音「蟲」。此處有兩種斷句，即「十誦重犯，不同此律，同名之罪，則有重犯」，以及「十誦重犯不同，此律同名之罪，則有重犯」，參見上句釋文。

〔五八〕同種之罪，則無重犯　資持卷中一上：「『同』下，示異。同種犯已，後作得吉，故無重也。」（二五六頁上）鈔批卷一二：「如前作婬得夷，後作但吉。四分則不爾，同名同種，俱有重犯。何故名為種？種為類義也，亦可以罪從此生，能生罪故，故名為種。」（五七〇頁上）簡正卷九：「如前犯婬，後作但吉也。故十誦云，波離問佛，頗有比丘行婬不（【案】『不』疑剩。），得夷不？』答：『有。若先破戒者是。此則同種，無重犯也。僧祇亦爾。』」（五五〇頁上）【案】「重」，音蟲。十誦卷五二，三七九頁中。

〔五九〕此據初篇以言　資持卷中一上：「『此』下，簡濫。下篇種類，不同有二：一、上下相望，有重可解。如文所引學悔犯殘。二、下聚當局，亦有重犯。」（二五六頁上）鈔批卷一二：「謂唯初篇同種，無重犯。若下四篇同種，亦有重犯，不異四分也。」（五七〇頁上）簡正卷九：「簡濫也。謂適來所述同種無犯，十律亦且據初篇以言。若二篇已下，同種總有重犯，故文云『等』，引彼文證上二篇同種有重犯義也。玄云：此是十誦二十二安居法文也。文：學悔沙彌尼，

夏中犯殘，請比丘與覆藏六夜，本日治出罪等。以此為請日之緣。既云本日治，即知有重犯，謂：藏，藏藏壞，本日治，六夜六夜壞。又，本日治重重有犯，重重有本日治。故知二篇已下，同種並有重犯也。」（五五〇頁上）【案】十誦卷二四，一七六頁中。

〔六〇〕**學悔沙彌犯僧殘**　鈔批卷一二：「據犯眾多僧殘，既次第行懺，故知是有重犯。立云：舊解非，不能引也。上言犯眾多僧殘，是同種之殘也。」（五七〇頁上）

〔六一〕**別部**　鈔批卷一二：「指下諸部別行篇更明也。」（五七〇頁上）資持卷中一上：「下篇隨輕重是也。」（二五六頁上）

〔六二〕**律中說罪有五部**　資持卷中一上：「律中者，即指所宗正量部也。」（二五六頁上）鈔批卷一二：「礪云：『部』是當類之別名也。」（五七〇頁上）簡正卷九：「謂了論引正量部律也。五部者，依彼律立名部。」（五五〇頁下）

〔六三〕**此間為「篇」**　資持卷中一上：「初，示方言不同，即如僧祇。四分五聚，亦相近也。」（二五六頁上）鈔批卷一二：「立謂：『篇』是此土名，如前已釋，『本』是祇律名『篇』。以魏時嘉平年中（公元二四九年至二五三年），外國三藏曇摩迦羅來至雒陽，創立羯磨法受戒，出僧祇戒心，隨此土名，名為『篇』也。四分但立犯聚五種，犯五種制也。今相承章疏家云『篇』者，隨物來時，僧祇之稱也。」（五七〇頁上）簡正卷九：「真諦解也。『此間』即吳地也。謂僧祇番在吳中。案此方俗書立『篇』名也。」（五五〇頁下）

〔六四〕**部**　資持卷中一上：「『有』下別示。方便根本，由具二義，則成黨類，故得『部』名。」（二五六頁上）鈔批卷一二：「『部』謂了論，云解律中本，名『部』也。」（五七〇頁上）

〔六五〕**成就根本義**　鈔批卷一二：「立明：前三方便罪，能成就根本之果，此是欲作重罪不成，住前方便也。此三可懺，但是能成根本，故曰成就根本義。」（五七〇頁上～下）簡正卷九：「謂根本夷罪，不自而成，假他蘭、吉，三今（原注：『三今』疑倒。）方便為因，方成就得其果也。」（五五〇頁下）

〔六六〕**隨順根本義**　鈔批卷一二：「謂覽因成果也。明其三方便罪，隨根本不可懺，故曰隨順根本也。」（五七〇頁下）簡正卷九：「謂部宗根本之罪，不許懺悔。今三方便，成就根本，了此方便，不滅根本。既不可滅，方便隨根，亦不許懺，故云隨順也。若依四分攬因成果了，但有根本，即無方便，蓋為部別有殊。若二篇已下，根本許懺，方便隨根本，亦可懺也。」（五五〇頁下）

〔六七〕**波羅夷部，有十六罪**　鈔批卷一二：「礪云：然五、七之果，成本由因故，有方便蘭、吉之名也。了疏中：夷四戒，一戒各三方便，論根本四，四四成十六也。」（五七〇頁下）

〔六八〕**一一各有四部**　資持卷中一上：「一一者，即指四重戒也。別釋四段。」（二五六頁上）簡正卷九：「四戒是根本，每一戒有三方便，豈非四部？四四成十六罪也。」（五五〇頁下）

〔六九〕**遠方便，如行婬時，先起心，未動身口**　簡正卷九：「此約內心起期業以說。若率爾心，即隨類大乘也。相見如何，謂前是女境，內起惡心，擬期身往造前境，（五五〇頁下）雛（原注：『雛』疑『雖』。）未下床進步，然起此心時，即結吉故。（瑞聖據內心息處結者，非也。）」（五五一頁上）資持卷中一上：「且舉婬事，以明次第。言起心者，此即心犯，同今四分。然無分齊，故須定判，重緣及思，簡去瞥爾。」（二五六頁上）

〔七〇〕**次方便**　簡正卷九：「此約下床進步，運動之時結，非謂息心之時結也。對人者，一人也。」（五五一頁上）資持卷中一上：「上明心犯，則不兼色。『次方便』下，並明色犯，還本於心，動身口說，就具辨相。」（二五六頁上）

〔七一〕**通名吉羅**　資持卷中一上：「總點遠次，名同體別。」（二五六頁上）扶桑記：「若依了論，遠是輕吉責心悔故；次是重吉，對首懺滅——故云名同體別。若依今宗，遠為重吉，對首懺滅，次即中蘭，小眾悔除——是則名體兩別。若依下釋，蘭吉體齊，當云名體同也。」（一五一頁上）

〔七二〕**近方便，至彼人邊，或欲摩觸，身未交前，是偷蘭遮**　資持卷中一上：「初，示犯相。」（二五六頁上）律宗名句卷下：「尼摩觸戒，十相：一、腋已下、膝已上，身相觸；二、若捉；三、若摩；四、若牽；五、若推；六、若上摩；七、若下摩；八、若舉；九、若提；十、若捺。」（六五八頁上）

〔七三〕**期行婬事故摩觸，非為戲樂**　資持卷中一上：「『期』下，釋疑。觸本犯殘，今結偷蘭，故須通決。然期婬合重，今則反輕，戲樂須輕，如何反重？但輕則有果可趣，重則當體成業。所以異也。」（二五六頁上）簡正卷九：「期行婬事者，此謂釋疑故來，恐人疑云：『摩觸合得僧殘，何但結蘭耶？』故今釋云：『期行非事，故摩觸等。（云云。）』意道：下篇摩觸結殘者，此據標心，但摩觸不為行非，故云戲樂也。今此約標心，本為作非，故至境所摩觸，但是非家方便蘭，不成根本。」（五五一頁上）

〔七四〕**此罪，對人懺**　鈔批卷一二：「謂若本為戲樂，而觸得殘。今本心擬婬，雖觸

但蘭，此蘭是夷家方便，非果罪也。若為戲樂，故觸得殘，此殘是果罪，非夷方便也。謂本心只擬觸取樂，不擬進趣，故曰果也。問：『摩觸近重，殘非方便，盜亦近重，而成方便者？』答：『盜五必假四，故四而非重。大婬不假觸，故觸非方便。故多論云：犯婬不假他，如己三處也。又云：盜有續成重，故作方便名，再觸非大婬，如何能究竟？如律云：再盜不滿五，佛言相續夷。言此罪對人懺者，立明：謂對眾僧懺，非對一人也。」（五七○頁下）資持卷中一上：「對人懺者，彼明蘭罪，不分三悔，在言通濫，如下具明。」（二五六頁上）簡正卷九：「玄云：謂對眾僧懺，非謂對一人也。此解不然，彼疏抄中自解云：對一人，何得妄加云眾人耶？此近蘭，亦據正動用時結，不取息時。」（五五一頁上）

〔七五〕**身交**　簡正卷九：「至犯位如毛頭，即結也。」（五五一頁上）

〔七六〕**前三方便，皆為成就**　資持卷中一上：「前釋成就義。以後果本不可頓犯，假彼相成故。」（二五六頁上）鈔批卷一二：「立謂：此解前成就根本義也。濟云：願律師不許。方便中，有步步得罪也，謂不許有進趣方便中，（五七○頁下）有蘭罪也。夫言結罪者：一待心停，二待事畢，可有結正。進趣之中，無此二事，何得結罪？今期心造境，事未究竟，何得於中輒論科其犯也？但可步步之中，得不善業，終不可結其罪名。若於方便中，即住不作前根本，即結蘭罪。故律云：成者夷，不成者蘭是也。願師嘆『七方便』名為『七不成』，由作根本，即結不成之蘭、吉也。礪與宣等名為『七方便』，願不許之。不許因中，輒結罪品，要待心止，結不成之蘭。賓、願意：凡言結罪，一待心停，二待事畢。進趣之中，無此二事，何得結罪？由如須達往向佛所，步步增其順理之福，故許犯戒，步步增惡，而無罪名，此即以違理不善，為進趣體也。今且破，（側曰：）須達見佛果無名，故許因中無福號。今違佛制果有目，應許進趣有愆名。（又復，違論文也。彼多論等云：步步有蘭也。）上言由如須達等者，即涅槃中須達欲往佛所，道過天寺，時有天神空中告曰：『假使有人，身佩瓔珞，香象百頭，寶車百乘，鑄金為人，其數復百，持用布施、供養，不如有人，舉足一步，詣如來所。』彼師引意向佛，有順理步步之福也。」（五七一頁上）

〔七七〕**若根本未成，前三可懺**　資持卷中一上：「『若根本』下，釋隨順義。纔至果罪，共成一體，無別方便。此同四分，則異十、祇。」（二五六頁上）

〔七八〕**餘三**　鈔批卷一二：「謂盜、殺、妄三也。」（五七一頁下）

〔七九〕**但言成者波羅夷，不成者偷蘭** 鈔批卷一二：不說遠、近方便，蘭之輕重及有初吉。今准下了論、十誦，明有遠近方便不同。」（五七一頁下）簡正卷九：「古今皆去（原注：『去』疑『云』。），此是和會之文也。四分但言：成者夷，不成者蘭。謂成根本者，即結夷罪，此則不疑。若不成根（【案】『根』下疑脫『本』字。），即結蘭罪，此文未了。夫言蘭罪，合有輕重，今但云蘭，不分二種，罪體輕重，故不了也。」（五五一頁上）資持卷中一上：「四分，不成，不言多少。」（二五六頁上）

〔八〇〕**若准十誦，偷蘭分輕重** 鈔批卷一二：「謂次方便是輕蘭，近方便蘭重，遠方便是吉也。然彼十誦中，偷蘭有三品懺：一、大眾，二、小眾，三、一人懺。」（五七一頁下）資持卷中一上：「了論一品，不顯重輕，唯茲十誦，甚有眉目。疏引彼文，初、二兩篇，各有遠近方便、（彼唯立二方便。）位分三階。初篇近者，界內僧懺，（上品。）初篇遠者，二篇近者，界外四人悔，（同是中品。）二篇遠者，一人前悔，（下品。）準持犯中，三罪則依了論。遠者，重吉（二五六頁上）此據本宗；次近二蘭，全取十誦。」（二五六頁中）簡正卷九：「彼云：第二次方便，犯偷蘭，四人小眾（五五一頁上）懺，（唯此罪體輕也。）第三近方便，偷蘭，五人已上僧中悔，（罪體重也。）」（五五一頁下）

〔八一〕**唯結一品** 鈔批卷一二：「謂前二方便，並是吉羅，但有近方便一蘭，故言一品。」（五七一頁下）資持卷中一上：「了論一品，不顯重輕。」（二五六頁上）簡正卷九：「即如前文所引也。次方便是吉，對一人悔，近方便犯蘭，亦對一人悔也。但第三近蘭，即無第二次蘭，故云一品也。」（五五一頁下）

〔八二〕**然偷蘭、吉羅，體通彼此，類解應知** 資持卷中一上：「『然』下，會同次罪。十誦中蘭、了論重吉。今欲用『蘭』替『吉』，略示令知。餘指如後。凡定罪體，必約懺論。中蘭據法，雖對小眾，正捨本罪，還同吉羅，一人對滅故。體通彼此者，即指兩文。類解者，令較二罪。」（二五六頁中）鈔批卷一二：「體通彼此者，立云：蘭、吉名殊體一，通其律、論兩文，故言彼此。謂了論中，次方便是重吉，十誦是輕蘭，然名雖不同，罪體一等，俱是對一人懺也。」（五七一頁下）簡正卷九：「先敘諸記中義。云『然』者，是也。是十誦次蘭，了論次吉，兩名雖殊，罪體並是對人，更無輕重，故云體通彼此。十誦（【案】『誦』下疑脫『通』字。）此了論也。今師將了論次方便吉換他十誦次蘭，居其第二（原注：『插入』二字。）方便中用，類其輕重不別故。已上記文。今難云：『既言彼了論次吉，與此十誦次蘭，名殊體是一者，何故前文引了論第

二方便吉是對一人悔，下文引十誦次方便蘭是四人小眾懺。唯此四人與一人罪體輕重全乖，何得體通彼此？』『古今諸德，例依此解，未曉其非。有智之人，情（原注：『情』疑『精』。）細思審。今依天台所稟，別申正解：謂前引四分但云不成根本者，偷蘭遮全不分。其次方便及近方便二種蘭體輕重，是四分律文不了，且置之不論。鈔主遂於外部之中，檢尋（原注：『尋』疑『得』。）二本教文，俱有說處：第一，十誦文中有三方便，次方便是蘭，近方便亦蘭。（此且分其兩品，與四分有殊也。）又，次蘭是四人，（五五一頁下）近蘭是五人。（此又云：其輕重與四分有異也。）第二，明了論中亦有三種方便，次方便是吉，近方便是蘭；次吉是對人，近蘭亦對首也。』『此說，律、論各有，未審今師，取何為定？』鈔文釋云：『然偷蘭吉羅，體通彼此，類解應無（【案】『無』疑『知』。）。然，是也。是了論近方便蘭，與次方便吉，名雖有別，約體不殊，二俱對人，故云體通彼此。此謂近蘭，彼謂次吉。今師意道：此為四八，不分輕重，故引他文。今此了論，但有一品之蘭。第二又是吉罪，兼又蘭吉。二罪之體，輕重不分。若依此文，未可依準，是以此中釋破也。』」（五五二頁上）

〔八三〕如「懺法」中更述　簡正卷九：「至下文一向准十誦律文，二義因（原注：『因』字難消。）旋，足可依用。一者，罪體分其重輕；二者，兩亦蘭罪，名字顯然。今此未明，待後云說，故云如下等。（云云。）『若爾，前來所引了論，用作何為？』答：『但要他上半結罪行相之文，不取下半罪體。』」（五五二頁上）

二者，僧伽婆尸沙聚〔一〕

善見云：「僧伽〔二〕」者為僧，「婆」者〔三〕為「初」，謂僧前與覆藏羯磨也。言「尸沙」者，云「殘」，謂末後與出罪羯磨也。若犯此罪，僧作法除，故從境立名〔四〕。婆沙云：「僧伽」者為僧，「婆尸沙」者是殘〔五〕。若犯此罪，垢纏行人，非全淨用。有殘之罪，由僧除滅故也〔六〕。四分中，正明「僧殘」，便成上解〔七〕；又云「有餘」，以行法不絕為名〔八〕也。毗尼母云：「僧殘」者，如人為他所斫，殘有咽喉，故名為殘，理須早救〔九〕。故戒律云：若犯此罪，應強與波利婆沙等〔一○〕。由鄰重罪故〔一一〕也。

若約其種，則有十三〔一二〕。僧如隨相，尼有十七，六異七同〔一三〕。廣如別說〔一四〕。

明了論解：第二僧伽胝尸沙部，有五十二罪〔一五〕。

諸部說此罪不同。此乃正量部，名有三義〔一六〕。薩婆多部稱「僧伽婆尸沙」，有一義與正量部同〔一七〕。解云：由「戒」「見」，眾人和合是「僧伽」義〔一八〕。由此二不同，不由定慧〔一九〕。佛所立戒，故言「戒同〔二○〕」；同一正見，故言「見同〔二一〕」。「婆尸沙〔二二〕」者，為殘。若犯此罪，僧中受房舍利養，上中下內，最在其外，故名為「殘」也。「摩那埵〔二三〕」者，翻為「悅眾」，意隨順僧教，咸懷歡喜；「阿浮訶那〔二四〕」者，翻為「呼入眾」也。正量部「胝尸沙」三義：初如前解〔二五〕。第二「救」義，謂由僧拔濟，得免此罪。三者「勝」義，向犯罪時，成下劣人。由僧拔濟，還得清淨，從劣得勝。

【校釋】

〔一〕僧伽婆尸沙聚　鈔批卷一二：「立謂：有殘之罪，由僧除滅，故曰『僧殘』。」（五七一頁下）標釋卷六：「僧祇律云：『僧迦』，謂『四波羅夷』。『婆尸沙』者，是『罪有餘』。應羯磨治，故說『僧伽婆尸沙』。復次，是罪，僧中發露、悔過，亦名『僧伽婆尸沙』。根本律云：『僧伽』者，若犯此罪，（四八五頁下）應依僧伽而行其法，及依僧伽而得出罪，不依別人。『阿伐尸沙』者，是餘殘義。若苾芻於四波羅市（【案】『市』疑『夷』。）迦法中，隨犯其一，無有餘殘，不得共住。此十三法，苾芻雖犯，而有餘殘，是可治故，名曰『僧殘』。律攝云：『僧伽阿伐尸沙』者，一、事由眾故，二、體是有餘，假眾方除，表非初重。『僧伽』是『眾』，『阿伐尸沙』是『教』。由奉眾教，罪方除滅。又，前之四戒，體是無餘，此是有餘，以可治故。」（四八六頁上）

〔二〕僧伽　資持卷中一上：「唯就行懺，釋其名義。『僧伽』是通貫於前後。初殘是別，即命懺時首尾二法，以攝中間，合云『僧伽』為『眾』。然此所尚呼人為僧，故此諸文用梵顯梵，非相翻也。」（二五六頁中）【案】善見卷一二，七六○頁上。

〔三〕者　【案】底本無「者」，據大正藏本、敦煌甲本、敦煌乙本、敦煌丙本、敦煌丁本及弘一校注加。善見卷一二，七六○頁上。

〔四〕從境立名　資持卷中一上：「境即所對人也。」（二五六頁中）鈔批卷一二：「『僧』為能懺之境，『殘』是罪體之名也。應言境體立名，『僧』是懺境，『殘』是罪體也。又應從境義作名，境亦僧也。義謂此罪，有殘之義也。」（五七一頁下）簡正卷九：「『僧』為能懺之境，『殘』是所治之罪體。僧能除之，故云從境也。」（五五二頁上）

〔五〕「婆尸沙」者是殘　資持卷中一上：「名義與下四分、母論大同。初，別釋。『僧』義同前，『殘』字目罪。言犯此罪，少有餘行故。」（二五六頁中）

〔六〕也　【案】底本無「也」。據大正藏本、敦煌甲本、敦煌丙本、敦煌丁本及弘一校注加。

〔七〕正明「僧殘」，便成上解　鈔批卷一二：「立明：四分名僧殘，同上婆沙中解也。」（五七一頁下）簡正卷九：「上言非全淨用，顯不絕意。」（五五二頁下）

〔八〕又云「有餘」，以行法不絕為名　資持卷中一上：「『又』下，示異。「有餘」亦即殘義。『行法』對上無餘，合云『眾法』。疑是寫誤。亦可行通眾別，此據『眾行』。」（二五六頁中）鈔批卷一二：「此明懺竟，復本僧用，故曰也。」（五七一頁下）簡正卷九：「今約四分云有餘，即結歸行法，不絕受稱也。」（五五二頁下）

〔九〕如人為他所斫，殘有咽喉，故名為殘，理須早救　資持卷中一上：「上三句喻殘，『理』下一句喻僧。此望初篇，名為斷頭，不可救故。」（二五六頁中）鈔批卷一二：「理須早救等者，濟云，即律序云：可救有十三，餘者不須救。」（五七二頁上）簡正卷九：「殘有咽喉者，顯昇殺也。」（五五二頁下）

〔一〇〕若犯此罪，應強與波利婆沙等　資持卷中一上：「『故』下，引律助顯。『強與』即是早救。餘罪不然，從彼自悔爾。」（二五六頁中）鈔批卷一二：「此云覆藏也。從所治情過為名，明犯殘已。雖無心悔過，僧若強為加法，亦得清淨。懺夷不爾，出彼自心，由過麤重，必洗心悔。若自無心，僧強與法不成也。」（五七二頁上）簡正卷九：「謂與覆藏法也。此從所治遇為名也，謂犯殘已。雖無心悔，遇僧抑令強為加法，亦得清淨。夷則不爾，出彼自心。若自無心，強與加法，不成清淨也。」（五五二頁下）【案】「婆」底本為「波」，據大正藏本、敦煌甲本、敦煌乙本、敦煌丙本及弘一校注改。

〔一一〕鄰重罪故　鈔批卷一二：「言隣者，近也。摩觸、麤語，婬家氣分，苟能為之，將有犯重之事也。」（五七二頁上）簡正卷九：「摩觸等隣婬戒，無主房等隣盜戒等。」（五五二頁下）

〔一二〕若約其種，則有十三　鈔科卷中一：「『若』下，僧尼同異。」（四四頁中）

〔一三〕尼有十七，六異七同　鈔批卷一二：「六配七，成十三，此且約僧十三也。就尼十七而明者，有『十異』、『七同』。言『十異』者，頌曰：『言人度賊外解舉，四獨染食并勸他，習近違諫謗僧違，嗔寶發靜僧違諫。』一、言人；二、度賊女，三界外輒解；三、舉人；四、四獨，謂度水、獨行、獨宿、獨入村；五、

受染心男子食；六、勸受染心男子食；七、習近住違諫；八、謗僧，勸習近住
違諫；九、嗔捨三寶違諫；十、發起四諍，謗僧違諫。言『七同』者：一、媒，
二、二謗，為三也；及四個違諫，為七。頌曰：『媒嫁有根無根謗，破僧伴助
污性違。』此七配前十，是尼十七殘也。言『僧六異』者：漏失、摩觸、二麤
語、二房也。頌曰：『漏失并摩觸，二麤與二房。』所以漏失僧重、尼輕者，
多論解云：女人煩惱染重，（五七二頁上）難拘難制。若制與重罪，苦惱眾生
故也。又云：女作在屏，苦乃盈流，男子不示（原注：『示』疑『爾』。），隨
事能示故也。摩觸一戒，尼重僧輕者：尼則煩惑性重，既受摩捉，必被陵逼成
大過，故方便之內，制與重名。丈夫摩捉，必無陵壞，不假染防，但就限分，
制於輕也。二麤語，僧重尼輕者：男則剛獷無羞，為之義數故重；女則頓弱多
恥，為之義希故輕。二房亦爾。所以不同者：僧是多利，孤遊造房，事數故重，
尼即反前故輕。又如多論，二人共造，不獨宿故，人無房量，縱有過者，輕而
非重。」（五七二頁下）簡正卷九：「此且約僧說。若約尼對僧，則有十異。一、
言人，二、度賊女，乃至第十『發四諍』。今約僧說，即六異七同。七同者，
媒嫁、二謗、四違諫，（此七，僧尼同犯。）六異者，謂漏失，（尼犯，提；）
摩觸，（尼犯，夷；）二房，（尼犯，蘭。）」（五五二頁下）

〔一四〕**廣如別說**　簡正卷九：「如尼別行中說。何故漏失但提，乃至二房但得蘭，與
僧有異？」（五五二頁下）

〔一五〕**僧伽胝尸沙部，有五十二罪**　簡正卷九：「『僧伽胝尸沙』者，即是『僧伽婆尸
沙』，但梵音有異耳。五十二罪者，三方便并根本成四，總來五十二也。」（五
五二頁下）資持卷中一上：「引論五十二罪者，十三根本，一一各有三方便故。
吉羅為遠，下蘭為次，中蘭為近。『胝』字，『竹尼』反。」（二五六頁中）

〔一六〕**此乃正量部，名有三義**　鈔批卷一二：「謂上了論云『僧伽胝施沙』者是正量
部中之名也。了論釋正量部，故云然也。言有三義者，立明：物一義，與薩婆
多部同，謂是戒見同是僧義，不由定慧是也。第二即是救義，第三是勝義。下
文自出是也。」（五七二頁下）簡正卷九：「謂上言『僧伽胝沙』是正量部中之
名，緣了論釋二十部中正量部律故，有三義：一、殘義，二、救義，三、勝
義。」（五五二頁下）

〔一七〕**有一義，與正量部同**　簡正卷九：「於三義中但有殘，云一義與正量同。（五五
二頁下）若救義、勝義，多宗艮（原注：『艮』疑『即』。下同。）元（原注：
『元』一作『無』。）。又，多宗雖有此僧殘義與正量同，及論解義，與正量又

別。若多宗將戒定慧三學以解僧伽義，若戒定慧同，即成僧，若三不同，即乖僧也。」（五五三頁上）資持卷中一上：「婆論止有初釋，故云一義同也。」（二五六頁中）

〔一八〕由「戒」「見」，眾人和合是「僧伽」義　鈔批卷一二：「應是了疏解云也。『眾人』謂是僧也。要以同一正見，故言『由見』也。復同一戒，復須和合，是名僧義。然僧具六和，且舉『戒』『見』二名，以釋僧義。」（五七三頁上）簡正卷九：「解云者，了疏解也。由見眾人和合是僧伽義者，據理云：由『戒』『見』眾人和合是僧伽義，今文中欠『戒』字也。」（五五三頁上）【案】由此釋文，可見簡正和鈔批兩種疏本所依的行事鈔本有異。此處言及「六和」之「戒」「見」兩種。

〔一九〕由此二不同，不由定慧　資持卷中一上：「『由』下簡異。『戒』『見』事和，定慧理和。今但取事不取理，故文中多上『不』字。曾以古本校勘，復對下釋，寫錯不疑。（舊記不知，隨文謬解。）」（二五六頁下）鈔批卷一二：「此語斥其多宗也。多宗：僧伽者，具三義：一、戒見，二、定，三、慧。此三若同，乃名僧伽義也。以多宗慧辨僧體，今則不然，不由定慧，但具戒見，則成僧義，未假定慧。今言由此二不同者，謂由戒、見不同，即乖僧義。此上並是釋其『僧』字也。」（五七三頁上）簡正卷九：「由此二不同者，由戒及見不同，即非僧義也。不由定慧者，正斥彼多宗也，謂明僧義，偏約戒見和同，定慧二學，漸次修或（原注：『或』疑『成』。），縱然未具，亦成僧體。」（五五三頁上）

〔二〇〕戒同　簡正卷九：「疏文自釋上戒同也。謂佛所立，是波羅提木叉戒。比丘若受，即成僧體。反此不成，故云同戒也。」（五五三頁上）

〔二一〕見同　簡正卷九：「謂識三歸，同觀四諦，於此七境，所緣不異，故云見同。」（五五三頁上）

〔二二〕婆尸沙　資持卷中一上：「婆尸沙，乃約所得利養之餘，以釋殘義。此即求懺行別住者。若犯不懺，不同僧利。」（二五六頁下）簡正卷九：「『婆尸沙』等者，了疏番為『殘』也。若人犯此罪纔犯重，即向僧發露，欲悔除故，僧艮（【案】『艮』疑『即』。次同。）不得與此人共位，須以別房安置。僧中有上、中、下三品，受用房舍，先與大僧。大僧不用，與中僧；中僧不用，艮與犯僧殘人住。又，三品僧中，皆受用房舍，無有餘殘，即隨與一住處，須廢屋上令露，以表犯殘人在中。若三品之淨僧，必不住此無覆屋內也。更有衣服飲食，

（五五三頁上）例此可知。」（五五三頁下）

〔二三〕**摩那埵**　資持卷中一上：「以僧伽之義，該通三法。『波利婆沙』，此云『別注』，文雖不列，義見上文。故但出二法，即六夜出罪也。」（二五六頁下）簡正卷九：「此人六日六夜，事事隨順僧教，僧咸歡喜，故云悅眾意也。」（五五三頁下）

〔二四〕**阿浮訶那**　簡正卷九：「『阿浮呵那』等者，番為『呼入眾僧』。作羯磨許，其仍舊成清淨人也。外難曰：『此中本說殘義，何以明出摩那及阿浮呵（【案】『呵』鈔作『訶』。）那二義耶？』答：『此中意顯有殘之罪，由僧與之。由於此法，得清淨故。因說殘之一義，便明六夜出罪二法也。或依古來云，多宗亦有三義：一、殘，二、摩那，三、阿浮那。但三義中，初一義，艮（【案】『艮』疑『即』。）與正量同，餘二義即與正量別。今云不然。若許將引（【案】『引』疑『此』。）二添前多宗三義者，了論既（原注：『即』疑『疏』。）中，豈無六夜及出罪二義耶？無理甚矣，故不合取。正量有三，多宗但有一，縱明六夜出罪，蓋是因便故說。思之。已上總是解第一義竟。第二救義、第三勝義，是正量中餘二義也。多宗並無，如文可解。不取諸家妄說。」（五五三頁下）【案】「訶」，有校本改為「呵」。

〔二五〕**初如前解**　鈔批卷一二：「謂僧伽胝施沙中，有三義：初僧伽義，上已解竟。第二『救』義，第三『勝』義也。」（五七三頁上）

三者，偷蘭遮聚

善見云：「偷蘭」名「大」〔一〕；「遮」言「障善道」〔二〕，後墮惡道。體是鄙穢〔三〕，從不善體以立名者，由能成初二兩篇之罪〔四〕故也。又翻為「大罪〔五〕」，亦言「麤惡〔六〕」。聲論云：正音名為「薩偷羅〔七〕」。明了論解「偷蘭」為「麤」，「遮耶」為「過」。麤有二種：一是重罪方便〔八〕，二能斷善根〔九〕。所言「過」者，不依佛所立戒而行，故言「過〔一〇〕」也。如牛突籬援〔一一〕，破出家域外故。然「過」名亦通〔一二〕。此罪最初犯為過〔一三〕，後者從初受名。如後牛隨前者，亦得過界。

然偷蘭一聚，罪通正從〔一四〕，體兼輕重〔一五〕。律列七聚、六聚，竝含偷蘭〔一六〕，或在上下，抑有由〔一七〕也。

律中，或次僧殘後者，由是戒分所收〔一八〕，罪名重也。如初二篇，遠近方便〔一九〕，及獨頭正罪〔二〇〕，破僧、盜四之類也。或在提舍尼下，則是威儀所攝〔二一〕，罪名輕也。如第二篇遠方便，及輕獨頭之罪，謂裸

身、用髮〔二二〕等例是也。然戒與威儀，通別互舉〔二三〕。通則戒戒竝「非威儀」〔二四〕，皆名犯戒也。若據別以論〔二五〕，上之三篇，過相麤著，能治名戒也；下四過輕，能治之行，名曰威儀。若就均雜往分，前四是均，無非正果〔二六〕，下三為雜，通輕及因〔二七〕。然偷蘭、雜中之重，故在第五也〔二八〕。

【校釋】

〔一〕「偷蘭」名「大」　鈔批卷一二：「立謂：過相麤重，故由大也。」（五七三頁上）【案】「偷蘭」文分為二：初「善見」下；二、「然偷蘭」下。善見卷九，七三三頁下。

〔二〕遮言障善道　資持卷中一上：「即罪之力用也。下翻罪惡過者，就罪之當體也。」（二五六頁下）鈔批卷一二：「立明：道是所障，罪是能障，以犯此罪，能障於道，故曰也。礪云：夫言破戒障道者，障何等道？謂障初禪、二禪、三禪、四禪，空無相、無願，障須陀洹，乃至阿羅漢果，此亦是就遠說障也。既尸羅不淨，不能集生三昧，發智斷惑，終獲道益，故說為障道也。」（五七三頁上）簡正卷九：「謂是（【案】『是』前疑脫『道』字。）所障，罪是能障。若犯此罪，能障四沙門道，復能與大罪為因，故體是鄙穢故也。」（五五三頁下）

〔三〕後墮惡道　資持卷中一上：「惡能障善，從業為名。（古云：調達破僧，令法輪不轉，名障善者。一暗文相，二成局狹。）」（二五六頁下）

〔四〕能成初二兩篇之罪　資持卷中一上：「『從』下，出所以。」（二五六頁下）鈔批卷一二：「謂能為夷、殘兩篇之因，是方便也。『初』謂初篇，『二』謂僧殘篇，『兩』謂都結也。」（五七三頁下）

〔五〕大罪　鈔批卷一二：「有云：約破僧、出血、逆等，為大罪也。」（五七三頁下）

〔六〕麤惡　簡正卷九：「論云：於麤惡過生也。」（五五三頁下）

〔七〕薩偷羅　資持卷中一上：「聲論但出梵名而不翻者，與上同故。波離問經云：『吐羅遮』者，邊國語也。（舊記云：彼論具云『薩偷蘭祇僧』，此翻『麤罪』，未見本論，不知何此。）」（二五六頁下）簡正卷九：「彼云：『薩偷羅』，外國語，應云（五五三頁下）『薩偷蘭祇夜』。『偷蘭』番為『大』，『祇夜』番為罪，故番『大罪』。外難：『此蘭可能大於四重耶？』答：『罪名似輕，據本即重。只如初篇，雖犯懺，即免地獄。破僧等犯逆，蘭，僧中悔竟，猶尚一劫受阿鼻苦。」（五五四頁上）

〔八〕**重罪方便**　鈔批卷一二:「此因罪也,有輕有重。次方便是輕,近方便是重。」(五七三頁下)資持卷中一上:「重方便者,同上善見。」(二五六頁下)簡正卷九:「即如上能成初、二兩篇罪。」(五五四頁上)

〔九〕**能斷善根**　鈔批卷一二:「此謂獨頭果,亦有輕重。如破僧出血,是逆,偷蘭則重。若裸身見佛,人皮石鉢則輕也。以破僧出血,是斷善根也。」(五七三頁下)資持卷中一上:「謂成逆也。」(二五六頁下)簡正卷九:「了疏約調達破僧事成,此人於佛起極重罪,必斷善也。」(五五四頁上)

〔一○〕**過**　鈔批卷一二:「濟云:不是罪過之『過』,直是『過度』義也。謂越過戒律限域之外,故名也。」(五七三頁下)

〔一一〕**牛突籬援**　資持卷中一上:「『如』下,以喻顯援。謂援護即籬圍也。」(二五六頁下)鈔批卷一二:「『立明:蘭為重罪之因,如前牛破籬,為後牛之因也,後牛因前得度(【案】『度』即『翻越』之義。)。亦如前犯蘭,致後犯夷,前牛破籬,喻犯蘭。後牛得過,喻犯根本重也。」(五七三頁下)簡正卷九:「(足喻),破出家域外故。(法合也。)」(五五四頁上)

〔一二〕**過名亦通**　資持卷中一上:「『然』下,簡通別。上句示通。以餘諸罪,並是不依佛戒,故云通也。」(二五六頁下)簡正卷九:「謂聚之罪,若犯之時,並是不依佛制,總念言過也。」(五五四頁上)鈔批卷一二:「立謂:前牛破籬名過,後牛亦名過也。謂犯蘭犯,或雖通名過,然過有輕重也。案了疏云:然過名亦通諸罪,但此罪麤,故互通名。最初犯為過,後去從初受名。如初牛出過界得名,後牛出隨前者,故亦得過界名。今釋疏意,然七聚皆是不依佛所立戒而行,故言亦通諸罪也。」(五七三頁下)

〔一三〕**此罪最初犯為過**　資持卷中一上:「『此』下,明局。問:『初二篇罪,吉羅,最初那推蘭耶?』答:『若三方便,次第相成,吉但成蘭,蘭方成重,故蘭為初。又復吉通諸聚,蘭局二篇,去通就局,故言初矣。』」(二五六頁下)鈔批卷一二:「約能為初二篇之方便。由前方便故,後乃犯根本,故曰最初。」(五七四頁上)簡正卷九:「謂取能成根本邊名初罪,不具初義,故不得名過。『若爾,起心吉,最初應合名過?』答:『此據動身口運同邊說初。若起心仁(【案】『仁』疑『只』。)在內心,未現身口,雖得名初,不得彰過也。諸記對此因定前後中多解,一云:次方便為初中,近方便為後中。次依法寶,唯取近方便蘭為初中,波羅夷為後中。以了論中,唯結一品蘭罪,今須順宗解我也。若依搜玄,但云方便蘭為初中,夷罪為中,亦不尅定次蘭、近蘭等,自是一途。』」

（五五四頁上）

〔一四〕**罪通正從** 資持卷中一上：「『罪通』等者，示雜相也。」（二五六頁下）鈔批卷一二：「獨頭是正。礪云：如破僧伴助，皮缽露形，名究竟蘭，亦名獨頭也。若為他方便者，曰『從』是因蘭，『正』是果蘭也。」（五七四頁上）簡正卷九：「然，是也。罪通『正』『從』。『從』即因蘭，亦云方便，或號『從生』。『正』者果蘭，亦名『獨頭』，亦名『正罪』，亦號自性也。」（五七四頁上）【案】「然偷蘭」下分二：初「然偷蘭」下；次「律中」下。

〔一五〕**體兼輕重** 鈔批卷一二：「『如』下，通輕。及因中具論輕重因果之義，至下廣有解釋也。」（五七四頁上）簡正卷九：「因果二蘭，俱含輕重。鈔下自釋云：初篇近方便重，二篇遠方便輕。果中即破僧，盜四、出血等重，俱（【案】『俱』疑『裸』。）身、用髮、石蓋（【案】『蓋』疑『盎』。）等輕。」（五五四頁下）

〔一六〕**律列七聚、六聚，竝含偷蘭** 鈔批卷一二：「謂律明六、七，雖別不同，然蘭必居一位之數也。」（五七四頁上）資持卷中一上：「律列上下，明不定也。」（二五六頁下）簡正卷九：「六、七聚中，俱有此罪，故曰並含。」（五五四頁下）

〔一七〕**或在上下，抑有由** 鈔批卷一二：「抑，云止也、案也。謂蘭或居殘下，曰上；或居提舍尼下，曰下。置處不定，非無所以，故曰有由。重者則居上，輕者則居下，不可雙出，故或前或後也。若准礪解，作因故三，為果故五，為辨成他，他成故爾。解云：為他之方便者，故居第三聚，故曰為辨成他，謂能成他夷殘方便也。為果故五者，謂獨頭果蘭，即居第五聚，即用吉羅，為此果蘭之因，故云他成故示（原注：『示』字疑剩。）爾，呼吉羅為他也。」（五七四頁上）簡正卷九：「抑者，案也。案其律文，皆有由致。」（五五四頁下）

〔一八〕**或次僧殘後者，由是戒分所收** 鈔科卷中之一：「『律』下，約義別釋。」（四四頁上～下）簡正卷九：「『律中』已下，鈔自釋也。不同古師云為因故三，為果故五。且『三』中亦有果因，何故妄說！」（五五四頁下）資持卷中一上：「正明中。通約篇聚，大分為二：初二兩篇，過相麤重，多是止離，故名戒分。『提罪』已下，多制衣藥。身口乖違，號威儀分。約此二分，以釋列次。初明前列。」（二五六頁下）鈔批卷一二：「謂上三聚過麤名戒，下四聚過細曰威儀。」（五七四頁上）【案】「別釋」下，為二：初「律中」下；次「若就均」下。

〔一九〕**如初二篇，遠近方便** 資持卷中一上：「且順十誦二罪為言。約前所立，遠應云『次』。初篇具二，次篇唯近，遠在下收。」（二五六頁下）鈔批卷一二：「自

意謂此言未正，且一往判耳，謂初二兩篇，遠近方便，（五七四頁上）罪含輕重。其第二篇近方便，與初篇遠方便同。若第二篇遠方便，則輕也，故下文云，輕者『如第二篇遠方便』等。故知此中之言，猶有餘也。蓋是且判夷、殘兩篇，各二方便，云是重也，未暇簡出。二篇遠方便，云輕也。」（五七四頁下）簡正卷九：「玄云：初篇遠近二方便，第二篇近方便。『近』之一字，總收二篇。近方便罪俱重，同在戒內収也。」（五五四頁下）

〔二〇〕**獨頭正罪** 資持卷中一上：「獨頭即果，罪名簡從生。」（二五六頁下）

〔二一〕**或在提舍尼下，則是威儀所攝** 資持卷中一上：「『或』下，明在後。」（二五六頁下）簡正卷九：「謂釋在五威儀所攝。如『二為』下，示名取悟也。」（五五四頁下）

〔二二〕**裸身、用髮** 資持卷中一上：「裸身、用髮，皆同外道，（二五六頁下）並制犯蘭。」（二五七頁上）簡正卷九：「謂裸形見佛，用人髮為繩，犯輕蘭也。」（五五四頁下）【案】五分卷四，二十七頁下。

〔二三〕**然戒與威儀，通別互舉** 簡正卷九：「然，是也。是上言戒分，收威儀攝。案其律文有通別互舉者，言戒不言威儀，不（原注：『不』上疑脫『言威儀』三字。）言戒，何等是耶？如律中，比丘犯初篇，佛呵言『何故最初犯戒，乃至犯吉，亦呵云故犯戒』等。威儀通者，非唯犯吉，名非威儀，乃至犯婬盜等。亦云『何故最初犯威儀』等。今鈔云：『戒戒並非威儀釋，通互舉也。』若別互舉者，鈔中自明。今且案律『遮法』中，舉犯罪人來，佛向（原注：『向』疑『問』。）破戒耶，破何等戒？為波羅夷、為僧殘、為偷蘭遮耶？（五五四頁下）若言破威儀者，破何等威儀？為波逸提、為提舍尼、惡作惡說耶？此則上二名戒，下四曰威儀。鈔自釋云：『過相麤著，能治名戒；過輕能治之行，曰威儀。』鈔分三、四，是別互舉也。」（五五五頁上）鈔批卷一二：「謂二名雖殊，此是互彰其目，以別別而明，作此分別。若通論者，七中通得名威儀，如犯殺、盜，豈非是非（原注：插入『非』字。）威儀？佛呵須提那云『汝非威儀，非淨行』等，此即通名威儀也。就戒而言，七通名戒，如言二百五十戒，豈得簡卻下四聚耶？如犯吉羅，亦名破戒。故下篇開通中，亦云最初未制戒等，故知戒名是通也。故礪云：若也通論，五篇能治，皆有防非，齊稱為戒。故下文並言：最初犯戒，與比丘結戒等。若據身口進止，威儀法式，皆名威儀。故下文言『非威儀』等，令（原注：『令』疑『今』。）且位分為兩：前二所防過麤，能治稱戒；下三犯細，能治名威儀也。言別者，即律文『遮法』中

云：有人舉他罪來，佛令窮問，破戒耶、破威儀耶？若言破戒，破何等戒？波羅夷耶、僧伽婆尸沙耶、偷蘭耶？若言破威儀，（五七四頁下）破何等威儀？波逸提耶、惡說耶？據此明知。前篇是戒，後篇是威儀。此就別說也。」（五七五頁上）

〔二四〕**通則戒戒竝「非威儀」** 資持卷中一上：「『通』下，別釋。先釋通者，即律『戒緣』，佛並訶云：『汝所為非非威儀。』又云：如此癡人，多種有漏，最初犯戒，戒戒皆爾。故知，一切並兼二名。以上篇重戒，亦是乖儀，下聚威儀，無非禁惡故也。」（二五七頁上）

〔二五〕**若據別以論** 資持卷中一上：「『若』下，釋別。如上所分，正從別也。」（二五七頁上）

〔二六〕**若就均雜往分，前四是均，無非正果** 資持卷中一上：「止明在下之意，初，分前後」（二五七頁上）鈔批卷一二：「謂夷、殘、提，及提舍尼，此四是均。均義有三：一、名均，同名夷、殘等。二、體均，且如四重，罪體無輕重，其報亦無階降，同是九百二十一億六十千歲也。殘、提等篇類。然約違教罪，其體均也。論遮性業道，有無則別。三、究竟均者，謂上四篇，非因是果罪，故名究竟。以具此『三均』，故非雜也。雜則不具『三均』，故心疏云：凡立篇者，必具『三均』，名體究竟，此是定義。且如初篇，同號即是『名均』，齊須擯治即是『體均』，罪非方便是『究竟均』。乃至第五，『三均』例然。言無非正果者，謂上四篇，非為他方便，是究竟果罪也。又是『正』非『從』，故言無非正果。」（五七五頁上）

〔二七〕**下三為雜，通輕及因** 簡正卷九：「下三（原注：『三』鈔作『二』。）者，蘭、惡作、惡說也。為雜者，通輕及因是雜義也。通輕艮（【案】『艮』疑『即』。）『輕重雜』，及即『因果雜』，下皆然也。」（五五五頁上）鈔批卷一二：「謂偷蘭、惡說、惡作。此三為雜，有輕有重，故言『通輕』。含因含果，故言『及因』。以其輕重、因果不均，故名為雜。然果罪有重，因罪亦有輕重。因罪輕重者，且約蘭辨，有三品不同：若初篇，近方便是重。對大眾悔，十謂（原注：『謂』疑『誦』。）：八人為大眾，四人為小眾；四分：五人為大眾，四人還是對首法，故名小眾。（五七五頁上）初篇，次方便，二篇近方便，名中品。對小眾悔，只有四人僧。受懺之時，無有單白，但問邊人也。若第二篇，次方便，是下品，對一人悔。果蘭者，亦名『自性偷蘭』，亦名『獨頭蘭』，亦分三品：若破法輪僧，若盜僧食，盜十方現前物，偷四錢，及非人重物等，皆是重，對

大眾悔；若盜三錢已下，破羯磨僧，與女互有衣相觸，名中品，對小眾悔；剃三處毛，露身行，著外道衣，畜人皮、石缽，食生肉血，嗔心破塔，裂破三衣，名下品，對一人悔。吉羅有因果者，戒本一百眾學，一向是果罪也。若為蘭提及重吉，作初方便者，曰因。言輕重者，初方便則輕，近方便則重，亦有三品：謂對人悔是重，責心悔是輕也。責心復兩。重者，重責心，輕者，輕責心，故有三品也。果吉辨輕重者，就故誤明也。<u>立</u>云：如沙彌滅擯，吉羅是重，由此輕重因果不同，故言通輕及因。准理應言：通輕重及因果。但文家略部『重』字、『果』字也。（五七五頁下）【案】「三」，底本為「二」，據大正藏本、敦煌甲本、敦煌乙本、敦煌丙本、敦煌丁本、鈔批和簡正釋文及義改。

〔二八〕然偷蘭雜中之重，故在第五也　資持卷中一上：「『然』下，示次第。問：『雖通上下，止出一名，即應前不收輕、後不攝重？』答：『隨列前後，並收三品。但在前後重，輕者同歸，在後從輕上下齊攝。』問：『下云五篇，義具三均，今言四是均者？』答：『準戒疏說，且取吉羅果罪，以應五篇五犯之數，究理而論，吉須在雜，故唯四耳。』問：『獨頭蘭有方便不？』答：『文雖不明，義同下聚，立二方便。』」（二五七頁上）鈔批卷一二：「謂下三聚是雜，蘭聚最長，居第五，吉分兩聚，次輕，居六、七。<u>立</u>問：『蘭既不具三均，故准入聚，不入篇，義容可爾。吉既入篇，義具三均，何為復在聚攝？』（五七五頁下）答：『吉具三均，得入篇者，唯指一百眾學。餘二不具均者，總入聚收，由體含輕重，罪有正從故也。』」（五七六頁上）

四、波逸提聚

義翻為「墮〔一〕」。十誦云：墮在燒煮覆障地獄〔二〕故也。

四分：僧有百二十種，分取三十〔三〕。因財事生犯，貪慢心彊，制捨入僧，故名「尼薩耆」〔四〕也。餘之九十，單悔別人〔五〕。若據罪體，同一品懺〔六〕。

尼二百八戒，入第三篇「三十捨墮」，餘入別懺〔七〕。種相同異，如別顯之〔八〕。

出要律儀云：「尼薩耆」，舊翻「捨墮〔九〕」。聲論云：「尼」翻為「盡」，「薩耆」為「捨」〔一〇〕。「波逸提」者，本名「波藥「夷割」反致」也。明了論解：波羅逸「羊達」反尼訶部，有三百六十罪〔一一〕。正量部翻為「應功用〔一二〕」，三義解之〔一三〕：一、罪多輕細〔一四〕，難識好毀；二、性罪及制罪〔一五〕；三、好毀犯者，應作功用對治，勿令滋廣〔一六〕。薩婆多

云〔一七〕：「波羅夜質胝柯」，翻為「應對治」。恒須思惟，若犯即覺。上座部云：「波質胝柯」，翻為「能燒熱」，此罪得「大叫喚地獄」，「因時」能焦熱心〔一八〕，「果時」能燒然眾生〔一九〕。但有三部〔二〇〕，有二方便。三十、九十，故百二十。無偷蘭遮，有二吉羅。

【校釋】

〔一〕墮　鈔批卷一二：「非是正翻，對義翻也。」（五七六頁上）

〔二〕墮在燒煮覆障地獄　鈔批卷一二：「撿十誦律『九十』中，戒戒唯作此解，更無別釋。」（五七六頁上）資持卷中一上：「燒煮是酷罰之事，覆障即處所之相，乃地獄通號。或可：燒煮收八熱，覆障總八寒。準下了疏，墮『大叫喚獄』，心論：墮眾合獄。一晝夜所出不同耳。」（二五七頁上）簡正卷九：「今師約教義香（【案】『香』疑『番』。），故引十誦，釋成墮義。玄曰：十誦並作此解，更無別釋，今師據此教義為墜也。外難：『六聚所犯，皆合名墮，何故此罪獨名為墮耶？』答：『有通局。舉例，由似五塵俱名為色，及論得名唯局，眼所見獨名色也。此約總中受其別號。今亦如然，不足疑也。』」（五五五頁上）【案】十誦卷九，六三頁下。

〔三〕僧有百二十種，分取三十　鈔科卷上四：「『四』下，據懺開合。」（四四頁下）資持卷中一上：「『分』下，明離合。前約事明離，因財故貪，違教故慢。」（二五七頁上）

〔四〕尼薩耆　簡正卷九：「聲論番為『盡捨』，有（原注：『有』下疑脫『三』字。）義：一、捨財，二、捨相續心，三、捨罪。今正取捨財。若不盡捨還滅相，染則不成，故云盡捨。」（五五五頁上）

〔五〕餘之九十單悔別人　簡正卷九：「謂九十無財可捨，故云單悔。不假僧懺，故曰別人也。」（五五五頁上）

〔六〕若據罪體，同一品懺　資持卷中一上：「『若』下，據罪明合。」（二五七頁上）鈔批卷一二：「三十、九十雖分，若捨衣竟，但對一人懺，與舉（原注：『舉』疑『單』。）提同也。」（五七六頁上）

〔七〕尼二百八戒，入第三篇「三十捨墮」，餘入別懺　鈔科卷上四：「『尼』下，示尼同異。」（四五頁下）資持卷中一上：「三十者，明捨墮全同。『餘』下，示單提同別。尼總有百七十八，九十對之，共有七十四戒。尼無十六戒：輒教、日暮、譏教、作衣、與衣、屏座、尼期行、期乘船、女期行、受贊食、勸足、索美、牙角、坐具、覆瘡、佛衣（【案】即「與佛等量作衣戒」）。」（二五七頁

上）鈔批卷一二：「尼二百八中，離取三十，因財起犯，制以捨墮。餘一百七十八單提，但對別人悔，故言餘入別懺。」（五七六頁上）

〔八〕種相同異，如別顯之　資持卷中一上：「同如釋相，別在尼篇。又義鈔、戒疏，具有料簡。」（二五七頁上）簡正卷九：「在僧釋相中明。異者，指下卷尼別行中顯也。」（五五五頁下）

〔九〕捨墮　鈔科卷上四：「『出』下，別翻三十。」（四五頁下）資持卷中一上：「單翻『薩耆』而云『墮』者，因而雙牒。墮名同上，自可解故。（舊云上略『波逸提』字者，非。）」（二五七頁上）

〔一○〕「尼」翻為「盡」，「薩耆」為「捨」　資持卷中一上：「準下懺法，捨有三種：一財，二心，三罪。（二五七頁上）義雖通三，名專財事，長染有遺，不成捨懺，故云盡也。」（二五七頁中）

〔一一〕三百六十罪　鈔科卷上四：「『明』下，辨罪數量。」（四五頁下）鈔批卷一二：「謂僧有一百二十提，用輕、重二吉為方便，并根本成三，三個百二十，三百六十也。百尼柯者，彼喚名『別』，只是波逸提也。」（五七六頁上）簡正卷九：「正量部名也。三百六十罪者，一百二十根本。上答有二吉為因，故成都數有三百六十也。」（五五五頁下）

〔一二〕應功用　鈔批卷一二：「明此罪微細，須加功用意故也。上二篇罪，過相麤大，治行易成，不假功用也。」（五七六頁上）

〔一三〕三義解之　資持卷中一上：「正量三義，共釋一名。……問：『此與眾學立名何異？』答：『此具三義，治行尤難，故須功用。吉非性業，制行亦輕，但云當學。』」（二五七頁中）簡正卷九：「解上應功用也。」（五五五頁下）

〔一四〕罪多輕細　資持卷中一上：「初約繁細。一百二十數過諸篇，故云罪多。體是威儀，故云輕細。」（二五七頁中）

〔一五〕性罪及制罪　資持卷中一上：「約參濫。『制』即是遮。異上兩篇，但除媒、房，餘並性罪。已後諸篇，皆是遮罪。」（二五七頁中）鈔批卷一二：「謂九十中，如毒（原注：『毒』字原本不明。疑『惡』字歟？）罵、兩舌、殺畜、飲虫、打搏等，是性罪。（五七六頁上）如掘地壞生，飲酒、數洗浴、水中戲等，是制罪，亦曰遮罪。謂此篇中，具含此二，是曰難持，應加功用也。」（五七六頁下）

〔一六〕應作功用對治，勿令滋廣　資持卷中一上：「約數犯。由前二義，以成第三，故結名在後。應即佛制功用，不出解行。」（二五七頁中）

〔一七〕薩婆多云　資持卷中一上：「婆論與前正量，語有少殊，義同後一。前之二部，並就能治行為名，後上座部即從不善業體為目，即同墮義也。此業能污善淨之心，故因中如焦然也。復能轉變獄報炎熾，故果時受燒熱也。」（二五七頁中）

〔一八〕能焦熱心　鈔批卷一二：「謂初犯罪時，其心熱惱，故曰也。」（五七六頁下）

〔一九〕能燒然眾生　鈔批卷一二：「犯此罪者，來報燒熱地獄，故曰果時能燒也。」（五七六頁下）

〔二〇〕但有三部　資持卷中一上：「『但』下，明方便罪。但二罪者，示現重輕，有差降故。」（二五七頁中）鈔批卷一二：「兩吉為方便，并根本提，為三也。」（五七六頁下）扶桑記釋「示現重輕」：「非為吉羅重輕篇重輕耳，謂上二聚立三方便，提以下但明二方便，是示差降也。」（一五二頁下）

五、波羅提提舍尼聚

義翻「向彼悔〔一〕」。從對治境，以立名。

僧祇云：此罪應發露〔二〕也。即此律戒本中，具明悔過之辭〔三〕。

僧有四種，如下具陳。尼有八種，與僧全別〔四〕。

明了論解：第四波胝提舍尼部，有十二罪〔五〕，翻為「各對應說」，謂對人說所作罪也。

【校釋】

〔一〕向彼悔　簡正卷九：「彼即是境故，從對治境以立名。」（五五五頁下）資持卷中一上：「言向彼者，即對首人，故云對治境也。」（二五七頁中）

〔二〕應發露　簡正卷九：「亦是向彼，故釋成也。」（五五五頁下）資持卷中一上：「僧祇得上悔義，不兼所對，戒本具明，即云應向餘比丘悔過等是也。」（二五七頁中）【案】僧祇卷二一，三九六頁下。

〔三〕此律戒本中，具明悔過之辭　鈔批卷一二：「謂『我犯可呵法，所不應為』等，是悔詞也。」（五七六頁下）【案】僧祇卷一九，六九六頁中。

〔四〕尼有八種，與僧全別　鈔批卷一二：「並是索美食，為緣起也。」（五七六頁下）簡正卷九：「與僧全別者，一、無病乞蘇；二、乞油；三、乞石蜜；四、乞黑石蜜；五、乞酪；六、乞乳；七、乞魚；八、乞肉。律文注曰：上四，比丘吉；下提四也。」（五五五頁下）

〔五〕波胝提舍尼部，有十二罪　資持卷中一上：「四戒各二方便，故有十二。各對者，即對別人顯非眾也。」（二五七頁中）簡正卷九：「波胝提舍尼者，正量部名也。十二罪者，四根本、八方便，成十二也。」（五五五頁下）鈔批卷一二：

「二方便并根本為三，三四成十二也。」（五七六頁下）

六、突吉羅聚

善見云：「突」者，「惡」也；「吉羅」者，「作」也〔一〕。聲論：正音「突「徒勿」反膝吉栗多」。四分律戒本云「式叉迦羅尼」，義翻為「應當學〔二〕。胡僧云「守戒」〔三〕也。此罪微細，持之極難，故隨學隨守以立名〔四〕。十誦云：天眼見犯罪比丘如駛雨下〔五〕。豈非專翫在心〔六〕，乃名「守戒」也？

此律有「百眾學」〔七〕，尼法指同大僧〔八〕。

七聚之中，分此一部，以為二聚〔九〕：身名「惡作」，口名「惡說」。或云突吉羅〔一〇〕、惡說者，必有解判，如疏述之〔一一〕。

明了論解云：非四部所攝〔一二〕，所餘諸罪共學對〔一三〕，及婆藪斗律所說罪〔一四〕，一切皆是第五獨柯多部攝〔一五〕。此是正量部名〔一六〕。以無別身口業故，「意是惡作」翻之〔一七〕。薩婆多云「突瑟几理多」，用身、口二業翻「惡作」〔一八〕也。同翻一名，而義兩別〔一九〕。分輕重〔二〇〕中，重者名「獨柯多」，輕名「學對」〔二一〕。梵音「息叉柯羅尼」，中國世音「息佉柯羅尼〔二二〕」，同翻為「學對」。若不動身口，輕，責心即滅〔二三〕；若動身口者，則重，對人方滅。此間不解分別輕重〔二四〕，通名「眾學」，謬矣。若但心地起，無方便〔二五〕；若動身口，有遠、近二方便〔二六〕。若懺根本，方便隨滅〔二七〕。重罪，重責心〔二八〕；輕罪，但云「不應起如此心〔二九〕」，是名「責心懺法〔三〇〕」。亦通下用〔三一〕。

【校釋】

〔一〕「突」者，惡也；「吉羅」者，作也　資持卷中一上：「言『惡』『作』者，通收身口。」（二五七頁中）簡正卷九：「『突吉』者，惡也。謂此論中，但總番為『惡作』，未明『惡說』之義，至下解也。」（五五五頁下）【案】「吉羅者」底本無「者」，據敦煌乙本、敦煌丙本、敦煌丁本和弘一校注加。正釋分四：初「善見云」；二、「此律」下；三、「七聚」下；四、「明了」下。

〔二〕應當學　鈔批卷一二：「謂『式叉』翻為『學』，『迦羅尼』翻為『應當』，謂『學應當』，梵言倒故也。謂翻譯家改異，故曰『應當學』。濟云：此方言倒耳。故唐三藏云：在天竺每被彼僧詞云『彌戾車』，汝言自倒。既云『喫飯』，前即云『喫』，為『喫』空耶？應須云『飯喫』，皆先所後能也。父汝『父』字，向下

讀者，亦是倒也。故梵本經文，字皆橫下，亦有理致也。汝若向下為正者，今僧中次第而坐，何不頭上著人？又，汝言豎讀為正者，汝眼何故橫耶？隨眼橫著，豈非便易！（五七六頁下）擡眼上下，亦難乎？戒疏引多論，問：『何故此篇獨名應當學者何？』答：『餘戒易持而罪重，犯懺是難，引（【案】『引』疑『此』。）戒難持而易犯，常須念學，故不列名，但言應當學。又云：若就所防彰名，應云眾突吉羅。今隱其所防，就能治行，以立名目，故言學也。論其所學，實通上四篇，非局此篇。但人情薄淡，重罪多持，輕便不敬。若論成行，非懃攝護，終不可成。所以大聖觀物機緣，特加勸勉，故與學名。又，能持此戒，滿足無缺，即名學行成就，就終彰名，學功義顯，故偏於此戒，受學稱也。』（五七七頁上）簡正卷九：「戒疏又問：『何不顯數，但云眾學？』解云：『威儀微細，量等塵沙，何有定數？故總目之，為眾學也。』」（五五六頁上）

〔三〕胡僧云「守戒」　鈔批卷一二：「為此戒能守護於四重，由持此戒，防守前篇，便不犯也。又云：專甄在心，名為守戒也。」（五七七頁上）資持卷中一上：「胡僧即祖師親承，非所出也。疏云：若就所防，應名眾突吉羅。今就能治行，以立目也。」（二五七頁中）簡正卷九：「胡僧者，謂是當時譯律梵僧也。守戒者，守護堅持戒品也。」（五五六頁上）扶桑記釋「胡僧」：「名義一云：自漢至隋，指西域以為胡國；唐有彥琮法師獨分胡、梵。蔥嶺已西，並屬梵種，鐵門左皆名胡鄉。南山所謂胡鄉國，雜戎之地是也。又，宋僧傳第三，委分胡、梵之相，今所謂胡僧，是胡戎之僧耳。」（一五二頁下）

〔四〕此罪微細，持之極難，故隨學隨守，以立名　資持卷中一上：「『此』下雙釋。多論問：『何故此篇獨名應當學？』答：『餘戒易持而罪重，犯懺是難，此戒（二五七頁中）難持而易犯，常須念學故。』」（二五七頁下）

〔五〕天眼見犯罪比丘如駛雨下　資持卷中一上：「『十誦』下，結顯。文舉疾雨，喻其犯者甚多，意顯持之非易。」（二五七頁下）鈔批卷一二：「撿十誦云：時諸比丘得天眼，見諸比丘犯罪，如雨駛下。見已，便遮諸比丘說戒，以是緣故，鬥諍事起，不得布薩、說波羅提木叉。是事白佛，佛言『莫以天眼，隨以肉眼，所見應遮』。出遮說戒法中也。」（五七七頁上）【案】十誦卷三三，二四〇頁上～中。

〔六〕豈非專甄在心　簡正卷九：「『豈非』已下，今師結判也。」（五五六頁上）資持卷中一上：「『豈』下二句，雙結兩名。專甄在心，即學義也。」（二五七頁

下）

〔七〕**此律有百眾學**　鈔科卷上四：「『此』下，明僧尼。」（四五頁中）資持卷中一上：「諸部名數不同，僧祇六十六，十誦百單七，五分數同而相別。故標此律簡之。」（二五七頁下）

〔八〕**尼法指同大僧**　鈔批卷一二：「謂尼第五篇，還有一百戒，同僧多少也。」（五七七頁上）資持卷中一上：「尼戒本中，不列眾學，指略如僧相同故也。」（二五七頁下）簡正卷九：「謂尼第五篇，還有一百戒，同大僧也。外難：『戒本篇昔（原注：『昔』疑『首』。）但云『眾學』，今砂（原注：『砂』疑『鈔』。）後云一百眾學，豈非相違？』答：『且約人之善犯，舉一百之言。若約境明之，且通法界，故云眾學，亦不相違也。』」（五五六頁上）

〔九〕**七聚之中，分此一部，以為二聚**　鈔科卷上四：「『七』下，辨離分。」（四五頁中）資持卷中一上：「律文前後列七聚名，第六或異，乃華、梵互舉耳。」（二五七頁下）

〔一〇〕**或云突吉羅**　簡正卷九：「謂律文數有七聚次第也。六即云突（原注：『突』下疑脫『吉』字。）羅。七即云惡說。然吉羅單名『作』。故見論云：突者，惡也。」（五五六頁上）吉羅者，作也，是惡作義。」（五五六頁下）

〔一一〕**必有解判，如疏述之**　鈔批卷一二：「戒疏云：惡作惡說，從具得名。母論云：身名惡作，口名惡說，作義是乖，名通身口。故律下文，無問身口，皆突吉羅。善見解云：惡作者是。」（五七七頁上～下）簡正卷九：「此明六、七二聚，惡作、惡說不同。首及南山咸以『具』義辨吉羅也。玄云鈔依首疏。彼云：聚雖有七，得名有五。初之二，從法立名；第二（【案】『二』疑『三』。）偷蘭，從不善體立號；第四聚，就惡果以立稱；第五聚，從對治境以標名；六、七二聚，就具辨也。」（五五六頁下）資持卷中一上：「戒疏云：惡作惡說，從具標目。故母論云：身名惡作，口名惡說，作義是長，通名身口。故律下文（即六聚中），不問身口，皆突吉羅。如善見解惡作是也。（疏次）。故知突吉羅名，在六通含身口，在七唯局於身。又復，七中惡作，名通體局，惡說名體俱局。」（二五七頁下）

〔一二〕**非四部所攝**　簡正卷九：「謂前四篇中，雖有結隨，應自攝入前四中。今辨第五，雖亦名吉，乃非前四中所攝。」（五五六頁下）鈔批卷一二：「立謂：如一百眾學，並是果罪。非是上四篇方便，故言非四部所攝。今詳此釋，恐不應理。觀了疏意，但言非前四部所攝，不言第五部，唯果非因。今何得言局百眾

學？然了疏意云：第五部中，或有二因，或全無因，故不同前准數為部。謂但起心，不動身口，唯果無因。若有動業，因果具有，如欲上樹，未動身語，是遠方便；動身或語，是近方便。上樹過人，即名究竟。隨應准說，竇述也。」（五七七頁下）資持卷中一上：「初中，前約本部，但簡前篇方便，各隨本篇。自餘正從，不限多少，通收第五，故云非四部等。」（二五七頁下）【案】「明了」下文分為四：初，「非四」下，翻名義；二、「分輕」下，分輕重；三、『若但』下，示方便；四、「重罪」下，明懺法。

〔一三〕**所餘諸罪共學對**　資持卷中一上：「『學對』即同今宗『應當學』也。」（二五七頁中）鈔批卷一二：「謂一百眾學，及餘一切吉罪，但非前四所攝已外，皆名所餘諸罪也。竇云：前四部中，雖有因吉，隨應自攝入前四中。今辨第五，雖亦名吉，要須非是前四部攝取所餘罪也。言共學對者，對首、心念，名之為學。以其對治所作罪故，名為學對。今言共者，謂輕重二吉，俱須對治懺之，故名為共。了疏云：責心及對人名學，以其對治所作之罪，故名學對也。解此疏云：責心及對人，俱須解知，名學也；二種各對治除滅，名對吉也。」（五七七頁下）簡正卷九：「餘，果吉也。故了論疏云：前四部罪，三方便，二方便，當部〔部〕者，即乞（原注：『乞』疑『是』。）『篇』也。〕自攝，不入第五。是以簡之，非四部攝。共學對者，下文當釋」（五五六頁下）

〔一四〕**婆藪斗律所說罪**　資持卷中一上：「『及』下，通攝他部。『婆藪斗』，此云『品類』，下云戒有二百，多明輕戒。『獨柯多』即『突吉羅』，梵音異耳。」（二五七頁下）鈔批卷一二：「婆藪斗律者，此云『品類律』也。彼律有二百戒，多明輕戒，謂是吉也。亦是此第五篇正果罪也。竇云：舊人皆言婆藪斗律是二十部之內，一部之別名。今詳不然。『婆藪斗』者，真諦翻為『品類』也，故知是『揵度』之異名耳。『品類』即是『法聚』義也，亦是『蘊積』義，故知只是揵度耳。如揵度中，多不論殘、夷重戒，唯明輕吉等。故今文云多明輕戒是也。梵本正音，應言『呿藪斗』，此翻為『事』也。如揵度中，說戒事，集在一處。或安居事、自恣事，聚在一處，皆名『揵度』。故知『婆藪斗』，是其揵度也。」（五七八頁上）

〔一五〕**一切皆是第五獨柯多部攝**　資持卷中一上：「一切者，顯示此部無限量故。次，翻名中。正量部推末從本，同歸於意，故云『無別身口』也。」（二五七頁下）鈔批卷一二：「此結上文也。從上『非四部所攝』下，並是獨柯多部攝也。獨柯多者，吉之別名也。」（五七八頁上）簡正卷九：「謂前收所餘諸羅（原注：

『羅』字疑剩。）罪，及婆藪斗律果罪，通攝歸第五篇也。獨柯多者，正量部

中喚『突吉羅』為『獨柯多』，但梵名不同耳。」（五五六頁下）

〔一六〕**此是正量部名** 鈔批卷一二：「謂獨柯多部，是第五篇罪也。正量部呼名不同

耳。了論解正量部云：此『獨柯』等，名出彼部也。」（五七八頁上）

〔一七〕**以無別身口業，故意是惡作翻之** 鈔批卷一二：「有人云：了論意明：無別身

口業者，謂身口所發，皆由『意地』。今但是『意地』流至身，亦名惡作，流

至口，亦名惡作。故知身與口，同名惡作，不得身惡作、口名惡說，故曰『無

別身口』也。立明：正量部中將意業為惡作，身口但是造善惡之具，（五七八

頁上）自不能成業。如死人亦有身口，不能造業。故知，由意方語造業。故將

意業翻『惡作』也。故了論疏云：獨柯多部者，翻為惡作。正量部解：無別身

口業，但故『意』是業，故『意』能發身口，名為身口業。依此部解，唯『意』

是惡作也。」（五七八頁下）資持卷中一上：「正量部推末從本，同歸於意，故

云無別身口也。從本至末，色聲所動，皆由意起，故云意是惡作也。」（二五

七頁下）簡正卷九：「謂正量部宗云：身口但是具無犯，唯『意地』結發業，

本起心之時，即名惡作故。云『意』是惡作，用翻獨柯多也。」（五五六頁下）

〔一八〕**用身口二業翻「惡作」** 鈔批卷一二：「立明：多論用身口二業，翻惡作也。

故了論疏云：薩婆多解身口是別，業通三業，皆是惡作。又戒疏云：吉羅者，

律本解云『惡作、惡說』，分身口業，故有斯目。明了論中，二業一名，俱為

惡為惡（原注：『惡』疑剩。）作，身口為非，無非皷動故也。」（五七八頁下）

資持卷中一上：「彼宗論業，不明心造，身口雖殊，無非鼓動，故通名作。」

（二五七頁下）簡正卷九：「身作、口說，俱名惡作也。」（五五七頁上）

〔一九〕**同翻一名，而義兩別** 鈔批卷一二：「謂了論用意業為惡作，多論用身口業翻

惡作，故云兩別也。」（五七八頁下）資持卷中一上：「一名者，並號惡作故。

義兩別者，心、色各計故。」（二五七頁下）簡正卷九：「今師結判也。多宗用

身口業翻惡作，正量部用意業翻惡作，故云兩別。玄云：此是了疏自引多宗天

（【案】『天』疑『文』。）也。」（五五七頁上）

〔二〇〕**分輕重** 鈔批卷一二：「此明了論約吉羅中，自分輕重二別。故彼疏云：若通

說，第五部中諸罪同名獨柯，就中約輕重分之。」（五七八頁下）

〔二一〕**重者名「獨柯多」，輕名「學對」** 鈔批卷一二：「為分別輕重異故，於輕中別

立此名，故名學對。又，言輕名學對者，了疏云：對首、心念，名之為學，以

對治所作罪，故名學對也。」（五七八頁下）簡正卷九：「重名獨柯多者，意

道：若通而說之，第五部諸罪，總名獨柯多。若出中輕重兩分，重者即名獨柯多，輕名學對。為分別故，立此輕重二名也。學對者，對上輕罪，須學，識知責心，對治所作之罪也。<u>梵音『息叉柯羅尼』</u>（【案】簡正此處有校注：『父』鈔作『叉』。不明所指。），<u>中天國俗音云『息供柯羅尼』</u>。『佉』『叉』兩異，此方約義，俱翻為『學對』。」（五五七頁上）

〔二二〕**息佉柯羅尼** 資持卷中一上：「世音即彼俗語。顯上『息叉』是正梵音。」（二五七頁下）

〔二三〕**若不動身、口，輕，責心即滅** 資持卷中一上：「『若』下，分體。不動身口者，顯是意犯，彼但約三業，以分兩體。」（二五七頁下）【案】不動身口，即僅為意犯，而無外在身口之舉。

〔二四〕**此間不解分別輕重** 簡正卷九：「此問（【案】『問』疑『間』。）四分律不解分別輕云學對、重云獨柯多也，通名眾學，謬者。意道：若解分別輕重，重則對首，輕則責心。既不解分別輕重，喚作眾學，即無其兩懺，但一例責心，是謬也。」（五五七頁上）資持卷中一上：「『此』下，斥謬。<u>真諦</u>本是西僧，得其聲實，故斥此土傳譯之失。然順彼文，且分兩別，今家特異，亦須略識：一者名通，無（二五七頁下）問輕重，但從過邊，皆突吉羅；若望行邊，並應當學。二者體異，無論三業，故心齊重，誤皆犯輕。」（二五八頁上）

〔二五〕**若但心地，起無方便** 資持卷中一上：「初明輕吉，謂獨頭、心念，如想鉢、默妄、惡覺、失念之類。若諸篇遠方便，則不論有無。」（二五八頁上）

〔二六〕**若動身口，有遠、近二方便** 資持卷中一上：「『若』下，明重吉。二方便者，即成就義。亦約起心動色，以明次第。」（二五八頁上）鈔批卷一二：「立明：吉羅亦具二个方便故。（五七八頁下）了疏云：如發心欲上樹，未動身口，未說欲為此事，是遠方便。動身去，或口說，或手觸，是近方便。上樹即是根本吉羅。餘依此尋之。問：『重罪若已作根本故，便隨根本，不可別懺。今引輕罪，已作根本，方便可別懺不？』答：『亦隨根本不可別懺，由方便皆成就根本故也。』」（五七九頁上）簡正卷九：「如欲上（【案】『上』後疑脫『樹』字。），初動身語思，是遠方便；二、進趣向前，是近方便。上樹過人，即是究竟。餘戒准此。」（五五七頁上）

〔二七〕**若懺根本，方便隨滅** 簡正卷九：「了疏，問云：『重罪，若已作根本方便，隨根本不可別懺。今此輕罪，已作根本方便，可別懺不？』『亦隨根本，不可別懺。由方便，皆成根本故。根本是可懺者，（五五七頁上）若懺根本，方便隨

滅也。』」（五五七頁下）資持卷中一上：「因本罪同下無別聚，故言隨滅者，即隨順義。」（二五八頁上）

〔二八〕重罪，重責心　鈔批卷一二：「立謂：吉羅二方便中，自有輕重。重者重責心，輕者輕責心也。」（五七九頁上）簡正卷九：「了疏，問：『輕重罪違，方便雖同，未動身口，輕重懸殊，云何責心同滅？』答：『雖同，責心之有憂劣；若悔重罪方便，方前所起之心，是大須除，自改（【案】『改』疑『呵』。）責悔過方滅。（此即重罪重責心之。）若輕罪方便，但云不應起。如此心微，自呵責，即得滅也。（此即輕重罪輕責心也。）』」（五五七頁下）資持卷中一上：「初明懺重吉。雖是對首，還須自責。以責心之言，通諸悔故。懺法如後，故此不出。」（二五八頁上）

〔二九〕不應起如此心　資持卷中一上：「因引懺法，下篇不出，故此指通。」（二五八頁上）

〔三〇〕法　【案】底本無「者」，據大正藏本、敦煌甲本、敦煌乙本、敦煌丙本、敦煌丁本和弘一校注加。

〔三一〕亦通下用　鈔批卷一二：「立明：責心懺吉，通下三眾，謂式、沙（原注：插入『沙』字。）、足（【案】『足』疑『彌』。）、沙彌尼也。」（五七九頁上）簡正卷九：「此遠方便，隨罪輕重二種責心，悔法亦通。問：『下懺六聚篇中用也？』『下懺篇中，不更出遠方便，重罪重責心，輕罪輕責心，但准此而用也。不同古記，云通沙彌三眾用。」（五五七頁下）

　　四分戒律，通束二百五十以為綱要〔一〕。上已依篇聚具列，麤釋名目。餘不盡〔二〕者。

　　其二不定法〔三〕：託境以言〔四〕，通該六聚〔五〕；若論罪體，生疑不信，是突吉羅〔六〕。文彰三罪、二罪〔七〕者，略舉生疑之事。廣如疏述〔八〕。

　　七滅諍中，罪亦通有〔九〕。但為競於四諍〔一〇〕，彼此未和，故制七藥，用以除殄〔一一〕。文義既廣〔一二〕，理相又深〔一三〕。徒勞宣釋，終未窮盡，故略不述。而僧尼同數，共成通戒焉〔一四〕。

【校釋】

　〔一〕四分戒律，通束二百五十以為綱要　簡正卷九：「謂四分戒本，及以律文，二處通途，束攬二百五十以為隨戒牒。牒，綱要也。謂戒境亙廣，豈知數量，通途束攬二百五十為綱要故。（此句是結前文。）」（五五七頁下）【案】「結略」

分二：初，「四分」下；次、「其二」下。

〔二〕**餘不盡** 簡正卷九：「餘，外也。二百五十已外，更有未明，故云不盡。（此句生後意也。）」（五五七頁下）

〔三〕**二不定法** 簡正卷九：「二不定者，屏、露兩殊，名之為二。諸罪之中，未審實犯，故云不定。」（五五七頁下）

〔四〕**託境以言** 資持卷中一上：「言託境者，對前女也。」（二五八頁上）鈔批卷一二：「立謂：托覆露兩境，為犯處也。」（五七九頁上）簡正卷九：「枉其女境，覆露二處之。」（五五七頁下）

〔五〕**通該六聚** 鈔批卷一二：「立謂：此二不定，覆、露二境之中，容犯六聚之罪也。以身與女在屏，或作婬事是夷；或身相觸麤語等，是殘；期行婬事，是蘭；屏坐故，是提；戒（【案】『戒』疑『或』。）無病端坐受食，是提舍尼；或無染心共坐，是吉。故曰通該六聚也。」（五七九頁上）資持卷中一上：「六聚者，戒本三罪、二罪，謂婬、觸、語、欺、屏露二坐。蘭、吉即方便；提舍，如蘭若受食。」（二五八頁上）

〔六〕**若論罪體，生疑不信，是突吉羅** 資持卷中一上：「『若』下，明本犯。……以戒本中不具六聚，故以略舉通之。……言罪體者，此戒罪體，但取生疑，犯突吉羅。文言：應一一治，自依篇聚耳。僧有尼無，即不同戒也。」（二五八頁上）鈔批卷一二：「如緣起中，可信女人舉來白佛，猶心疑故，故曰生疑，則不信比丘清白也。由使他不信及疑故，即將此不信與疑為罪體，（五七九頁上）故結不應之吉，謂不應使生疑故。即首律師云：以疑似為體。今破上解云：疑是女人，豈成過體？（賓述云爾。）吉（【案】『吉』疑『古』。）師亦有不許結吉者，謂有犯即入篇聚收，未犯理合無罪故。首疏同（【案】『同』疑『問』。）：『七聚之中，無二不定之名，云何結吉？』答：『若作此難，我反問汝：七聚之中，無不應爾，及如法治之名，然不應爾，如法治，為有犯不？然此既是犯，亦不入聚。我二不定聚中，雖無結吉，何失？又，略說戒中，亦具有二不定。意說若不許二不定，名為戒者，十五種略說戒中，何故含二不定？』『方十五種略說戒也。既名說戒，明知不定，亦入戒門收也。十五種略，揵度具列。』『又戒疏云：房室私禮，俗所常行，而比丘無侶，獨一女人，同處麤語，令他疑怯，罪相難分，故約生疑吉羅罪。故略跋律云：如何此戒，作不定說？』答：『未來中。或容有無實犯故。賓敘古人釋此罪體云：三罪二罪為所防，離染清淨為能治，非法自言為所明，如法自言為能治。又，以治罪不如為所防，

如法治罪為能治。相傳破云：非法自言為所明者，尼有自言，應有不定，又復豈容要待自言，方犯不定也？治罪不如者，過在僧眾，豈可此戒防治僧罪也。<u>首律師</u>言：疑似為體，（同此鈔文破也。），疑在女人，豈成過體也。<u>礪</u>云：以屏、露二處，應須撿審，以為所防。（述曰：）謂二不定在於屏露，涉嫌疑處，行住坐臥，以為所防。如人惡子，制令離過，故不聽其至可疑處。設若至者，父母必須勘問來由。此亦然也。<u>崇</u>云：撿未實時，在不定攝，勘撿實已，即定聚收。何須此明所防體？今詳律儀，防護為義。二百五十戒體須存，豈容此中無所防體！故今以其在嫌疑處為所防也。』問：『在嫌疑處，容犯一切，不應唯局愛染諸戒？』答：『理實雖通犯一切戒，然由愛染過失尤重，故立不定，以深防之。由此亦顯尼有伴故，隱而不立不定戒也』。」（五七九頁下）<u>簡正</u>卷九：「此是古師<u>首</u>等立之，今師因彼故。戒疏云：房室私禮，俗所常行，而比丘無侶，獨一女人同處而坐，令他疑惱，罪相難分，故約生疑結罪也。（上是疏文。）外難曰：『既云狂境，以言通說六聚，皆不可定。今云結吉，豈不定耶？』答：『所言不定者，但為女人與比丘。屏露之處，本委六聚之中，為犯何罪，故云不定？今結吉者，位據出家人不應行非法之處，令他生疑，斯罪是定，故結吉也。』」（五五八頁上）

〔七〕**文彰三罪、二罪**　鈔批卷一二：「立明：文云：若波羅夷，若僧殘等者，此是略舉三二罪名也。准理合舉五篇。<u>景</u>云：文中雖彰三罪、二罪，然或有或無。若生疑不信，吉羅，此則定也。<u>景</u>問：『其二不定，無別名種，何故戒本制三問者？』答：『舊云：今（【案】『今』疑『令』。）三問者，意云：汝不與女人共坐，生他人疑心不？所以須問，非有罪名也。今意不然，此中通問前後，不局問生疑也。』」（五八〇頁上）<u>簡正</u>卷九：「『若爾，體既是吉，文中彰其三罪二罪者何？』鈔答云：『夫彰三罪、二罪，但舉生疑之事，非取此為罪體也。』」（五五八頁上）【案】<u>四分僧戒本</u>，一〇二四頁下。

〔八〕**廣如疏述**　資持卷中一上：「即如戒疏略引示之。明制意者：如來立教，專為攝修，不相鑒察，容無自勵，隨信舉發，以存相利。所以篇列第三者，既通六聚，上收戒分，下攝威儀，文義便故。釋名義者：二即屏、露兩處，於所犯事不決定故，名為不定。」（二五八頁上）<u>簡正</u>卷九：「<u>首</u>疏也。彼門曰：『七聚之中，無不定聚名，何得結吉？』答：『若作此難，我反問汝：七聚之中，無不應爾，及如法治，未審此名何罪耶？』答：『不應爾，及如沽名吉羅罪，今卻難伊不應爾等。既犯吉不入聚，收我二不定。六聚中，雖無結吉，何失？復

有古人，不許結吉，有犯即入篇收，理合無罪。』今師意云：有罪無罪，先須結吉。據不合令他生疑，若別有犯，即然後依篇治對也。」（五五八頁上）

〔九〕**七滅諍中，罪亦通有**　資持卷中一上：「初，示所諍。罪通有者：初，現前毘尼，因六群誣迦留犯盜；二、憶念，為慈地謗沓婆犯婬；三、不癡，因難提顛狂，多犯眾罪；四、自言，因比丘犯盜，且連牽出；五、多人語，因破僧鬥諍；六、罪處所，因象力妄語；七、草覆地，為諸比丘共諍經年，多犯諸罪。則知所斷，亦該六聚，故云通有。（有云僧尼通有，或云七通有吉，並非。）今戒本中，但制能斷，用法有差，皆吉羅罪。（二五八頁上）問：『既通六聚，何列最後？』答：『不同不定，事起一人。此犯雜生，故列於後，總結前篇。』」（二五八頁中）鈔批卷一二：「立明：僧尼各有七滅諍事，（五八〇頁上）以尼律中不為他滅諍，結提罪也。僧若知法，不為他滅諍得吉。僧尼不滅諍，各有罪曰通有。又解：但明僧七滅諍也。既有諍事，比丘解知七毘尼之相，不為他殄『四諍』者，犯吉，故曰罪亦通有。謂望七毘尼上，通是吉之罪境也。（後解為正。）」（五八〇頁下）簡正卷九：「七是藥，四諍是病。今用七毘尼之藥，以滅四諍之病。即七藥『能滅』，（五五八頁上）四諍是『所滅』，能、所雙彰，故云七滅諍也。罪亦通有者，謂僧若知法，不與他滅諍，犯吉；尼有智，不與他滅諍，犯提。既僧尼各有罪故，故云通有也。」（五五八頁下）

〔一〇〕**四諍**　資持卷中一上：「『但』下，明制意。」（二五八頁中）簡正卷九：「一、言諍，二、覓諍，三、犯諍，四、事諍。」（五五八頁下）扶桑記：「言諍有三品：下品但用三法現前，中品但用五法及不癡二法，上品用五法及罪處所。覓諍亦有三品：下品用五法及憶念二法，中品用五法及不癡二法，上品用五法及罪處所。犯諍亦分三品：下品用三法及自言，中品用五法及自言，上品用五法及草覆。……言事諍者，羯磨破事，義在順明，片有乖違，未有成遂。然人情易忍，同和理難；各執一見，事法成壞，由斯致諍。諍起由事，故曰事諍。行宗：事諍，唯據羯磨僧事，若非羯磨，並歸上三。事法成壞者，事即所加，法即能被；更兼能秉人，及所託界。四法並有如非成壞。」（一五四頁上）

〔一一〕**故制七藥，用以除殄**　簡正卷九：「一、現前，謂三：法、人、界也；五法，謂：人、僧、法、事、界也。此三、五法，皆約現前，為眾藥之本。二者，憶念。三、不疑。四、自言。五、多人語。六、罪處。七、草覆地。」（五五八頁下）資持卷中一上：「四諍是病，七滅是藥，殄即滅也。今依義鈔，略識名數：一、詳法是非，定理邪正。彼此諍言，遂成乖異，故名『言諍』。以現前

多人語，二滅滅。二、內有三根，伺覓前罪。舉來詣僧，遂生其諍，故名『覓諍』，以現前憶念，不癡罪處，四滅滅。三、具緣造境，違教作事，名之為犯。因評此犯，而致紛紜，名為『犯諍』，以現前自言草覆，三滅滅。四、評他已起羯磨。彼此不和遂生其諍，故名『事諍』，以一切滅滅。(言『覓犯』中，各有『事諍』，還同上三。用藥對病，故云『一切』。)(二五八頁中)

〔一二〕文義既廣 資持卷中一上：「『文』下，示略。義鈔、戒疏，其文甚廣。」(二五八頁中)簡正卷九：「律文所說之義，至廣至多。」(五五八頁下)

〔一三〕理相又深 簡正卷九：「道理相狀難委，即是幽除(【案】『除』疑『深』。)也。」(五五八頁下)

〔一四〕而僧尼同數，共成通戒焉 資持卷中一上：「『而』下，示尼。統論八篇。一、夷、殘、單、墮、提舍，多少異也；二、不定，有無異也；三、捨墮、眾學、滅諍。彼此並同，故云通戒。」(二五八頁中)鈔批卷一二：「立明：僧尼同防身口七非，故言同數也。以上五篇七聚，以僧尼同用，故言通戒也。又言：有人云是七滅諍，以僧尼同有此數。今言不爾。尼中雖有諍事，不為他滅，便得提罪，僧但得吉。既此不同，何得言同數也？濟云：『後解為正。以僧尼同有七滅之名，名同數同，何癈有輕重也。』此解恐非。今正解云：『據尼戒本中，亦不定。有家出尼戒本，則無七滅。然據律文，尼戒本單墮中，唯有一戒。若比丘尼明解聖教，不為他滅四諍者，波逸提。今言僧尼同數者，謂據尼，亦合同僧有七滅戒，故曰僧尼同數。但尼戒本，通速(【案】『速』疑『束』。)七个為一戒故，故曰用成通戒也。』」(五八〇頁下)簡正卷九：「謂僧有七。若尼律中，收七為一戒。以五篇七聚，僧尼同用，故云通戒也。」(五五八頁下)

問：「五篇七聚，何義離合〔一〕？今上所明，但云六聚？」

答：「言立五篇者，僧祇律中〔二〕。當宗所明，但云五種犯、五種制、五犯聚。其六聚、七聚，即四分下文〔三〕。今且分七、五不同。具有三義，則入五中〔四〕：一者名均〔五〕，二則體均〔六〕，三者究竟均〔七〕；不具此三，通入『聚』攝〔八〕。而六、七差分者，亦有義意〔九〕：六中合突吉羅，以同體故〔一〇〕；七中離於惡說，以過多故〔一一〕。」

問：「上具張六聚名體，請知五篇、七聚名相如何？」

答〔一二〕：「言五篇名者：一、波羅夷，二、僧殘，三、波逸提，四、提舍尼，五、突吉羅。言七聚者：一、波羅夷，二者僧殘，三、偷蘭遮，

四、波逸提，五、提舍尼，六、突吉羅，七、惡說〔一三〕。且列兩名，廣如戒本疏說〔一四〕。」

問：「律中，僧列二百五十戒，戒本具之。尼則五百，此言虛實？」

答：「兩列定數，約指為言〔一五〕。故諸部通言，不必依數〔一六〕。論其戒體〔一七〕，唯一無作，約境明相，乃量塵沙。且指二百五十，以為持犯蹊徑〔一八〕耳。律中，尼有三百四十八戒，可得指此而為所防〔一九〕。今準智論云：尼受戒法，略則五百，廣說八萬〔二〇〕；僧則略有二百五十，廣亦同尼律儀。」

【校釋】

〔一〕五篇七聚，何義離合　鈔科卷中之一：「初問篇聚離合。」（四五頁上）鈔批卷一二：「立謂，問意云：『篇』之與『聚』，若為差別故，或離或合，又復六、七不同，有何殊狀？」（五八〇頁下）資持卷中一上：「初問，有二：前問五、七離合，『今』下問六七離合。前云約義差分，故今問顯。」（二五八頁中）簡正卷九：「五篇七聚何義離合者，意道『篇』與『聚』，若為差別，或合或離。又復聚中，六、七不同，有何義意？」（五五八頁下）

〔二〕僧祇律中　資持卷中一上：「問：『篇名本出僧祇，題中標云篇者，乃目他宗，非關本部？』答：『五法本同，立名乍異，今借彼名，以標本部。況篇聚義通，隨用無在故也。』」（二五八頁中）鈔批卷一二：「明魏時曇摩迦羅初至漢地出僧祇戒心，翻名五篇，今相承仍作此名也。」（五八一頁上）簡正卷九：「上來所明，但云六聚，而未言七也。五篇之名，出僧祇律。當宗壇五（【案】『壇』疑『增』。）文中，但云五種。僧制五犯聚，」（五五八頁下）【案】本節分二，初，「言立」下；次，「今且分」下。次又分二：「今且分」下；次「而六七差分者」下。

〔三〕其六聚、七聚，即四分下文　資持卷中一上：「『其』下，明聚。下文，即諸犍度中，或六或七，間列不定。」（二五八頁中）鈔批卷一二：「立云：其六聚、七聚雖別，並是吉羅，以是尼律之文故。」（五八一頁上）簡正卷九：「並出第四僧（【案】『僧』疑『增』。）文，為下文也。」（五五八頁下）

〔四〕今且分七、五不同，具有三義，則入五中　鈔科卷中之一：「初，七、五不同；二、『而』下，六、七差別。」（四五頁中～下）鈔批卷一二：「此是答上問意也。上問五篇、七聚，何義離合，今答此問也。」（五八一頁上）資持卷中一上：「入五中者，僧祇、四分篇聚異名，昔多偏計。今但云五，無所局也。下

亦合云通入七攝。而云聚者，順今宗也。」（二五八頁中）

〔五〕**名均** 鈔批卷一二：「濟云：同名夷，同名殘，同名提、吉等也。其偷蘭家，即出頭來訴（【案】『訴』疑『訴』。）：『我亦名均。』以無問輕重，皆名偷蘭，可非名均？不許我入『篇』，『篇家』即報云：『我夷、殘、提、吉，非但名均，約體復均，以無輕重不定。汝之偷蘭，或輕重不同，或因果有異，謂有時作他方便，或復自號獨頭，據體非均，故篇家簡出。』其偷蘭聞已，即走脫，便語云：『阿儞向聚中坐去。』」（五八一頁上）簡正卷九：「如初篇四戒名夷罪，是名均也。」（五五八頁下）

〔六〕**體均** 鈔批卷一二：「如犯初篇，治擯及受來報一等也。」（五八一頁上）簡正卷九：「皆須舉治也。」（五五八頁下）

〔七〕**究竟均** 簡正卷九：「罪非方便，名為究竟，必若不具，但入聚攝，不入篇也。」（五五九頁上）資持卷中一上：「以入篇中。餘方便者，入聚所攝。」（二五八頁中）

〔八〕**不具此三，通入聚攝** 鈔批卷一二：「問：『既言篇具三均，篇則有五，何故上云前四是均，下三為雜？』答：『若從聚論，前四是均，下三為雜；若從篇辨，五並是均。所以爾者？由吉羅一聚，罪含因果，得篇名者，直指一百眾學。由是果罪，又具三均。其餘因吉，不具三均，通收名聚故。』心疏問曰：『吉羅罪中，既通方便，如何在篇？』答：『簡取究竟者（五八一頁上）以入篇中，餘方便者入聚所攝。』問：『偷蘭罪中，何不簡除從生，取究竟者以入篇？』答：『不同也。偷蘭究竟，或均或雜，或前或後，難定其罪。大約且分三品，故入聚收。此問意云：吉既在篇，復在聚為含因果者，蘭亦含因果。還合將果蘭入篇，因蘭作聚，何故唯聚，不得入篇？答意可見。』心疏又問：『如上立義，罪位分五，各具三均。墮罪之中，僧別兩悔。第五一罪，對首責心，無有二悔，明如輕重，何得均耶？』答：『今言均者，以義故。罪縱一篇中，懺有輕重。至於名種，一向不異。何以知之？初篇名棄，則不覆開悔，及不足數，相同棄也。二篇僧治，則行覆在別，至於本罪，出必在僧。三篇對首，而或兼眾者，以財事難遣，對僧徵黶，及論捨罪，與別何殊？第五一篇，雖有二懺，故誤兩心，雙捨本罪，何妨義攝，以位通之。』」（五八一頁下）

〔九〕**而六七差分者，亦有義意** 簡正卷九：「上七聚與六聚，離合意也。」（五五九頁上）

〔一〇〕**合突吉羅，以同體故** 資持卷中一上：「前云正結罪科，止有六法故。」（二五

八頁中）鈔批卷一二：「立謂：雖惡作惡說名殊，同是吉羅罪，體體無輕重，來報修短是同，故合為一聚。」（五八一頁下）簡正卷九：「雖則身口有異，俱名吉羅，故云含（【案】『含』疑『合』。）突吉羅，即合為一也。」（五五九頁上）【案】「合」，有校本改為「含」。依義當為「合」，總束之義，這樣才符合本處問答「離合」之義及與下句中的「離」字相對。

〔一一〕**離於惡說，以過多故**　資持卷中一上：「吉羅罪眾，量等塵沙，隨具兩分，簡易可識故。」（二五八頁中）簡正卷九：「非第六吉離取惡說為第七聚。即合出因果，輕重一切惡說，攝在聚中，故過多也。」（五五九頁上）鈔批卷一二：「既身口二業，造過不同，故離成七也。戒疏云：古師解七五離分，品位不同，（五八一頁下）文極樂廣，宣並廣敘。後即拂除，言『如此云云』，並是古義。今人行誦，未能思釋。不敘謂言不知，若知復無所以。故今解云：大聖立教，為顯時心，或立結業以收非，或立名相以束罪。隨其所通，得解便止。如陰、界、入，隨迷故，（謂陰、界、入三名，開迷取悟，故此分別。達名唯是一義耳。）可以例曉。罪雖蕄聚，大位三階，（五篇、六聚、七聚。）定其重輕，取究竟者，莫不齊五，故有五犯、五制、五品、五篇、五部等也。定其來報，年劫遠近者，莫不齊六，故有六聚等是也。言其果由因成，自有因不感果者，莫不齊七，故有七聚等是也。自意釋云：離為七聚者，便取為他方便因之吉，為一聚也。」（五八二頁上）

〔一二〕**答**　資持卷中一上：「答不同也。偷蘭究竟，或均或雜，或前或後，難定其罪。大約分三，懺同墮位，故入聚收。」（二五八頁下）

〔一三〕**七惡說**　【案】有校本加「者」字，成「七者惡說」。弘一校加。

〔一四〕**且列兩名，廣如戒本疏說**　資持卷中一上：「下指戒疏，文見第一。彼問：『吉羅既通方便，如何在篇？』答：『簡究竟者以入篇中，餘方便者入聚所攝。』（二五八頁中）問即應偷蘭，並簡從生，取究竟者，用以入篇。」（二五八頁下）鈔批卷一二：「彼疏釋五篇，四門分別：一、位立五篇，并解名義；二、置不同，翻名顯相；三、但置於五，而不四六；四、五篇次第等，至時可尋。戒疏相因成宗，必觀時宜，廣略機變，不事誦文，彼此同惱。宣云：有人不解道理者，云為我盡底道。余云：底何可盡？至佛方知。」（五八二頁上）

〔一五〕**兩列定數，約指為言**　鈔批卷一二：「約，由限也。謂且約略，列二百五十及五百之名也。」（五八二頁下）資持卷中一上：「初，示數不定。約即略也。」（二五八頁下）簡正卷九：「約指為言者，謂二百五十、五百，兩列揩定之數，

約略指此為部。」（五五九頁上）【案】本節分二，一、「兩列」下，列數；二、「今準」下，準論釋通。

〔一六〕**諸部通言，不必依數**　簡正卷九：「諸部通而言之，即云五百、二百五十，未必一一依此實數。」（五五九頁上）資持卷中一上：「通言，即僧尼兩數。」（二五八頁下）

〔一七〕**論其戒體**　資持卷中一上：「『論』下，次，顯略所以。初，通明體量。」（二五八頁下）

〔一八〕**且指二百五十，以為持犯蹊徑**　資持卷中一上：「『且』下，別示兩數。初，明僧戒。蹊徑即小路。」（二五八頁下）鈔批卷一二：「小道曰蹊，大道曰逕。」（五八二頁下）

〔一九〕**尼有三百四十八戒，可得指此而為所防**　資持卷中一上：「戒是能防，過是所防。戒通過別，從別為言，故云所防。」（二五八頁下）鈔批卷一二：「謂豈得唯指三百四十八戒而防，須約萬境而防護也。言『可得』，由『豈得』也。」（五八二頁下）

〔二○〕**尼受戒法，略則五百，廣說八萬**　資持卷中一上：「彼云：略則八萬四千，廣則無量無邊。今對上，五百且以八萬為廣，望下無量還成略耳。既無數量，則知五百言非虛矣。」（二五八頁下）【案】智論卷一三，一六一頁下。

二、明所犯果報〔一〕

就中分二：初，料簡起業輕重〔二〕；二、引文證成來果。

【校釋】

〔一〕**明所犯果報**　鈔批卷一二：「前序中云：必先張『因果』，廣明『相號』，即約『因果』為二段文。『因』文已了，此下當第二正明『果』之相號也。」（五八二頁下）

〔二〕**起業輕重**　資持卷中一上：「『起業』者：欲明苦果，須考業因。況造業萬差，何由一揆？如下引經，墮獄年劫，且據制罪，一往以分。自有犯輕而報深，不妨犯重而報淺。須推能造所起不同，善惡報應絲毫不昧。是知，化制兩教，辨業天乖，制則從教重輕，化則論心濃薄。教唯指定，緣具則例入刑科；心既不常，動發則須分體性。因果既異，化制斯分，必昧宗途，未窮業本。故先料簡，委示來蒙。初文，前示業本，業無自性，必假緣生。緣雖眾多，不出心境。由境發毒，構造成業，境主外緣，毒從內發。故明起業，惟推三毒，毒從我生，我即妄計。即斯妄計是業之本，故名妄業。經云：一切業障海，皆從妄

想生。諦求妄本，畢竟無依。但是一心，隨緣不覺，以不覺故，硜然計我。由我起毒，因毒生業。業成感果，果全是苦。苦即生死，流浪出沒，造受更資。如是億劫，莫知所止。從本至末，就果推因，少識妄源，粗知苦本。」（二五八頁下）

初中

起業要託三毒而生〔一〕。然毒之所起，我心為本〔二〕。此義廣張，行人須識。如懺法中〔三〕，具明業相〔四〕。今略述起罪，必約三性而生〔五〕。受報淺深，竝由意業為本〔六〕。故明了論解云：破戒得罪，輕重不定。有重心破輕戒，得罪重〔七〕：無慚羞心，作無畏難〔八〕；或由見起，謂無因果〔九〕；或由不信生〔一〇〕，謂非佛制此戒〔一一〕；或不信破此戒得此報〔一二〕；或由疑生：「為定佛制，為非佛制？為定得報，不定得報？」若由如此心破，得罪便重；若不由如此心，偶爾破戒，重翻成輕〔一三〕。

今隨三性，具列罪相〔一四〕

一者，善心犯戒〔一五〕

謂如僧祇中，知事比丘闇於戒相，互用三寶物，隨所違者，竝波羅夷〔一六〕。或見他厭生〔一七〕，與其死具；看俗殺生，教令早與，勿使苦惱。此竝慈心造罪，而前境違重〔一八〕。不以無知，便開不犯。由是可學，皆結根本。即律文云：愚癡波羅夷，乃至吉羅亦爾〔一九〕。又如薩婆多云：年少比丘，不知戒相，塔上拔草，罪福俱得。

若論來報，受罪則輕。由本善念，更不增苦；不免地獄，由違受體〔二〇〕。若犯性戒，具受二罪〔二一〕，謂業道也，及以違制。若犯遮戒，如壞草木，但得一罪，以化教中本不制故，無情可惱〔二二〕。若後懺洗，復本清淨，不同犯性〔二三〕。廣如下智論中說〔二四〕。

二、不善心〔二五〕者

謂識知戒相，或復闇學，輕慢教網，毀訾佛語〔二六〕。如明了論述云，有四種麤惡意犯罪〔二七〕：一者濁重貪瞋癡心〔二八〕，二者不信業報，三者不惜所受戒，四者輕慢佛語。故心而造，則得重果〔二九〕。以此文證，由無慚愧，初無改悔，是不善心〔三〇〕。

故成論：害心殺蟻，重於慈心殺人〔三一〕。由根本業重，決定受報，縱懺墮罪，業道不除。如十誦，調達破僧〔三二〕，犯偷蘭已，佛令僧中

悔之，而於業道，尚墮阿鼻。故地獄經云〔三三〕：一作業定，二受果定〔三四〕，諸佛威神，所不能轉。廣如卷末〔三五〕陳說。

三、無記心犯〔三六〕者

謂元非攝護，隨流任性〔三七〕，意非善惡，汎爾而造。如比丘方坐，高談虛論，費時損業〔三八〕，縱放身口；或手足損傷草木地土，和僧媒娶，妄用僧物〔三九〕，長衣過限，非時入俗，手觸僧器，壞身口儀。如是眾例，竝通攝犯。唯除恒懷護持，誤忘而造，此非心使，不感來果〔四〇〕。非即如上〔四一〕。前為方便，後眠、醉、狂，遂成業果〔四二〕。通前結正，竝如論中〔四三〕「無記感報」。

問：「無記無業，云何有報〔四四〕？」答：「解有二：初言『感報』者，謂先有方便，後入無記，業成在無記心中，故言『感報』，而實無記、非記果〔四五〕也。二者，不感總報，非不別受〔四六〕。如經中〔四七〕，頭陀比丘不覺〔四八〕殺生，彼生命過，墮野豬中，山上舉石，即因崩下，還殺比丘。又如五百問中，知事誤觸〔四九〕淨器，作啖糞鬼〔五〇〕等。如成論中，睡眠成業，是無記業〔五一〕。」

問：「如前無記，有不犯者，其相如何〔五二〕？」答：「前已略明，今更廣示〔五三〕。謂學知戒相〔五四〕，善達持犯，心常兢厲〔五五〕，偶爾忘迷，由非意緣，故開不犯。如長衣過日忘不說淨，善攝根門便睡漏失，扶持木石失手殺人。如是等緣，竝非結限。反上所懷，竝結正犯〔五六〕。」

然則業苦縣積，生報莫窮〔五七〕，虛縱身口，汙染塵境〔五八〕。既無三善可附，唯加三惡苦輪〔五九〕。以此經生〔六〇〕，可為歎息。

【校釋】

〔一〕起業要託三毒而生　鈔科卷中一：「初，明起業之源。」（四五頁上）簡正卷九：「玄云：起業要因貪、嗔、痴、煩惱生故，云要犯（原注：『犯』鈔作『託』。）三毒而生也。如下懺法中具明。」（五五九頁上）【案】本自然段分四：初「起業」下；次「今略」下；三、「故明」下；四、「若由」下。

〔二〕然毒之所起，我心為本　鈔批卷一二：「由橫執妄我，故起三毒。若修無我觀成，毒不復起也。」（五八二頁下）

〔三〕如懺法中　鈔批卷一二：「下懺六聚中，廣明心業淺深之相也。」（五八二頁下）

〔四〕業相　簡正卷九：「指下懺六聚中云：由妄覆心，便結妄業，業有輕重，定、

不定別等。」（五五九頁上）

〔五〕今略述起罪，必約三性而生　資持卷中一上：「『今』下，次，正敘重輕。又二，初，示犯報分齊。上二句，明犯從心起，示因差也；下二句，明報約心分，示果異也。三性者，性即心體。心雖萬狀，論體唯三：二是有記，一號無記。然據善心，應受福報，由心愚癡，損境義一。業道制教，二俱有犯。但業有少輕，制還依教。意業謂能造之主，總上三性，但性據始起，業取已成。」（二五九頁上）鈔批卷一二：「謂起過之來（【案】『來』疑『業』。），隨緣萬別，統明因起，不過三性，謂善、惡、無記。此三能為起罪之因，故曰也。」（五八二頁下）

〔六〕受報淺深，竝由意業為本　簡正卷九：「就三業中，（五五九頁上）身、口獨不能成善惡，要假意成也。或由見起者，謂是邪見，撥無因果也。」（五五九下）鈔批卷一二：「說三業中，身口獨不能成善惡，要假意地成善、成惡。意有重輕故，便報有淺深等。故善生經云：一切摸盡（【案】『盡』疑『畫』。次二同。），無勝於意，意盡煩惱，煩惱盡業，業則盡身，故有好醜之別。」（五八二頁下）【案】優婆塞戒經卷七，一〇七一頁上。

〔七〕有重心破輕戒，得罪重　資持卷中一上：「『有』下，別釋。前明制輕業重，為三。」（二五九頁上）鈔批卷一二：「即如伊鉢羅龍。過去迦葉佛時，故壞伊蘭樹葉，死墮龍中，風動樹時，膿血流注。（五八二頁下）釋迦出世，未記脫時，令待彌勒佛出，汝可問也。」（五八三頁上）【案】資持言此處分三層，初本句，為總述。二、「無慚羞」下分述。三、「若由如」下，總結。伊鉢羅龍事，可參見增含卷四九，八一九頁上，及其他處。

〔八〕無慚羞心，作無畏難　資持卷中一上：「『無』下，列相為四。初二句，無慚心。無畏難者，釋無慚相。」（二五九頁上）

〔九〕或由見起，謂無因果　資持卷中一上：「次二句，邪見心。」（二五九頁上）鈔批卷一二：「謂五見之中，此屬邪見，撥無因果。」（五八三頁上）

〔一〇〕或由不信生　資持卷中一上：「『或』下四（【案】『四』疑『三』。）句，不信心。又二：一不信聖教，二不信果報。」（二五九頁上）

〔一一〕謂非佛制此戒　簡正卷九：「玄云：智論中毀假。若言非佛說，但諸耶（【案】『耶』疑『邪』。）見多又卒人說者是也。」（五五九頁下）

〔一二〕不信破此戒得此報　簡正卷九：「謂不信壞此樹葉，得罪故重。了疏云：若不信是佛制，及破戒有報；或由痴生，謂非是佛制，及破戒感此報，即重也。」

（五五九頁下）

〔一三〕若不由如此心，偶爾破戒，重翻成輕　資持卷中一上：「次，『若不』下，明制
重業輕，反上四心。」（二五九頁上）

〔一四〕今隨三性，具列罪相　鈔科卷中一：「『今』下，約三性示相。」（四五頁上）
簡正卷九：「約三性，并犯戒輕重也。」（五五九頁下）資持卷中一上：「三性
者，心之總相，重輕篇聚，無出此三，對境造作，隨前事別。又，不善心，可
通一切；善、無記心，或有不通。如婬、妄、漏失、媒、麤、毀、兩之類。」
（二五九頁上）

〔一五〕善心犯戒　資持卷中一上：「雖非麤惡，然是無知，結業乃輕，違制無別。」
（二五九頁上）【案】「善心」犯戒，文分為二：初，「謂如」下；次，「若論來」
下。初又分二：「謂如僧」下；二、「又如薩」下。

〔一六〕謂如僧祇中，知事比丘闇於戒相，互用三寶物，隨所違者，竝波羅夷　鈔科
卷中一：「初，別明心相（二）：初，犯性；二、『又』下，犯遮。」（四五頁
下）資持卷中一上：「初明好心犯盜。」（二五九頁上）【案】僧祇卷三，二五
一頁下。

〔一七〕或見他厭生　資持卷中一上：「『或』下，次明慈心犯殺，並見下戒。」（二五
九頁上）【案】僧祇卷四，二五六頁下。

〔一八〕此竝慈心造罪，而前境違重　鈔批卷一二：「立明：由殺前生，夫是眾生，皆
惜身命。今若殺者，違前所殺境之心得重罪，故言前境違重也。勝云：前境是
人，具緣違教得重，故曰前境違重也。」（五八三頁上）簡正卷九：「謂前境是
人，具緣違教，故重也。」（五五九頁下）

〔一九〕即律文云：愚癡波羅夷，乃至吉羅亦爾　資持卷中一上：「『即』下，引證。
『殘』下諸聚，並加愚癡，故云『乃至』等。」（二五九頁上）【案】四分卷五
九，一〇〇四頁下。

〔二〇〕由本善念，更不增苦，不免地獄，由違受體　資持卷中一上：「『由』下，釋報
輕。上二句明酬本業，下二句明酬違制。」（二五九頁上）

〔二一〕若犯性戒，具受二罪　資持卷中一上：「輕重中，二。初，明性戒雙犯。」（二
五九頁上）

〔二二〕若犯遮戒，如壞草木，但得一罪，以化教中本不制故，無情可惱　資持卷中一
上：「『若』下，明遮戒，單犯又三。初，正明。『以』下，釋所以。」（二五九
頁上）

〔二三〕**若後懺洗，復本清淨，不同犯性**　資持卷中一上：「『若』下，示懺淨。上明懺遮。『不』下，簡懺性。篇聚雖懺，業道不亡。」（二五九頁上）

〔二四〕**廣如下智論中說**　鈔批卷一二：「下懺六聚中云，大論云：戒律雖微細，懺則清淨。犯十善戒，雖（【案】智論為『雖雖復懺悔』。）三惡罪不除。如比丘殺畜，業報在。三心之中，解善心義竟。」（五八三頁上）簡正卷九：「指頭陀比丘煞畜因緣也。」（五五九頁下）【案】智論卷四六，三五九頁下。

〔二五〕**不善心**　資持卷中一上：「謂貪、瞋、癡三毒所起，單複等分，鼓發七支故。」（二五九頁上）

〔二六〕**謂識知戒相，或復闇學，輕慢教網，毀訾佛語**　鈔科卷中一：「初，正明心相。」（四五頁下）資持卷中一上：「初，通敘。上二句，別舉犯人，學不學故；下二句，合明心相。」（二五九頁中）簡正卷九：「識智教相，是學教人，或復暗學，是不學教人。」（五五九頁下）

〔二七〕**有四種麤惡意犯罪**　資持卷中一上：「初是總相，攝一切故。濁重難顯，且約三時，無悔名上品心。下三別相，開癡心故。二是邪見心，三即放逸心，四即憍慢心。」（二五九頁中）【案】「意」，大正藏本為「言」。

〔二八〕**濁重貪瞋癡心**　簡正卷九：「謂因（原注：『因』疑『故』。）執不可迴轉，是決微之心，不信惡因招於惡果等。」（五五九頁下）【案】底本無「心」，據大正藏本、敦煌甲本、敦煌乙本、敦煌丙本、敦煌丁本及弘一校注加。

〔二九〕**故心而造，則得重果**　資持卷中一上：「『故』下二句，總示業報。」（二五九頁上）

〔三〇〕**以此文證，由無慚愧，初無改悔，是不善心**　資持卷中一上：「『以』下，鈔家結示。無慚無悔，即是不善。始終二心，該前四種，一一相兼。初，無者，古記云：『初』猶『都』也。雖不出字書，借訓顯義，從古無妨。」（二五九頁中）鈔批卷一二：「若有慚愧，不名惡心。今言惡心犯戒，由無慚愧故也。即涅槃云：有慚愧者，罪則非有；無慚愧者，罪則非無是也。羞於天者曰慚，羞於人者曰愧。亦云：羞自曰慚，羞他曰愧。」（五八三頁上）

〔三一〕**害心殺蟻，重於慈心殺人**　資持卷中一上：「引成論證業隨心重。約制則蟻輕人重，篇聚定故；就業則蟻重人輕，心行別故。」（二五九頁中）

〔三二〕**調達破僧**　資持卷中一上：「『如』下，次引十誦，轉證懺業不亡。調達，具云提婆達多，此翻『天熱』，是佛堂弟，阿難兄也。破僧犯蘭，制教罪也。逆業最重，故墮阿鼻一劫。」（二五九頁中）標釋卷七：「提婆達多，略言調達，或

云提波達兜。提婆，此云『天』；達多，此云『授』，亦云『與』，又云『施』，
三義皆一。謂父母從天乞子，天授與之，故名『天授』。或翻為『天熱』。以其
生時，人天等眾，心皆驚熱。是佛堂弟，阿難親兄，出家誦通六萬法聚，學滿
十二韋陀書。十二遊經云：調達身長一丈五尺四寸。」（五〇七頁上）

〔三三〕地獄經　資持卷中一上：「『轉證悔已墮獄。亦名地獄報應經。』」（三五九頁中）

〔三四〕一作業定，二受果定　資持卷中一上：「業定不定，但約三時，具闕分異。三
時具者，則為定業。定有二義，如文列之。不定亦二，反明可解。」（二五九
頁中）鈔批卷一二：「此是善生經也。案彼經云，業有四種：一者，時定、果
報不定；二者，報定、時不必定；三、時與果報俱定；四者，時果二俱不定。
時定者，所謂現在，次生後世，若時不定，果報不定，是業可轉。若果報定，
應後受者，是業可轉，現世受之。何以故？（五八三頁上）善心智慧，因緣力
故。惡果定者，亦可轉輕。何因緣故，名果報定？常作無悔故，專心作故，樂
喜作故，立誓願故，作已歡喜故，是業得果報定。除是業外，悉名不定，無生
行業，有輕有重，有遠有近，隨其因緣，先後受之。如修身戒、心慧，是人能
轉重業為輕，輕者不受。若遭福田，遇善知識，修道修善，是人能轉後世重
罪，現世輕受。若人具有欲界諸業，得阿那含乃至羅漢，能轉後業，現在受之
也。有云：若定業者，佛亦不免，即如調達推山押佛。時有迸石，方四十里，
隨逐世尊，處處走避。天上人間，悉隨不捨，乃至傷足跌而出。佛說偈曰：非
空非海中，非在山石間，無有地方所，脫之不受業等（云云）。以調達等三个
釋子，報得力故，能舉四十里石：一、佛，二、調達，三、阿難也。阿難為有
此力，常持佛石鉢，不以為重。准摩耶經：調達使鬼捧大石，欲害於如來，則
非自報力也。今詳佛是圓德，何惡不盡，亦有業報，以誘眾生。大乘經中，皆
言示現，我觀人天，無有能破和合僧者。」（五八三頁下）【案】鈔批中引佛說
偈句，文字有幾種不同。參見佛本行集經卷五〇、增壹阿含經卷二三、十誦律
卷三六等。「示現」之句，可見北本涅槃卷四，三八九頁中。

〔三五〕卷末　資持卷中一上：「即懺篇中。」（二五九頁中）

〔三六〕無記心犯　鈔批卷一二：「多論第十三云：無記語者，不修三業，（五八三頁
下）食已而眠，眠起洗浴，共論世間無記之語，令身肥壯者是也。」（五八四
頁上）資持卷中一上：「無記多別：一、無情局無記，有情通三性；二、就情
中，報色是無記，心則通三性；三、就心中，三心局無記，行心通三性。下明
二種：初，縱放者，謂泛爾無記；次，約睡狂，即昏迷無記。」（二五九頁中）

【案】「無記心」犯戒，文分二：初「謂元非」下；次「問無記」下。初又分二：初，「謂元非」下；次，「非即如」下。

〔三七〕謂元非攝護，隨流任性　鈔科卷中一：「初，約縱放成業。」（四六頁中、四五頁下）【案】「謂元非」下分二：初，「謂元」下釋心相；二、「如比丘」下列舉。

〔三八〕如比丘方坐、高談虛論，費時損業　資持卷中一上：「『如』下，次列犯事。別舉諸戒，臨文自對。高談費時者，律制行來俯仰，常爾一心，違皆犯吉，故方大也。」（二五九頁下）

〔三九〕妄用僧物　鈔批卷一二：「立謂：屬上媒嫁淨人也。將僧財，供給婚具。所以屬無記者，謂前有方便，及至和僧之時，不分別善惡，但無記心，和僧而作也。」（五八四頁上）

〔四〇〕唯除恒懷護持，誤忘而造，此非心使，不感來果　資持卷中一上：「上明不學制犯。『唯』下，簡勤學開迷。」（二五九頁中）

〔四一〕非即如上　鈔科卷中一：「『非』下，約睡狂成業。」（四六頁下）鈔批卷一二：「立謂：此是恒懷謹護，偶爾而犯，屬無記也。不同上文，散亂不攝。及有方便，如前媒嫁淨人，非時入俗等，並先有方便業成。雖是無記，亦亦結罪。」（五八四頁上）簡正卷九：「謂簡異也，無記雖同，此恒懷護持之人，忘悮而造，不即如上。無非攝護之人作，即結業也。玄又解：上雖明其忘悮無業，未明所作，何非鈔不更別之明之？故指所作之非，即如上也。即鈔文中，（五五九頁下）『如比丘』下，並是非相，前為方便，令後無記心中成其業也。」（五六〇頁上）

〔四二〕前為方便，後眠、醉、狂，遂成業果　資持卷中一上：「指前列相未盡，即猶止也。」（二五九頁中）資持卷中一上：「前方便者，或自作犯。如初睡時，作漏失意，或教他犯，如殺盜等；或自業相成犯，如自安殺具等。若據果成，雖在無記，由假方便，（二五九頁中）故云通前等。」（二五九頁下）

〔四三〕如論中　鈔批卷一二：「立云：即下成實論也。」（五八四頁上）

〔四四〕無記無業，云何有報　簡正卷九：「問意道：夫云無記者，善惡性中，無可記莂，號為無記。無記不成業，何得當來受報？若有果報，明知無記，無來結業也。」（五六〇頁上）

〔四五〕實無記、非記果　資持卷中一上：「先約方便釋，即上睡、狂、無記也。初，明因前故感報。『而』下，明正成則非報。」（二五九頁下）鈔批卷一二：「而

實無記非記果者，謂當來還感無記之報也。又解云：非記果也者，明我雖先有方便，方便之時是有記，及至正作罪時，即入無記。諮此正作之時為果，故曰非記果也。」（五八四頁上）簡正卷九：「非記果者，謂此果通無記心中成，不是無記心中得此果也，故云非記果也。謂非善惡名，為無記。若眠睡時，亦名無記。然與作善惡稍別，名前作方便，後入無記，通所結業。若無方便，直入夢眠中起者，即應無業故。成論云：夢起劣弱，不能結業也。故知：夢眠不成業果也。」（五六〇頁上）

〔四六〕**不感總報，非不別受** 資持卷中一上：「約『總別兩報』釋，此義通前兩種無記。『總報』謂地獄總受。『別報』謂餘趣別受。」（二五九頁下）簡正卷九：「三途名為『總報』也。」（五六〇頁上）鈔批卷一二：「立云：地獄名『總報』，業道名『別報』。若准唯識論中，『總報』謂是今一報身也，『別報』謂後身也。然諸教中，多明三報：一、現報；二、生；三、後。言現報者。如昔一人，入山覓薪，遇寒失道，值見一羆一（【案】『一』疑剩。）將至穴中，以身抱之，奭觸得蘇。出外求食，將還飴之。逕於七日，然後辭去。昔畜解語，與人無異。其人臨去，（五八四頁上）辭熊曰：『蒙鄉救護，甚生慚愧，汝求何願？』熊曰：『我無餘願，願汝出外，護我身命。』答曰：『諾。』言已辭去。下山見二獵師，相慰問已，示其熊處，獵者往取，喚其相隨。其人不骨，羞見熊，故但示處所，須臾殺已，擔出。其人住，待擬索肉分。即作三分，二分與二獵者，一分過與覓此等人。舉手欲取，兩手一時墮地，此名『現報』。又，昔有黃門，見人駈五百頭牛，擬刑其勢，令牛身大。黃門見之，將錢盡贖牛，得免苦。黃門當日男根忽生，此亦『現報』。言生報者，捨此身已，入地獄也。後報者，從地獄出，墮畜生身，千生萬生，或復為人，諸根不具，邊地難處，怨家相對是也。」（五八四頁下）【案】婆沙卷一一四，五九二頁中。

〔四七〕**如經中** 簡正卷九：「即頭陀經也。」（五六〇頁上）資持卷中一上：「『如』下，引證有三。前二證上縱放，後一證上睡狂。如經者，未詳何經。（有指十二頭陀經，彼文不出。）」（二五九頁下）

〔四八〕**不覺** 資持卷中一上：「不覺是無記心。」（二五九頁下）

〔四九〕**誤觸** 資持卷中一上：「誤觸即無記心。」（二五九頁下）

〔五〇〕**糞鬼** 鈔批卷一二：「案五百問云，昔有比丘為僧知事，手指挃器物，言取是用是，因爾不懺，死墮餓鬼。時有一羅漢，夜上廁，呻喚聲。問其所由，云：

『先於寺中為僧執事，持不淨食與眾僧，故墮餓鬼。』問：『何以呻喚聲？』
答：『飢極欲死，兼őng蟲噉，身痛故爾，意欲食糞，而不能得。以諸餓鬼排推，
不能得前。』羅漢言：『我知奈何？』鬼言：『為我呪願。』羅漢即還，向僧說。
眾僧為呪願已，便得食糞，不復呻喚。（下文更廣說此緣。）」（五八四頁下）
【案】五百問卷上，九七九頁中。

〔五一〕**睡眠成業，是無記業**　鈔批卷一二：「立明：先作方便，後正眠時業成，名無
記業。」（五八五頁上）資持卷中一上：「如夢漏失五吉之類，教人自業，如上
所明。」（二五九頁下）簡正卷九：「此證前業無記心中成也。此據前有方便說
故。」（五六〇頁下）

〔五二〕**如前無記，有不犯者，其相如何**　鈔科卷中一：「二問無記不犯。」（四六頁
下）資持卷中一上：「次問中，徵前開忘。」（二五九頁下）

〔五三〕**前已略明，今更廣示**　簡正卷九：「謂指前文云『唯除恒壞（【案】『壞』疑
『懷』。）護持，忘悮而吉（【案】『吉』疑『造』。）』。若是此吉心，即不成
業。」（五六〇頁下）

〔五四〕**謂學知戒相**　資持卷中一上：「『初，敘學人。」（二五九頁下）

〔五五〕**兢厲**　簡正卷九：「兢（『尼愎』反）勵者，悚懼也，亦是敬順之貌。真諦云：
譬如茅草，急縱而拔之即斷。若寬執而拔，又損手。今亦如然，受戒急護，便
得解脫。若寬慢護，即傷法身之手也。」（五六〇頁下）【案】「兢」，底本為
「競」，據大正藏本、敦煌甲本、敦煌乙本、敦煌丙本、敦煌丁本及簡正釋文、
弘一校注改。

〔五六〕**反上所懷，竝結正犯**　資持卷中一上：「『反上』，謂非學人，翻對可解。」（二
五九頁下）

〔五七〕**然則業苦緜積，生報莫窮**　鈔科卷中一：「『然』下，結示傷歎。」（四五頁上）
資持卷中一上：「初二句，示生死長久。『業苦』通舉因果，『緜』謂出沒久遠，
『積』謂造受眾多，『生報』別示苦果。窮，盡也。」（二五九頁下）鈔批卷一
二：「緜，由遠也。濟云：生報者，謂是入地獄也。從地獄出受餘畜等，名後
報也。若犯四重、五逆，必入無間地獄，故由（原注：『由』疑『曰』。）緜積
莫窮。言無間者，謂常苦相續，無有間隔故。成實私頌曰：『無間有五種：果
苦時命形。』一、趣果無間，捨身生報故。二、受苦無間，中無樂故。三、時
無間，如犯一逆定一劫故。四、命無間，中不絕故。五、形間（【案】『間』前
疑脫『無』字。），如阿鼻縱廣八萬由旬，一人多人，皆遍滿故，不相障礙。

業力（原注：插入『力』字。）不可思議（原注：插入『議』字。），此綿積義也。」（五八五頁上）簡正卷九：「綿積者，綿，遠也。謂受苦時長也。生報莫窮者，謂犯多罪，生生受報，無有休息，故曰莫窮沉輪。報義，總有四種：一、現報，二、生報，三、後報，四、不定報。言現報者，現在作善作惡，現身受報。生報者，此生作善作惡，來生受報。玄曰：捨此身已，次生即受，更不隔生。後報者，從地獄出，墮畜生身；或得為人，諸根不具，皆後報也。不定者，過緣不受等。」（五六〇頁下）

〔五八〕虛縱身口，汙染塵境　資持卷中一上：「『虛』下，嗟毀犯陷墜，隨妄興業，故云虛縱。」（二五九頁下）

〔五九〕既無三善可附，唯加三惡苦輪　資持卷中一上：「無三善者，多惡因也。加三惡者，無善果也。附，憑也。加，增也。」（二五九頁下）鈔批卷一二：「斷貪等三，名為三善。今不斷此，故曰三惡。由此三毒，招於三道：貪招地獄，嗔招餓鬼，痴招畜生。即此三道，受苦無際，故喻於輪。亦可取其生死不盡，喻輪常轉也。」（五八五頁上）簡正卷九：「無貪、嗔、痴，名為三善。反此為三惡，即受地獄、餓鬼、畜生。無有盡時，故云輪也。」（五六〇頁下）

〔六〇〕經生　資持卷中一上：「『以』下正歎。『經生』猶度世也。」（二五九頁下）

二、引證誡報

如目連問罪報經云：若比丘、比丘尼，無慚愧心，輕慢佛語，犯突吉羅眾學戒罪〔一〕：如四天王，壽五百歲，墮泥犁中〔二〕，於人間數，九百千歲〔三〕；第二波羅提提舍尼〔四〕：如三十三天，壽命千歲，於人間數，三億六十千歲，墮地獄中；第三波逸提〔五〕者：如夜摩天，壽二千歲，於人間數，二十一億四十千歲；第四偷蘭遮〔六〕：如兜率天，壽四千歲，於人間數，五十億六十千歲；第五僧伽婆尸沙罪〔七〕：如不憍樂天壽八千歲，於人間數，二百三十億四十千歲；第六犯波羅夷罪〔八〕：如他化自在天，壽十六千歲，墮泥犁中，於人間數，九百二十一億六十千歲。涅槃中，犯突吉羅罪〔九〕：如忉利天，日月歲數八百萬歲，墮地獄中。與上經文不同者，此謂數有大小，即萬萬為億之量〔一〇〕也。

自上引經，竝是佛說正翻，非謂失譯、疑、偽〔一一〕。勿得縱心罪境，曾不反知〔一二〕。一犯尚入刑科，多犯理須長劫〔一三〕。

今時不知教者，多自毀傷云〔一四〕：「此戒律所禁止，是聲聞之法，於我大乘，棄同糞土。猶如黃葉〔一五〕、木牛、木馬，誑止小兒。此戒法

亦復如是，誑汝聲聞子也。」

原夫大小二乘，理無分隔〔一六〕，對機設藥，除病為先〔一七〕。故鹿野初唱〔一八〕，本為聲聞，八萬諸天，便發大道〔一九〕；雙林告滅〔二〇〕，終顯佛性，而有聽眾，果成羅漢。以此推之，悟解在心，不唯教旨〔二一〕也。

故世尊處世，深達物機。凡所施為，必以威儀為主〔二二〕。但由身口所發，事在戒防〔二三〕，三毒勃興〔二四〕，要由心使〔二五〕。今先以戒捉〔二六〕，次以定縛，後以慧殺，理次然乎！今有不肖之人〔二七〕，不知己身位地，妄自安託，云是大乘〔二八〕，輕弄真經〔二九〕，自重我教〔三〇〕。即勝鬘經說：毗尼者，即大乘學〔三一〕。智論云：八十部〔三二〕者，即尸波羅蜜〔三三〕。如此經論，不入其耳〔三四〕，豈不為悲！

故摩耶經云：若年少比丘，親於眾中，毀訾毗尼，當知是為法滅之相。涅槃又云，若言如來說突吉羅，如上歲數入地獄者，並是如來方便怖人〔三五〕。如是說者，當知決定是魔經律，非佛所說。以此文證，如來懸知未來有此，故先說示，以定邪正，不令有濫。而有同前輩黨，可謂即是魔民。

又遺教等經〔三六〕，並指毗尼以為大師，「若我在世，無異此也」。而故違逆，自陷深殃〔三七〕。

故百喻經云：昔有一師，畜二弟子，各當一腳，隨時按摩〔三八〕。其大弟子〔三九〕，嫌彼小者，便打折其所當之腳；彼又嫌之〔四〇〕，又折大者所當之腳。譬今方等學者非於小乘〔四一〕，小乘學者又非方等。故使大聖法典，二〔四二〕途兼亡。以此證知，今自目覩。

且菩薩設教，通道濟俗，有緣而作，不染其風〔四三〕。初心大士，同聲聞律儀〔四四〕，護譏嫌戒，性重無別。即涅槃經中，羅剎乞微塵浮囊〔四五〕，菩薩不與，譬護突吉羅戒也。又智論云：出家菩薩守護戒故，不畜財物〔四六〕，以戒之功德，勝於布施；如我不殺，則施一切眾生之命等〔四七〕。以此文證，今濫學大乘者，行非可采，言過其實〔四八〕，恥己毀犯，謬自褒揚〔四九〕。余曾語云：「戒是小法，可宜捨之，」便即不肯；「可宜持之」，又復不肯。豈非與煩惱合〔五〇〕？卒難諫諭，又可悲乎！

今僧尼等，並順聖教，依法受戒，理須護持，此則成受〔五一〕。若元

無護，雖受不成。故薩婆多云：無慇重心，不發無作。

縱使成受，形儀可觀〔五二〕，佛法住持，理須同護。今時剃髮染衣、四僧羯磨、伽藍置設、訓導道俗〔五三〕，凡所施為，無非戒律〔五四〕。若生善受利〔五五〕，須身秉御之處，口云「我應為之」；若汙戒起非，違犯教網之處，便云「我是大乘，不關小教」。故佛藏立鳥鼠比丘之喻〔五六〕、驢披師子之皮〔五七〕。廣毀譏訶，何俟陳顯〔五八〕。

恐後無知初學，為彼塵蒙〔五九〕，故曲引張，猶恐同染〔六〇〕。悲夫！

【校釋】

〔一〕若比丘比丘尼，無慚愧心，輕慢佛語，犯突吉羅眾學戒罪　資持卷中一上：「初，標犯人。據下三眾，皆犯吉羅，罪報同僧。今約通該六聚，故但舉二眾耳。『無慚』下，示犯心。然果報隨心，延促不定。或濁重邪見，縱犯輕罪，何止此數？或慚愧慈心，雖犯重愆，未必如數。準知，經中且據一相，故約無慚輕慢，以定來果不差。必具此心，則定如歲數矣。上四句準經，貫下六聚。『犯』下列相，經中通云（二五九頁下）墮獄。準雜心，別對六獄。」（二六〇頁上）

〔二〕四天王，壽五百歲，墮泥犁中　資持卷中一上：「『泥犁』，即是獄名，此翻『無去處』。初吉羅中，四天王宮與日月齊，在須彌峰半腹。墮泥犁者，即『等活地獄』，天五百歲，為獄一晝夜。」（二六〇頁上）鈔批卷一二：「四天王天，一日一夜當人間五十年者，亮云：且連問經中，可呵三億六十歲，吉羅九百千者。此中有妨，吉合數少，令（【案】『令』疑『今』。）卻多也。既言九百千，乃當九億，九億豈不多於三億耶？今欲會通，此言九百千，乃存小數，前言三億，即存大數，即萬萬為億也。由存大數，故數少也。今應將吉九百千歲（五八五頁上）作大數計之，則少前可呵三億也。」（五八五頁下）

〔三〕於人間數九百千歲　簡正卷九：「寶云：若依實筭，合是九百萬。謂人間一萬八千年，為彼天一年。彼五百，今一萬八千年，便是九百萬歲。今云九百千者，疑是譯家筆慢也。或依玄記云：存於小數，由來大數合之。」（五六一頁上）資持卷中一上：「天五百歲為獄一晝夜，人間九百千者，以人間五十年為天一日，一千五百年為一月，一萬八千年為一年，十八萬年為十年，一百八十萬年為百年，九百萬年為五百年。（上約小數，若用大數，十萬為千，合云九十千。竊疑經誤。）」（二六〇頁上）

〔四〕波羅提提舍尼　資持卷中一上：「三十三天在須彌頂，此墮『黑繩地獄』。彼天

千歲為獄一晝夜。（下皆準此）。人間數者，人間一百年為天一日，三千年為一月，三萬六千年為一年，三十六萬年為十年，三百六十萬年為百年，三千六百萬年為千歲。（亦準大數，千萬為億，故以三千萬為三億。十萬為千，故將六百萬為六十千也。）」（二六〇頁上）

〔五〕波逸提　資持卷中一上：「波逸提（【案】『提』後疑脫『墮』字。）夜摩及後三天並依空住，通前即欲界六天也，此墮『眾合地獄』。人間二百年為天一日，六千年為一月，七萬二千年為一年，七十二萬年為十年，七百二十萬年為百年，七千二百萬年為千年，十四千四百萬年為二千歲。（千萬為億，成十四億，十萬為千，成四十千。檢經本作二十四億，『一』字錯，合作『四』字。鈔云『二十一』者，據算甚差，必應傳誤矣。）」（二六〇頁上）

〔六〕偷蘭遮　資持卷中一上：「偷蘭遮墮『嗥叫地獄』。人間四百年為天一日，萬二千年為一月，十四萬四千年為一年，一百四十四萬年為十年，一千四百四十萬年為百年，十四千四百萬年為千年，二十八千八百萬年為二千歲，五十七千六百萬年為四千歲。（千萬為億成五十七億，十萬為千成六十千。鈔與經文皆云五十億者，脫『七』字耳。）」（二六〇頁中）

〔七〕僧伽婆尸沙罪　資持卷中一上：「僧殘墮『大叫地獄』。人間八百年為天一日，二萬四千年為一月，二十八萬八千年為一年，二百八十八萬年為十年，二千八百八十萬年為百年，二十八千八百萬年為一千年，八箇二十（二六〇頁上）八千萬即二百二十四千萬，八箇八百萬為六千四百萬，共計二百三十千四百萬為八千歲。（大數以論，即二百三十億四十千歲。經本作三十千歲，字誤。）」（二六〇頁中）

〔八〕波羅夷罪　資持卷中一上：「波羅夷墮『焰熱地獄』。一晝夜，人間一千六百年為天一日，四萬八千年為一月，五十七萬六千年為一年，五百七十六萬年為十年，五千七百六十萬年為百年，五十七千六百萬年為千年，五百七十六千萬年為十千歲，三百四十五千六百萬年為六千歲，共計九百二十一千六百萬年為十六千歲。（大數而論，如鈔所合。）」（二六〇頁中）

〔九〕涅槃中，犯突吉羅罪　鈔科卷中之一：「引涅槃經會不同。」（四六頁中）資持卷中一上：「初，引經。忉利天即三十三天，日月歲數，亦約人間計之，與下通會。俗中算數，十十為百，十百為千，十千為萬，十萬為億，十億為兆。（此為小數。）或以百百為千，千千為萬，萬萬為億等，（此為大數。）前經據其大數，涅槃從小數，然二經對天不同，九百八百之異，未可和會。」（二六〇

頁中）簡正卷九：「數有大小，鈔會上經文不同也。寶云：目連經如下天九百是少，涅槃經如刀利天八百萬是多。如何和會？」（五六一頁上）

〔一〇〕**此謂數有大小，即萬萬為億之量**　簡正卷九：「『此謂』已下，鈔文和會也。涅槃經存小數，目連經存大數也。所言小數者，名苑云：十十為百，十百為千，十千為萬，十萬為億，十億曰兆，十兆為涼（原注：『涼』疑『京』。次同。），十涼為說，十說為壤，十壤為溝，十溝為澗，十澗為一正，十正為載。（此並是小數）。大數者，皇帝筭經云：有上、中、下。下數十萬為億，中數百萬為億，上數萬萬為億曰兆，萬萬億兆曰京，萬萬京為說，乃至載等。」（五六一頁上）【案】「和會」，即綜合、理順、協調上述數據，以使諸經論所說能夠自洽。

〔一一〕**竝是佛說正翻，非謂失譯、疑、偽**　鈔科卷中之一：「『自』下，指經勸信。」（四六頁上）簡正卷九：「勸信護持也。」（五六一頁上）鈔批卷一二：「實是正經，但失卻譯目，故曰失譯。言疑偽者，經目中有疑經，有偽經。偽者，謂人造也。疑經通真偽，但無譯目者，入疑經故。謂既不見目，經文似真疑偽。真偽不決，故曰疑經。」（五八五頁下）

〔一二〕**勿得縱心罪境，曾不反知**　資持卷中一上：「『勿』下，正勸。不反知者，謂不省己過。」（二六〇頁中）

〔一三〕**一犯尚入刑科，多犯理須長劫**　資持卷中一上：「刑科，謂六獄受苦。長劫者，智論云：如大城方四千里，滿中芥子，有長壽仙百年取一，芥城雖空，劫猶未盡。又，方四千里石，百年一拂，石雖摩盡，劫亦未盡。此喻時劫不可窮也。」（二六〇頁中）

〔一四〕**今時不知教者，多自毀傷云**　鈔科卷中之一：「『今』下，廣斥愚教。初，敘倚濫毀傷。」（四六頁上～中）資持卷中一上：「上句示其愚暗。自毀者，身為佛子，反毀佛教故。又自身棄戒，反毀戒律。」（二六〇頁中）

〔一五〕**黃葉**　資持卷中一上：「黃葉等，此明倚濫，即佛經中有此言故。涅槃云：嬰兒啼哭之時，（喻小機也。）父母即以楊樹黃葉而語之言：『莫啼，我與汝金。』（喻如來施權也。）嬰兒見已，生真金想，便止不啼。（謂得涅槃。）然此楊葉實非金也。（非大涅槃。）木牛、木馬、木男、木女、嬰兒，見已亦復生於男女等想。（喻亦同上。）此明如來追述爾前施小之意，至涅槃時，決了權疑，同歸常住，寧復有小耶？此所謂不知教也。」（二六〇頁下）【案】北本涅槃卷二〇，四八五頁下。

〔一六〕原夫大小二乘，理無分隔　鈔科卷中之一：「『原』下，約理正破。初，教逐機分。」（四六頁中～下）資持卷中一上：「初二句，敘教本融。若據大小，理教實異。今約從本施出，或約開會有歸，故云無分隔耳。」（二六〇頁下）【案】「原夫」下約理列八，如鈔科所示。

〔一七〕對機設藥，除病為先　資持卷中一上：「『對』下，明因機故異。」（二六〇頁下）

〔一八〕故鹿野初唱　鈔科卷中之一：「『故』下，三學次第。」（四六頁下）資持卷中一上：「『故』下，引證。初證，說小悟大，即無量義經。彼云：善男子初說，（鹿苑）中說（方等般若；）今說，（即當經也。）文詞是一而義別異。義異故，眾生解異；解異故，得道亦異。善男子，初說四諦，為求聲聞，人天八億諸天來下聽法發菩提心。（此證，前義鈔作八萬。）」（二六〇頁下）鈔批卷一二：「佛初成道，在波羅奈仙人鹿野苑中，為拘隣等五人說四諦法。爾時，有八萬諸天發菩提心，故言大道。」（五八五頁下）簡正卷九：「玄云：具足應云『波羅佚斯柯』，舊云『波羅余』（原注：『余』疑『奈』。）。若翻此言，則有多種：或仙人墮處，或名施鹿林，亦名仙人苑，亦號鹿苑等。」（五六二頁上）【案】智論卷一六，一七八頁中～下。

〔一九〕八萬諸天，便發大道　資持卷中一上：「次說方等般若菩薩修行，而百千比丘、無量人天，得須陀洹等。（此同後文。）」（二六〇頁下）

〔二〇〕雙林告滅　資持卷中一上：「『雙』下，證說大悟小。即涅槃云：須跋陀羅聞佛說大涅槃甚深妙法，得法眼淨，乃至漏盡得阿羅漢果等。」（二六〇頁下）簡正卷九：「雙林者，諸經論云：呴尸那城西門外有一大河，梵名『河利跋提河』，（五六二頁上）此云『金河』。中有金故，從事彰名也。如來在日，多向此河邊說法，涅槃已後，息唱金河。河喻生死也，水喻煩惱也，金喻涅槃也。佛於此涅槃，以表生死河中有大涅槃故。其雙樹在此河西岸，八隻四雙。佛入滅時，四雙變白，以表示涅槃，四雙常清，以表示常樂我淨。告滅者，謂佛於此處，首北面西，背東足南，右脇而臥，入涅槃也。背東者，東主春，能生成萬物。佛既與眾生緣盡，表不榮感也。面西者，西主秋，秋是萬物將藏之時，表佛於一切眾生，合得度者皆已度訖，未度者已作得度之因。首北者，北表冬，是四時之未（原注：『未』疑『末』。），寂靜之義。佛化緣既畢，入於寂靜涅槃也。右脇臥者，右是一切作務時用之，先以表佛於眾緣盡休作務也。謂如來當此雙林，告滅之時，本為顯於『常樂我淨』大乘圓頓之教。此時須跋陀羅等

十仙道，但證小乘無學之果也。」（五六二頁下）

〔二一〕**以此推之，悟解在心，不唯教旨**　資持卷中一上：「『以』下，準經顯意。此謂如來一音演法，眾生隨類得解。然此但望言教是一，至於佛意，不無密赴，故使隨類得益也。此明不以所學，即判大小。但達其大者，一切歸大，何妨學律！志之小者，所為皆小，徒自窮經。故曰在心不唯教也。」（二六〇頁下）

〔二二〕**凡所施為，必以威儀為主**　鈔科卷中之一：「『故』下，如來懸記。」（四六頁下）資持卷中一上：「施為者，通語一期，化物軌度。威儀即目戒學。主，猶尊也。」（二六〇頁下）

〔二三〕**但由身口所發，事在戒防**　資持卷中一上：「『但』下，出所以。初，明對病。身口即業。」（二六〇頁下）

〔二四〕**三毒勃興**　簡正卷九：「謂明此三心能害人善根、慧命，故稱毒。鈔中，『勃』字，『蒲沒』反，廣雅中訓『盛』也。」（五六二頁下）鈔批卷一二：「明此三心，能害人善根慧命，故稱毒也。雜集論中自有多名：或名『三株杌』，對治道犁，（五八五頁下）難可壞故。或名『熾然』，瑜伽云『如大熱病，故名熾然』，謂熱勢增盛，燒惱身心。（此約當體燒惱，故名熾然。）雜集云：由依貪嗔痴故，廣為非法，貪大火所燒。（此約貪等熾然，從果為名也。）或名『三垢』者，以能污染淨菩提故。言教者，博疋云『盛』也，又云作『色』也。『興』者，『起』也。今先以戒捉、定縛者，此成實文也。慧若不因定發，名有漏慧。定若不依戒發，名曰邪定。故三學相假，如鼎之三足也。今言殺賊者，謂殺煩惱也。煩惱常劫人善財，喻之如賊。故聖教偈云：殺（【案】『殺』阿毘達磨發智論卷二〇為『逆』。）害於父母，王及二多聞，誅國及隨行，是名真（【案】『是名真』阿毘達磨發智論卷二〇作『無礙過』。）梵志。釋曰：貪愛為母，業煩惱為父，自恣造惡曰王，戒取見取名二多聞，煩惱所依處曰國土，煩惱種類曰隨行也，梵志是淨行也。」（五八六頁上）【案】大乘阿毘達磨集論卷四，六七八頁上。

〔二五〕**要由心使**　資持卷中一上：「心使，是惑勃卒也。」（二六〇頁下）簡正卷九：「准智論問云：『煩惱因何名為便？』答：『生死相續中，常隨眾生，故名便者。喻如乳母隨於小兒，如涅槃相續，如是次第相續增長，故名為便。且如貪與喜相應，喜是受樂，（是貪心便。）苦為嗔使，捨為痴使。今言三毒勃興，即以苦樂受捨為使也。三毒既由於心，心若不起，三毒不興。今若欲令心不起

者，有何方計？鈔中釋云：先以戒提（【案】『提』疑『捉』。），不令心動；次以定縛，令澄停此心，得其空寂；後以慧煞，即起無漏慧觀，斷盡煩惱。如是三學，如鼎三足不可闕也。』」（五六三頁上）

〔二六〕今先以戒捉　資持卷中一上：「『今』下，明次治。顯戒學居初，釋成為主耳。」（二六〇頁下）

〔二七〕今有不肖之人　鈔批卷一二：「廣疋云：肖，由似也。類文云：骨肉相似曰小肉。今言不肖者，謂骨肉不相似類，不似其光（原注：『光』疑『先』。）也，字從『肉』作。禮記云：其子不肖是也。此是會意字也，『小』下作『肉』，是所生子而似父也。如人生子，似父者曰肖，謂『子』曰『小肉』也。子既似父曰肖，堯生朱子，不似父，名為不肖。今謂非法之人，不能紹繼，如子之不肖也。」（五八六頁上）

〔二八〕不知己身位地，妄自安託，云是大乘　資持卷中一上：「『今有』下，二、斥誑妄。初，敘所計。位地，謂薄地凡夫。安託，謂無疑畏。」（二六〇頁下）鈔批卷一二：「自涅槃東度，三肉罷緣，（五八六頁上）伏膺至訓，長蔬靡倦，而反相謂，此曰小乘。自有魚肉逸脣，稱菩薩行，蓋羅剎之業，何菩薩之謂乎？不聞楞伽、涅槃之極教乎？若依天台云，有六種菩薩：一、理性菩薩，謂一切眾生也；二、名字菩薩，聞經人也，（謂涅槃經也）；三、觀行菩薩，謂發心人也；四、相似菩薩，謂三十心也；五、分真菩薩，十地菩薩也；六、究竟菩薩，諸佛為菩薩也。今不肖之人，無妨是理性菩薩數也。」（五八六頁下）

〔二九〕輕弄真經　鈔批卷一二：「慈云：三藏之教，名為真經。」（五八六頁下）資持卷中一上：「輕真經者，毀律教也。」（二六一頁上）簡正卷九：「是輕戒慢弄小乘真經。」（五六三頁上）

〔三〇〕自重我教　資持卷中一上：「重我教者，黨所習也。」（二六一頁上）簡正卷九：「自重我之所學，大乘之教也。」（五六三頁上）

〔三一〕毗尼者，即大乘學　資持卷中一上：「『即』下，據教。反質二文，並約開會之義。由本小教，歸一佛乘，故兩（【案】『兩』疑『爾』。）皆云『即』。」（二六一頁上）鈔批卷一二：「案彼經文盡明大乘義也。文云：摩訶衍，能出生一切法，如阿耨池出八大河。如是大乘攝受一切善法，其處有六：一者正法住，二、正法滅，三、波羅提木叉，四、毗尼，五、出家，六、受具足戒，皆為大乘故。以正法住者，為大乘住；大乘住者，即正法住。正法滅者，即大乘滅；大乘滅者，即正法滅。波羅提木叉、毗尼，此二法者，義一名異。毗尼者，即

大乘學。何以故？以依出家，而受具足，是故說大乘威儀戒，是毗尼、是出家、是受具足戒也。」（五八六頁下）

〔三二〕八十部　鈔批卷一二：「立謂：智論明結集時，憂波離一夏八十度昇高座，誦出律藏，（五八六頁下）名八十部，亦名八十誦，即『尸波羅蜜』也，此翻為戒，即六度中之一也。六度者，豈小乘學耶？」（五八七頁上）資持卷中一上：「『八十』即目段數。『部』即指根本一部。」（二六一頁上）

〔三三〕尸波羅蜜　簡正卷九：「此翻為戒，即六度中一也。六度豈是小乘耶！」（五六三頁上）資持卷中一上：「聲聞但云『尸羅』，菩薩則加『波羅蜜』，即六度之一。」（二六一頁上）

〔三四〕如此經論，不入其耳　資持卷中一上：「『如』下，傷其愚暗。教雖顯了，聞而不信，故云不入耳。」（二六一頁上）簡正卷九：「不入耳者，不肖之人耳也。」（五六三頁上）

〔三五〕若言如來說突吉羅，如上歲數入地獄者，竝是如來方便怖人　資持卷中一上：「初，敘邪說。『如上』，指前所引。『方便怖人』，言不實等。」（二六一頁上）

〔三六〕遺教等經　鈔科卷中之一：「『又』下，違逆招殃。」（四六頁下）資持卷中一上：「引般泥洹經、善見論，並同遺教，故言『等經』。」（二六一頁中）

〔三七〕若我在世，無異此也，而故違逆，自陷深殃　資持卷中一上：「然既喻師，固當承順。違師則陷逆，毀戒則墮苦故也。」（二六一頁上）

〔三八〕昔有一師，畜二弟子，各當一腳，隨時按摩　鈔科卷中之一：「『故』下，相非滅法。」（四六頁下）資持卷中一上：「師喻如來，弟子喻學者，腳喻兩乘，按摩喻尋究。」（二六一頁上）鈔批卷一二：「百喻經下卷云：譬如一師，有二弟子。其師患腳，遣二弟子，人當一腳，隨時按摩。其二弟子，常相憎嫉。一弟子行，其一弟子捉其所當按摩之腳，以石打拆（【案】『拆』經作『折』。次同。）。彼既來已，忿其如是，復捉其人所按之腳，尋復打拆。佛法學徒，亦復如是。方等學者，非千（【案】『千』疑『斥』。）小乘。小乘學者，復非方等，故使大聖法典，二途兼亡。」（五八七頁上）【案】百喻經卷三，五五一頁上。

〔三九〕其大弟子　資持卷中一上：「『其』下，喻學大毀小。」

〔四〇〕彼又嫌之　資持卷中一上：「『彼』下，喻學小毀大。」（二六一頁上）

〔四一〕譬今方等學者非於小乘　資持卷中一上：「『譬』下，法合可解。方等即大乘之

通名。」（二六一頁上）

〔四二〕二　【案】底本作「大」，依百喻經、大正藏本及弘一校注改。

〔四三〕且菩薩設教，通道濟俗，有緣而作，不染其風　鈔科卷中之一：「『且』下，菩薩開制。」（四六頁下）資持卷中一上：「初，敍深位。上二句，示化教義。聲聞之教，止通道耳。有緣作者，為利眾生，現行十惡故。不染風者，自無染濁過失，必具二利，方許行之。準下文，須至八地，或云初地已去。」（二六一頁上）鈔批卷一二：「立謂：菩薩得淨心地，即初地已上菩薩，為方便利益故，具行殺生等十惡，內無染心，雖以和光，而不同塵，故曰不染其風。如前卷引攝論『菩薩得淨心，雖行殺生等，自無染濁過失』（見師資篇之『六、明治罰訶責法』。此處文字有刪減。），即其義也。」（五八七頁上）簡正卷九：「謂并得淨心地，為利眾生，現行十惡，內無染心，雖剛和光而不同塵。若地前初心大士，要同聲聞律儀，謂未能離染濁過失，不許逆行他也。」（五六三頁上）

〔四四〕初心大士，同聲聞律儀　資持卷中一上：「次，明初心。又三。初，示所修，自地前三賢等未破無明，容（【案】『容』疑『眾』。）生染濁，未可如上。而同聲聞者，以出家菩薩必兼小戒故。又三聚中，律儀斷惡，大小不異故。」（二六一頁上）鈔批卷一二：「謂如上有緣而作者，是初地已上得行此法。若地前菩薩，名為初心大士，要同聲聞律儀，不得逆行化也。謂未能離染，但分斷惑耳。」（五八七頁上）

〔四五〕即涅槃經中，羅剎乞微塵浮囊　資持卷中一上：「『即』下，二、引證。涅槃：羅剎喻三毒。浮囊喻戒體：一、全乞喻犯重；二、乞半喻犯殘；三、乞三分之一喻犯蘭；四、乞手計，喻捨墮單提；五、乞微塵許，喻犯吉。（六聚中，闕提舍，義同吉故。）文舉吉羅，以輕況重。」（二六一頁上）簡正卷九：「此總喻五篇也。初，全乞喻四重，乞半三分之一、四分之一，乃至微塵，意道：并吉羅尚護，何況其餘？如戒不煞等者，智論云：持戒能生檀波羅蜜，此云布施。布者，遍也，運心寬廣故。施者，惠也，輕己惠他故。有三種：一、財施，二、法施，三、無畏施。以持戒自撿，不假一切眾生，即是財施。又為既法開悟，是法施。又一切有情，皆畏於死，今持淨戒不煞，名無畏施也。」（五六三頁下）

〔四六〕不畜財物　資持卷中一上：「亦護遮故。」（二六一頁上）【案】智度卷一四，一六二頁中。

〔四七〕**如我不殺，則施一切眾生之命等**　資持卷中一上：「彼云：不盜者，已施法界有情之財，即用戒法，行己化他，即名法施遍眾生界。」（二六一頁上）鈔批卷一二：「案智論云：持戒能生檀波羅蜜，檀有三種：一者財施，二、法施，三者無畏施。以其持戒自撿，不侵一切眾生財物，是名財施眾生也。（五八七頁上）又，見者慕其所行，又為說法，令其開悟，又持淨戒，與一切眾生作供養福田，令諸眾生得無量福。如是種種名法施。又，一切眾生，皆畏於死，持戒不害，是則無畏施也。慈云，凡施有三種：一、財施，唯濟於外資；二、法施，而資其神用；三、無畏施，即不殺等，而施其命。」（五八七頁下）

〔四八〕**言過其實**　鈔批卷一二：「慈云：理本絕言，非言能論，離四句等，是理體之實。其人於此理，強生分別。言戒相如虛空，持者致迷倒，理外分別，故言過實也。余意謂不然，但是內無實用，口言無相真理，出此言過，其心所見也。」（五八七頁下）簡正卷九：「玄云：以此辨輕重等持證之，即知前云『聲聞之法，於我大乘，棄同糞土』，此言過分，故云言過其實。」（五六三頁下）

〔四九〕**恥己毀犯，謬自褒揚**　資持卷中一上：「恥己犯者，慮他見輕也。謬自褒者，言我大乘人不拘小檢也。」（二六一頁中）

〔五〇〕**與煩惱合**　資持卷中一上：「縱放為惡，順欲情故。」（二六一頁中）

〔五一〕**今僧尼等，竝順聖教，依法受戒，理須護持，此則成受**　資持卷中一上：「明今禪講之眾，所學雖殊，未有不受戒者。若本為持，則發戒品。反此徒受，定無有戒，則將何以為僧寶？以何而消信施？空自剃染，終為施墮。又復，方等大乘，止開心解，不拘形服。淨名居士、華嚴知識，隨緣化物，不假形儀。今既通方，何勞剃染？如能省己，當自摩頭。」（二六一頁中）

〔五二〕**縱使成受，形儀可觀**　鈔科卷中之一：「『縱』下，事須戒律。」（四六頁下）資持卷中一上：「勸其護法。前舉體相以勸。成受是體，形儀即相。」（二六一頁中）鈔批卷一二：「立謂：但有壇場受時之形儀，而不發無作之戒體。」（五八七頁下）

〔五三〕**今時剃髮染衣、四僧羯磨、伽藍置設、訓導道俗**　資持卷中一上：「『今』下，列住持之相，剃染人也。羯磨，法也。伽藍，處也。訓道，事也。四僧或約四位，或但初位。」（二六一頁中）

〔五四〕**凡所施為，無非戒律**　鈔批卷一二：「明釋迦一化，正法像末，凡有軌儀，盡

是聲聞之法，無菩薩僧。故<u>彌勒</u>、<u>文殊</u>，心雖菩薩，形相並同聲聞，剃染持戒。逮乎今日，並祖其風。此<u>釋迦如來</u>，化儀如是。今若呵斥，爾稟誰教，何佛所化，底死奮流，不識根本！」（五八七頁下）

〔五五〕**若生善受利**　<u>資持</u>卷中一上：「『若』下，次，責其誑妄。初敘貪利附小。」（二六一頁中）

〔五六〕**佛藏立鳥鼠比丘之喻**　<u>鈔批</u>卷一二：「案<u>佛藏</u>云，佛告<u>舍利弗</u>：譬如黃門，非男非女，破戒比丘亦復如是，不名在家，不名出家，命終之後，直入地獄。又譬如蝙蝠欲捕鳥時，則入穴為鼠，欲捕鼠時，則飛空為鳥，而實無有大鳥之用，其身臭穢，但樂暗冥。破戒比丘，亦復如是。既不入於布薩、自恣，亦復不入王者使役，不名白衣，不名出家。如燒屍殘木，不復中用。無戒定慧品、解脫解脫知見品，無有善聲、戒定慧聲，但出破戒弊惡音聲。論說衣服飲食，受取布施，常於日夜戲笑言說。身口意業，不能清淨，樂於闇冥，如彼蝙蝠。<u>遺教經</u>亦云：既非道人，又非白衣，無所名也。」（五八八頁上）【案】<u>佛藏</u>卷上，七八八頁下。

〔五七〕**驢披師子之皮**　<u>資持</u>卷中一上：「又<u>十輪經</u>第七云：自於大乘諸行境界，不曾修學，未能悟解，於大眾中自號大乘；為名利故，誘誑愚癡，令親附己，共為朋黨。譬如有驢披師子皮，而便自謂以為師子，有人遙見謂真師子，及至鳴已皆識是驢等。」（二六一頁中）

〔五八〕**廣毀譏訶，何俟陳顯**　<u>資持</u>卷中一上：「『廣』下，指前二經。略如上引。俟，待也。言彼經詳委，不待此陳而後知也。」（二六一頁中）<u>鈔批</u>卷一二：「謂經中廣自譏訶，何待陳述也。」（五八八頁下）

〔五九〕**恐後無知初學，為彼塵蒙**　<u>鈔科</u>卷中之一：「『恐』下，示意結勸。」（四六頁下）<u>資持</u>卷中一上：「初，示廣斥之意。彼，即濫大不肖之者。塵蒙，謂邪言惡見，壞信喪道，猶如塵垢穢於淨物故也。」（二六一頁中）<u>鈔批</u>卷一二：「如<u>調達</u>破僧，化五百新學等是也。豈有先學者，隨其迷耶？」（五八八頁下）

〔六〇〕**故曲引張，猶恐同染**　<u>資持</u>卷中一上：「『猶』下，囑累。所謂素絲易染，朱紫難分。雖委曲指陳，猶未能知返。」（二六一頁中）